일제하 금융조합 연구

昭和八年

일제하 금융조합 연구

이 경 란

혜안

책머리에

'함께 살기'라는 것을 생각해 오면서 산 지가 퍽 오래된 듯하다. 그동안 사람들이 더불어 잘 살 수 있는 세상이면 좋겠다든지, 가까이에 있는 사람들끼리 잘 지낼 수 있으면 좋겠다든지, 어우러져 살 수 있는 방법은 무엇일까 하는 이런저런 생각을 하고 살았나 보다. 크게는 세계체제에 관한 문제에서 남북통일문제로 이어지고, 또는 동서화합의 이야기라거나 계급갈등의 문제로, 거슬러 올라가면 새로운 국가의 모습을 구상했던 여러 갈래 사람들의 생각이나 조선후기 국가재조의 여러 방략들로, 때로는 여러 나라의 혁명과 개혁과 개량에 대해서, 좁게는 지역사회에서 살아가는 이웃들과의 만남이나 더 좁게는 가족간의 관계를 생각하면서 이 '함께 살기'라는 화두는 이어져 왔다.

그러다가 어느 날인가 내 속에 무척이나 부족한 것이 있음을 발견했는데, 그건 '나' 또는 개인에 대한 인식 문제였다. 개인의 내적인 성장과 자주성을 키워가는 것이 '함께 살기'와 상호의존관계 또는 상생하는 관계임을 깨달은 것이다. 그건 개인과 공동체의 문제이기도 하고, 살아가는 과정에서 나와 남의 주체성을 키울 수 있는 함께 사는 방법은 무엇인가를 찾는 문제이기도 했다.

참으로 힘든 근현대사를 거친 우리 사회 속에서 개인이란 그가 속해 있는 집단보다 중요하지 않은 존재이다. 요즘 이에 대한 거센 반발로 개인에 대한 강조가 힘을 키워가고 있지만, 이제 젊지 않은 나는 이 두 가지가 어떻게 함께 살 수 있을지를 여전히 생각하고 있다.

함께 살아가는 방법의 하나인 협동조합에 대한 관심은 여러 구비를 거치면서 내 주제가 되었다. '농협중앙회'가 농업협동조합의 중앙회인 줄도 제대로 깨닫지 못하던 시절, 남의 나라 혁명이야기나 분단조국의 한편에서 진행된 농업개혁을 살펴보면서 새로운 조직으로서의 협동조합을 처음 알게 되었다. 그것이 어떤 배경 속에서 나오게 되었는지, 역사적 위치가 무엇인지는 모른 채 남의 일로서 흥미를 느끼는 정도에 그쳤다. 그 의미를 어슴푸레 알게 된 것은 한국 농업개혁의 흐름을 배우는 과정에서였다. 특히 농민들이 자주적인 조직을 통해서 주체적으로 개혁을 실행시켜 갈 때, 그것이 실패로 끝난다 하더라도 농민들은 이미 새로운 세상을 만들어 가고 있다는 사실에서 설레는 감동을 느낄 수 있었다. 농민운동에서 촉발된 관심은 그것의 기초가 되는 농업사 연구로 이어졌다. 하지만 일제하 수리조합에 대해서 석사논문을 쓸 때만 해도 협동조합은 아직 내 주제는 아니었다. 수리조합을 연구하면서 농업구조와 그 속에서 움직이는 조직의 역할에 대해서 구체적으로 익히고 나서야, 농촌사회 내부에는 민족과 계급·계층의 이해관계에 따라 다양한 조직들이 병존하며, 농업개혁이 여러 갈래이듯, 동일한 조직의 형식을 갖는다 해도 궁극적인 지향과 현실에서의 운영구조는 아주 다를 수 있음을 알았다.

막연하게 협동조합에 관심이 생길 무렵 일상생활에서 협동조합을 경험하는 기회를 가졌다. 변혁의 물결이 지나간 시점에서, 일상생활과 지역사회에서부터 근본적인 생활문화의 변화를 가져올 수 있는 대안조직으로서 협동조합이 새롭게 인식되었다. 함께 아이를 키우고, 함께 논의하고 운영하는 육아협동조합은 협동조합이 민주주의의 연습장이며 일상 생활 속에서부터 삶의 질서를 바꿔갈 수 있고, 그것이 모인 힘이 잘못된 사회질서를 고쳐 가는 원동력이 될 수 있다는 믿음을 갖게 해주었다. 협동조합을 내 주제로 삼을 수 있는 힘을 얻었다.

그렇지만 한국 농업사의 영역에서 협동조합문제는 쉽게 풀리는 주제가 아니었다. 근대 농업개혁의 흐름 속에서 드러나는 여러 협동조합운동을 모두 다뤄보고 싶은 욕구에서 한 가지 영역을 집중해서 검토해야 할 필요성을 느끼기까지 일제하 금융조합이라는 주제는 그다지 매력적이지는 않았다. 그런 금융조합이란 대상이 새롭게 다가온 것은 금융조합의 협동조합논리를 알게 되면서부터였다. 특히 파시스트협동조합론을 검토하는 동안 내 안에 파시즘적 사고가 얼마나 뿌리깊게 박혀 있는가를 깨달았다. 또 하나의 사회개혁론으로서의 파시즘은 그것이 큰 영향을 미쳤던 사회를 살아온 많은 사람들의 내면 속에 자리잡고 있었다. 이에 대한 정면돌파가 없이 역사상의 협동조합에 대한 검토나 현재진행형인 협동조합에 대해 전망을 가질 수 없다는 생각이 들었다. 우리는 구체적인 인간의 삶과 자유, 개인의 선택과 공동체의 협력이라는 것들이 사회개혁을 논하고 사회시스템을 바꾸는 과정에서 감춰져 드러나지 못했던 많은 경험들을 해 왔다. 그렇기 때문에 새로운 공동체질서 즉 개인과 공동체가 함께 살아가기를 익히고 존중하는 삶의 방식을 모색하고 정리하는 과정에서, 역사적 경험으로서 '금융조합'은 그 성격을 평가받아야 할 존재가 되었다.

제국주의가 만들고 운영한 식민지 기구로서 금융조합은 식민성·폭력성·수탈성을 가지고 있다. 그런 한편으로 그것은 근대적 조직이자 제한적이긴 하나 사회개혁논리를 표방하는 형식상으로는 '협동조합'이었다. 이러한 금융조합이 가지는 이중적 성격은 '협동조합' 운동을 모색하는 한국인들 속에서 여러 형태로 각인되었다. 한편에서는 수탈기구로서 폐지되어야 하는 것으로, 한편에서는 식민지조선에서 실시할 수 있는 협동조합의 하나로서 받아들여졌다. 어떤 형태로든 근대 한국에서 협동조합을 논할 때 그 그림자를 무시할 수 없게 된 것이다. 그렇기 때문에 일제하에서 해방후 그리고 현재에 이르기까지 그에 대한 인식과 경험세계가 여전히 한국 농업·농민들의 삶을 부자유스럽게 만들고 있다는 것은 현실적이고 객관적인 사실이다. 그것을 무시하고 넘어갈 때, 이미 그것으로 인해 우리 속에 내면화된 식민지의 파시즘적 협동조합은 검증되고 평가받을 여지를 잃어 버리고 만다. 이에 대해 엄밀한 검토와 평가를 하면서 우리 내면을 차근차근 되짚어볼 때, 비로소 우리가 만들어 가야 할 새로운 사회의 모습이 좀더 분명해지리라고 생각한다.

이러한 의미에서 금융조합에 대한 연구는 한국 근대 농업협동조합 연구를 위한 기초작업으로 위치지워질 수 있다. 금융조합의 세계를 인식하고 평가하면서 한국인들은 여러 협동조합과 농민운동의 방향을 모색하고 실행하였다. 그리고 그 흐름은 지금까지 한국농업의 대안으로 이어져 오고 있다. 이런 한국인들의 모색과 대안찾기를 검토하는 근대 농업협동조합 연구는 금융조합 연구를 토대로 좀더 명확하게 모습을 드러낼 수 있으리라고 본다. 이 두 가지 연구를 연결할 때 한국 근대 농업협동조합 연구는 그 풍부한 모습을 드러낼 수 있을 것이다.

여기까지 오는 동안 너무나 많은 분들의 도움을 받았다. 역사를 구조적이고 진짜 역사적 안목으로 보는 것이 무엇인지를 가르쳐주신 김용섭 선생님, 늘 격려해주시고 균형잡힌 생각을 하는 법을 알려주신 하현강 선생님, 믿음을 갖고 지켜봐 주시던 이종영 선생님과 정창렬 선생님, 이분들의 학은에 힘입어 지금까지 연구를 지속할 수 있는 기초가 마련될 수 있었다.

학위논문으로 제출되었던 이 일제하 금융조합연구가 그래도 이만한 모습을 갖기까지, 식민지정책기구 연구에서 잊기 쉬운 한국인의 눈으로 시각을 잡아주신 방기중 선생님, 꼼꼼하게 빈 부분을 짚어주고 도와주신 홍성찬 선생님, 너무나 부족한 역사적 맥락을 짚어주신 김준석 선생님, 흐트러져 있는 글을 글답게 다듬어 주신 김도형 선생님의 도움이 너무나도 컸다.

그리고 오랫동안 함께 생활하고 공부해온 창천역사연구실의 선배 동료후배들은 이 정도까지라도 생각을 키울 수 있게 도와준 분들이다. 함께 자료를 찾고 자료 보는 법부터 가르쳐주신 최원규 선생님, 일상적으로 생각을 나누고 부족한 글들을 함께 읽어주고 생각을 보태주신 백승철 · 최윤오 · 이승렬 · 김성보 · 왕현종 · 장규식 · 윤덕영 · 정호훈 선생님들, 힘겨운 논문 쓰는 과정에 함께 도와준 후배 정진아와 김정신, 정용서, 그리고 언제나 힘이 되어주고 논문 쓰는 처음부터 끝까지 함께 도와준 이상의 선생님께 따뜻한 감사를 전하고 싶다. 또한 이환규 선생님은 실제 농협에서의 경험과 협동조합의 미래를 가르쳐 주시면서 협동조합연구에 자신감을 키워주셨다.

그리고 아이를 가진 여성연구자로 여기까지 올 수 있었던 것은 육아와 생활문제를 함께 풀었던 신촌지역공동육아협동조합 우리어린이집과 도토리 방과후 그리고 마포두레생활협동조합의 교사·조합원·아이들이 있었기 때문이다. 그 속에서 협동조합의 가치와 현실 속에서 풀어가야 할 많은 과제와 전망들을 몸소 익힐 수 있었던 것은 연구자로서 생활인으로서 받을 수 있었던 가장 큰 선물이었다.

더불어 우리 가족들, 연구자의 길을 걸어가는 것에 물심양면 지원을 아끼지 않으시고 대견해하셨던 어머니, 아버지께 작은 기쁨이라도 드릴 수 있게 되어 기쁘다. 바쁘다는 이유로 연락도 자주 못 드리는 하나밖에 없는 딸에 대한 아쉬움이 조금이나마 덜어질 수 있다면 좋겠다. 그리고 공부하는 며느리를 둔 덕에 제대로 며느리 즐거움을 맛보시지 못한 시부모님께 늘 죄송한 마음이다. 편찮으시면서도 늘 살림살이와 일상을 챙겨주시는 두 분께 감사의 마음을 전한다. 이해준과 우리 두 아들 창희, 동희는 공부하는 아내와 엄마를 굳건하게 지켜주고 힘이 되어준 내 몸과 마음의 지킴이들이다. 좀더 열심히 살아가는 것만이 지난 시간에 대한 보답이라 생각하며 남편과 두 아들에게 이 책을 바친다.

부족한 책이다. 그렇지만 이 책을 마무리하고 좀더 나아가 제대로 된 한국근대 농업협동조합에 대한 연구를 진행시키고 싶은 마음에 욕심을 부렸다. 이 부족한 책의 출판을 허락해주시고, 바쁜 일정에 책 모습을 만들어 주신 혜안출판사 오일주 사장님과 사랑하는 후배 김현숙 님께 감사드린다.

성미산 아래에서
2002년 봄 이경란

일제하 금융조합 연구 | 차 례

| 표와 그림 차례 |

표

그림

제1장 서론

19세기 한국사회가 근대개혁과정에 들어간 이래 일제강점기를 거쳐 현재의 분단체제가 형성되는 동안, 많은 사회세력들은 농업개혁·농업근대화의 방안을 제기하고 실천에 옮겼다. 농업은 거의 모든 한국인들의 삶과 결부되어 있었고, 그 시기 사회모순이 집약되어 있는 지점이었기 때문이다. 따라서 농업구조의 모순을 해결하거나 완화하는 문제는 한국사회 전체의 변동 방향과 밀접한 관계를 가졌다.

한말 한국사회의 근대개혁 방향이 농촌사회의 주된 모순구조를 형성했던 지주층과 농민층의 이해와 요구에 따라 '지주적 개혁노선'과 '농민적 개혁노선'으로 분화 대립했던 것은 이에 연유한다. 근대개혁·농업개혁의 두 갈래는 갑오개혁과 대한제국시기 지주적 개혁방향으로 진행되기 시작한 이래, 일제강점기를 거쳐 해방 후 통일민족국가수립운동의 좌절로 분단체제가 형성되는 과정에서 때론 잠복하고 때론 격렬하게 대립하면서 남북한 농업체제가 형성되는 배경이 되었다.[1] 한국 근현대 농업사연구의 과제는 이런 내적 맥락을 농업의

1) 이에 대해서는 金容燮, 『(增補版)韓國近代農業史研究』 上·下, 一潮閣, 1984 ; 金容燮, 『韓國近現代農業史研究』, 一潮閣, 1992 ; 洪性讚, 『韓國近代農村社會의 變動과 地主層』, 知識産業社, 1992 ; 崔元奎, 「韓末 日帝初期 土地調査와 土地法 研究」, 연세대 박사학위논문, 1994 ; 金聖甫, 『남북한 경제구조의 기원과 전개』, 역사비평사, 2000 ;

각 부문과 농민경제・생활 속에서 찾아내어 한국사의 발전과정을 풍부하게 정리하는 데 있다고 할 수 있다.

이런 근대개혁 과정을 다루는 근현대 농업사 연구의 가장 핵심적인 쟁점 중 하나는 일제 지배하에서 전개된 자본주의적 사회운영방법에 대한 평가문제 즉 식민지 근대화의 성격에 관련된 것이다. 일제의 한국지배 성격을 규정하는 용어인 '수탈성'과 '근대성' 논의는 한・일 양국 연구자들 내부에서 해결되지 못하는 숙제처럼 가로놓여 있었다. 또한 1980년대와 1990년대 일본이나 한국의 일부 연구경향은 한국사학계가 극복하고자 했던 한국사회 정체성론과 타율성론을 재생산하고 있다. 이들은 부분적으로 조선후기 이래의 내재적 발전과 한말 개혁과정의 의미를 인정하면서도, 궁극적으로 근대사회로의 진입에는 일본의 도움이 있었기 때문이라 보고 있다.[2] 이와 같은 '수탈'과 '근대화'라는 대립논리는 일제하에 전개된 자본주의 사회질서로의 편입이라는 내용이 가진 양면성을 일면적으로 파악한 결과였다. 근대개혁, 근대화 과정은 단일한 형태로 전개되지 않으며, 어떤 계급・민족의 주도 하에 이루어지는가에 따라서 매우 다른 방향으로 진행될 수 있기 때문이다. 따라서 앞으로의 연구는 근대화의 다양한 경로에 대한 새로운 이해를 바탕으로 하여 각 근대화 방략이 갖고 있는 '근대화의 성격'을 밝혀 내고, 그것이 현재 남북한 분단체제 형성에 어떠한 영향을 미쳤는가라는 거시적 안목에서 접근할 필요가 있다. 이런 시각에 따른 한국 근대화 과정에 대한 연구는 농업개혁의 핵심 주체인 토지문제를 둘러싸고 상당한 진전을 보였다.[3] 그렇지만 농업근대화의 다른 축인 농업금융과 농촌조

방기중,「農地改革의 思想的 傳統과 農政觀」,『농지개혁 연구』, 연세대출판부, 2001) 참고.

2) 대표적인 글로는 安秉直 외,『近代朝鮮의 經濟構造』, 比峰, 1989 ; 安秉直 외,『近代朝鮮工業化의 硏究』, 一潮閣, 1993 ; 李榮薰 외,『近代朝鮮水利組合硏究』, 一潮閣, 1992 ; 宮嶋博史,『朝鮮土地調査事業史の硏究』, 東京 : 東京大學東洋文化硏究所, 1991을 들 수 있다.

3) 한국 농업근대화에서 토지문제에 관한 연구는 한국 근현대 역사상을 이해하는 문제로서 상당히 심도있게 진행되고 있다. 한말, 일제하, 해방후 각 시기마다 이 문제는 많은 연구자들의 주목을 받아 왔다. 특히 光武年間의 토지조사사업과 일제하의 토지조

직에 대한 연구는 이제 시작단계에 불과하다.

이런 의미에서 농업금융문제에 대한 연구는 새롭게 시작되어야 하는 영역이기도 하다. 한국 근대화 과정에서 농업금융문제는 조선후기의 상품화폐경제의 발전을 기초로 하여 새로운 금융체제를 어떻게 수립하는가에 달려 있었다. 조선후기 이래 상품화폐경제가 발전하고 조세금납이 확대되어 화폐를 널리 사용함에 따라 화폐의 수요공급을 조절하는 기구로서 금융기구가 절실하게 필요해졌다. 그러나 근대적 금융기구의 설립은 한말 근대개혁 과정에서나 이루어질 수 있었다. 그 사이 농업금융구조는 고리대적 금융구조로 왜곡되어 있었다. 그 원인은 화폐공급의 부족이라는 화폐금융상의 문제와 지주제의 확대, 영세소농경제의 피폐라는 생산관계의 문제였다. 따라서 농업금융구조의 개혁방안은 지주제를 토대로 하여 화폐금융구조의 합리화와 근대적인 금융기구의 수립을 통해서 문제를 해결하려는 입장과, 토지개혁을 통해 농민경제를 안정화시키는 바탕에서 고리대를 완전히 혁파해야 한다는 두 가지 입장으로 나뉘어졌다.

이러한 논의 속에서 근대적인 형태의 농업금융체계가 수립된 것은 대한제국

사사업의 성격에 관해서는 그 역사성과 관련하여 두 가지 견해로 대립되고 있다. 첫째 견해는 근대사는 한국사회를 중세적 사회에서 근대적 사회로 개편해 가는 개혁과정이었으며, 이는 대한제국기 광무양전사업을 비롯한 여러 방면에서 확인된다는 것이었다. 특히 광무양전사업은 지주적 입장에서 추진된 토지제도 개혁의 귀결이자 출발점으로서 한국 근대토지제도의 근간을 이룰 수 있었다고 평가하는 입장으로는 金容燮, 「光武年間의 量田地契事業」, 『韓國近代農業史硏究(下)』, 1984 ; 裵英淳, 「韓末 日帝初期의 土地調査와 地稅改正에 관한 硏究」, 서울대 박사학위논문, 1988 ; 崔元奎, 「韓末 日帝初期 土地調査와 土地法 硏究」, 연세대 박사학위논문, 1994 ; 한국역사연구회, 『대한제국기의 토지조사사업』, 민음사, 1994가 있다. 또 하나의 견해는 조선후기 이래의 내재적인 발전과 한말 개혁에 대해 일정한 의미를 부여하면서도, 궁극적으로 한국사회를 근대사회로 진입시킨 것은 일본이었다는 견해다. 예를 들어 토지문제의 경우 조선후기까지 강인하게 온존된 수조권적 토지지배에 뿌리를 둔 중세적 토지소유가 토지조사사업에 의해서 완전하게 해체되어 근대적 토지소유관계가 확립되었다는 견해다. 여기에서는 대한제국기의 양전사업도 이 토지조사사업과 마찬가지의 성격이라고 논하면서도, 일제가 그것의 문제점을 극복하기 위해 토지조사사업을 실시하였다는 입장으로 대표적인 논저로 宮嶋博史, 앞의 책이 있다.

기인 1906~1907년으로, 이때 농공은행(1918년 조선식산은행으로 개편)과 지방금융조합이 설립되었다. 대한제국은 지주적 개혁노선에 입각해 개혁을 추진하였던 만큼, 농업금융체계는 전자의 입장에서 수립될 수밖에 없었다. 이 농업금융체계의 성립은 대한제국의 개혁인 동시에 일본제국주의의 금융침탈과 주권강탈의 일환으로 진행된 것이었다. 따라서 일제 강점 후 이 기구들은 일본자본주의 금융체계의 일부로 편성되어, 일제의 농정을 추진하는 자금원이 되었다. 농촌지역에 자금을 공급하면서 금융조합은 지주적 농업구조를 유지하고 일본 독점자본이 농촌을 침투하는 데 필요한 기초를 마련하였다.[4] 즉 일제하 농업금융기구는 지주층과 독점자본에 기반하여 일본자본주의의 이해관계를 실현한다는 계급적이고 민족적인 성격을 내포하고 있었다. 농업금융구조의 개혁이 해방후 신국가 건설기의 농업개혁에서 소농중심의 토지제도 개혁과 함께 진행될 수밖에 없었던 이유는 이에 연유한다.

본 연구는 이와 같이 한국 근현대 농업구조를 이해하는 데 특별한 의미를 지니고 있는 농업금융문제를 본격적으로 해명하기 위해 한말·일제하 대표적인 농업금융기구인 금융조합을 분석한 것이다. 그것은 금융조합이 한국 근현대사에서 농업금융·농업금융기구가 갖는 역할과 의미를 가장 집약적으로 보여주는 소농금융조직이기 때문이다. 또한 이는 근대적 조직형태인 협동조합으로 농민들을 조직했다는 측면에서 근대화과정에서 농민조직이 발전해 갈 방향의 한 갈래를 잘 보여준다. 따라서 금융조합이라는 연구주제는 농업근대화의 두 축인 농업금융 문제와 농촌조직 문제를 동시에 검토할 수 있는 주제로서 의미를 지닌다. 이를 통해서 한국 농업근대화 과정을 깊이 있고 다각적으로 접근해 볼 수 있을 것이다. 그 연구의 의의를 몇 가지로 살펴보겠다.

첫째 금융조합의 설립은 한국 근대 농업개혁과 일제에 의한 한국지배방략의

---

4) 농업금융기구의 성립과 활동을 전체 금융사의 측면에서 접근한 연구로는 李碩崙, 『우리나라 金融史』, 博英社, 1990 ; 裵永穆, 「植民地 朝鮮의 通貨 金融에 관한 研究」, 서울대 박사학위논문, 1990 ; 金浩範, 「日帝下 植民地金融의 構造와 性格에 關한 研究」, 부산대 박사학위논문, 1991 ; 尹錫範 외, 『韓國近代金融史研究』, 世經社, 1996 참고.

추이와 밀접하게 관련되어 있었다. 이는 개혁방안이 제도화－토지소유권의 근대적 제도화와 국가관리체제화 및 생산력의 확충방안, 농산물 상품화에 대한 법·금융·조직의 지원과 그것을 수행하는 조직의 구성－되는 단계에서 그것이 어떤 계층의 이해와 요구에 기반하는가의 문제였다. 금융조합의 설립은 지주제를 유지하고 그것을 근대적으로 제도화하면서 사회혁명세력으로 커가는 농민층의 불안정성을 일정하게 완화시켜 지배체제를 유지하기 위한 방법의 하나였다.

이는 대한제국과 일제가 소농안정화를 위한 기구로서 신용협동조합의 성격을 갖는[5] 금융조합을 설립한 이유였다. 협동조합은 생산과 노동, 판매와 구매 등 농민층의 이해와 요구에 맞춰 다양하게 형성될 수 있는 조직이다.[6] 조선후기 이런 협동조합으로 성장 전화할 수 있는 주객관적 조건이 마련되고 있었다. 농민주체의 상업적 농업이 성장하고 있었던 한편 농민들의 자주적 조직으로서 두레나 계들이 광범하게 꾸려졌다. 그러나 갑오농민전쟁의 좌절 이후 개혁이 기득권층을 기반으로 진행되는 가운데 소농 또는 서민을 대상으로 하는 지원기구는 본질적으로 전체 사회운영에서 부차적인 존재가 되었다. 나아가 일제강점기의 농업체제는 지주제와 영세소농경제를 기반으로 하였고, 1930년대 이후 소농경제의 안정화를 꾀한다 하더라도 지주제와 전쟁체제로의 개편이라는 조건 속에서 완전한 소농체계로 변화할 수 없었다. 따라서 지주제에 종속된 이런 소농을 조직한 협동조합 또는 금융기구는 내재적인 한계를 지닐 수밖에 없었다. 이에 대응해서 일제강점기 전 기간에 걸쳐 조선인들의 민족해방운동·농민운동 속에서 제기되었던 협동조합 논의는 토지개혁을 전망하거나, 또는 지주제에 대한 상당한 정도의 견제를 전제로 한 것이었다. 그 연장에서 해방

5) 山根譓,『金融組合概論』, 朝鮮金融組合協會, 1929. 朝鮮金融組合聯合會는 1934년 國際協同組合聯盟에 가입했다. 그러나 중일전쟁이 일어난 후 국제협동조합연맹의 지향점과 조선금융조합연합회의 이념이 맞지 않는다는 이유로 1939년 12월 탈퇴하였다(朝鮮金融組合聯合會,『朝鮮金融組合聯合會十年史』, 1943, 153쪽).

6) 奥谷松治,『協同組合論』, 東京 : 三笠書房, 1937 ; 近藤康男,『新版 協同組合の理論』, 東京 : 御茶の水書房, 1966 참고.

후 남북한 모두 토지개혁과 농지개혁을 거친 후 분산된 소농의 생산력 증대와 경제자립을 위해서 계획적인 영농개혁정책·소농보호정책을 수립하려는 조직으로서 협동조합을 선택하였다.[7] 이런 의미에서 소농 경제조직의 성격을 다루는 것으로서 금융조합연구는 한국 근현대 농업구조의 형성과 그 전환과정을 살피는 데 중요하게 검토해 보아야 할 부분이라고 할 수 있다.

둘째 금융조합은 식민지 농업금융기구이지만 대표적인 농업금융기구인 식산은행과도 대상과 활동내용에서 일정한 독자성을 지니며, 1930년대 이후 농민대상의 금융에서 절대적인 지위를 차지했던 조직이라는 점을 주목하고자 한다. 식산은행은 상부 금융기관으로서 전체 산업금융을 관할하는 정책금융기관이었고, 농업금융은 수리조합이나 금융조합과 같은 공공단체와 대지주층을 주대상으로 하였다. 따라서 전반적인 농업체제에 대한 영향력은 매우 컸지만, 일반 농민층과 직접 관계는 갖지 못하였다. 금융조합은 식산은행을 매개로 일본금융시장과 연결되고 총독부의 지휘와 감독을 받는 정책금융기관이라는 면에서 식산은행과 성격이 동일했다. 그렇지만 말단 금융기구로서 농민층을 대상으로 금융활동을 하여 광범한 농민층의 일상생활에까지 영향을 미칠 수 있었다. 금융조합의 금융활동은 일제의 농업정책과 조응하여 1910~1920년대 농사개량자금·토지구입자금과 부채정리자금의 대부, 1930년대 통제경제농정 하 자작농지구입자금과 고리채정리자금 등 집중 대부, 전시하 강제저축과 전쟁자금공급이라는 세 시기로 구분할 수 있다. 특히 1930년대 이후 조선금융조합연합회의 결성과 금융수급의 독자성 확보, 자작농지설정사업과 부채정리사업에서 주도권을 장악하는 등 전 농민층을 대상으로 한 금융기구로 성장하였다. 이런 금융활동의 추이는 일제의 한국농업지배정책에서 지주적 農本主義, 통제경제하 파시즘농업론이라는 각 시기 농정책의 소농대책과 조응하였다.[8] 지주

---

7) 李承億, 「8·15 後 南韓에서의 金融組合 再編運動」, 한양대 석사학위논문, 1993 ; 方基中, 「1953~55년 金融組合聯合會의 殖産契復興事業 硏究」, 『東方學志』 105, 1999 ; 金聖甫, 「北韓의 土地改革과 農業協同化」, 연세대 박사학위논문, 1996 참조.

8) 이러한 예는 1차대전 이후 패전에 이르기까지 독일과 이탈리아에서 전개된 파시즘에

층과 독점자본의 논리에 충실한 일제 농정 속에서 전개되는 이와 같은 소농금융의 운영논리를 검토함으로써 일본제국주의의 지배정책이 갖는 내적 논리와 모순구조를 더욱 명확하게 이해할 수 있을 것이다.

셋째 금융조합이 금융기관이자 농촌조직, 나아가 통제적인 준행정조직이라는 복합적 성격을 지니며, 해방후 남한 농업협동조합의 조직원리로 계승되었다는 점은 금융조합의 현재성을 살펴보는 데 중요한 의미를 갖는다. 1908년 광주지방금융조합 이래 해방직전 지소를 포함하여 900여 개의 금융조합이 설립되었고, 금융조합 산하의 식산계는 각 동리 단위로 조직되었다. 일제 강점기 단일조직으로는 가장 광범하게 농촌사회에 침투한 조직이었고, 이는 현재까지도 유례가 없는 수준이다. 이는 위로는 총독부-통제기구인 조선금융조합연합회-금융기구인 금융조합-농촌조직인 식산계라는 계통을 따라 조합원 확대와 농민층의 조직화를 추구해 간 결과였다. 금융조합은 일제가 행정체계를 통해서 한국 민중을 파악하고 지배해 나가기 이전부터 금융활동을 통해 대민 파악을 시작하였고, 종자나 농기구 배부와 농사자금의 대부를 통해 농촌사회 내부로 침투해 들어간 첨병조직이었다. 1910~20년대에는 관제농촌조직에 대한 금융활동과 직접적인 농촌조직화를 통해 농정수행과 대민지배를 위한 기반을 형성하였다. 통제경제 농정 하에서 일제는 금융조합의 중앙조직으로 조선금융조합연합회를 설립하고, 농촌진흥운동의 중심기관이자 자금원으로 활용하였으며, 아래로는 기존 관제 농촌조직의 촌락단위 통합조직인 식산계를 통해서 농민지배체제를 확립하였다. 이와 같은 금융조합 조직망은 해방 이후 재편논의를 거치면서 한국 농업협동조합의 조직체계로 계승되었다. 이런 면에서 일제 하 금융조합의 조직과정과 운영원리를 이해하는 일은 한국 근현대

입각한 협동조합국가론과 협동조합의 행정기구화에서 찾아볼 수 있다. 일본에서는 이를 국가적으로 표방하지는 않았지만, 전 사회적으로 각 부문을 단일한 조합체계로 재편성하여 통제와 생산성 극대화를 추구했으며, 그 원리는 조선에도 적용되었다(朝鮮金融組合聯合會, 『轉換期伊太利の協同組合運動』, 1934 ; 獨伊文化硏究會, 『組合制國家と統制經濟』, 東京 : 巖松堂書店, 1940 ; 菊澤謙三, 『組合經濟と配給經濟』, 巖松堂書店, 1944).

농업체제를 규정하는 자본주의 국가론 내부에서 '국가'에 의한 농민지배 강화라는 논리를 검토하기 위한 작업의 일부가 될 수 있다.

이렇게 볼 때 일제하 금융조합은 일제농업구조 속에서 농민층을 대상으로 한 농업협동조합의 역할과 성격을 거시적인 맥락에서 검토할 수 있는 주제다. 따라서 이를 통해서 한말 한국 근대개혁과정에서부터 해방 후 분단농업체제의 형성에 이르는 한국 근현대 농업구조의 기원과 성격, 그리고 전환과정의 실마리를 살필 수 있을 것이다.

금융조합에 대한 연구는 일제강점기 금융조합 관계자들이 일제의 한국지배와 금융조합의 활동을 합리화하고 선전하려 한 작업에서 출발하였다. 이들은 한국 민중은 무기력하며 공동자조의 정신도 없었고, 조선사회에는 근대적 금융기관도 없었으며 협동적 기구도 잔재만 남아 있을 뿐 실제 존재하지 않았다고 평가하면서 한국 스스로 근대적인 금융기구나 협동조합으로 전환하지 못했을 것이라는 점을 전제로 하였다. 그렇기 때문에 일본제국주의의 지배로 인해 조선사회는 경이적 발전을 이루었으며, 금융조합은 소농・소상공업자의 경제적 안정과 성장을 이루는 데 중요한 역할을 하였다고 강조하였다. 정체론적 인식에 기반한 제국주의의 植民地施惠論이었다.9)

이와 같은 일제의 시혜론에 대해서 농민층과 민족운동세력들은 금융조합이 일제의 조선농민지배기구였고, 내부 운영에서 조합원을 배제하는 등 비민주주의적인 조직이라는 점을 지적하였다. 또 금융조합이 협동조합으로서의 역할을 제대로 수행하지 못했으며 일제의 지배정책을 농촌사회에서 관철시킴으로써 조선의 반봉건적 영세경작을 더욱 강화하는 역할을 하고 있다고 비판하였다.10)

---

9) 山根譓, 『金融組合概論』, 朝鮮經濟協會, 1929 ; 秋田豊, 『朝鮮金融組合史』, 朝鮮金融組合協會, 1929 ; 牟田口利彦, 『金融組合運動』, 朝鮮金融組合協會, 1933 ; 車田篤, 『朝鮮協同組合論』, 朝鮮金融組合協會, 1933 ; 朝鮮金融組合聯合會, 『朝鮮金融組合聯合會十年史』, 1943 등 참조.

10) 이러한 비판은 민족자본주의계열과 사회주의계열 모두에게서 나왔다. 민족자본주의계열의 비판으로는 李寬求의 「農村經濟沒落의 片影」(『現代評論』 6, 1927.1)과 동아일보계 金佑枰의 『金融組合論』(鍾山社, 1933), 천도교계열 金一永의 「朝鮮農村經濟相의

이런 분석에 따라서 금융조합의 개조를 논하거나 그에 대한 대안조직으로서 여러 협동조합을 마련하거나, 또는 혁명적 민족해방운동을 통해 일제지배체제의 근본적 변혁을 꾀하고자 하였다.[11)]

해방 후에는 남북한에서 새로운 농업협동조합의 설립문제와 관련해서 금융조합의 문제점을 지적하는 연구가 진전되었다.[12)] 북한에서는 토지개혁과 더불어 일제가 운영했던 모든 금융기관의 국유화를 단행하여 국가가 농업금융을 통제하는 것으로 바뀌었다. 따라서 금융조합은 민족해방운동과 신국가건설과정의 개혁대상으로 인식되었고, 연구는 금융조합이 봉건적 관계가 잔존한 농촌의 소농경리에 대한 착취수단으로 이용되었음을 강하게 부각시켰다.[13)] 남한에서는 농지개혁 후 설립된 농업협동조합중앙회의 연구를 비롯하여[14)] 대부분의 연구가 금융조합을 신국가의 건설과정에서 일정한 변화를 거쳐 농협으로 개편된, 농협의 前史로서 서술하고 있다.[15)] 여기에서는 금융조합이 가진

全面的 考察」(『農民』 2-7, 1931.7) 등을 들 수 있다. 사회주의계열의 비판은 『朝鮮之光』이나 『批判』과 같은 잡지를 중심으로 이루어졌고, 金東爀, 「朝鮮農業의 現狀은 엇더한가」, 『朝鮮之光』 72, 1927.10 ; 朴文圭, 「朝鮮農村과 金融機關과의 관계-特히 金融組合에 對하야」, 『新東亞』 4-2, 1934.2 ; 李淸源, 『朝鮮讀本』, 學藝社, 1936을 참고할 수 있다.

11) 이러한 움직임은 일제하 농촌에서의 민간협동조합운동과 혁명적 농민운동으로 나타났다. 천도교 조선농민사의 공생조합운동이나 기독교계열의 협동조합운동, 모범농촌운동, 그리고 사회주의계열의 소비조합운동 등 다양한 조직과 형태로 전개되었다(金顯淑, 「일제하 민간협동조합 운동에 관한 연구」, 『일제하의 사회운동』, 문학과지성사, 1987 ; 노영택, 「日帝下 農民의 契와 組合運動硏究」, 『韓國史硏究』 42, 1983 ; 鄭用書, 「日帝下 天道敎靑年黨의 政治·經濟思想 硏究」, 연세대 석사학위논문, 1997 ; 장규식, 「1920~30년대 YMCA 농촌사업의 전개와 그 성격」, 『한국기독교와 역사』 제4호, 1995 ; 方基中, 『裵敏洙의 農村運動과 基督敎思想』, 연세대출판부, 1999 참조).

12) 金永浩, 『協同組合論』, 博文出版社, 1948.

13) 사회과학원역사연구소근대사연구실 편, 『일본군국주의의 조선침략사』(金曜顯 譯, 『日本帝國主義統治下の朝鮮』, 東京 : 朝鮮靑年社, 1978) ; 전석담·최윤규 외, 『19세기 후반기-일본 통치 말기의 조선사회 경제사』, 1958(『조선근대사회경제사』, 이성과현실, 1989 재출간) ; 최윤규, 『조선 근대 및 현대경제사』, 평양 : 백과사전출판사, 1986 ; 『근현대 조선경제사』, 갈무지, 1988(재출간)을 참고할 수 있다.

14) 農業協同組合中央會, 『韓國農業金融史』, 農業協同組合中央會, 1963.

고리대적 성격과 식민지지배기구라는 점을 비판하면서도, 그 협동조합적 성격이 해방 이후 요구되었다는 점에서 농협과의 역사적 연관성을 살피고 있다. 이들은 금융조합의 활동을 직접 관찰하고 경험했던 연구자들이 신국가건설의 방향에 따라 일제하 금융조합의 전체적인 전개과정을 정리했다는 점에서 연구사적 의의가 높다.

이후 정리된 금융조합에 대한 연구는 앞선 연구를 기초로 하여 일본제국주의의 지배정책과 그 수탈성에 대한 분석에 초점이 있었다.[16] 이들 연구를 통해서 금융조합이 일제의 농정수행기구이자 농민지배기구였으며, 지주적 농정에 의해 피폐해진 농민경제에 고리대적 금융활동을 함으로써 농민층을 지주적 농업체제에 긴박하게 만들었음이 밝혀졌다. 또한 금융조합이 소농금융기구를 표방했음에도 불구하고 1930년대 중반까지 금융조합원들은 농촌 내에서 중상층 자작・자소작 이상의 계층으로 구성되었고 소작인층이 배제되었음이 검토되었다. 이 연구들은 일본제국주의의 지배정책과 그에 따른 금융조합 내부운영, 그리고 농촌사회에 미친 영향 등을 다루어 금융조합에 관한 이해를 넓히는 데 기여했다.

이러한 성과에도 불구하고 이 연구들은 한국 근현대사의 내적인 발전을 염두에 두고 금융조합의 활동과 성격을 명확히 정리하는 데는 부족함이 있다. 대부분의 연구는 금융조합이 한국정부에 의해서 설립되었음에도 불구하고

---

15) 文定昌의 『韓國農村團體史』(一潮閣, 1961)와 농협의 『韓國農業金融史』는 금융조합이 농협의 전신임은 인정하나, 문정창은 농협의 전신으로서 금융조합보다 한국인들이 더 많이 활동한 산업조합에 많은 비중을 두고 있다.

16) 금융조합에 대한 주요한 연구로는 金斗宗, 「植民地朝鮮に於ける1920年代の農業金融について-朝鮮殖産銀行,村落金融組合を中心して-」, 『東京大學經濟學研究』 5, 1965 ; 秋定嘉和, 「朝鮮金融組合の機能と構造」, 『朝鮮史研究會論文集』 5, 1968 ; 鄭容郁, 「1907~1918년 '地方金融組合'活動의 展開」, 『韓國史論』 16, 서울대 국사학과, 1987 ; 金英喜, 「1920년대 金融組合의 金融活動」, 『淑大史論』 13・14・15, 숙명여대 사학과, 1989과 금융조합정책을 만주국의 합작사와 비교한 연구로는 片桐裕子, 「朝鮮金融組合政策と朝鮮農村社會-滿洲國に於ける合作社政策と比較して」, 『法學研究』 60-3, 慶應大, 1987이 있다.

통감부가 영향력을 강하게 행사하였고, 일본제국주의의 농정기관으로 운용되었다는 점에서 금융조합의 설립 자체에 대해서 일본의 의도에만 관심을 표명하였다.[17] 따라서 일제의 금융조합정책 분석도 농민수탈성이 강조되지만, 그 수탈의 논리와 성격을 명확하게 밝히기에는 부족하였다. 또한 금융조합의 내부구성을 분석하는 것은 금융조합에 포섭된 농민계층의 양상을 이해하는 데는 도움을 주었다. 그런데 금융조합은 1930년대까지도 농촌 호수의 30% 미만을 포섭하는 수준이었으므로, 조합원의 계층 분석과 금융조합만 보아서는 농촌사회의 변동 양상을 이해하는 데 한계가 있다. 금융조합이 지역사회에 미치는 영향을 살펴보려면 금융조합 내부구성만이 아니라 금융조합원과 비조합원의 관계, 또 그들이 살고 있는 村落社會에 대한 검토가 필요하다.[18] 그래야만 농업금융이 농촌사회에 침투하여 끼치는 영향과 그에 대응한 농민층의 대응이라는 양 측면을 살펴볼 수 있을 것이다.

이러한 검토를 바탕으로 본 연구에서는 금융조합의 정책과 운영에 관한 전체적인 모습을 한말 금융조합의 설립과정, 금융조합론, 금융활동, 농촌조직활동이라는 네 부분으로 나누어, 각기 1910~20년대 지주적 농정기, 1930~1945년의 대공황이후 통제경제기로 구분하여 살펴보고자 한다. 시기별로 일제의 금융조합을 둘러싼 제 정책과 그에 입각한 금융조합운영론에 대한 검토는 연구의 중요한 부분을 이루게 될 것이다. 또한 금융조합은 금융활동을 매개로 농가와 농촌사회에 침투하고 그것에 영향을 미친 기구이므로 금융체계와의 연관관계, 대부와 예금, 유가증권 매입과 같은 금융활동, 그와 관련된 농민경제

---

17) 대한제국의 금융조합 설립의도에 대한 시론적인 정리로서 이경란, 「韓末時期 日帝의 農業金融政策과 地方金融組合의 設立」, 『國史館論叢』 79, 1998을 참조할 수 있다.

18) 최근 촌락문제에 관한 관심이 늘어나 이에 대한 연구가 상당히 진전되었다. 青野正明, 「植民地朝鮮における農村再編成政策の位置付け-農村振興運動期を中心して」, 『朝鮮學報』 136, 1990 ; 金翼漢, 「植民地朝鮮における地方支配體制の構築過程と農村社會變動」, 東京大 박사학위논문, 1996 ; 金英喜, 「1930・40년대 日帝의 農村統制政策에 관한 研究」, 숙명여대 박사학위논문, 1996 ; 이하나, 「日帝强占期 '模範部落' 정책과 조선농촌의 재편」, 『學林』 19, 1998 ; 松本武祝, 『植民地權力と朝鮮農民』, 東京 : 社會評論社, 1998 참고.

의 추이를 살펴보고자 한다. 그와 더불어 금융조합 자체의 조직구조와 그 운영원리, 금융조합과 농촌조직의 관계, 그리고 금융조합의 농촌조직화 과정을 검토한다.

앞서 살핀 금융조합연구의 목표와 대상을 본서의 구성에 따라 간략히 정리해 보면 다음과 같다. 제2장은 개항 이후 고리대적 농업환경의 성격과 근대 개혁과정 속에서 대한제국기 지방금융조합의 설립이 구상되는 내적인 맥락을 살펴보며, 이런 大韓帝國의 개혁을 좌절시키고 금융권을 장악한 日帝가 地方金融組合을 설립하고 농업금융관행을 재편하는 과정을 살펴본다. 제3장은 금융조합론을 지주적 농정의 농정론인 농본주의에 입각한 금융조합운영론과 통제경제하의 국가적 협동조합론으로 나누어 그 형성과 발전과정을 살핀다. 제4장은 각 시기의 정책과 방향에 따른 금융활동을 살펴봄으로써 초기 식산은행과 긴밀한 관계를 형성하던 시기와 통제농정 하에서 독자적인 자금원을 확보하고 농촌진흥운동을 추진해가는 과정을 살핀다. 제5장은 각 시기 금융조합이 농촌사회에 형성해 간 농촌조직의 발전과정과 식산계로 단일화되어 가는 경과를 정책론의 변화 및 농촌 내 다른 조직들과의 상관관계 속에서 검토한다. 특히 금융조합 농촌조직망의 말단조직인 식산계의 운영을 검토하여 일제의 농촌사회재편 방향과 농촌경제의 실상을 살펴보고, 일제의 조선지배가 총체적으로 파탄될 수밖에 없었던 원인을 찾아본다.

금융조합에 대한 연구를 심도 있게 전개하기 위해서는 개별 금융조합의 운영자료와 조합원 신상에 관한 자료들을 광범하게 수집하는 것이 필요하다. 그러나 농업협동조합에서는 영구보존자료 외에는 폐기하였으며, 그조차도 여러 차례의 기구개편 과정에서 사라져 버렸다. 따라서 개별 금융조합의 경영내용을 분석하기에 어려움이 있다. 본서에서는 이러한 어려움을 극복하기 위해 금융조합 자체의 발간자료를 최대한 활용하였다. 설립시의 상황을 살피기 위해서 한말 금융조합의 주무관청이던 재무감독국이 펴낸 보고자료인 『재무주보』, 『재무휘보』와 규장각이 소장하는 각 금융조합의 설립과 초기 운영에 관한 보고서인 『금융조합관계서류철』, 설립 초기의 관계 훈령 등을 볼 수

있는 『지방금융조합집무편람』 등의 자료와 『일한외교자료집성』에 수록된 회의자료 등을 주로 이용하였다. 그리고 『관보』를 이용해 금융조합에 관계된 법령의 추이를 검토하고, 그 제정 배경과 논의 과정을 검토하기 위해서 금융조합 자체에서 발간한 간행물[19]과 금융조합 내부 잡지,[20] 총독부나 조선농회에서 발간한 자료들을 활용하였다. 또한 금융조합정책의 정책적 배경을 살피기 위해서 『산업조합발달사』 등의 일본 산업조합을 비롯해 일반 협동조합 관련 자료, 농업・농업금융 관련 자료를 참고하였다. 한편 이들 정책에 대한 한국인들의 대응을 살펴보기 위해서 한국인들이 발간한 여러 잡지와 신문, 그리고 금융조합에 관한 한국인의 금융조합에 관한 저술들을 활용하였다. 또한 금융활동에 관해서는 규장각 소장의 한말 지방금융조합에서 작성한 보고서류와 금융조합에서 펴낸 통계자료를 주로 활용하였다.[21] 그리고 금융조합 조합원들의 경제상황을 살피기 위해서 금융조합이사들의 회의 자료[22]와 금융조합 홍보자료를 재검토하였고,[23] 『殖産契の經營事例』를 이용하여 통제경제 하의 식산계의 현황과 전개과정을 살피고자 하였다. 금융조합의 조직운영을 살피기 위해서는 인물관계 자료를 이용하였다.[24]

---

19) 『金融組合概論』, 『朝鮮協同組合論』, 『金融組合運動』, 『朝鮮金融組合協會史』, 『朝鮮金融組合聯合會十年史』, 『金融組合年鑑』, 『京畿道金融組合關係例規』.

20) 금융조합에서 발간한 잡지는 『地方金融組合』, 『金融と經濟』, 『金融組合』의 세 종류가 있다.

21) 『平壤金融組合貸付金個人別明細表』를 비롯하여 1907~1908년에 작성된 『貸付金旬報』, 『金融組合統計年報』와 『金融組合經營資料統計』, 『金融組合及金融組合聯合會概況』, 『調査彙報』, 『統計より見たる全羅南道(金融組合同聯合會)過去及現在』 등의 금융조합 내부의 통계자료가 있다.

22) 1910년대는 금융조합 이사진의 수가 많지 않았기 때문에 이사진의 전체모임이 이루어졌고, 여기서 각 조합의 현황을 보고하고 총독부의 지침을 공유하고 현안이 논의되었다. 그것을 정리한 것이 『地方金融組合理事會同答申書』로 1912, 1913, 1915, 1916년의 자료가 남아 있다.

23) 『組合員は斯くして身を起す』나 『明るい村』은 금융조합 조합원들의 성공사례를 모은 글이며, 『朝鮮農村物語』는 1920년대부터 금융조합 모범사례로 널리 알려진 평남 강동금융조합이사인 重松髜修의 경험담을 쓴 에세이다.

24) 대표적인 자료로 『金融組合と人物』, 『朝鮮金融組合大觀』을 들 수 있다.

제2장 한말 농업금융개혁과 지방금융조합의 설립

제1절 한말 농업금융구조와 금융개혁

1. 고리대적 농업금융구조와 금융개혁 논의

1) 개항후 고리대적 금융구조의 확대

개항 이후 상품화폐경제는 해외수요가 창출됨으로써 더욱 빠르게 발전해 갔다.[1] 곡물수출이 확대되면서 곡물생산구조와 유통구조가 재편되었고, 이는 농촌 내에서 새로운 금융수요를 불러일으켰다. 따라서 농촌 각 계층들은 저마다 자신들에게 필요한 금융구조로의 개편을 요구했고, 이는 근대개혁과정과 결합되어 여러 가지 방안으로 제기되었다.

미곡의 주된 판매자인 지주층은 곡물수출이 확대되어 미가가 빠르게 오르자[2] 농업경영에서 큰 이익을 볼 수 있었다.[3] 이들은 미곡 판매량을 늘리기

---

1) 국교 확대 이후 곡물수출과 관련해서는 吉野誠, 「朝鮮開國後の穀物輸入について」, 『朝鮮史硏究會論文集』 12, 1975 ; 吉野誠, 「李朝末期における米穀輸出の展開と防穀令」, 『朝鮮史硏究會論文集』 15, 1978 ; 李憲昶, 「開港期 市場構造와 그 變化에 관한 硏究」, 서울대 경제학과 박사학위논문, 1989 ; 하원호, 「곡물의 대일 수출과 농민층의 저항」, 『1894년 농민전쟁연구 1』, 역사비평사, 1991 ; 李潤甲, 「韓國近代 商業的農業硏究」, 연세대 박사학위논문, 1993 참조.

위해서 토지집적에 열중하는 한편, 소작인에게 전세를 부담시켜 지대수취량을 늘리고, 곡가의 계절적 차이를 이용하여 판매수익을 극대화하고자 하였다. 또는 고리대경영을 통해서 부를 축적하고 그것을 다시 토지에 재투자함으로써 지주경영을 확대해 갔다.[4)]

농민층 내부에서도 곡물판매 등 농산물 상품화를 통해서 부를 축적해가던 상층농민은 수출 길이 열리고 곡가가 올라 많은 이익을 볼 수 있었다. 특히 개항 이후에는 일본으로의 콩 수출이 많아져 콩재배로 전환하는 농민층이 늘기도 했다. 그렇지만 이 시기 진전된 지주층의 토지소유 확대와 경영 강화로 인해 넓은 소작지를 경영하여 곡물을 판매하던 자소작 대농들은 어려움에 처했다. 이 문제를 해결하는 방법으로서 자금의 여유가 있는 계층은 소작경영보다는 토지를 매입하여 지주경영을 하는 쪽으로 방향을 바꿔 안정적인 수익방법을 찾고자 했다. 조선후기의 이른바 경영형부농층으로서 농촌사회 변화를 이끌어 갔던 이 계층은 지주적 토지소유관계가 강화됨에 따라 그 존재 자체가 반봉건적으로 왜곡되고 있었다. 이들은 토지구입에 필요한 자금과 농업경영에 필요한 자금을 융통할 수 있는 안정적인 기구가 필요했던 한편으로, 자신이 소농민들에게 고리대를 대부하는 존재가 되었다.[5)]

잉여 곡물의 판매로 수익을 올릴 수 있었던 지주나 상층농민과 달리, 대다수의

---

2) 1880년대에서 1890년대 중반까지 부산지역의 미가변동을 보면, 미 1석당 1883년에는 4.25엔 하던 것이 1890년에는 5.74엔으로, 1894년에는 7.85엔으로 급격히 올랐다(하원호, 앞의 글, 262쪽).

3) 한말 일제하의 지주경영과 농민경제의 변동에 관해서는 金容燮, 「光武年間의 量田·地契事業」, 『(增補版)韓國近代農業史硏究(下)』, 一潮閣, 1984 ; 「光武量案과 時主의 실상」, 한국역사연구회, 『대한제국기의 토지조사사업』, 민음사, 1995 ; 「대한제국기 토지소유구조와 농민층 분화」, 같은 책 ; 최윤오, 「농업개혁과 근대적 토지소유」, 『한국역사입문③』, 풀빛, 1996 ; 정연태, 「일제의 식민농정과 농업의 변화」, 같은 책 참고.

4) 洪性讚, 「韓末 日帝下의 地主制-江華 洪氏家의 秋收記와 長冊分析을 중심으로」, 『韓國史硏究』 33, 1981 ; 洪性讚, 「韓末 日帝下의 地主制-50町步地主 寶城 李氏家의 地主經營事例」, 『東方學志』 53, 1986.

5) 李潤甲, 「韓國近代의 商業的農業 硏究-慶尙北道의 農業變動을 중심으로」, 연세대 박사학위논문, 1993 참조.

농민층은 수확을 하여도 1년 동안 먹을 식량조차 제대로 마련할 수 없었다. 이들은 수확기에는 소작료를 내고 부채를 갚고 나면 곧바로 조세를 납부하고 면포 등의 생활용품을 구입할 화폐를 마련하기 위해서 어쩔 수 없이 남아 있는 곡물을 팔아야 했다. 따라서 이들이 곡물을 파는 시기는 미곡판매량이 급증하여 가격이 떨어진 때였으므로 값싸게 팔 수밖에 없었다.[6] 1년치의 식량조차 준비할 수 없었던 이들은 미곡을 팔고 잡곡을 구입하여 생활할 수밖에 없었다. 게다가 소작인층은 지주들이 자신들에게 전가한 전세를 대신 내거나, 소작료율이 인상되었기 때문에 수확을 해도 자신의 것으로 가져갈 곡물의 양은 점차 줄어들었다. 따라서 생계비나 관혼상제비 등이 늘 부족했고, 그것을 메우기 위해 상인층이나 지주 부농들에게 높은 금리로 돈이나 곡식을 빌려 수확기까지 생활할 수밖에 없었다. 이들 중에는 몰락하여 소작 지을 땅도 없는 존재로서 농업노동자가 되거나 도시나 개항장 또는 광산 등에 나가 품팔이꾼이나 부두노동자·광산노동자가 되는 경우가 많았다. 그러나 이런 일거리조차 없었던 몰락농민들은 화적떼가 되었고, 이런 양상은 대한제국기까지 지속적으로 진행되었다.[7]

농민들은 대부분 같은 마을에 사는 지주나 부농에게서 개인적으로 부채를 지든가, 동리에 있는 계 자금을 이용하거나, 5일마다 열리는 시장에서 대금업자를 통해서 자금을 수급하였다. 그리고 관청의 환곡이나 관청식리전도 농촌지역 금융수급에 커다란 부분을 차지하였다. 이외에 지주층은 미곡판매를 매개로 하여 개항장이나 각 지역의 객주를 통해서 자금을 수급하기도 하였다.[8] 또

6) 미곡은 계절적으로 가격차가 큰 상품이다. 수확기인 10월에 가장 낮고, 저장해 둔 곡식이 떨어지는 2월경과 여름 보리를 거의 다 먹어가는 8~9월에 가격이 높았다. 그런데 국교확대 이후 계절적 가격변동은 정부의 미가정책이 실효성을 잃고, 지주층이 미곡수출의 이익을 높이기 위해서 값이 쌀 때 저장해 두고 값이 오르면 파는 방법을 취했기 때문에 더욱 심해지고 있었다.

7) 대한제국기 농민운동에 대한 연구사로는 楊尙弦, 「대한제국기의 민중운동」, 한국역사연구회 엮음, 『한국역사입문③ 근대·현대편』, 풀빛, 1996 참고.

8) 客主는 항구와 포구를 중심으로 도매업, 위탁판매업, 중매업, 금융업, 換거래업, 숙박업을 하는 상인이었다. 금융업 부분에서 어음의 발행·인수·할인, 자본의 예탁·임치,

국교확대 이후에는 개항장의 일본인 개인대금업자나 전당포를 이용하는 사람들이 많아져 갔다.[9)]

이러한 모든 금융방법은 농민층에게 불리한 고리대였다. 조선후기 법전상 공채 이자율은 연 1할이었지만 당시나 개항 이후나 그것은 명문에 그칠 뿐 이자율을 규제하는 힘을 갖지 못했다.[10)] 개항 이후 지주층이 운영하는 대금업의 이자율은 지역마다 다르기는 했지만, 강화지역의 경우 소액 단기는 월리 4푼 4리 이상, 평균으로는 4푼 3리 정도여서 연리는 5할이 넘었다.[11)] 심지어 환곡조차 본래 1할이었던 것을 5~10할로 거둬들였다.[12)] 관청식리전은 이자율이 연 3~5할의 고리였을 뿐 아니라, 이자계산법이 이자에 이자를 붙이는[利上加利] 복리계산법을 적용한다거나, 식리전을 나누어줄 때 그 해 이자를 먼저 빼는 경우가 많아 고리대적 금융구조를 더욱 강화시켰다.[13)] 1900년대 초반기에

환거래 등 은행과 유사한 업무를 수행하였다. 신용은 확실하여 분쟁도 거의 일어나지 않았다. 객주의 자본축적에 따라 換錢객주가 출현하였다. 대한제국기에는 외국상인의 침투를 저지하고 국내상권을 보호하는 정책을 추진하여, 객주의 商權은 안정되고 수도 증가하였다. 상인층은 이를 기반으로 기존의 상업조직을 근대화하거나 근대적 제조회사 금융기관 상업회의소 등을 설립하려고 하였다(柳承烈, 「韓末・日帝初期 商業變動과 客主」, 서울대 박사학위논문, 1996, 104~105쪽).

9) 佐村八郎, 『渡韓のすすめ』, 東京 : 樂世社, 1909, 121~123쪽.

10) 조선정부는 지방재정이 부족한 현실에서 관청식리나 개인식리를 인정할 수밖에 없었기 때문에 債訟과 利子率만이라도 법전조항에 따라 시행하도록 했다. 「子母停息令」으로 화폐대부 이자율을 고정하려 했고, 「利殖制限令」을 내려 公債는 연 1할, 私債는 錢은 연 2할, 미곡은 연 5할로 법정이자율에 따를 것을 권고하였다. 그러나 법정이율조차도 상당한 고리였고, 제한을 하더라도 다른 금융방편을 찾을 수 없는 조건에서는 시정되기 어려웠다(吳永敎, 「朝鮮後期 地方官廳 財政과 殖利活動」, 『學林』 8, 1986, 44~63쪽 ; 徐吉洙, 「開港後 利子附資本에 관한 史的 考察(I)」, 『國際大學論文集』 제7집, 1979, 252~253쪽).

11) 洪性讚, 「韓末 日帝下의 地主制-江華 洪氏家의 秋收記와 長冊分析을 중심으로」, 『韓國史研究』 33, 1981, 77~78쪽.

12) 還穀문제에 관해서는 金容燮, 「朝鮮後期 賦稅制度釐正策」, 『增補版 韓國近代農業史研究(上)』, 一潮閣, 1984 ; 宋讚燮, 「19世紀 還穀制 改革의 推移」, 서울대 박사학위논문, 1992 참조.

13) 吳永敎, 앞의 글, 44~63쪽.

도 개항장인 군산지역에서는 일본인 간의 대차는 저당이나 신용 모두 월 2~5푼 정도였던 데 비해서, 한국인이 일본인에게서 돈을 빌리면 토지나 가옥을 저당 잡히고도 월 5~6푼 또는 7푼 정도였고, 일부 전당포에서는 월 1할에 달하는 곳도 있었다. 또 내륙지역에서는 금액이 큰 상업자본은 최하 월 1푼에서 최고 4푼까지, 보통은 최하 월 3푼에서 최고 1할까지고 대개 5푼 내외였다. 대부분 한국인들이 빌리는 소액, 단기대차일 경우 市邊을 적용하여 5일간 2~3푼으로 매우 높았다. 상대적으로 상인이 큰돈을 빌 때가 가장 낮았다.[14] 지주제 사례에서 나타나는 지주고리대의 경우에도 읍내의 상인층에 대한 이자율은 가장 낮았다.[15] 그에 비해서 농촌지역에서 소농민들이 이용하는 소액 단기대차에서

14) 1904년 일본인들이 전라 경상지역에서 조사한 금리다.

지명	상업자본(다액)	통상	전당국기타소액	참고
임피	월 1푼	월 5푼	5일간 2푼	1~2개월간 신용/담보, 신용대가 많음
전주	월 4푼	월 6푼		
나주	월 2푼	월 5~7푼		신용대뿐
광주	월 2푼	연 4할		
진도	월 3푼	월 3~5푼	월 7푼~1할	
광양		월 5푼		
영암	월 2푼	월 3~5푼		
김해		월 3~5푼		
의령		연 3~4할	5일간 2푼	
영산		월 5푼		신용/담보. 기한 2~3개월에서 1년
울산	월 3푼	월 5푼		
창녕		월 1~2할	5일간 100文당 2~3文	
왜관			5일간 100文당 2~3文	
인동	연 3할	월 8푼~1할	5일간 2푼	대차 거의 없음. 신용/담보, 2~3개월에서 1년
의성		월 2푼	5일간 3푼	대차 거의 없음
안동	월 2~3푼		5일간 2푼	신용대
용궁	연 3~4할	월 5~6푼	5일간 2푼	

자료 : 日本農商務省, 『韓國土地農産調査報告』, 1905, 442쪽.

15) 洪性讚, 앞의 글, 76쪽. 강화 홍씨 가는 읍내 상인층에 대해서는 연 2할의 이자율을

고리대구조는 더욱 심했다.

당시 한국에서는 신용대부와 저당대부 중 신용대부를 일반적으로 이용하였다.[16] 신용대부가 주를 이룬 것은 대차관계가 같은 마을 내의 친척이나 이웃 또는 지주와 소작인 간에서 이루어져 서로의 경제사정과 생활을 알 수 있고, 빌리는 금액이 적었기 때문이다. 예를 들어 동리 주민들로 구성된 계는 조선 말기에 이르러 거의 다 운영자금을 마련하기 위해서 계금을 대부자금으로 이용하였다.[17] 이 자금을 사용하는 사람들은 계원이거나, 계원이 아니더라도 동리 주민이므로 이들 사이에서 저당대부는 거의 이루어지지 않았다. 그런데 이런 신용대부는 토지나 물건을 담보로 제공하지 않고 돈을 빌 수 있고, 서로 인격적인 관계 속에서 자금대차가 이루어진다는 점에서 소농민들의 금융융통을 원활하게 하는 장점을 가지고 있었다. 그렇지만 이는 자금회수에 대한 보장문제로 인해 금리가 높을 수밖에 없는 이유가 되기도 했다. 즉 신용대부가 갖는 장점에도 불구하고, 저리의 신용대부기관이 없는 현실에서는 고리대를 강화하는 요인이 되고 있었다.

이와 같은 고리대적 금융구조가 유지되는 원인은 표면적으로 본다면 화폐공급이 수요보다 적었기 때문이다. 그래서 조선후기 이래 정부는 지속적으로 화폐량을 늘려 이를 해결하고자 하였다. 18세기 말부터 화폐 주조량이 급증하여, 상평통보는 영조대 100만 냥, 정조대 80만~90만 냥, 순조대 288여만 냥, 철종대 248만여 냥, 당백전은 고종 3~4년(1866~67)에 1,600만 냥이 주조되었으며, 국교확대 전까지 청전도 300만~400만 냥이 수입되었다. 국교확대 이후 국내에서도 화폐발행고가 증가되고 외국화폐까지 유통되면서 1893년의 화폐 유통량은 한국화폐는 70만~80만 냥(700~800관문),[18] 일본화폐는 100만~

적용하였다. 이는 다른 사람들에 비해서 3할 정도가 낮은 저리금융이었다.

16) 日本農商務省, 『韓國土地農産調査報告 京畿道 忠淸道 江原道』, 1905, 484~486쪽 ; 日本農商務省, 『韓國土地農産調査報告 全羅道 慶尙道』, 1905, 442쪽 ; 日本農商務省, 『韓國土地農産調査報告 平安道 黃海道 咸鏡道』, 1905, 136쪽.

17) 김필동, 「契의 역사적 분화·발전 과정에 관한 試論」, 『한국의 사회조직과 종교사상』, 문학과지성사, 1990, 83쪽.

150만 엔에 달해 국교확대 전에 비해서 3~5배 이상이 늘어났을 것으로 추정하고 있다.[19] 이미 국교확대 이전에 화폐경제가 확대되어 고리대자본이 근대적 이자부 자본으로 전환을 할 수 있는 기초 조건이 형성되고 있었으며,[20] 국교확대 이후에 그 조건은 더욱 성숙해져 가고 있었다.

그러나 고리대적 금융구조는 이 시기에도 지속되고 또 강화되어 갔다. 원인은 보다 근본적인 곳에 있었다. 즉 농민들의 신용이 약하였기 때문이다. 일반 농민층 특히 소작농층은 1년 생계도 충족할 수 없을 정도라서 '의식이 결핍'해서 어쩔 수 없이 채무를 지는 것이므로 신용은 낮을 수밖에 없었다.

소빈농층이 신용이 낮은 가장 큰 이유는 지주소작관계라는 생산관계의 규정을 받기 때문이었다. 지주소작관계 하에서 대부분의 생산물 분배방식은 병작반수로 지주와 소작인이 50%씩 분배했다. 소빈농층은 지주의 토지집적과 부농층과의 차지경쟁에서 밀리면서 경제적 · 사회적 지위가 약해졌고, 미곡상품화는 이런 경향성을 더욱 강화시켰다. 따라서 상층부의 지주와 중간층의 부농층을 제외한 하층 농민층의 경제적 상황은 더욱 열악해져 갔다. 농촌고리대의 기반은 여기에 있었다. 소작농민 또는 무토지 농민층들이 농업경영을 통해서 안정된 수입원을 갖지 못한 상황에서 생계를 지속시켜 가는 방법은 이런 고리금융에 의지하는 것밖에 없었다. 개인대차일 경우 주로 지주에게 미곡이나 돈을 빌리므로 지주와 소작관계는 더욱 소작인에게 불리한 방향으로 악순환되어 갔다.

그에 더불어 농민경제는 불합리하고 불평등한 조세체계와 화폐금융정책 때문에 더욱 어려워졌다. 상품화폐경제가 발전함에 따라 조세금납이 확대되었으므로 그에 상응하여 화폐의 안정된 공급과 그것을 관리하는 중앙은행이 필요했다. 그러나 봉건정부가 재정을 확보하는 수단으로 악화를 남발하였기

---

18) 1904년 기준으로 볼 때 일본인들은 1兩은 1文으로 부르고, 1000兩을 1貫文이라 불렀다(日本農商務省, 『韓國土地農産調査報告 全羅道 慶尙道』, 1905, 430쪽).

19) 吳斗煥, 『韓國近代貨幣史』, 韓國硏究院, 1991, 93~95쪽.

20) 徐吉洙, 「開港後 利子附資本에 관한 史的 考察(II)」, 『國際大學論文集』 제8집, 1980, 253쪽.

때문에 화폐가치는 떨어지고 물가는 폭등하는 사태가 지속되었다. 그로 인해 화폐발행으로 생겨야 할 금리인하 효과는 거의 없어져 버렸다.[21] 정부가 화폐를 사용하는 농민들을 수탈하면서[22] 고리대적 금융구조를 더욱 강하게 만드는 셈이었다.

이렇게 강한 고리대적 금융구조 속에서 부분적으로 채무자를 보호하는 관행이 있기는 했다. 還退가 그것인데, 이는 두 가지 의미로 사용되었다. 하나는 退賭地와 동일하게 사용되는 것으로서, 토지를 파는 사람이 시가보다 값을 싸게 팔면서 10년 뒤에 토지를 되돌려받기로 하는 매매방식이었다.[23] 이는 토지매매방식이기는 하지만 파는 사람이 경제력이 없을 때 토지를 방매하는 대신 10년 동안의 이용권을 파는 것으로서 10년짜리의 대차관계로 보기도 한다. 일종의 質로서 토지를 사는 사람이 채권자가 되는데, 채권자가 토지의 용익권까지 가지는 대차관계였다. 대차관계임에도 불구하고 10년이나 5년 이상이 되었을 경우 토지소유자는 무상으로 채권자에게서 토지를 되돌려받을 수 있었다. 그 기간 동안 토지가격에 해당하는 이용수익을 얻었다는 것을 전제로 한 방법이었다. 둘째는 채무 변제기일이 지났을 때 채무자에게 유예기간을 주는 것을 말한다. 채무자를 관에서 보호하여 채권자의 요구를 물리치기 때문에 관퇴라고도 부른다. 관에서는 유예기간이 지난 후에도 채무자가 채무를 이행하지 않았을 때에 비로소 채권자를 위해서 증명을 주고, 채권자는 이것을 방매 문기 기타 권리이전의 증명으로 사용하였다. 이러한 관행 때문에 일반적으

---

21) 일반적으로 현실에서 거래되는 명목상의 이자율은 실질이자율 이외에 채무자의 신용이나 상환능력, 상환기간에 따르는 보험료와 수수료가 포함되며, 인플레이션시기에는 화폐가치가 낮아지는 데 따른 보상금적 요소가 가산된다. 그러므로 인플레이션이 계속 진행될수록 명목이자율은 높아진다(『經濟學辭典』, 博英社, 1964, 580쪽 참고). 한말시기 화폐공급량이 느는데도 불구하고 고리대가 지속되었던 것은 이와 같이 악화남발에 따른 인플레이션 때문이었다.

22) 도면회, 「화폐유통구조의 변화와 일본금융기관의 침투」, 『1894년 농민전쟁연구 I』, 역사비평사, 1991, 221~235쪽.

23) 허종호, 『조선봉건말기의 소작제연구』, 평양 : 사회과학원출판사, 1965/서울 : 한마당, 1990, 180~185쪽.

로 채무기간이 지날 때 채무자가 기간연장을 요구하면 채권자가 수락하는 경우가 많았다. 또한 변제기간이 지나면 전당물이나 권리를 채권자에게 귀속시킨다는 특약을 맺는 경우에도 채무자가 연기를 요청하는 경우가 많았고, 관에 호소하면 대개 유예기간을 주었기 때문에 실제로는 기한이 지나도 곧바로 전당물이 전당권자의 소유로 귀속되는 경우는 드물었다.[24)]

환퇴관행은 고리대적 금융구조 속에서라도 일정 기간의 유예기간을 통해서 채무자의 변제기간을 늘려주는 효과를 지니고 있었다. 그렇지만 이런 관행은 근본적으로 채무자를 보호해 줄 수 있는 것도 아니었고, 고리대적 금융구조를 해소할 수 있는 방안은 더욱 아니었다. 따라서 이와 같은 금융구조가 개혁되지 않고 더욱 강화될 경우 이런 정도의 채무자 보호조항조차 유지될 수 없었을 것이다.[25)]

이런 상황 속에서 상대적으로 가치가 안정된 외국화폐 특히 일본의 제일은행권이 널리 통용되기 시작했고, 국고은행이 미비된 상태에서 일본제일은행이 해관세를 담당하는 등 화폐금융주권이 위협받기에 이르렀다.[26)] 또한 국교확대 이후 외국인 특히 일본인들은 개항장을 중심으로 객주업과 전당포를 경영하면서 조선의 금융계로 침투해 들어왔다. 이들은 대금업을 통해 한국인의 토지를 빼앗는 한편 한국의 금융관행과 다른 방법으로 금융활동을 전개해 갔다.

일본인 객주들은 농가에게 미리 자금을 대여하여 추수 시에 생산물을 수취하는 방법 즉 '靑田으로 대부하는 방법'(밭떼기)을 많이 사용하였다. 이 방법으로 객주는 쌀을 수확 후 사는 것보다 약 20전 정도 싸게 구입하는 이익을 볼 수 있었다. 목포의 면화 매수도 대개 이 방법을 썼다.[27)] 일본인 객주의 이런 방식은 일본상인들이 농산물 매집을 수월하게 하기 위해서, 즉 유통과 금융을

24) 倉富勇三郎, 『慣習調査報告書』, 朝鮮總督府, 1910, 149~150쪽.
25) 이런 환퇴와 같은 관행은 근대적 대차관계 속에서 저당권 설정과 변제기간 경과후의 경매제도로 이어질 수 있는 것이었다. 경매기까지의 일정 기간 동안 채무자가 변제를 할 경우 채무자는 자신의 재산권을 보장받을 수 있기 때문이다.
26) 尹錫範・洪性讚・禹大亨・金東昱, 『韓國近代金融史硏究』, 世經社, 1996, 41쪽.
27) 日本農商務省, 『韓國土地農産調査報告 全羅道 慶尙道』, 437쪽.

이용하여 생산지를 장악하는 한편 한국의 토지를 침탈하여 농촌 내에서 일본인들의 영향력을 확대하려는 목적을 가지고 있었다.

또 일본인들 전당을 이용하여 토지를 침탈하고자 했기 때문에 저당대부를 주로 활용하였다. 일본인들은 한국 농촌사회를 조사하는 과정에서도 대차관계에서 증문이 존재하는지 안 하는지에 관심을 쏟으면서, 문서계약을 하는 것에는 저당대부가 많고 신용대차에는 적다는 점과 저당물은 토지가옥과 부인의 장식물을 중요시 여긴다는 점, 저당물에 대한 대부 견적표준 등을 조사하였다. 그리고 신용대부가 저당대부보다 금리가 높다는 점을 강조하여 한국 금융관행의 낙후성이 그것에서 비롯된다고 주장하였다.[28)]

이런 저당방법 가운데 전당업을 하는 일본인들은 抵當流質 방법을 많이 사용하였다. 이는 변제기간을 넘길 때 즉시 담보물을 차지할 수 있도록 미리 매도증을 받은 뒤 대부하는 방법이었다.[29)] 이를 통해서 일본인들은 한국인들의 토지를 자신의 것으로 수월하게 확보해 갈 수 있었다.[30)] 일본인들은 저당유질이 도시나 농촌 어디서나 사용하기에 편리하므로 대금업에 종사하면 성공할 수 있다고 일본인들을 위한 한국투자지침서에서 강조하였다.[31)] 이러한 금융방식은 일본 중세 이래 가장 많이 사용되던 방법이었으나, 그 방법이 영세한 채무자에게 매우 불리했으므로 금지되기도 하였다. 근대사회로 들어오면서 이보다는 저당권설정에 의한 방식으로 바뀌어 갔고,[32)] 일본민법 제정 시 저당유질계약을

---

28) 日本農商務省, 『韓國土地農産調査報告 平安道 黃海道 咸鏡道』, 138쪽.

29) 日本農商務省, 『韓國土地農産調査報告 全羅道 慶尙道』, 435~436쪽.

30) "정식으로 토지를 구입해도 물론 의외로 싼값에 점령할 수 있으나, 한국에서는 이것보다 한층 편리하고 싼값으로 점령할 수 있는 방법이 있다. 그것이 바로 '저당유질'이다. 저당사업은 질옥사업과 함께 한국에서 가장 유망한 사업이며 그 유리함에 비해서 위험도 극히 적으므로 다소 자본의 여유가 있는 사람이면 이 방법으로 토지점령 목적을 달성하는 것이 가장 편리하다"(吉倉凡農, 『企業案內 實利之朝鮮』, 1904, 70쪽).

31) 加藤政之助, 『韓國經營』, 1905, 95쪽.

32) 유질계약과 저당권설정 방식의 차이는 변제기간이 끝난 뒤 채권의 목적이 된 부동산의 처리방식에 있었다. 저당유질은 그 목적물을 채권자의 소유로 하는 것인 데 비해서 저당권설정은 경매방법에 의한 자금회수방법을 사용한다(玉塚締伍, 『不動産金融原論』, 東京 : 高陽書院, 1940, 29쪽).

금지하였다.[33] 그런데 일본인들은 자국에서 금지된 금융거래방법을 조선에서 실행했던 것이다.

따라서 이런 저당유질 방법에 의하면 부분적으로 채무자에게 변제기간을 연장해줄 수 있었던 환퇴 관행은 적용되지 못하고, 채무자가 계약을 이행하지 못하면 바로 토지를 빼앗기는 것이었다. 일본인들은 한국인들의 경제적 처지가 어려운 것을 이용하여 전당 물건인 토지의 수확물 처분이나 사용권도 제한하였고, 매도증서 작성을 조건으로 한 저당유질을 강요하였다. 이러한 방법을 통해서 일본인들은 많은 토지를 집적할 수 있었고, 이는 일본인들이 한국에서 대지주로 성장하는 한 기반이 되었다.[34] 이러한 일본인들 대금업자들의 금융운영방법은 고리대적 금융구조를 더욱 강화시키는 역할을 하였다.

2) 농업금융개혁 논의의 여러 갈래

고리대적 금융구조는 계층마다 다른 이해기반을 가지고 있었다. 따라서 그 구조의 개혁에 대해서 갖는 기대는 다를 수밖에 없었다. 고리대적 금융구조에서 가장 피해를 보던 소농민이 이런 부채의 악순환을 끊는 방법은 강력한 권력으로 고리대를 완전히 탕감시켜 버리든가, 저리자금으로 고리대를 갚아 이자부담을 줄이는 것이었다. 더 나아가 부채발생 원인을 근본적으로 없애기 위해서는 생산기반 자체를 안정화시키는 것이 필요했다. 근본적으로 농민적 토지소유를 실현하는 것이었고, 재생산이 가능한 규모의 경작지를 안정적으로 경영할 수 있는 조건을 마련하는 것이었다. 이에 비해서 미곡판매와 고리대로 이익을 보았던 지주층은 높은 가격에 곡물을 판매할 수 있는 봄철까지 곡물을 보관할 수 있는 방법과 토지나 미곡을 담보로 저리금융을 받을 수 있는 금융통로가 필요했다. 상층농민은 토지구입을 위한 저리금융과 지주층과 마찬가지로

33) 1910년 일제의 조선강점 후 조선에 일본 민법이 적용되면서 이는 법적으로 금지되었다. 단 변제기간 만료 후에 그에 대한 유질계약을 하는 것은 금지되지 않았다(玉塚締伍, 위의 책, 39~45, 614쪽).

34) 吉倉凡農, 앞의 책, 70~74쪽.

창고와 동산담보대부를 받을 수 있기를 바랬다. 이런 각 계층 간의 금융개혁 요구는 한국 근대 농업개혁론의 흐름과 결합되었고, 1894년 갑오농민전쟁과 갑오개혁에서 구체화된 방안으로 드러났다.

갑오농민전쟁 때 농민군은 "공사채는 물론하고 기왕의 것은 모두 무효로 돌릴 것"이라는 구호로 고리대적 금융구조의 근본적인 대안을 표명하였다.[35)] 이는 고리대의 악순환 고리를 끊어버리는 것으로서 세제와 신분제의 개혁과 더불어 농민층을 봉건적 질곡에서 자유롭게 해줄 수 있는 중요한 요건이었다. 소작농민이나 빈농·농촌 반프롤레타리아층으로서 고리대를 빌리는 층이었던 농민군이 지역 권력을 장악한 집강소기에는 상하관계로 고착화된 농촌사회 질서가 하루아침에 대등하고 평등한 관계로 대치되어 갔다. 따라서 고리대 문제도 차금자의 이해에 맞도록 조정되었다.[36)]

이와 같이 고리대 혁파 자체도 급격한 혁명과정에서나 실현될 수 있는 어려운 일이었지만, 그것이 실현된다 해도 보완책이 없는 한 영세농경영의 한계 때문에 다시 재생될 수밖에 없었다. 그래서 농민군들은 고리대 혁파와 더불어 농업경영의 안정성을 획득할 수 있는 방안으로서 토지의 소유와 경작 그리고 농업경영의 개혁방안인 '토지의 분작'[37)]과 공동노동 방안인 '두레법 장려'[38)]를 함께 결합시키고자 하였다.

당시 농민 협동조직은 두레와 같은 공동노동조직이나 농민생활조직으로 바뀌어 가는 계를 기반으로 근대적인 협동조직으로 개편될 가능성이 많았다. 두레는 농민들의 고립분산적 경영과 생활에 대한 대안으로 생겨난 것으로

---

35) 吳知泳, 『東學史』, 1940/博英社, 1974, 150~151쪽.

36) 洪性讚, 「1894년 執綱所期 設包下의 鄕村事情」, 『東方學志』 39, 1983, 78~97쪽.

37) 농민전쟁기 평균분작의 요구는 농민층과 개혁관료의 견해가 일정하게 절충된 것으로 볼 수 있다. 지주층의 존재를 그대로 인정하고 그 내용을 개정하려는 견해로서 초정 김성규를 들 수 있다(金容燮, 「光武改革期의 量務監理 金星圭의 社會經濟論」, 『(增補版) 韓國近代農業史研究(上)』, 一潮閣, 1984).

38) 吳知泳, 『東學史 草稿本』, 1926/歷史問題研究所, 『東學農民戰爭史料大系 1』, 麗江出版社, 1994, 478쪽 재수록.

농민 협동조직의 운영원리를 잘 보여주는 조직이었다. 18세기경에 등장했고, 농경공동체 조직으로서, 동계라든가 동약 같은 조직이 향촌 내 양반사족들과의 관계에서 형성된 조직인 데 비해서, 순수한 농민층의 협동조직이었다.[39] 마을에 1개씩 조직되어 자작농·자소작농·소작농들이 모내기와 김매기를 함께 하기 위해 결성하였고, 지주들이 이를 이용할 때는 값을 치러야 했다. 이를 통해서 농민들은 개별 농업경영이 갖는 고립성을 없애고 자발적인 共同耕作의 경험을 공유할 수 있었다.[40] 이러한 공동경영의 경험은 단순히 경작 부문에만 한정되지 않았다. 이 시기 촌락에서 성하게 활동하던 계도 공동경영방식으로 교육, 공공사업, 납세, 관혼상제 비용의 공동마련과 공동생산, 공동구입, 그리고 촌락 내 금융활동을 행하는 조직이었다. 이와 같이 농민들은 생활 속에서 자신들에게 필요한 노동력과 금융 등을 공동으로 해결하는 방법에 익숙했고, 이런 조직들을 이용하여 농업개혁을 추진한다면 개혁의 기반으로 활용될 수 있는 것들이었다.[41] 고리대를 혁파한 후 농업금융문제도 이러한 방향에서 해결될 전망을 가지고 있었다.

이러한 내적 경험은 조선후기 이래 농민항쟁, 나아가 갑오농민전쟁기 농민군의 기초조직이 되었다.[42] 따라서 이 운영원리는 향촌사회와 권력기구의 운영에도 적용될 수 있는 것으로 발전하였다. 농민군이 장악한 지역에서는 농민군의 전체집회인 都會가 의결기구로서 포 운영의 기본방침을 결정하였고, 그것을

---

39) 朱剛玄, 「두레 硏究」, 경희대 박사학위논문, 1995 ; 李泰鎭, 「18세기 韓國史에서의 民의 사회적·정치적 位相」, 『震檀學報』 88, 1999, 253~255쪽.

40) 조선왕조 이래 香徒가 변화한 것으로 자연촌 단위로 각 마을의 수호신을 모시는 신앙으로 결속되었고, 농사 때는 농경조직으로 기능하였다. 16세기 이후에는 지방사족의 발달과 더불어 향약의 하부조직으로 편재되었다. 그러나 18세기에 이르러 향촌사회의 변화 속에서 하계를 구성했던 이들은 사족들이 지배하는 향약이나 동계에서 분리하는 움직임을 보였고, 이와 더불어 두레도 등장하였다(李泰鎭, 위의 글, 254쪽 참조).

41) 백남운은 이러한 계가 약소자의 공동생존을 위한 기초가 되며, 개인주의적 양태를 벗어나 협동적인 형태로 될 때 농업협동조합이 될 내적 전망이 있음을 지적하였다(白南雲, 「朝鮮契의 사회사적 고찰」, 『學海』 1936.1/하일식 편, 『白南雲 全集 4』, 이론과실천, 1991, 49~50쪽 재수록).

42) 朱剛玄, 앞의 글, 60~63쪽.

접주·접사나 접동들이 집행하는 구조로 운영되었다.43) 이런 구도는 전주 같은 지역에서는 감사를 중심으로 한 행정관청과 집강소를 중심으로 한 의결기구의 이원화로 확대되었다.

농민전쟁기 농민군의 강령이 농민층의 바램을 반영하고 일부를 실현시키기도 했지만, 항쟁의 와중에서 구체적이고 완결된 사회개혁론은 마련할 수 없었다. 그에 비해서 농민군을 진압하고 일본군의 도움으로 정권을 장악한 개화파는 농민군의 요구를 일정하게 수렴하면서 근대개혁을 추진했다.

갑신·갑오개혁을 추진했던 개화파는 고리대적 금융구조의 문제점을 조세개혁과 화폐금융제도의 개혁을 통해서 완화하고자 하였다. 먼저 관청고리대였던 환곡제를 폐지하고, 그것을 부세제도 개혁론으로 제기되었던 社倉制와 절충시켜44) 당시의 향촌사회에 맞도록 개편하는 「社還條例」를 제정함으로써 환곡의 관청고리대적 기능을 없애고자 하였다.45) 사환은 종래의 환곡을 각면에 나누어 公穀으로 삼고, 목적은 빈민들을 위한 진대로 명시하였다. 흉년이나 재해를 당해 빈민이 자력으로 지탱하기 어려운 경우에 빌려주고, 수년에 걸쳐 분할 납부하도록 하였다. 또한 평년에는 원하는 사람을 대상으로 봄에

---

43) 洪性讚, 앞의 글, 1983, 73~78쪽.

44) 김윤식은 상평창의 설치를 주장하였는데, 그 방법은 다음과 같았다. 토지 3000여 결에서 결당 3두씩 거두어 미 600여 석을 만든다. 관리인으로서 관노 5~6명, 사령 20명에게 급료로 1년의 料米 400석을 제하고 200석이 남으면 이를 읍창에 저장하여 향중 士人 가운데 청렴한 자를 감관으로 삼고 이원 가운데에서 謹愼忠直者를 뽑아 읍리로 삼아 출납을 전임하게 한다. 춘궁기에는 싼값에 창고의 쌀을 내다 팔고, 추수기에 비싼 값으로 사들인다. 관리의 협잡을 막기 위해 담당관리-순영-호조의 감독을 받도록 하고, 순영은 열읍의 전곡을 유용하지 않으며 서울에서 바깥 도의 전곡을 유용하지 않는다면 허다한 폐정이 일소되고 5~6년 이내에 수천 석, 20년 이내에 수십만 석을 축적할 수 있다고 주장하였다(『金允植全集(上)』, 491~492쪽 「十六私議」, 「第七蓄積」; 李相一, 「雲養 金允植의 思想과 活動 研究」, 동국대 박사학위논문, 1995, 96쪽 참조).

45) 度支部令 제3호 「社還條例」, 『韓國近代法令資料集』 1895년 윤5월 28일; 金容燮, 「朝鮮後期 賦稅制度釐正策」, 『(增補版)韓國近代農業史研究(上)』, 372~373쪽; 宋讚燮, 「19세기 還穀制 改革의 推移」, 서울대 박사학위논문, 1992.

빌려주고 가을에 거두어들임으로써 면 내의 금융기구로서 역할하였다. 그 이자율은 매 석당 미 5승씩으로 하여 관리자인 社首와 守倉의 급료와 잡비, 손실된 곡식보충에 쓰도록 해서, 환곡제나 이전의 사창제보다 이자율을 훨씬 낮추었다. 향촌사회 내부에서 향촌민에 대한 구휼과 저리금융기구를 자치기구로 만들어 농촌민이 고리대적 관계에서 어느 정도라도 벗어날 수 있도록 한 것이다.

이러한 사환제도의 제정과 운영의 개혁은 개화파의 농업개혁론이 기반이 되었다. 개화파는 지주적 토지소유권을 확인하여 지권을 교부함으로써 지주적 토지소유를 유지하면서 조세제도를 균부균세적인 방향으로 개혁하는 근대개혁을 추진하고자 하였다.[46] 그렇기 때문에 금융개혁은 고리대적 금융구조의 근본적인 원인인 토지소유제도와 경영에 대한 개혁과 결합되지 않았다. 대신에 조세제도의 불합리성과 봉건적인 수탈성을 제거하면서 조세금납화와 재정안정을 위해서 1894년 7월 「신식화폐발행장정」으로 화폐제도를 정비하고 국고은행을 설립하고자 했다.[47]

개화파의 농업개혁은 국가 전체 체계에서의 근대개혁이라는 과제에 집중되어 있었으므로 농촌 소빈농층의 재생산 보호와 금융문제는 「사환조례」와 같이 향촌사회 단위에서 해결해야 할 문제로 남았다. 즉 향촌자치문제 속에 포함되는 문제였다. 사환은 면리민의 자치로 운영되었다. 사환은 면리에서 직접 운영을 담당하여 조례에서 정해진 사항 이외에는 면리의 공의로 결정하고, 면내에서 덕망이 높은 자를 뽑아 공의를 이끌어 가게 하였다. 인민이 직접 사창의 관리자인 사수와 수창을 뽑았고, 한 해의 출납 결과도 다음 해 3월까지 면리의 인민들에게 공개하게 함으로써 면리민이 그 운영 전반과 내역을 알 수 있도록 하였다.

46) 金容燮, 「甲申甲午期 開化派의 農業論」, 『(增補版)韓國近代農業史硏究(下)』, 47~48쪽.

47) 조선정부는 1887년부터 은행설치 등의 명목으로 외자 100만 달러를 차관하여 은행과 교환소를 설치하고 本位貨와 兌換券 발행계획을 세우며 1891년 「大朝鮮國貨幣條例」를 발표하여 근대적 화폐제도를 수립하고자 하였다. 근대적 화폐제도의 수립과 본위화제도에 관한 경과과정은 尹錫範 外, 앞의 책, 42~56쪽 참조.

이렇게 향회 운영은 향촌자치를 확대시키는 방법이었지만, 향회 내부 운영에서 운영을 주도하는 층은 재력있는 부민층이었다. 향회에는 모든 면민이 참여했지만 부역이 많은 상등호민에서 집강 존위와 그 차석이 결정되었고, 조세를 체납한 호는 회원으로 참석할 수도 없었다.

또한 민의 참여로 이루어지면서도 관에서 사환의 운영에 관여하였다. 사수와 수창을 인준하고 사환을 관리하는 방법과 출납을 감사하며 보고서를 받았다. 따라서 면리에서는 매년 사환의 분급과 수거인, 사수와 수창의 인적 사항을 보고하였고, 군에서는 향장이나 도서기가 사환곡의 운영을 관할하였다.

이러한 사환제의 운영구조는 지방제도 개혁방안으로 1895년에 제정된 「향회조규」의 운영방식과 같았고, 사환제에서 인민의 공의로 이루어진다는 것은 향회에 의한 운영을 의미하였다.[48] 정부는 향회를 부세기구로서 적극적으로 활용하였으며,[49] 「향회조규」에서도 부세징수를 위한 보조기구로서의 성격이 강하였다. 그렇지만 동시에 향촌사회 운영에 관한 많은 기능들을 자치적으로 결정할 수 있도록 하였다. 그 범위는 ① 교육 ② 호적과 地籍 ③ 위생 ④ 사창 ⑤ 도로·교량 ⑥ 식산흥업 ⑦ 산림과 수리시설, 항구 ⑧ 세목과 납세 ⑨ 구휼 ⑩ 공공 복역 ⑪ 稧會 ⑫ 신식 令飭에 관한 사항을 폭넓게 의결하는 기능을 가졌다.

향회의 운영은 각 회원이 논의하여 다수의 의견에 따르도록 하였고, 사무를 담당할 里會의 존위, 면회의 집강은 민인들에 의해 반상의 구분 없이 선출하여 자치적으로 운영하며, 감독은 군수－집강－존위의 행정계통에 의해 이루어졌다. 이런 구조는 향회의 결의가 실현되는 과정에서도 마찬가지로 관철되었다.

---

48) 「鄕會條規」, 『韓國近代法令資料集 I』, 600～602쪽.

49) 갑오개혁 초기에는 탁지아문이라는 중앙의 조세행정기구가 징세업무를 지방의 향회와 그에 연결된 향원에게 자율적으로 맡기려고 하였다. 이러한 징수체계는 '지방자치적인 향회와 중앙집권적인 징세기구의 결합'을 시도한 것이었다. 그러나 각 지방의 사정에 따라 자율적으로 운영되어 온 향회와 결부되기 어려웠으며, 기득권층이던 지방의 이서, 향임들과 재지 양반층, 농민이라는 이해관계를 청산하기 어려웠다(鄭銀景, 「甲午改革의 鄕會制度에 관한 硏究」, 한양대 박사학위논문, 1996, 108～130쪽).

향회 내에서 논의에 합의를 보았더라도 각 단위에서 존위나 집강이 의결사항에 반대할 경우에는 다시 再議를 행하고, 재의 결과가 여전히 처음과 같을 경우는 각 상위 향회의 수석인 집강과 군수에게 판결을 청하도록 하였다. 군회에서 군수가 거부하는 사항은 三議까지 행하고 그래도 마찬가지일 때는 관찰사에게 재결을 청하도록 하였다(제7~16조). 이러한 재결 과정은 향회의 결의사항이 정부의 방침과 다를 경우 정부의 의사대로 결정하기 위한 방침이었다. 즉 정부는 19세기 이래의 농민항쟁과 갑오농민전쟁을 거치면서 성장해 간 민중의 식을 염두에 두고, 한편으로는 자치기구를 정비하여 관치보조적인 향촌질서의 수립을 전면에 내세우면서도, 또 한편으로는 그것을 정부행정기구가 운영을 통제할 수 있는 방안을 마련한 것이다. 특히 갑오정부는 최하 말단의 담당자들을 과거의 양반층이 아니라 지역민의 여망을 받으며 성장하던 자산가층, 부요층으로 설정하고, 이들을 지배기구의 최말단에 편재하여 개혁을 추진하고자 하였다. 이는 위로부터의 지방제도 전면 개편에 조응하는 것이었다.[50] 이와 같은 운영구조는 지주적 토지소유를 인정하여 기존의 기득권층의 이익을 도모하는 한편 새로이 성장하고 있는 자산가층의 이해를 대변하였던 갑오개혁의 개혁방향과 결합되는 것이었다.

이와 같이 고리대적 금융구조는 개항 이후 외국으로의 곡물수출이 활성화되면서 곡가가 오르고 지주적 토지소유가 강화되어 일반 소·빈농층의 경제여건이 더욱 악화되는 상황에서 더욱 강화되었다. 거기에다가 일본인들의 금대업이 농촌사회에 침투하면서 환퇴와 같이 채무자자에게 도움이 되던 금융관행을 저당유질과 같은 채권자 위주로 개편하고, 그것을 통해서 한국 농민들의 토지를 빼앗아 가고 있었다. 이런 고리대적 금융구조는 영세농업경영의 확대와 더불어 더욱 확산되었고, 그에 대한 해결방안은 농업개혁의 방향에 따라 달리 제시되었

---

50) 왕현종, 「甲午改革 硏究」, 연세대 박사학위논문, 1999, 242쪽 ; 李相燦은 군회가 군수의 행정집행을 감독하고 군수의 횡포를 견제하는 의사기구라기보다는 군수의 행정집행을 보조하는 관치보조기구로서의 역할이 크다고 평가하였다(李相燦, 「1906~1910년의 地方行政制度 變化와 地方自治論議」, 『韓國學報』 42, 1986, 52쪽).

다. 1894년 농민전쟁에서 농민군들은 고리대적 금융구조를 근본적으로 해결하기 위해서 고리대의 혁파와 농민경제의 안정책인 토지균작과 두레법에 의한 협동경영방법을 대안으로 삼았다. 농민층의 자치에 의한 사회운영원리에 입각해서 농민경제를 안정화시키는 방안이었다. 이에 비해서 갑오정부는 지주층의 이해기반에 입각하여 근대국가를 수립하고자 했으므로, 조선정부의 개혁전통을 이어 조세개혁과 그것의 근대적 개편방안으로 결합된 화폐·금융의 근대화 속에서 고리대 금융문제를 완화시키고자 하였다. 지주적 토지소유를 확인하여 영세농경영이라는 구조를 유지하면서, 거기서 파생하는 모순을 완화하기 위해서 환곡제도를 개혁하여 빈민층에 대한 진대와 평상시 금융이용의 길을 열어주는 방안을 택했다. 그 해결방안은 향촌자치에 의하는 것이었는데, 「사환조례」와 「향회조규」로 대표되는 갑오정부의 지방개혁방안은 면동리의 향촌자치적 기반을 인정하면서도 그것을 수령과 집강에 의한 국가행정체계가 최종 통제하도록 하는 집권적인 형태의 향촌자치기구에 의거하는 것이었다.

2. 대한제국의 금융개혁과 지방금융조합의 설립 구상

1) 금융주권의 보호와 고리대 억제책

갑오개혁은 짧은 기간에 종결되었고 개혁은 대한제국으로 이어졌다. 대한제국은 삼국간섭 이후 조성된 열강 간의 세력균형을 배경으로, 구본신참을 내세우며 위로부터 자주적인 개혁을 추진하였다. 구본신참의 이념은 갑오개혁의 급진적 개혁추진에 반발하는 보수층을 무마하면서 근대 개혁을 추진하려 한 광무개혁의 이념이었다. 대한제국은 황실이 주체가 되어 지주층을 기반으로 한 자본주의 근대화사업을 제도화하는 가운데 자본축적의 수단으로서 민중수탈을 강화해 갔다.[51] 따라서 이 시기 동안 한국의 근대개혁사업이 빠르게

---

51) 대한제국기의 개혁의 내용과 성격에 대해서는 金容燮, 「光武年間의 量田·地契事業」, 『增補版 韓國近代農業史研究(下)』, 一潮閣, 1984 ; 姜萬吉, 「大韓帝國時期의 商工業問題」, 『亞細亞研究』 50, 1973 ; 宋炳基, 「光武改革 研究」, 『史學志』 10, 1976 ; 羅愛子,

추진되기는 했지만, 농민투쟁 또한 사안 사안에 따라서 또는 정치적인 운동으로 지속됨으로써 내적인 갈등이 심화되었다.[52] 대한제국으로서도 농민층의 저항을 무마하기 위한 조치를 강구하지 않을 수 없었다. 소농금융기구의 수립은 그 방안의 하나였고, 이는 地方金融組合의 형태로 가시화되었다.

당시 농업금융문제 특히 소농금융의 해결방법은 고리대적 금융구조를 낳게 한 조세수취구조, 화폐제도와 운영의 문제, 그리고 지주제에 규정된 농민경제의 영세성이라는 문제와 관련된 사안이었기 때문에 이를 전면적으로 구조 개혁하면서 해결해야 했다. 이에 대해서 대한제국정부는 화폐제도와 중앙은행의 설립으로 화폐금융주권을 지키면서 근대화사업에 필요한 자금을 공급하기 위해 금융기구를 만드는 과정에 소농민을 대상으로 하는 금융기구인 지방금융조합을 설립하였다. 따라서 지방금융조합의 지위는 화폐금융주권의 유지와 전체적인 금융체계에 의해 규정될 수밖에 없었다.

이 부분에서 대한제국이 가장 먼저 추진한 사업은 화폐・금융주권을 지키는 것이었다. 대한제국정부는 제일은행권에 의해 침탈받고 있는 화폐주권을 회복하고, 중앙은행을 설립하여 화폐의 국가발행권을 확립하는 한편 항상 부족했던 화폐공급을 활성화하며, 악화 주조와 남발에 따른 문제해결, 그리고 조세금납화에 따른 조세금 수납의 불편함과 그 과정에서 발생하는 관리들의 부정부패를 방지하고자 하였다. 정부는 1903년 3월 24일 칙령 제8호로 「중앙은행조례」[53]와 제9호 「태환금권조례」[54]를 공포함으로써 본격적으로 중앙은행을 설립하는

「李容翊의 貨幣改革論과 日本第一銀行券」, 『韓國史硏究』 45, 1984 ; 崔元奎, 「韓末日帝初期 土地調査와 土地法」, 연세대 박사학위논문, 1994 ; 한국역사연구회 근대사분과 토지대장연구반, 『대한제국의 토지조사사업』, 민음사, 1995 ; 金容燮, 「高宗朝王室의 均田收賭問題」, 『(增補版) 韓國近代農業史硏究(下)』, 一潮閣, 1984 ; 裵英淳, 「韓末 驛屯土調査에 있어서의 所有權紛爭」, 『韓國史硏究』 25, 1979 ; 朴贊勝, 「韓末驛土・屯土에서의 地主經營의 강화와 抗租」, 『韓國史論』 9, 1982 참조.

52) 대한제국기 농민운동에 대한 연구사로는 楊尙弦, 「대한제국기의 민중운동」, 한국역사연구회 엮음, 『한국역사입문③ 근대・현대편』, 풀빛, 1996 참고.

53) 勅令 제8호 「中央銀行條例」 光武7.3.24, 『官報』 光武7.3.26, 273~275쪽.

54) 勅令 제9호 「兌換金券條例」 光武7.3.24, 『官報』 光武7.3.26, 275쪽.

작업에 들어갔다.[55] 중앙은행은 국고금 취급, 해관세와 세금수납, 태환은행권 전담발행, 금지금 매입 등 중앙은행 고유의 업무를 독점하며, 일반은행 업무도 허용하였다. 그리고 주주는 한국인으로 한정하고 외국인에 대한 주식매매와 양여를 금지시켜 외국자본의 침투를 배제하였다. 한국정부가 직접 화폐를 발행하고 중앙은행을 설립함으로써 금융주권을 장악하고자 한 것이었다.

대한제국은 이러한 중앙 차원에서의 금융개혁과 더불어 금융기구를 통한 근대화사업에 따르는 자금공급을 추구하였다. 그 방안은 기존의 자금원인 상인자본과 관료자본의 기초가 되는 지주자본을 활용하는 것으로서 지주계급이 이용할 수 있는 부동산금융기구를 설립하는 것이었다. 이를 위해서 상업자본과 관료・지주자본을 이용하여 은행을 설립하고,[56] 지주자본의 금융자본・상공자본으로의 전환을 꾀하였다.[57] 지주자본의 전환은 우선 토지제도의 근대화사업과 병행되어 진행될 수밖에 없었다. 이에 대한제국은 갑오개혁기에 추진하

---

55) 이에 앞서 정부는 여러 은행의 설립을 후원하고 그 은행들을 통해서 국고금수납과 화폐발행 문제를 해결하기 위한 시도를 하였다. 1899년 황제 측근의 고위관료와 군부와 궁내부 중간급관리가 주도가 된 대한천일은행이나 1900년 궁내부가 주도한 대한제국특립은행에게 태환권 발행기능과 조세금 취급의 특권을 부여함으로써 중앙은행의 기능을 일부 수행할 수 있게 하였다.

56) 이 시기 대표적인 한국인 은행은 漢城銀行과 大韓天一銀行이었다. 漢城銀行은 1896년 설립되어 1903년 공립한성은행으로 개편되었으며, 탁지부는 1896년 정부잉여금의 절반을 예치하는 등 적극 지원하였다. 大韓天一銀行은 1899년 1월 황제의 측근들에 의해서 설립되었고, 궁내부와 정부가 최대 주주가 되고, 정기적인 보조금을 지급하는 등 왕실이 적극적인 후원을 하였다. 또한 태환권 발행기능과 조세금 취급의 특권을 가지고 있어 국고은행의 필요가 긴급했던 대한제국이 중앙은행을 설립하기 전 국고은행으로서 활용하고자 한 측면이 많았다(尹錫範 외, 앞의 책, 64~71쪽 ; 도면회, 「갑오개혁 이후의 근대적 금융기관」, 『國史館論叢』 77, 104쪽).

57) 탁지대신 민영기는 농공은행 설립 이후 은행장과 지배인회의에서 "재원의 함양은 국가경영에 필요한 바로서 은행은 이에 필요한 기관이다. 우리나라의 국시는 농본이기 때문에 농업의 개량 발달을 꾀해야 한다. 정부가 농공은행을 각 요지에 창립한 까닭이다. …… 농공상 각반의 사업에서 은행의 쓰임새를 기다리는 자가 많음에도 불구하고 왕왕 이를 한각하여 지금 고리 때문에 괴로워하는 자가 있음은 본 대신이 깊이 실업을 위해 애석한 바이다"라고 하여 지주금융기구로서 농공은행의 성격을 표현하였다(「農工銀行長及支配人會議 經過」, 『財務週報』 제3호, 49쪽).

려 했던 지주적 토지소유권의 확정과 지권발행 정책을 이어받아 광무양전사업을 통해서 이를 실현하고자 하였다. 토지소유권을 확정하고 그것을 국가가 증명함으로써 지주적 토지소유제도를 안정시키고,[58] 토지소유권을 담보로 하거나 그 신용을 바탕으로 금융자본을 활용할 수 있게 하여 지주자본이 다른 산업에 참여할 수 있는 토대를 마련하였다.[59] 이는 왕실 자신이 거대지주로서 자신의 토지소유권을 확정하고 지주경영을 강화함으로써 자본축적을 이루고, 그것을 기반으로 식산흥업정책의 주체로 나서려 했던 것과 관련되어 있었다. 이 시기 관료지주들에 의한 상공회사의 출현 등도 같은 맥락에서 왕실을 비롯한 지주관료자본을 상공자본으로 전환함으로써 근대개혁을 추진하려는 대한제국의 상공업정책에 의거한 것이었다.

이러한 목적을 실현하기 위해서 부동산금융기구가 요구되었고, 그것은 화폐정리에 따른 전황대책의 일환으로서[60] 1906년 3월 21일 칙령 제13호 「농공은행조례」에 의해 농공은행이 설립되는 것으로 구체화되었다.[61] 농공은행은 "농업공업의 개량발달을 위해 자본을 대부하는 것"을 목적으로 설립되었고, 주요 영업사항(3조)은 ① 연부 또는 정기상환의 방법에 의한 부동산담보 대부 ② 법령으로 조직되는 공공단체에 대한 무전당 대부 ③ 20인 이상의 농업자 또는 공업자의 연대책임에 의한 5개년 이내로 정기상환 무전당 대부 등을 실시하도록 하였다. 이 경우 대부목적은 ① 개간 배수 관개 및 경지 토지 개량 ② 경작도로의 축조 또는 개량 ③ 식림사업 ④ 종묘, 비료, 기타 농공업용 원료의 구입 ⑤ 농공업용건물의 축조 또는 개량 ⑥ 앞의 항목 외 농공업을 개량할 목적에 사용될 경우로 제한하였다(4조). 대부목적에서 개간 등의 토지개량을 가장

---

58) 金容燮, 「光武年間의 量田·地契事業」, 『增補版 韓國近代農業史硏究(下)』; 崔元奎, 앞의 글 ; 한국역사연구회 근대사분과 토지대장연구반, 앞의 책 참조.

59) 부동산등기제도를 채택하는 것은 토지에 대한 권리를 제3자에 대해 국가가 증명함을 의미하는 것이므로, 이를 근거로 한 토지권리의 활용 특히 금융이용에의 길이 열리게 된다(崔元奎, 위의 글, 338~349쪽).

60) 2절에서 다시 설명하겠다.

61) 勅令 第13號 「農工銀行條例」 光武10.3.21, 『官報』 3409號, 光武10.3.24, 45~47쪽.

앞세운 것은 이 시기 지주층의 여론이었던 농촌진흥책[62] 또는 우후죽순으로 설립되는 농사회사 등의 업무와 관련이 있었다.[63] 이런 방면에 대한 금융융통의 필요성은 그 이유 여하에 관계없이 대한제국정부나 일본제국주의나 공통된 방향이었다고 할 수 있다.

그렇지만 농민층은 농민전쟁으로까지 폭발하면서 농민경제 안정화에 대한 근본적인 대책, 즉 토지문제의 해결과 고리대의 완전 혁파, 그리고 농민층의 정치참여를 요구하였다. 또 대한제국기에 이르러서도 활빈당과 같은 조직적인 농민항쟁과 농민에 대한 토지분배와 농민적 상품화폐경제의 확립에 대한 요구는 계속되었다.[64] 따라서 갑오개혁정부만이 아니라 대한제국정부도 농민층의 요구를 일정하게 수렴하지 않을 수 없었다.

고리대 문제를 해결하는 일차적인 방안은 저리자금을 공급하는 근대적인 금융기구를 전국적으로 설립하여 자금수급을 원활하게 하는 것이었다. 그렇지만 전국적인 고리대적 구조를 해체할 수 있을 정도로 금융기관을 설립하려면 상당한 시일이 걸릴 수밖에 없었다. 따라서 정부는 우선 고리대를 억제하는 한편 일본인들이 행하는 저당유질 방식에 의한 토지침탈을 막는 방법을 강구하였다. 정부는 한국인을 대상으로 한 토지소유권 확정작업인 양전・지계 사업을 실시하여 외국인의 불법적인 토지소유를 방지하는 한편 저당유질에 의한 토지침탈을 막기 위한 법으로 1898년 11월 「전당포규칙」[65]을 제정하였다.

---

62) 金度亨, 『大韓帝國期의 政治思想硏究』, 지식산업사, 1994, 138~144쪽.

63) 대한제국기에는 농림업에 관계되는 회사들이 다수 설립되었다. 대한제국 전기에는 농장경영(牧養社)이나 황무지 개간(農鑛會社)를 목표로 설립되었고, 후기에는 그와 더불어 양잠업 관련 회사가 급속히 늘어났다. 특히 러일전쟁 직후에는 일본의 황무지 개척권 요구와 관련하여 황무지 개간을 목적으로 하는 회사가 다수 설립되었다(全遇容, 「19世紀末~20世紀初 韓人 會社 硏究」, 서울대 박사학위논문, 1997, 214~218쪽).

64) 활빈당은 주로 행상, 실업자, 반프롤레타리아화한 빈농, 초보적 노동자, 걸인들로서 생산관계에서 벗어난 계층이 주류를 형성하였다. 이들의 강령인 「13조목 大韓士民論說」을 통해 볼 때 봉건적인 수탈과 일본의 경제적 침략에 저항하면서 소상품생산자로서의 자립과 발전, 농민적 토지소유의 발전을 지향하는 것이었다(鄭昌烈, 「韓末 變革運動의 政治經濟的 性格」, 『韓國民族主義論』, 創作과 批評社, 1982).

65) 법률 제1호 「典當鋪規則」 1898.11.2, 『官報』 光武2.11.5, 728~729쪽.

「전당포규칙」에서 규정한 전당물품은 토지·家舍 등 부동산의 계권과 器用雜物, 의복, 布帛, 금은, 보패 등 동산 일체를 대상으로 하였으며, 이중에서 토지와 가옥을 포함한 부동산 전당문제에 대해서 주의할 점과 처벌규정을 마련한 것이었다. 전당포의 개설과 운영, 그리고 부동산 전당에 대해서 관청 허가사항으로 제한하였다. 관청 즉 국가가 부동산 전당에 대해서 허가권을 가진다는 것은 토지의 이동에 대해서 국가관리체제를 수립하겠다는 의지가 반영된 것이었다. 이는 나아가 토지소유권과 경작권 및 이용권 그리고 저당권까지 국가가 관리하고자 한 양전사업과 지계사업과 같은 인식배경을 가지고 있었다. 또한 부동산 전당을 할 수 있는 전당포를 한국인이 운영하는 곳으로 한정함으로써 외국인의 전당업을 억제하고자 하였다. 이는 외국인의 전당행위 때문에 한국인이 토지와 가옥의 소유권을 빼앗기는 사태를 막기 위한 조치였다. 그리고 退典기간을 3~5개월로 하여 그 기한 내에 변제하지 못할 경우는 차금자와 전당포주가 합동으로 방매하도록 하고, 다시 기한 만료 후 5일간의 경과규정을 둠으로써 계약만료일 이후 곧바로 전당업자가 토지소유권을 획득할 수 없도록 하였다. 즉 저당유질의 전당행위를 막고자 한 것이다. 또한 기한 내에 이자만 지불할 경우에도 다시 저당기간을 연장할 수 있도록 하는 등 차금자에게 불리하지 않도록 하는 조치가 포함되어 있었다.[66]

또한 법정 이자율을 정해 이자율이 더 이상 높아지는 것을 방지하는 법령으로서 「전당포규칙」에 이어 11월 14일에 농상공부령 제31호 「전당포세칙」을 발포하였다.[67] 이는 조선후기 이래 정부가 시행하던 고리대 억제방법의 연장선에

---

66) 이러한 대한제국정부의 노력은 1906년 勅令 제80호 「土地家屋典當執行規則」에서 流質契約을 인정함으로써 실패로 돌아갔다(勅令 제80호 「土地家屋典當執行規則」 光武10.12.26, 『韓末近代法令資料集 V』, 378쪽).

67) 農商工部令 제31호 「典當鋪細則」 1898.11.14, 『官報』 光武2.11.14, 762~763쪽. 전당포 개설 요건은 자본이 2천 냥 이상이어야 하며, 전당포를 개설하고자 할 때는 군청에 신청하고 군청에서 농상공부에서 결정하며, 세금을 매월 내야만 가능했으며, 매년 1회 연말에 지방관이 자본금을 검사를 강제함으로써 전당업에 대한 관리체계를 만들었다.

있는 조치였다. 전당포의 법정이자율은 다음과 같다.

<표 1> 「전당포세칙」에 규정된 이자율

액수(냥)	이자율	액수(냥)	이자율
1~20	월 5푼	1001~2000	월 2푼
21~100	월 4푼	2001 이상	월 1푼
101~1000	월 3푼		

이 「전당포세칙」에서 규정하는 이자율은 여전히 높은 수준이었다. 금리가 더 이상 인상되는 것을 막는 조치 정도였다고 할 수 있다. 그러나 이런 조치를 취했다 하더라도 고리대적 금융구조가 해체될 수 있는 기반 조건이 형성되지 않는 상황에서 이자율을 억제할 수는 없었다. 따라서 이자율에 대한 조치는 다시 제기될 수밖에 없었다.

1906년 「이식규례」[68]는 이자율에 대한 제한선을 제시한 것이었다.[69] 여기서는 차금계약을 할 때 이자율은 연간 원금의 4할을 넘지 못하며, 계약이 없이 차금을 했을 경우는 원금의 2할을 넘을 수 없도록 규정하여 고리대에 대한 억제책을 마련하였다. 또한 이자의 총액이 원금을 넘지 못하도록 하고, 이자를 원금에 더해 이자를 계산하지 못하도록 규정함으로써 복리계산으로 인해 부채가 기하급수적으로 늘어가는 현상을 막고자 하였다. 이는 조선후기 관청식리전에서도 사용하던 것을 정부가 그 해악을 없애기 위해서 개선안을 제기한 것이다. 그리고 계약상의 이자율이 「이식규례」의 규정을 넘을 때는 아예 무효로 하여

68) 법률 제5호 「利息規例」 光武10.9.24, 『韓國近代法令資料集 V』, 168쪽.

69) 일본에서도 이자율을 제한하는 법으로 1877년 「이식제한법」이 제정되었고, 이는 1898년과 1920년에 개정되었다. 그러나 여기에서는 이자의 복리계산법을 금지하지 않았다(玉塚締伍, 앞의 책, 230~231쪽). 대한제국이 「이식규례」를 제정하던 1906년 10월은 대한제국이 자신의 정책방향을 제시하는 한편 일본고문단에 의해 다시 재조정을 받던 시점이었다. 1906년 8월 15일 「부동산소관법」이 제정되었고, 그것이 일본인 법학자 梅謙次郎에 의해 일본의 의도를 좀더 관철하는 방향으로 바뀌어 1906년 10월 16일 「토지건물 매매 교환 양여 전당에 관한 법률」이 제정되었다. 따라서 일본의 영향을 받는 시기라 할지라도 대한제국의 독자적인 방침이 제출될 수 있는 여지는 있었다고 할 수 있다.

소농층이 이자로 인해 많은 피해를 받지 않도록 한 것이었다.

이와 같은 정부의 조치는 근대적 금융기구가 완비되지 않은 상황에서 고리대를 억제하기 위한 것이기도 했지만, 더 근본적으로는 일본인에 의해 한국토지 침탈을 막는 한편, 환퇴규정과 같은 최소한도의 경과조치는 유지하겠다는 의지를 표명한 것이었다.[70] 그렇지만 금리제한은 일정한 지침선을 가진다는 의미일 뿐 고리대적 금융구조에 대한 근본적인 해결방법은 아니었다.

2) 소작농 대상의 신용대부기구 구상

대한제국은 고리대 금융구조의 해결을 위해서 자신들이 추구하던 지주적 사회구조가 유지되는 선에서 경작농민에 대한 일정한 보호조치를 취하고, 그에 대한 저리 금융을 제공하는 방안을 제기하였다. 즉 광무양전사업과 토지법 제정에서 토지소유권을 확정함으로써 지주의 토지권을 강화시키는 한편으로 경작권을 조사하고 物權으로 인정함으로써 소작인층 특히 경영형부농층이나 경영지주의 존립을 인정한 것이었다.[71] 그리고 이런 기반 위에서 소농금융기구를 설립하여 신용있는 소농층을 대상으로 저리의 신용대부를 융통해 주는 방안을 가지고 있었다. 이것이 지방금융조합의 구상으로 이어졌다.

지방금융조합의 설립이 구체적으로 진행된 것은 일본인 재정고문 메가타 조타로(目賀田種太郎)에 의해서였다. 그는 탁지부와 협의 하에 1906년 4월 한국정부 내각에 「지방금융조합설립요강」을 검토하도록 하였다. 그 내용은 2~3개 군에 1개의 조합을 설치하고 단기의 소액자금을 신용대부하며, 지배인은 특별히 일본인을 채용하고 자금은 정부의 공채자금을 동원한다는 것이었다. "대인 신용을 기반으로 한 소농민 위주의 상호조합"이 강조되었다.[72] 그리고

---

70) 지방금융조합의 설립을 주도했던 재정고문 目賀田種太郎은 토지금융에 대한 문제에서 저당유질을 인정하는 「土地家屋典當執行規則」과 같은 법안의 수립 또한 주도하였다.

71) 崔元奎, 앞의 글, 150~154쪽.

72) 目賀田種太郎, 「金融組合設立의 由來」, 『地方金融組合』 1915.9, 93~94쪽.

1907년 4월 한국정부 내각과 이토 히로부미(伊藤博文)로 대표되는 통감부측의 협의기구인 「제15회 한국시정개선에 관한 협의회」에서 「지방금융조합설립계획요령」이 제출되었고 이는 정부대신의 적극적인 합의를 받아 실행에 들어갔다.[73] 협의회의 제안설명에서 메가타는 조합자금은 정부대여 기본금 1만원을 중심으로 하되 필요한 경우에 농공은행에서 자금을 차입할 수 있으므로 조합은 貸金조합이 아니라 借金조합이라는 조합의 성격을 부가적으로 설명했고, 지방금융조합 설립에 관한 내부합의는 쉽게 마무리되었다. 이런 내부협의를 끝낸 후 곧바로 1907년 5월 칙령으로 「지방금융조합규칙」이 발포되어 "농민의 금융을 완화하고 농업의 발달을 기도함을 목적하는 사단법인"으로서 지방금융조합이 설립되었다.[74] 이 안은 한국재정금융기구 전반을 일제의 의도대로 재편해 가고 있던 메가타가 기안한 것이기 때문에 대한제국정부의 의도를 모두 반영하고 있다고 볼 수 없다. 그렇지만 설립 초기의 지방금융조합안은 대한제국정부와 협의 하에 결정된 것이므로 그 속에서 대한제국의 금융구상을 찾아낼 수 있을 것이다.

먼저 지방금융조합의 주대상을 소작인층으로 설정하고 있었다. 지방금융조합의 「모범정관」[75]과 「세조설명」을 보면 지방금융조합은 농민구제를 목적으로 하므로 주 대상은 소농, 그 중에서도 소작인으로 규정였다. 그리고 실제 농업경영자가 아닌 지주는 가입을 피할 것을 권고하였다.[76] 주요 가입 대상을 소작인층으로 설정한 것은 금융조합이 농업금융기관만이 아니라 농민층의 재생산을 보호하는 기능을 가진 농민구제기관의 성격도 함께 가지고 있었음을 의미하였다.[77]

---

73) 「韓國施政改善ニ關スル協議會 第15回」 1907.5.4, 金正明 編, 『日韓外交資料集成 6卷 上』, 東京 : 巖南堂書店, 1964, 467~469쪽.

74) 勅令 제32호 「地方金融組合規則」, 『官報』 光武11.6.1, 496~497쪽.

75) 「地方金融組合模範定款」 光武11(1907).5.13, 朝鮮總督府, 『地方金融組合執務便覽』, 朝鮮總督府, 1911, 11쪽.

76) 「地方金融組合에 관한 細條說明」 光武11(1907).5.15, 朝鮮總督府, 위의 책.

77) 「지방금융조합규칙」에서는 소작인층을 주된 대부 대상으로 설정하였다. 광무양전지

대부방식은 신용대부를 위주로 하였다. 이는 기존의 신용대부방식이 농민들이 자금을 융통하기에는 수월한 방법이기는 했지만 고리대를 더욱 강화시키고 있었다는 사실과 관련하여 본다면, 저리금융을 신용대부로 제공한다는 것은 고리대적 금융구조를 해소하는 데 커다란 영향력을 미칠 수 있는 조치였다. 이는 일정 정도의 자산을 가지고 있는 자작농이나 자소작농층이 소유토지 자체를 신용의 근거로 삼거나, 순소작농이라 하더라도 어느 정도 소작경영을 통해서 수익을 예상할 수 있는 경영형 부농층도 신용대부의 대상이 될 수 있다는 것을 의미하였다.

또한 운영구조 면에서도 기존 질서를 근대적으로 개혁하는 방향에 서있던 대한제국의 개혁방향과 마찬가지로 기존 향촌사회의 자치질서를 기초로 하였다. 따라서 갑오개혁기에 농민층의 위기와 저항에 대한 대책으로서 마련되었던 「사환제도」나 「향회조규」와 같은 운영방식을 활용하려 하였다. 지방금융조합의 운영구조도 이러한 바탕에 서 있었다. 「지방금융조합규칙」에 따르면, 운영자금은 정부에서 지원하는 보조금 1만원을 기초로 하고(제7조), 조합원들은 매년 2환씩 내도록 하였다(제8조). 그리고 이익금은 조합의 공동기본금으로 적립하도록 하였다(제10조). 이런 방법은 사창의 운영방식과 동일하였다. 또한 내부운영방식은 조합원들이 조합장 1인과 평의원을 선출하고(제6조), 1년 1회의 조합총회에서 업무성적과 손익계산을 보고 받도록 하였다(제11조). 이는 메가타가 도입한 '협동조합'방식과 동일하면서도, 향회나 계의 전통과도 같은 방식이었다. 탁지부 대신 閔泳綺가 이 지방자치적 기구의 성격은 향회와 같아야 한다고

계사업과 「부동산소관법」에서 소작권을 물권으로 인정하였다는 점에서 볼 때 소작권을 근거로 한 금융활동을 설정했을 개연성은 있다. 일반적으로 물권으로 인정되어 권리를 등기하였을 경우 그것을 매매 전당 상속 등을 할 수 있는 권리를 보장하기 때문이다(花島得二, 『小作權-特に權利の經濟價値・評價・賠償・金融に關して』, 東京 : 松山房, 1940, 110~149쪽 ; 玉塚締伍, 앞의 책, 89~90쪽). 그렇지만 당시 대한제국이 그것을 실현할 만한 강한 의지를 가지고 있었다고 보기는 어려우며, 지주권을 강화하여 자본축적을 꾀하려 했던 그들의 근대화방침으로 볼 때 경작권을 기반으로 한 금융 융통방안까지 법제화하지는 못했을 것으로 보인다.

생각하였던 것[78]으로 보아 대한제국이 설립하려던 소농금융기구의 운영구조는 향회와 같이 내부적인 자치운영에 상급행정기관의 감독과 분쟁조정기능이 포함된 성격이었다고 볼 수 있다.[79]

그것은 대한제국이 서민구제기관으로 설립한 기구들에서도 같은 운영방식을 찾아볼 수 있다. 예를 들어 혜민원은 1901년 재해를 입었거나 생계가 곤란한 층을 구제하기 위해 설립되었다.[80] 혜민원의 구조는 맨 위에 혜민원이 있고, 그 밑에 총혜민사와 분혜민사를 두고 실질적인 진대업무는 분혜민사에서 처리하였다. 진대자금을 총혜민사에서는 特下錢과 損俸錢으로 마련하였고(「총혜민사규정」 제4조), 분혜민사는 특하전과 관찰사의 손봉전, 그리고 각 군의 사환곡으로 충당하였다. 만약 사환곡이 없을 경우에는 풍년이 드는 해에 설치하도록 하였다(「분혜민사규정」 제1조).[81] 이 제도는 갑오개혁 시 만들어진 사환제도를 이어받은 것이었다.[82] 분혜민사는 그 읍의 공해에 설치하며, 군사장 이하의 임원은 구역 내의 "요호 중 공직하고 근신한 사람"으로 택하고, 그 군의

78) 탁지부대신 민영기는 지방위원회문제를 논하면서 한국 지방자치제로서 향회를 들고 있다. "한국에도 면촌리가 있어 향원 면장 동장의 공리가 있다. 그 위에 군수 부윤 관찰사 등의 지방관이 있다. 금일같이 신세법을 실시하려면 위의 관공리를 이용하여 상당한 기관을 만드는 것이 필요하다. …… 향원은 이번 설치하려는 위원과 마찬가지의 것이다. 그들은 인민이 선거하고 그 위치는 면장의 위에 있다. 지방공공사업은 향원이 협의하여 결정하고 과세액과 율도 역시 향원이 정하며 그 동의를 거치지 않으면 지방관은 하등의 시설을 할 수 없다"(「韓國施政改善에 관한 協議會 제15회」 1907.5.4, 金正明 編, 앞의 책, 454쪽).

79) 그러나 자치적 운영방식은 관선이사제와 탁지부대신에 의한 강력한 감독권규정에 의해서 제대로 활용될 수 없게 되었다. 이 점에 대해서는 후술하겠다.

80) (惠民院官制) 第一條　惠民院은 歉荒之勢에 饑饉人民을 賑恤ᄒᆞᄂᆞᆫ事와 年豊홀時에도 鰥寡孤獨至窮無依者를 救護ᄒᆞᄂᆞᆫ 事를 專管홀事.

81) 惠民院에 관한 규정은 「惠民院官制」(1901.10.16), 勅令 제23호 「總惠民社規程」(1901.12.12), 勅令제24호 「分惠民社規程」(1901.12.12)으로 발포되었다(서울대학교도서관 편, 『議案・勅令(上)』, 1991, 598~605쪽).

82) 1901년 10월 9일 「詔勅 惠民院을 設置하는 件」(『韓國近代法令資料集 III』). 이에 따라 각도부군의 사환문부를 혜민원으로 이송하였다(『度支部公文』 2책, 1903년 11월 26일 ; 宋讚燮, 258쪽 참조).

인민들이 圈點해서 많은 사람이 지목한 사람이 취임하도록 하였다. 향회 조직에서 대표를 선출하는 것이나 사창 운영방식을 그대로 사용하고 있었다. 그런 한편으로 분혜민사는 총혜민사에 사무와 인선에 관해 보고를 하고 감독을 받도록 하였고, 이 모든 관계는 정부 소속인 혜민원에서 관리하는 형식을 취하여 향회조규에서 보이는 향촌과 정부의 상호관계가 그대로 적용되었다.[83) 이렇게 볼 때 대한제국의 서민대상 기구의 운영은 혜민원과 같은 구조 또는 사창제도의 운영방식과 동일하였다고 볼 수 있다.

이와 같은 지방금융조합의 구상은 단지 정부 측의 생각만은 아니었다. 이미 각지에서 일종의 서민금융기관이 만들어지고 있었던 점에서 당시 고리대적 금융구조가 가진 문제점을 해결해야 한다는 분위기가 성숙했다고 할 수 있다. 예를 들어 전남 동복지역에서는 1905년 지역 유지층과 지주층을 비롯해 지역주민들이 소자본을 출자하여 平準組合을 설립하여 예금과 대부 업무를 실행하고 있었다. 이 평준조합에서는 보증인부 신용대부를 활용하였다.[84) 이러한 각지에서의 성과를 모델로 하여 지방금융조합에 대한 구상이 구체성을 띠어 갈 수 있었을 것이다.

이러한 내용으로 볼 때 대한제국은 새로이 중앙은행을 설립하여 화폐금융주권을 확립하고 조세재정개혁을 추진하는 한편 보통은행과 권업은행인 농공은행을 통해서 관료와 지주층의 자본전환과 상공업정책을 추진하는 금융체계를 구상하고 실현하려 했다. 그런 바탕에서 농민층의 금융수요와 고리대적 금융구조를 조정하기 위한 기구로서 소농금융기구인 지방금융조합을 구상했다고 볼 수 있다. 이때 지방금융조합은 근본적으로 고리대적 금융구조를 혁파할 수 있을 농민경제의 안정화 방안은 아니었다. 그렇지만 소작인을 포함한 소농민층에 대한 저리의 신용대부를 함으로써 고리대적 금융구조를 완화시킬 수 있는 대책을 마련했던 것이다. 이는 지주제가 점차 강화되는 현실 속에서

---

83) 군에서는 인선 후 혜민원에 보고하며, 군사장의 첩지는 혜민원에서 발급하고 면사장 이하의 첩지는 군수가 발급하도록 하였다(「分惠民社規程」 제1조).

84) 洪性讚, 『韓國近代農業社會의 變動과 地主層』, 지식산업사, 1992, 61~62쪽.

존립근거가 약해지는 자작 자소작농층을 비롯해서, 소작지를 기초로 경영수익을 증대시키려는 경영형부농층에게 금융융통을 할 수 있도록 함으로써 혁명으로 치달았던 농민층의 불만을 누그러뜨리는 효과를 노렸다고 볼 수 있다.

그러나 이런 대한제국의 소농금융기구에 대한 구상은 제대로 실현되기 어려웠다. 지방금융조합은 일제가 주도권을 장악한 이후 본격적으로 설립되기 시작하였기 때문이다. 따라서 대한제국의 의도는 설립 초기의 방침에만 부분적으로 반영되었을 뿐, 금융조합이 설립되고 운영되는 과정에서는 거의 배제되고 일제의 의도대로 진행되고 말았다.

제2절 일제의 지방금융조합 설립과 운영

1. 일제의 금융권 장악과 지방금융조합 설립

러일전쟁에서 승리한 후 일본은 한국정부의 중앙은행 설립과 화폐발행사업을 중단시키고[85] 화폐금융주권을 장악하고자 하였다. 1904년 재정고문으로 취임한 메가타는 대한제국정부가 추진하던 중앙은행 창설을 저지하고,[86] 재정

---

85) 정부는 중앙은행의 총재에 沈相薰, 부총재에 李容翊을 임명하고 건물을 신축하기도 하였다(『皇城新聞』 1903.8.25 잡보 130쪽, 「충북관찰사 沈相薰과 내장원경 李容翊이 중앙은행의 총재와 부총재를 겸임함」). 그러나 1904년 러일전쟁에서 일본이 승리하면서 개혁을 주도하던 李容翊이 일본으로 강제 송환당하고, 이어 가을 한국재정고문으로 目賀田種太郎이 파견되면서 중앙은행 창설은 중단되고 말았다(尹錫範 외, 앞의 책, 52~56쪽).

86) 대한제국이 러시아의 차관을 도입하여 중앙은행을 창설하고 1901년에 발포한 금본위 화폐제도에 의해 금화를 발행하여 영업을 시작하면 그간 정부금고와 제일은행권을 발행하던 제일은행 조선지점은 해관세취급특권과 그 신용을 근거로 한국에서 확보한 금융체계에서의 지위를 잃어버리고 제일은행권을 통한 신용창출 등 막대한 이권을 상실할 수밖에 없었다. 이에 일제는 대한제국정부의 중앙은행 설립작업 자체를 방해하고자 했다. 제일은행장 澁澤榮一을 중심으로 한성은행의 재창립을 유도하면서 제일은행이 한국인 은행을 후원하는 체제를 만드는 한편, 이 은행이 차관을 얻어 화폐제도를 개혁한다는 구실로 러시아차관을 도입하는 것을 거절하도록 공작을 폈다(韓翼敎,

정리사업과 화폐정리사업을 통해서 근대화사업의 추진주체였던 왕실의 자금원천을 모두 봉쇄하는 한편 화폐주권을 빼앗는 작업을 실행해 갔다.

화폐정리사업이 실시되자 국내 상업계는 일대 혼란에 빠지고 말았다. 이른바 전황이라 부르는 화폐 부족현상이 벌어지고 한국인 상업계를 주도하던 상업회의소는 대책을 호소하였다.[87] 대한제국정부와 일제는 이에 대한 대책을 논의하는 과정에서 한국인 상인들을 대상으로 하는 동산담보대부기구의 설립과 기존 한국인 은행의 정리, 나아가 새로운 농상공 금융기관의 설립을 추진하는 방향으로 나갔다.

이는 한국에서 근대적 금융체제가 수립되는 것이자 일제가 한국의 금융권을 장악하고 자신들의 의도에 맞는 식민지금융체제를 수립해 가는 과정이었다. 일제는 전황과 한인 은행들의 위기를 이용하여 한성의 중요 상인층과 한인 금융기구를 일본 제일은행의 감독하에 재편하고자 하였다.[88] 한성공동창고주식회사와 수형조합을 설립하여 이에 가입한 사람들에게 자금을 대부해 줌으로써 상인들을 화폐정리사업에 편입시키는 한편, 일제의 금융정책에 따르게 만드는 것이었다. 한국인 은행에 대한 일제의 정책방침은 이렇다. 한성은행은

『韓相龍を語る』, 韓相龍氏還暦紀念會, 1941, 52쪽).

87) 1905년 11월 6일 漢城商業會議所에서는 피해보상을 강경히 요구하는 청원서를 제출하였다. 이들은 화폐정리사업의 근본적인 문제점은 ① 악화남발의 책임은 정부에 있음에도 불구하고 악화정리로 인한 피해를 고스란히 商民에게 전가하는 것은 부당하다 ② 정리방법이 전래의 상거래 관습을 완전히 무시함으로써 상민의 혼란을 가중시키고 있다 ③ 백동화 가치를 결정적으로 하락시킨 원인은 사주, 묵주와 아울러 일본인들의 위조 백동화 밀수입에 있음에도 불구하고 그로 인해 하락된 백동화 가치를 기준으로 교환비가를 정함으로써 한인소유의 화폐가치를 일방적으로 평가절하하고 있다는 점을 들었다. 그래서 그 방안으로서 ① 화폐정리에 상당한 유예기간을 두어 당분간 본위화와 백동화를 병행 통용시킬 것 ② 백동화 교환비가를 현실화할 것 ③ 기왕 전황으로 인해 피해를 입은 상민에 대해서 그 구제책을 마련할 것 ④ 외획과 어음의 폐지를 취소할 것을 요구하였다(「商業會議所請願書」, 『皇城新聞』 1905.11.9~16).

88) 화폐정리사업에 대해서는 다음의 글이 참고된다. 羽鳥敬彦, 「朝鮮における植民地幣制の成立」(1・2), 『彦根論叢』 217・218, 1982・1983 ; 金才淳, 「露日戰爭직후 日帝의 貨幣金融政策과 朝鮮商人層의 對應」, 『韓國史研究』 69, 1990 ; 裵永穆, 「식민지 조선의 통화금융에 과한 연구」, 서울대 경제학과 박사학위논문, 1990.

제일은행자금을 지원받아 운영하고 있어 일제가 개입하기 쉬우므로 재창립을 유도하여 유지할 수 있게 하고, 대한제국의 전폭적인 지원을 받던 대한천일은행은 지원하지 않는다는 것이었다.[89] 그리고 일본인 지배인이 운영을 장악하는 농공은행을 설립하였다. 즉 일제는 대한제국의 영향력을 최대한 누르면서 금융체계를 일본의 의도에 맞게 개혁한 후 그에 따르는 대상에게 자금을 제공하겠다는 의도였다. 이에 대응하여 한국정부는 금융주권을 지키는 방향에서 고종의 내탕금과 외국에서의 차입금을 상인층과 금융기구에 지원하여 당면한 위기를 극복하게 하려 했다. 이런 양측의 입장은 필연적으로 갈등을 빚을 수밖에 없었다.[90] 그러나 주도권은 일본에게 넘어가고 있었고, 1907년은 그 고비였다.

지방금융조합은 이러한 일제와 한국의 금융주권을 둘러싼 대립 끝에 일제가 주도권을 장악해 가는 1907년 시점에 설립되었다. 특히 지방금융조합의 설립 논의가 마무리되고 본격적으로 설립이 진행되기 직전에 고종이 헤이그 밀사 사건으로 폐위당하고, 내각에는 이완용을 총리대신으로 하는 친일내각이 들어섰다. 그리고 차관으로 들어온 일본인들이 정책을 좌우하고 있었다.

일제는 지방금융조합에 官選理事制를 채용하여 운영을 장악하려 했다. 관선이사제는 대한제국이나 일제 모두 합의를 본 바로서, 금융조합에 대한 정부의 자금지원과 운영합리화를 위해서 관선이사가 필요하다고 본 것이다. 금융조합은 조합장과 평의원, 그리고 전담이사제를 택하여 이사가 일상 업무를 총괄하도록 하였다.

그런데 일제는 한국인들이 조합에 대해서 잘 알지 못하므로, 적극적으로 한국의 산업을 개발하기 위해서는 이사를 한국인 가운데에서 민선해서는 제대로 지도할 수 없다고 주장하면서[91] 정부에서 관선이사를 파견하는 방침을

---

89) 도면회, 「甲午改革 이후의 近代的 金融機關」, 『國史館論叢』 77, 1997, 104쪽.

90) 「韓國金融逼迫救濟ニ關スル意見交換要領筆記」, 金正明 編, 『日韓外交資料集成 6卷 上』, 東京 : 巖南堂書店, 1964, 67쪽 ; 伊藤博文, 「復命書」, 같은 책, 97~99쪽.

91) 山根穗, 『金融組合概論』, 3~4쪽.

세우고(제7조)[92] 일본인을 파견하였다. 일본인들이 금융조합의 감독과 현장에서의 운영까지 장악함을 의미했다. 당시 각지에서 서민금융기관이 설립되고 그것을 한국인들이 자치적으로 운영했다는 점을 볼 때 이는 일제가 서민금융기관의 운영을 장악하고자 했던 것이라고 할 수 있다.

초기에 이사는 이른바 한국 '척식'을 목적으로 활동해 오던 동양협회 부설인 동양협회전문학교 졸업생들이 임용되었다.[93] 1908년과 1910년의 조사에서 동양협회전문학교 출신 중 금융조합에 취직한 수는 1908년 2월 현재 14명, 1910년 10월 현재 101명으로 졸업자의 50%에 상당하였다. 각 시기 금융조합의 수가 10곳, 120곳이었던 것을 비교해 본다면 이 학교 출신이 초기 금융조합 이사의 전부를 차지하였음을 알 수 있다. 그들을 이사로 선출한 이유는 한국어를 습득한 사람이 비교적 많았고 동양협회의 목적에 따라 식민지통치의 첨병으로 양성된 인물이라는 점 때문이었다.[94] 당시 일본 산업조합의 이사가 민선이었던 것에 비해서 한국에서 일본인 관선이사제를 채택한 것은 일본인이 한국농업을 장악하고자 했기 때문이다. 이러한 관선이사제의 채택은 금융조합이 조합원조직으로서(제2조), 조합장과 평의원을 조합원 중에서 뽑는다(제6조)는 자치원칙을 무력화시킬 소지가 많았다.

지방금융조합의 조합으로서의 성격과 자치원리라는 측면에서 보면, 메가타는 지방금융조합규칙을 만들 때 한국의 전통 가운데에서 사환미제도와 계를 참조했다[95]고 한다. 이는 비교적 효율성 있는 한국의 제도를 이용하여 한국인들

---

92) 勅令 제32호 「地方金融組合規則」, 『官報』 光武11.6.1, 496~497쪽.

93) 東洋協會의 목적과 사업은 ① 대만 조선 만주 기타 일반 동양에 관한 학술상 경제상 조사 ② 각 식민지에서 공사업무에 종사할 인재 양성 ③ 식민지에 관한 지식의 보급과 식민사상의 작흥 ④ 식민지에 관한 연구자료 수집과 도서관과 연구기관의 설립이었다. 즉 일제의 침략정책을 선도하는 연구기관이자 관료양성기관, 여론단체였다. 1935년 금융조합 이사 가운데 東洋協會專門學校와 그 후신인 拓殖大學 출신자가 전체 691명 중 100명으로 가장 많았다(波形昭一, 『日本植民地金融政策史の研究』, 東京 : 早稲田大學出版部, 1985, 211~214쪽).

94) 波形昭一, 위의 책, 213~214쪽.

95) 故目賀田男爵傳記編纂會 編, 『男爵目賀田種太郎 1』, 東京 : 靑雲文化社, 1938, 427

사이에 원활히 침투하면서도, 그 본질을 변질시켜 자신의 의도를 관철시키려 한 것이었다. 메가타만이 아니라 일본인 농공은행 지배인들도 농업창고의 이용과 관련하여 사환미제도나 군미제도의 활용, 또는 농민층을 조직해서 농업창고를 이용하는 데 관심을 기울였다.[96] 이는 사환미제도가 갖는 창고기능이나 진대기능, 그것을 기초로 한 금융기능이 이용할 만한 가치가 충분했기 때문이다.[97] 그런데 일제는 사환미 제도의 여러 측면 중 일부분만을 취사선택하였다. 사환미는 본래의 진대 기능을 되살리는 목적으로 정부의 환곡 일부와 농민들에게서 모은 미곡을 기반으로 운영되는 정부의 농민구휼기관이었다. 그 운영방침은 당시 한국 지방자치의 상황을 보여주는 것으로서, 국가의 지방통제 의도와 지방자치기구의 자율성 강화라는 지향이 일정하게 타협을 보아 공존하였다. 이런 사환제의 복합적인 성격 가운데에서 지방금융조합에는 정부의 사회정책적 기능과 행정기구의 감독권 강화만이 참조되고 자치적 운영원칙은 제한적으로만 참조된 것이다.

그에 따라서 탁지부대신이 지방금융조합의 설립과 운영감독을 도맡았고(제12・13조), 설립 초기에는 메가타가 주도하는 재무감독국이 담당했다. 금융조

쪽 ; 『朝鮮産業誌』, 71쪽.

96) 「顧銀發 第55号 農工銀行出張貸付と農業倉庫」 1907.2.23, 『財務週報』 1호, 1907.4.19, 4~6쪽. 지방금융조합의 성격이 사환미와 같을 것이라는 생각은 일반적이었다. "이번에 발포된 지방금융조합이 엄정한 감독 하에 성립 발전하게 되면, 사환미 저축과 같이 일면 備荒과 동시에 金融의 길도 열수 있어, 오히려 행해지는 물물교환의 원시적 상태를 벗어날 수 있다"(本間九介(稅務官), 「江原道 各郡 視察報告」, 『財務週報』 제18호).

97) 社還米는 설치 당시에 대체로 1천~200석, 평균 400석 정도고 많은 경우는 2만석에 이르는 곳도 있었다. 1894년 농민전쟁과 흉년으로 사환곡을 설치하기에 어려움이 있었지만, 농량이나 종곡으로 활용되어 어느 정도 실효를 보았고 이후 惠民局으로 이관되었다가, 1904년 度支部에 귀속되었다(송찬섭, 앞의 글, 258쪽). 그리고 1910년대 초반까지도 사환미는 각 지역에서 어느 정도 역할을 하였다. 1917년까지도 경기도에는 사환미가 상당한 규모로 있었다. 총액 18,895엔의 기금이 마련되었다. 1개 郡에서 50,000엔을 대부하였고, 다른 군에서는 우편저금에 예입해서 관리하였다. 이 시기까지 군의 판단에 따라 구제금융으로 사용될 수 있는 금액이 우편저금에 묶여 사용되지 못했다(『朝鮮總督府京畿道統計年報』 1917년도판, 190~191쪽).

합은 「지방금융조합의 설립에 관한 건」에 따라서 설립과정에서부터 철저하게 일제에 의해 감독받았다.[98] 먼저 금융조합을 설립할 지역은 탁지부에서 선정하였다. 그리고 탁지부대신이 설립위원을 임명하는데, 군수・세무관・재무관・재무관보와 관찰사가 추천하는 민간위원 약간 명으로 구성되었다. 이 민간위원은 대개 면장과 지방유력자인 지방위원[99]으로 구성되었다. 그 다음은 설립위원들이 정관을 작성하고 탁지부대신의 인가를 받은 후 조합원을 모집하는데, 정관은 「모범정관」으로 기본 틀이 정해져 있었으므로 특별히 다른 내용은 만들지 못하였다.[100] 설립위원들은 조합원을 모집할 때 조합의 목적과 업무, 조합구역, 창립사무소의 소재지와 모집인의 연・월・일과 응모기일, 설립위원의 씨명을 공고하여야 하고, 모집 후 창립총회를 열어 조합장과 평의원을 선출한다. 이때 창립총회 개시와 경과・결과를 탁지부대신에게 보고해야 했다. 즉 지방금융조합의 설립 자체는 조합원들의 자발적인 의지에 따라서 이루어지는 것이 아니라 설립지역과 설립위원이 모두 탁지부에서 결정되었고, 그들이 조합구역과 조합원들을 선별하는 방식으로 진행되었다.[101]

---

98) 度支部令 제16호 「地方金融組合設立에 關한 件」 光武11.6.5, 『韓國近代法令資料集 V』, 514~515쪽.

99) 地方委員은 「지방금융조합규칙」과 더불어 제정된 「地方委員會規則」에 의거하여 활동하였다. 이들은 조세와 화폐정리, 지방금융 등에 관해서 '관민의 의사를 소통하고 법령의 주지를 꾀'하는 政府의 諮問機關(제2조)으로 설립되었다. 위원은 '그 所轄 각 府郡에서 상당한 資産을 가지고 事理에 통한 자'로서 稅務官이 추천하고 度支部大臣이 위촉하도록 하였다(제3조). 지방위원은 임명직이며, 이의 선출에 관해서 지방민은 아무런 권리를 갖지 못하며, 그의 활동에 대해서 어떠한 감독권도 없었다. 이들은 탁지부와 재무감독국에 소속된 자문기관으로서 그에 대해서만 책임을 지면 되는 존재였다. 주요 업무는 ① 租稅 手數料와 夫役現品의 부과징수에 관한 사항 ② 화폐정리에 관한 시설사항 ③ 지방금융에 관한 시설사항 ④ 金穀 등을 축적한 기관의 설치와 그 조치에 관한 사항 ⑤ 기타 특별히 지방위원회에 자문하도록 명 받거나 또는 자문에 적당하다고 인정되는 사항이었다(度支部令 제18호 「地方委員會規則 施行에 관한 件」 光武11.6.15, 『韓末近代法令資料集 V』, 517~518쪽).

100) 「地方金融組合模範定款」 光武11(1907).5.13, 朝鮮總督府, 『地方金融組合執務便覽』, 11~16쪽.

101) 각 지방 금융조합의 설립경과의 양상을 살펴본 글로는 최재성, 「1907・8년 地方金融組

정부는 지방금융조합이 설립되면 1만원을 지원하면서 조합에 대해서 업무관련 명령을 내렸다.[102] 조합업무는 탁지부대신이 임명한 이사가 집행하도록 규정하고, 조합장과 평의원의 선출, 組合債를 일으키려 할 때, 정관을 변경하려 할 때는 탁지부대신의 인가를 받아야 하며, 탁지부대신은 재무감독국장에게 명하여 그 조합의 업무를 감독하거나 필요한 보고를 받을 수 있도록 하였다. 또한 「지방금융조합업무집행내규」를 만들어[103] 금융조합 운영 시 이자율, 창고보관료 수수료, 대부방법과 1인당 대부액수, 담보방법과 담보물평가방법, 대부기한, 공동구입과 위탁판매, 창고에 관한 관리방법, 창고보관물품의 종류 등을 구체적으로 규정하고 있다. 그리고 이들 업무에 관해서 각기 장부를 마련하도록 하여 관계서류를 파악할 수 있도록 근대적인 서류관리방법을 도입하였다.[104] 한편 지방금융조합은 이 서류에 근거하여 10일마다 「대부금순보」를, 매월마다 「재고품월보」와 「매월실적보고표」를, 매 기마다 「매기영업보고표」를 재무감독국장에게 제출하여 검토를 받아야 했다. 이 중 매월 실적보고와 매기영업보고는 재무감독국장을 경유하여 탁지부대신에게 제출하도록 하였다.[105] 그리고 이 모든 과정은 조합 내부에서 처리해서 보고하는 것만이 아니었다. '수임관리'인 지방재무감독국장이 1차적으로 주의와 감독권한을 갖고,

---

合의 설립과 운영」, 『한국민족운동사연구』 28, 2001.8 참고.

102) 「地方金融組合ニ對スル命令」, 朝鮮總督府, 『地方金融組合執務便覽』, 京城 : 朝鮮總督府, 1911, 21쪽. 이 집무편람은 1911년에 작성된 것이기 때문에 1910년 이전에 탁지부대신과 재무감독국장으로 규정된 것들이 모두 조선총독과 지방장관으로 바뀌어져 있다. 여기에서는 원래의 규정대로 사용하도록 한다.

103) 理監發 제278호 通達 改正 「地方金融組合業務執行內規」 隆熙2(1908).6.23, 朝鮮總督府, 『地方金融組合執務便覽』, 23~28쪽.

104) 지방금융조합이 갖추어야 할 장부와 서류양식은 원장, 일기장, 대부금원장, 화물출납일기장, 화물원장, 신용대장, 집기대장, 통신료수불수지출납기입장, 역원 급 조합원부, 공동구입신입품기입장, 위탁판매신입품기입장, 농업재료대여기입장, 농업재료기입장, 화물기입장, 출고품월보, 재고품월보, 신용금증서, 물품신용증서, 담보차입서, 연기추약증서,위임장, 화물임치증권, 영수증, 위탁판매예증 등이고 그 양식은 일정하게 정해져 있었다(「地方金融組合業務執行內規」, 26~28쪽).

105) 「地方金融組合業務執行內規」, 28쪽.

재무감독국장에게 제출할 서류를 검열하고 의견을 첨부하거나, 총회에 참석하여 의견을 개진할 권리를 갖고 있으며, 정기적으로 재무감독국에 보고서를 제출하였다.[106] 그리고 탁지부와 재무감독국은 수시로 대부금에 관한 것을 비롯하여 조합원 모집의 원칙이나 농사개량사업에 이르는 모든 것에 대해서 주의사항을 지시하도록 했다.[107]

일제는 자신들이 주도하는 탁지부와 재무감독국을 통해서 지방금융조합의 설립에서부터 세세한 운영에 이르기까지 모든 것을 지시·감독하였다. 행정체계에 의한 금융조합지배가 관철됨에 따라 조합원들이 선출한 조합장이나 평의원들은 이러한 체계에 대해서 합의하고 그것을 조합원들에게 관철시키는 역할을 할 뿐이었다. 이런 이유에 대해서 일제는 "계와 같은 협동정신의 맹아도 이조의 비정에 의해 짓밟히고 민중은 대개 무기력하며 공동자조의 정신이 비어 있는" 상태였기 때문에, 그 자체로는 도입할 수 없다고 하였다.[108] 이는 조선 후기 이래 민들의 저항을 통해서 이루어 온 향촌자치와 민의 성장을 보여주는 조직운영원리의 발전과 그것이 제도화 단계까지 이른 한국사회의 발전수준을 인식하지 못한 것이었다. 따라서 일제가 한국의 자치경험을 지방금융조합 설립과정에 도입했다는 것은 한국인들에게 익숙한 운영방식을 이용하여 설립을 수월하게 하고 일제에 의한 지배체제 구축에 대한 반감을 줄이려한 방법이었다.

---

106) 대구재무감독국장은 8월 25일에 관내 지방금융조합에 「地方金融組合業務執行內規」를 배포하였다(度支部理財局監督課 편, 『金融組合關係書類綴 8』, 규21709, 1908) 여기서의 수임관리는 지방의 재무감독국장이었으나, 일제강점 후 이 부분은 지방장관의 담당으로 바뀌었다(度支部令 제163호 「地方金融組合監理內規」 隆熙2.7.13, 『地方金融組合執務便覽』, 127~128쪽).

107) 「委託販賣等 勵行에 關한 件」 隆熙2(1908).1.22 ; 「金融組合員 精選方申牒의 件」 隆熙2.1.25 ; 「地方金融組合業務執行內規改正 主趣通達의 件」 隆熙2.8.24 ; 「稻扱에 關한 件」 隆熙3(1909).1.16 ; 「地方金融組合에서 農業材料 拂出에 關한 記帳整理方의 件」 隆熙3.6.29 ; 「地方金融組合農具入方에 關한 件」 隆熙3.7.2 ; 「貸付金에 關한 注意의 件」 熙隆3.11.26일 ; 「地方金融組合農事費及雜益記帳整理의 件」 隆熙4(1910).7.6(이상 모두 『地方金融組合執務便覽』에 수록).

108) 牟田口利彦, 『金融組合運動』, 朝鮮金融組合協會, 1932, 200쪽.

이와 같은 일제에 의한 금융조합지배는 금융지배였다. 초기 지방금융조합의 자금은 1만원의 정부보조금과 운영비를 충당하기 위해 조합원에게서 매년 2원씩 거두는 조합비, 그리고 농공은행에서의 차입금으로 구성되었다. 이 가운데 조합비는 조합원이 될 수 있는 자격을 의미하지만, 조합운영에서는 조합원의 의사보다는 1만원을 보조한 정부와 농공은행을 통해 들어오는 금융자본의 의사가 결정적인 역할을 하였다.

정부의 1만원 보조방침은 메가타가 일본에서는 실현되지 않은 정부의 자금대부방침[109]을 한국의 금융조합에 도입한 것으로, 한국정부 측도 이 안을 적극 받아들여서 이루어진 것이었다. 이는 표면적으로는 소농민에게 부족한 자금을 정부가 지원함으로써 고리대를 방지하려는 방책이자 '사환미제도'에서의 방침과 동일하다고 할 수 있다. 그렇지만 사환미제도와는 근본적으로 달랐다. 정부가 운영 개입을 강화하면서 자금을 지원할 때, 조합의 결성과 운영의 자주성을 저해할 가능성이 많았고, 그렇게 되어 갔다. 특히 조합이 설립될 때 정부가 지원한 자금은 일본홍업은행에서 들여오는 '금융자금차관'을 이용하였다.[110] 한국정부가 여러 차례 해관세를 담보로 차관을 제공받아 중앙은행 등을 설립하고자 했을 때 그것을 방해했던 제일은행이 이 시기에 오면 해관세를 담보로 제공하고 있다는 사실에서 일제의 한국금융장악 의도를 볼 수 있다.[111] 이미 금융권을 장악한 상태에서 일제는 한국의 금융자원을 이용하면서 한국을 지배할 기틀을 마련해 갔던 것이다.

또한 지방금융조합은 농공은행에서 부족 자금을 차입하여 운용자금으로 사용함에 따라 농공은행－지방금융조합이라는 농업금융체계의 일부로 편재되었다. 이는 「농공은행조례」 중 "법률로 인정된 공공단체와 신용 있는 조합에는 무저당으로 대출할 수 있다"는 규정에 근거한 것이었다.[112] 이미 농공은행

109) 奥谷松治, 『協同組合論』, 東京：三笠書房, 1937, 109～110쪽.
110) 「韓國施政改善ニ關スル協議會 第15回」 1907.5.4, 金正明 編, 앞의 책, 459쪽.
111) 「韓國施政改善ニ關スル協議會 第1回」 1906.3.13, 위의 책, 136쪽.
112) 「韓國施政改善ニ關スル協議會 第15回」 1907.5.4, 위의 책, 161쪽.

또한 일본인 지배인을 축으로 하는 지배구조가 형성되고 있었으므로, 일제는 탁지부대신과 재무감독국을 통한 지배에 일본금융자본과 농공은행을 통한 지방금융조합지배를 결합시킨 것이었다. 또한 농공은행은 부동산전당대부를 중심으로 운영을 하는 금융기관으로서(제3조) 토지개량과 식림, 농공업용 기계기구의 구입, 농공용 건축물 축조개량 등 토지소유자층을 대상으로 하는 금융활동을 하였다(제4조). 이는 지주층에게 변화되는 농업환경에 적응하기 위한 자금을 공급하는 것으로서, 한국농업에 대한 일제의 방략과 결합되어 있었다. 즉 일제는 지방금융조합을 농공은행에 연계하여 자금공급을 받게 함으로써 한국 농촌사회를 일본 자본주의의 틀 속에 편입시키고자 하였던 것이다.

이와 같이 일제는 한국의 금융권을 장악한 위에서 자신의 의도대로 지방금융조합을 설립하고 운영을 주도해 갔다. 실질적인 운영담당자인 이사를 관에서 뽑음에 따라, 조합원이 선출한 조합장이나 평의원의 역할이 약해질 가능성이 많았다. 조합원이 주체가 되는 운영구조가 되지 못함을 의미했다. 이는 탁지부대신과 재무감독국이 설립에서부터 세세한 운영에 이르는 모든 부분을 지시·감독하면서 일제의 의도를 일본인 관선이사를 통해서 관철시키고자 했기 때문이다. 또한 금융 면에서 정부보조금 명목으로 지급되었던 일본 흥업은행자금의 도입과 농공은행에서의 차입금을 운영에 사용할 수 있게 한 것은 일본금융자본과 자본주의의 운동원리에 따라 금융조합이 운영될 것임을 의미하였다.

2. 담보대부 중심의 금융운영과 소작인 배제

지방금융조합이 설립된 직후 운영방침은 초기에 설정한 것과 다르게 바뀌었다. 정미7조약 이후 탁지부는 일본인 차관을 중심으로 운영되었고, 정부관료 중에서 일제에 대응해 대한제국정부의 입장을 펴던 탁지부대신 민영기 등은 배제되었다. 그에 따라 일제는 정국 운영과 법률안의 제정, 각 기구들을 급속히 자신의 주장대로 이끌어 갔다. 금융조합 운영원칙 중 가장 크게 변화된 부분은 소작인 대상의 조합원 규정과 신용대부 중심의 대부방법이었다.

앞서 본 바와 같이 설립을 논의하는 과정에서나 설립 초기에 조합원은 주로 소작인에 대한 신용대부방침을 세웠다. 그런데 정미7조약 직후 원칙이 바뀌기 시작했다. 탁지부차관은 1907년 12월 이후 몇 차례에 걸쳐 각 금융조합 이사에게 지방금융조합원 모집에서 신용조사가 필요함을 지시하고, 가입자를 조합자금 정도에 맞춰 받아들여야 한다고 지침을 제시했다.[113] 자금한도에 맞게 금융운영을 하라고 하는 평범한 지침인 듯 보이나, 본질적으로는 자금한도를 내세우며 신용도가 낮은 소작인층의 가입을 억제하는 것이었다. 지방금융조합의 금융기관적 속성을 강조할 때 있을 수 있는 변화였다. 신용조사 결과 자산이 없거나 조합비 2환을 납부하지 못하는 경우에는 탈퇴해야 했다.

또한 탁지부는 가입신청자의 수보다는 가입자의 경제 상황에 대해서 더 주의할 것을 지시하였다.[114] 나아가 조합들이 설립 당시 조합원의 신용을 확실하게 조사하지 않고 신용대부를 했던 사실에 대해서 지적하면서, 가능한 신용대부를 피하라고 지시하였다.[115] 이러한 탁지부의 입장을 받아들이면서 각 금융조합 평의회에서는 대부는 담보대부를 원칙으로 하고, 자금, 토지상황, 인원을 침작해서 자금을 운영하기로 결의하였다.[116] 이로써 금융조합의 대부

113) "조합원이 다수임은 매우 기쁘지만 헛되이 그 다수인 것만을 바라서 조합자금의 정도를 감하지 않는 일은 충분히 이를 피해야 한다. 조합원의 직업 신허 신용 등은 精査하여 조합비를 납입하지 않는 것 같이 불건전한 조합원이나 어쩔 수 없이 가입하는 자는 오히려 이때 탈퇴를 촉하여 조합원의 정선을 꾀하고 또 무모한 대출이나 급거에 자금을 방출하는 등은 피하도록 노력하여 조합업무의 견확과 기초의 확고를 꾀하도록 신첩한다"(理監發 第56号「金融組合 精選方申牒의 件」隆熙2(1907).1.25, 朝鮮總督府, 『地方金融組合執務便覽』, 91쪽).

114) 度支部理財局監督課 편, 『金融組合關係書類綴 6』(규21707), 1908, 1907년 12월 10일 경주지방금융조합에 대한 공문.

115) 度支部理財局監督課 편, 『金融組合關係書類綴 2』(규21702), 1908, 1908년 5월 11일 공주금융조합에 대한 탁지부공문. "창업 당시 각 조합원의 신용조사를 충분히 하지 않았기 때문에 전부 신용대부를 함은 대부방법으로서 완전히 잘못된 것. 가능한 신용대부를 피하고 채무이행상 확실한 방법을 강구할 것".

116) 평의회에서 이러한 결정을 내릴 수 있었던 배경은 조합장을 비롯한 평의원층이 단위금융조합구역 내에서는 사회적·경제적으로 가장 유력한 계층에서 선출되었다는 점에서도 찾을 수 있다.

는 설립 초 일부 금융조합에서 신용대부가 행해졌을 뿐 늦게 설립된 조합에서는 설립 당시부터 담보대부를 주로 하게 되었다. 이런 양상을 잘 보여주는 것이 안주지방금융조합의 초기 대부상황이다.

〈표 2〉 안주지방금융조합 초기 대부활동 내역(1907.12~1908.3) (단위 : 圓)

기간	보증인부신용	담보	합계	농업자금	상업자금	잡자금
1907.12.3~12.20	1745	0	1745	1660	85	0
1907.12.21~12말	140	600	740	460	280	0
1908.1~1908.3	0	2647	2647	2537	70	40
합계	1885	3247	5132	4657	435	40

자료 : 安州地方金融組合, 『貸付金各個人別明細表』(규26489).

위의 표는 안주지방금융조합의 초기 대부활동에 관한 것이다. 1907년 12월부터 1908년 3월까지의 상황을 보여준다. 안주지방금융조합은 1907년에는 신용대부가 주였고, 특히 대부를 시작했던 약 20일 간은 담보대부 없이 신용대부만 하였다. 그러다가 1907년 12월 말부터 담보대부로 중심이 옮겨져 1908년에 들어서는 모든 대부가 담보대부로 바뀌었다. 신용대부를 피하라는 탁지부 방침이 바뀜에 따라서 대부의 내용이 변한 것이었다.

<표 3> 평양지방금융조합 신용대부자의 경제정도(1907.12~1908.3)

면적구분(정보)	무토지	0.4미만	1미만	2미만	3미만	5미만	7미만	합
인원(명)	2	43	32	70	31	38	7	191

자료 : 平壤地方金融組合, 『平壤金融組合貸付金個人別明細表』(규26502).

담보대부는 기본적으로 소유재산 즉 토지와 가옥을 담보로 하였다. 그러면 신용대부일 경우에 대부기준은 무엇이었을까? 위의 표는 평양지방금융조합에서 신용대부시 신용조사의 기준이 된 자산에 관한 내용이다. 즉 경제 정도에 따라 신용이 정해졌기 때문이다. 평양금융조합에서는 상대적으로 신용대부가 많았는데,[117] 신용대부자는 2명을 제외하고 모두 토지소유자였다. 신용대부를

117) 평양지방금융조합은 다른 조합보다 신용대부가 많은 편이었다. 특히 1908년 이후는

받은 조합원 가운데에서 가장 넓은 토지 소유자는 7정보에 약간 못 미치는 정도였다. 신용대부자 중에는 대규모의 지주는 없었다고 할 수 있다. 5~7정보가 7명, 3~5정보가 69명, 1~3정보가 102명, 0.4~1정보가 43명이었으며, 토지가 없는 경우는 가옥을 소유하였다. 주로 자작농이거나 지주라도 소지주에 속하는 경우와 자소작농층이 대부분으로, 그 중에서도 가장 중심을 이루는 층은 1~5정보의 자작농층이었다.

신용대부가 아닌 담보대부를 받을 수 있는 층은 토지가 일정 수준 이상이거나 가옥을 담보로 하는 토지소유자 계층인데, 신용대부도 토지소유자에게만 대부를 하고 있었다. 순소작농이나 최소 4단보 이하의 토지를 소유한 소규모의 자소작농은 금융조합의 대부를 받을 수 없었으며, 평양조합을 볼 때 재산소유를 평가 기준으로 삼은 대부양상은 처음부터 있어 왔으나, 이 시점에서 담보대부로 방향을 잡은 것은 재산소유를 기준으로 하되 채권을 확실하게 확보하여 돈을 떼이지 않기 위해서였다. 또한 담보대부일 경우에도 부동산은 문기나 토지매매 계약서를 조합에서 보관하도록 하여 조합의 승인이 없이는 다른 채무를 질 수 없도록 조치하였다.[118)]

순소작인층이 조합에 가입하여 대부를 받을 수 있는 방법은 소작인단체를 설치하고 이 단체 성원의 연대보증이 있을 때로 한정되었다.[119)] 소작인의 개별 가입은 조합경영에 어려움을 준다는 이유로 단체가입만을 허용한 것이다. 아직 순소작인들이 일정한 단체를 조직할 수 있는 상황이 되지 못하였기 때문에 일반 소작인단체로 금융조합에서 대부를 받는 예는 거의 없었을 것이다. 이렇게

담보대부가 대부분인 데 비해서 이 지역에서는 이 시기부터 담보대부가 생기기는 하나 신용대부도 상당한 비중을 차지한다. 1908년 2월부터는 신용대부보다 담보대부가 더 많은데, 전체적인 추세로 보아 점차 담보대부의 비중이 더 많아지거나 대부분을 차지할 것이 예상된다(平壤地方金融組合, 『平壤金融組合貸付金個人別明細表』 규26502).

118) 安州金融組合, 『貸付金各個人別明細表』(규26489).

119) 度支部理財局監督課 편, 『金融組合關係書類綴 9』(규21710), 1908, 1908년 7월 10일 평양재무감독국 「6.25~28 금융조합 이사회의 보고」.

연대보증으로 대부해 주면 금융조합은 돈을 떼일 염려가 없었다. 그러나 경제력이 약한 소작인이 대부를 받더라도 상환을 하지 못할 경우에는 연대보증으로 묶여 있는 다른 소작인들까지 위험해질 소지가 다분히 많았다.

이와 같이 대부기준은 부동산의 소유 여부가 가장 중요한 요건이었다. 자산 자체를 신용의 근거로 삼기 때문이다. 즉 금융 운영에서 개인의 신용이나 토지의 이용을 근거로 하거나, 미래의 수익성을 기초로 하기보다는 확실한 권리로 인정된 부동산에 대한 담보 또는 그것에 기초한 신용만이 의미 있다고 규정한 것이다.[120]

이는 1906년 토지법에 대한 논의 속에서 일제의 의도대로 「토지가옥증명규칙」 등이 제정되었던 일련의 토지법 개편방향과도 일치하는 것이었다. 대한제국에서 물권으로까지 인정하려 했던 토지이용권에 대해서 인정하지 않고 토지의 소유권만을 권리로 인정하는 법의식에 기반하였기 때문이다.[121] 따라서 소작인의 경제적 안정을 기할 수 있는 근거가 없어 토지소유자층을 대상으로, 그것도 부동산 자산평가를 기준으로 대부하는 방향으로 전개된 것이다. 이는 금융조합의 필요성으로 제기되었던 세민보호 방침과는 달리 조합이 운영될 것임을 보여준다.

대부에 부동산의 소유 여부가 절대적인 요건이 됨과 동시에 동산담보 대부도 적극적으로 활용할 것을 강조되었다. 1908년 6월 23일 개정한 「지방금융조합업무집행내규」에서와 같이 부동산보다는 동산 즉 현재와 미래의 생산물을 담보로 활용하도록 장려하여 위탁판매와 창고보관업무를 확장시키려 하였다. 그래서 부동산 담보는 평가격의 5할인데, 동산담보는 평가격의 8할까지 대부를 해주었다.[122] 이는 부동산이 가치측정을 정확하게 할 수 없어 가액결정이 어렵고

120) 최원규, 「땅, 투기의 대상인가 삶의 터전인가」, 『우리는 지난 100년 동안 어떻게 살았을까 3』, 역사비평사, 1999 참고.

121) 일제에 의한 토지법 침탈과정에 대해서는 崔元奎, 앞의 글 참조.

122) 理監發 제278호 「地方金融組合業務執行內規」 隆熙2(1908).6.23개정, 『地方金融組合執務便覽』, 24쪽.

판매가 쉽지 않다는 문제점을 가지고 있는 데 비해서, 동산담보는 언제든지 판매 가능하고 가액측정도 수월했기 때문이다. 그런데 이렇게 동산담보로라도 자금을 대부받을 수 있는 층은 지주층이거나 미곡을 판매할 수 있는 층에 속하였다. 뿐만 아니라 지역에 따라서는 부유한 상인이 가입하기도 하였다.[123]

이후 지방금융조합은 부동산과 동산을 위주로 하는 담보대부방식으로 운영되었다. 담보로 제공한 토지를 소유한 자작·자소작 상농층을 중심으로 조합원이 구성되는 한편 지역내 지주층과 상인들의 미곡담보대부를 가능하게 함으로써 초기에 가입시키려 않으려 했던 지주층에게 금융조합의 문호를 개방한 것이었다. 이는 설립위원에 포함된 지방위원 등이 지역 유력지주였음을 상기할 때 지주층에 의한 금융조합 운영참여가 이루어질 것임을 의미하기도 한다.

한편 금융조합의 대부방침의 하나로서 "대부금은 이를 不생산적으로 소비하지 않도록 할 것"[124]이라고 하여 생산증식을 목적으로 하는 농사개량이나 농우구입, 토지구입 등의 용도로 제한하였다.[125] 실제 대부는 대부분 소를 구입하는 데 집중되었고, 일부는 비료와 농구 구입, 토지 구입 용도였다.[126] 때로 식량구입을 위해 대부를 받는 경우도 있긴 했지만, 대부분이 이른바 '생산적 대부'의 용도로 사용되었다. 물론 대부용도가 그랬다고 해서 실제 그렇게 이행되었는지는 의심스럽다.

앞의 평양이나 안주금융조합의 사례는 1907년 11월이나 12월부터 1908년

---

123) 度支部理財局監督課 편, 『金融組合關係書類綴 6』(규21707), 1908.

124) 「地方金融組合에 관한 細條說明」 光武11(1907).5.15, 朝鮮總督府, 『地方金融組合執務便覽』, 京城 : 朝鮮總督府, 1911.

125) 제4조 지방금융조합은 좌의 업무를 한다. 1. 조합원에 대한 농업상의 필요한 자금의 대부를 하는 것 1. 조합원을 위해 생산한 곡류를 창고에 보관하는 것 전2항에 있는 외 지방금융조합은 좌의 업무를 겸영할 수 있다. 1. 조합원에 대한 종묘 비료 농업상의 재료를 분배 또는 대여하는 것 1. 조합원을 위해 그 생산물의 위탁판매를 하는 것(勅令 제33호 「地方金融組合規則」 光武11(1907).5, 『地方金融組合執務便覽』, 1쪽).

126) 초기 평양금융조합의 대부자는 5개월 동안 239명이었다. 이들 중 195명이 소를 구입하기 위해서 대부를 받았고, 26명이 농구구입, 14명이 비료구입, 2명이 토지구입, 2명이 제염기구를 구입하기 위해서였다(평양금융조합, 『貸付金個人別明細表』 隆熙 2년, 규26502).

3월까지의 대부상황이다. 농사용 소 구입이 가장 큰 비중을 차지했는데, 겨울철에 농사용 소를 구입하면 겨울 동안 농사에는 사용하지 못하고 주로 먹이를 먹이는 데 많은 수고와 비용이 든다. 그래서 대부분의 농가에서는 봄철 농사에 쓰기 위해서 소를 구입하고 겨울이면 소를 파는 것이 관행처럼 되어 있었다. 이 시기를 지나면서 탁지부에서 개별 금융조합 이사들에게 대부금이 실제 용도에 알맞게 사용했는지를 자세히 조사하라고 지시를 내리는 것으로 보아 많은 대부자들이 신청한 용도대로 사용하지 않았을 가능성이 많다. 이 시기 지방금융조합의 대부기간은 6개월의 단기대부뿐이었다.[127] 겨울철에 대부를 받으면 보리가 나는 여름철에 상환하는 방법이었다. 아마 6개월 규정은 이모작을 전제로 한 듯하다. 그런데 6개월 동안에 소를 구입하여 농사를 짓고 대부받은 금액 이상을 이익으로 남겨 대부금과 이자를 납입해야만 대부를 하는 의미가 있을 것이다. 그렇지 못한 경우는 다시 소를 팔아서 상환하는 수밖에 없을 것이다. 이로 볼 때 대부금을 받는 사람들은 대부금의 용도대로 사용하지 않고 급한 자금으로 써버렸거나, 용도대로 사용하는 조합원은 비교적 여유자금을 가지고 자금을 운용하는 경우라고 볼 수 있다.

한편 지방금융조합에 가입하기 위해서는 가입금 2원을 납부해야 했다. 초기에는 3원 이내였다가 1908년 「모범정관」을 개정할 때 2원으로 내렸으나, 이 금액도 상당히 부담스러웠다. 원주지방금융조합에서는 면장모임에서 조합비가 비싸다고 한 의견을 받아들여 임시총회에서 조합비를 줄일 것을 결의하였고, 탁지부는 이를 인가하였다.[128] 이렇게 금액을 내리는 조합도 있지만, 대부분의 조합에서는 2원을 그대로 받아들였고, 「모범정관」을 개정할 때에 가입금에 대해서 엄격한 기준을 새로이 마련하였다. 가입금은 신청서를 제출할 때 납부해야 하며, 신설 시에 납부한 조합비가 부족하면 부족액을 추징하도록 하였다.[129] 평양조합에서는 조합비를 체납하면 제명하였다.[130]

---

127) 「地方金融組合에 관한 細條說明」.
128) 度支部理財局監督課 편, 『金融組合關係書類綴 1』(규21689), 1908.
129) 度支部理財局監督課 편, 『金融組合關係書類綴 9』(규21710), 1908.

이러한 여러 측면에서 볼 때 지방금융조합의 대상과 대부방침은 소작인을 비롯한 소농대상의 신용대부방침에서 자소작농층에서부터 자작농 또는 소지주 대상의 부동산·동산담보대부방침으로 바뀌었다. 이는 국교확대 이후 확대된 미곡상품화로 더욱 심해진 농촌계층 간의 분열상황 속에서 중간상층에게 상대적으로 저리의 금융기회를 줌으로써[131] 일제농정에 편입시키려는 의도라고 할 수 있다.

---

130) 度支部理財局監督課 편, 『金融組合關係書類綴 9』(규21710), 1908.7.10 평양재무감독국, 「금융조합 이사회의 보고」.

131) 의주와 원주지방금융조합의 대부금리는 부동산 일보 4전, 동산 4전 5리, 신용은 5전이었다. 이는 당시 長利로 표현되는 시중 금리에 비한다면 매우 저리라고 할 수 있다(度支部理財局監督課 편, 『金融組合關係書類綴 3』(규21704), 1908 ; 度支部理財局監督課 편, 『金融組合關係書類綴 1』(규21689), 1908).

제3장 금융조합론의 구조와 전개

제1절 관제협동조합론

1. 지주주의 소농금융론과 관제 협동조합체제

1) 지주적 농업정책과 금융조합의 소농보호론

일제는 조선을 강점한 후 식량과 원료의 공급처이자 상품시장으로서의 기능을 요구하였다. 말하자면 일본자본주의의 저미가 저임금정책을 유지하기 위한 안정적인 미곡생산기지, 일본의 생사와 면방직공업에 필요한 원료 농산물의 제공처이자 일본 공업생산물의 수요처로 만들고자 한 것이었다. 이는 조선농업이 일본자본주의의 틀 안에 편입되어 그 일부분이 됨을 의미했다.

1910년대 일제는 토지조사사업을 통해 토지에 근대적인 소유권을 부여하였고, 지방행정체계를 재편하였으며, 금융기구를 정비하는 한편 농사개량사업을 실시하여 조선지배를 위한 기초작업을 실시하였다.[1] 이러한 농업정책의 방향

1) 鄭然泰, 「1910년대 日帝의 農業政策과 植民地地主制」, 『韓國史論』 20, 1988 ; 鄭泰憲, 「1910년대 식민농정과 금융수탈기구의 확립과정」, 『3·1민족해방운동연구』, 청년사, 1989 ; 崔元奎, 「韓末 日帝初期 土地調査와 土地法 硏究」, 연세대 박사학위논문, 1994 ; 이하나, 「日帝强占期 '模範部落' 정책과 조선농촌의 재편」, 『學林』 19, 1998.

은 조선사회를 일본사회와 동일한 사회구조로 재편하여 일제의 지배를 원활하게 하는 데 있었다. 그와 더불어 기득권층인 지주층의 경제적 기반을 보존하는 데 있었다. 지주층을 농업생산에 끌어들여 미곡수출과 공업원료의 생산을 늘리도록 하는 한편, 이들을 통해 조선농촌을 지배하고 체제를 유지하는 데 있었다. 따라서 일제의 농정은 지주중심의 농정으로 전개될 수밖에 없었다.

이런 농정의 바탕이 된 농정관은 農本主義였고, 금융조합의 운영도 그에 기초하였다. 금융조합은 소농보호를 표방하는 조직이었다. 금융조합의 소농보호론은 언뜻 보기에 지주제의 폐지와 소농의 보호를 주장하는 것 같지만, 이는 농본주의 이데올로기의 한 부분으로 일본 천황제국가의 기초인 지주제와 영세소농경제의 체제적 안정을 꾀하기 위한 논리였다. 일제의 지배논리 속에서 지주제를 중심으로 한 농업구조가 만들어지고, 그 체제를 유지하는 선에서 자작농과 소작농의 안정을 꾀하는 것이었다.

일본의 농본주의는 메이지 유신 이전부터 老農主義·小農主義 등의 이름으로 형성되어 이 시기 일본농정의 기본 사상으로 자리잡았다.[2] 당시 일본이 처한 농촌의 위기를 농업입국론으로 타개하고자 한 것이었다. 일본자본주의는 메이지 유신에 의해 근대화의 길을 열었다. 그 과정에서 농촌사회에서 중농이 감소하고 영세소작농과 부농이 증가하는 양극분해를 겪었고, 부농층은 기생지주화하고 대지주로의 토지집중이 진행되었다. 영세소작농은 고율소작료에 시달리며 생계의 위협을 받아 농민소요가 빈발하는 등 사회적 갈등이 커져갔다.[3] 일제는 제국주의 정책을 추진하기 위해 군사력 강화를 목적으로 하는 중공업 중심의 근대화정책을 펴는 한편, 농산물 수출을 활성화하여 외국무역상에게 장악되어 있는 무역주도권을 되찾고자 하였다.[4] 이를 위해서 그들은 농촌사회에 대해 공업화 추진에 필요한 미곡생산과 수출상품인 차와 견사의

---

2) 櫻井武雄,『日本老農主義』, 東京 : 白揚社, 1935.
3) 暉峻衆三 編,『日本農業史』, 東京 : 有斐閣, 1985, 37~38쪽.
4) 暉峻衆三 編, 위의 책, 98~106쪽 ; 長幸男,「ナショナリズムと'産業'運動」, 長幸男·住谷一彦 編,『近代日本經濟思想史 I』, 東京 : 有斐閣, 1969, 113~123쪽.

생산에 주력하는 방침을 세웠다.

일본의 농본주의는 이러한 환경에 적응하면서 농업구조 개편의 주체를 지주로 설정하고, 지주층이 농업생산력을 증대시키고 농민을 지도하는 역할을 맡도록 한다는 논리였다. 그런데 지주가 그러한 지위를 갖기 위해서는 농민들을 수탈만 하는 존재가 아니라 스스로 농사개량사업에 참여하여 생산력 증진에 노력하여야만 했다. 온정적으로 소작인을 과도하게 수탈하지 않으며, 약탈농법에 빠져 있고 나태한 소작인들을 지주가 합리적인 경영방식으로 지도하여 생산력 발전을 꾀해야 한다는 것이다. 이 논리에 따르면 농업생산과 지도의 주체는 지주이며, 소작인은 교화의 대상으로 규정되었고, 피폐해진 농촌을 구제하는 해법은 지주와 소작인이 협조하는 공동체 질서를 만들어 농사개량과 생산력 증대를 꾀하는 데 있었다. 농촌사회의 공동체적 질서를 유지하는 것은 바로 지주중심의 사회질서를 의미하며, 이를 위해서라도 소작농층의 몰락이나 농촌사회의 안정을 추구하는 자작농층의 붕괴가 일어나서는 안 되었다. 즉 농본주의 논리의 중요한 핵심은 지주적 사회질서 속에서 소농의 안정화를 꾀한다는 것이었다. 여기에 영세한 농민경영의 고립성을 없애며 대농적 생산력의 효과를 내도록 조직화해야 한다는 사회정책적 논리[5]가 결합되었다. 그 방법은 지주층이 소농층을 조직하는 산업조합을 통해서였다.[6] 산업조합은 농촌사회 내부에서 계급 간의 갈등을 완화시키고 생산력을 발전시키는 기구이자, 농산물 수출에 필요한 차나 생사생산에서 품질표준화와 수출물량을 확보하는 역할을 담당했다. 이와 같이 지주적 농업구조, 소농안정화와 산업조합으로의

---

5) 일본 농본주의 농정학의 대표자인 横井時敬은 평균 8단보의 중견자작농층의 붕괴에서 일본농업의 위기가 유래된다고 보았다. 이에 대한 해법으로 그는 소농의 공동사업으로 농회를 조직하고, 미곡개량조합을 결성하며, 산업조합과 신용조합을 발전시키는 등 소농조직으로 대농의 생산력을 내야 한다고 주장하였다(住谷一彦, 「形成期日本ブルジョアジ-思想像」, 長行男・住谷一彦 編, 앞의 책, 186~194쪽).

6) 일본 산업조합운동의 배경에는 자유민권운동의 퇴조 후에 행정관에 의해 지도되던 호상 호농층(지주와 매뉴팩쳐 경영 등을 포함한 소위 명망가들)과 지방 '자치' 조직의 식산흥업운동이 있었다(長幸男, 앞의 글, 132~133쪽).

조직이라는 논리를 가진 일본농본주의는 농촌사회의 체제적 안정과 농업의 자립화를 기반으로 천황제 국가질서와 자본주의 사회체제를 유지한다는 사회 정책적 농정이념이었다.[7]

이러한 농정을 농촌사회에서 실현하는 사상적 매개는 報德思想이었다.[8] 보덕사상은 농본주의 속에서 일본정부가 농촌 자치의 확대를 국가주의적인 방향으로 통합하고자 했던 지방개량운동의 이데올로기였다.[9] 또한 지방개량 운동의 민간 주체였던 정촌의 유지집단 報德社의 기본사상이었다. 보덕사는 농본주의자들에게서 성인과 같이 여겨지는 민간 농정가 니노미야 손토쿠(二宮尊德)의 사상을 이어받아 제자들이 조직한 것으로서, 일본 산업조합의 선구자로 평가받았다. 니노미야의 보덕사상은 우주일체의 사물이 각각 덕을 갖추고 있다고 보고, 이 모든 德을 갚아야 한다는 생각에서 비롯되었다. 그는 一村一家 관념이 一村一國 관념으로 확대되어 그것이 사람들의 전체 생활을 관통해야 이상적인 생활을 이룰 수 있다고 보았다. 이는 정촌 내의 지주소작관계 나아가 1국가 내부의 지배 피지배관계에 가족적인 의제를 부여하여 부자관계로 환원함으로써 계급대립을 방지하고 정책의 원만한 관철을 꾀하려는 것이었다. 그리고

---

7) 櫻井武雄, 앞의 책, 84~92쪽.

8) 보덕사상에 관해서는 이하나, 앞의 글 ; 金英喜, 앞의 글, 1996 ; 櫻井武雄, 앞의 책을 참고하였다. 특히 김영희는 금융조합의 사상적 기초로서 보덕사상을 검토하였다.

9) 일본의 지방개량운동은 러일전쟁 직전 수립된 제1차 桂 내각에서 시작된 지방자치체 개량정책을 중핵으로 하는 민력진흥정책의 하나였다. 천황제 국가로의 민중통합, 국가주의 교육, 산업조합 장려를 통해 지방자치를 강화시키고 이를 국가주의적 국가의 강화로 결합시키려는 것이었다. 이 운동이 본격화된 것은 러일전쟁 이후 일본이 제국주의 세계자본주의체제의 대열에 편입되기 위해서는 국가의 세포인 町村의 발달이 필요하다는 인식을 가지면서였다. '건전'한 정촌이란 언제나 국가가 요청하는 여러 과제를 단결하여 능률적이며 자발적으로 수행함을 의미하였다. 지방의 자발성을 극대화시키는 조치로서 정촌 내부에 뿌리를 둔 유지집단-중소지주와 자작상층-을 만드는 것이었고, 그 모델이 보덕사였다. 이런 집단을 전국적으로 설립하였고, 그것을 기초로 부락림통일, 농사개량, 산업조합 설립에 의한 생산력 증강을 장려하고, 「소학교령」을 발포하여 국가교육을 강화해 갔다. 이런 지방개량운동의 최종점은 천황제적 국가체제를 제국주의 국가로 발전시키는 것이었다(宮地正人, 「日露前後の社會と民衆」, 『講座日本史 6』, 東京 : 東京大學出版會, 1970, 131~170쪽).

이를 실천하기 위한 방법으로 勤勞, 積善, 分度, 推讓의 네 가지 지침을 세웠다.[10] 이는 일본과 식민지에서 전개되는 농민들의 저항을 무력화시키기 위한 논리였다.

일본농본주의에 입각한 산업조합론을 조선에 이식한 것이 금융조합이고, 금융조합의 운영원리는 농본주의와 보덕사상을 조선에서 관철시키는 것이었다. 그런데 1910~1920년대 금융조합은 보덕사상을 전면에 내세우지 않고 보편적인 협동조합론과 사회정책론을 결합해서 설명하였다.[11] 그들은 "국가가 사회정책을 베풀고 공동공영을 꾀하는 것이 현대사회의 특색인데, 하층민에게 자금을 공급하여 신용을 자본화하게 하며 능력을 발양하게 하는 것은 그 사람의 경제를 발달시키는 것만이 아니라 사회 국가 전체의 부를 늘리는 것이다. 즉 국력을 충실하게 하고 공존공영을 꾀하는 건전한 사회국가를 건설하는 데 긴요 급무다"[12]라고 하여 사회정책적 시설로서의 금융조합을 강조하였다. 그리고 천황제국가의 유지・발달과 금융조합의 성장을 결합시켜 설명하였다.

이런 금융조합의 입장은 그들의 위치가 일본의 산업조합과 달랐기 때문이다. 일본의 산업조합은 정촌을 단위로 해서 경제사업과 신용사업을 모두 포괄하는 존재였다. 반면 조선의 금융조합은 초기의 경제사업을 포기하고 금융단영주의와 광역주의를 채택하였으므로 보편적인 협동조합 활동을 해 나가기 어려웠다. 이는 금융조합이 총독부에 의한 금융조합 지배를 원활하게 하기 위한 관제기구

---

10) 勤勞는 천연 자원을 개발하는 것으로서, 인간이라면 당연히 해야 할 일이었다. 근로의 결과를 예상하거나 이해타산을 생각지 않고 최대의 근로에 대해 최대의 보수를 얻게 된다는 신념이 전제가 되었다. 積善이란 좋은 종자를 심는 것인데, 인간사회에 적선하면 1원의 재물은 해마다 증가하여 수십 수백 원이 될 수 있다. 分度란 쓰임새를 통제하는 생활방식이다. 모든 수입의 3/4으로 생활하고 나머지는 예비비로 충당하며, 그 예비비의 1/5을 다른 사람을 위해 베푸는 것이 이상적인 가계방법이라고 보았다. 推讓은 예비비 중 1/5을 다른 사람에게 베푸는 것이다. 二宮尊德은 "推讓 없는 근면은 약탈이다"라고 하였다.

11) 山根譓, 『金融組合概論』, 朝鮮經濟協會, 1929 ; 牟田口利彦, 『金融組合運動』, 朝鮮金融組合協會, 1932.

12) 下村充義, 「金融組合の使命と運用の要義」, 『金融と經濟』 68, 1925.2, 9~14쪽.

라는 점과 지주제와 미작단작화라는 일제농정을 실행하는 기구였던 것과 밀접하게 관련되어 있다.

일제의 금융조합 운영논리는 지주적 농본주의와 사회정책론에 입각하여, 일제와 지주층에 의한 금융조합 지배와 그 안에서 자작농을 보호하고 소작농의 몰락을 방지한다는 것이었다. 그를 통해서 일본 천황제국가의 유지와 계급대립의 완화를 꾀하는 것이 목적이었다.

2) 관 주도 협동조합체제와 이사중심주의

금융조합에 관한 법적인 규정은 1914년 「지방금융조합령」으로 구체화되었고, 그 후 1918, 1928, 1929년에 세 차례 개정되었다. 이는 각 시기마다 변화하는 일본제국주의의 금융조합과 농업금융, 나아가 농업경제에 대한 이해와 요구를 반영한 것이었다.

1914년에 발포된 「지방금융조합령」은 금융조합 조직의 성격을 정비한 법령이었다. 이 법령은 첫째 협동조합의 조직적 구성 마련, 둘째 관선이사제와 총독부의 감독권 유지, 셋째 신용조합만의 법제화와 경제사업의 부대사업화, 넷째 외국인의 조합가입 허가, 다섯째 예금업무와 농공은행 대리업무의 허가라는 특징을 가지고 있었다.[13] 특히 앞의 두 가지 특징은 모순되는 것이지만, 금융조합 조직 속에서 서로 결합되어 금융조합의 성격을 규정하였다.

먼저 「지방금융조합령」은 협동조합으로서의 일반 규정을 포함하였다. 금융조합은 1907년의 「지방금융조합규칙」을 제정할 때부터 협동조합으로 논의되었다. 그러나 당시에는 「규칙」에서나 실제 운영에서 협동조합으로서의 성격이 거의 관철되지 못하였다. 「규칙」에서 규정한 조합원과 지방금융조합의 관계는 크게 두 가지 경로로 맺어졌다. 조합에서 금융대부 혹은 농업재료를 지원받거나, 조합 가입시 가입금으로 1~3원 이내를 불입하며 매년 2원 정도의 조합비를 납부하는 방식이었다. 여기에는 일반 협동조합에서 필수적인 출자금제도가

13) 예금업무와 농공은행 매개대부에 대해서는 후술하도록 한다.

빠져 있었다. 그 이유는 금융조합의 자금원천이 조합원의 출자금이 아니라 정부급여금 1만원과 농공은행의 차입금으로 구성되었기 때문이다. 이런 조직은 앞서 본 바와 같이 협동조합이라기보다는 정부의 '자혜기관'[14] 또는 구제기관이라고 보는 것이 타당했다. 지방금융조합 설립 시부터 여기에 참여해 왔던 야마네 사토시(山根譓)[15]는 다음과 같이 당시 상황을 설명하였다.

> 정부는 먼저 농촌금융의 완화를 꾀하고 또 대다수를 점하는 농민에게 양식을 얻을 수 있는 방도를 주어야 했다. 이를 위해서 산업상의 지도도 해야 했으므로 금융조합은 흡사 농촌의 위기를 광구하는 사명을 띠고 태어났던 것이다. 당시 국정에 대한 행정상의 응급조치라고도 할 수 있어 구주협동조합 발생의 원인과 뜻을 크게 달리하지만, 창설자는 후일 협동조합으로서의 활동을 기대하여 조선에서 뿌리 깊게 길러져 온 隣保相助의 관습을 더욱 배양하고 타일에 그 완전한 성장을 희망하였다.[16]

1914년에 이르러 총독부는 "정부에서 기대한 농촌의 위기는 극복되어 광구의 목적을 달성"하였고, "금융조합으로서 조직상에 협동조합의 본질을 갖추고 그 형태를 완비하고자 하는 긴요한 까닭이 스스로 일반에 인식되기에" 이르렀다고 평가하며,[17] 「지방금융조합령」을 제정・반포하였다.

이에 근거하여 금융조합 관계자들은 모두 금융조합을 '자조의 원칙에 선 협동조직'[18]으로 생각하였다. 이들은 금융조합을 개인주의 내지 공리사상,

---

14) 金佑枰, 『金融組合論』, 京城 : 鍾山社, 1933, 64쪽.
15) 山根譓는 동양협회전문학교를 졸업하고 1907년 정부의 재정고문부에 취직되어 한국에 왔다. 1910년 황해도이재과장을 지내고 황해도금융조합을 창설하였다. 1921년 이후 황해도금융조합연합회이사장, 경상남도금융조합연합회이사장, 경기도이사장, 금융제도조사위원회 위원을 지냈으며, 1933년 조선금융조합연합회 설립 이후 연합회 이사와 교육부장을 지냈다.
16) 山根譓, 앞의 책, 72~73쪽.
17) 山根譓, 앞의 책, 75쪽.
18) 牟田口利彦, 앞의 책, 195쪽.

그리고 자유경쟁을 기본으로 하는 자본주의적 발전에 따라 형성되는 대경영 중심사회에서 낙오되기 쉬운 자력없는 다수의 중소생산자가 결속・협동하여 생활의 안정과 발전을 도모하기 위해 꾸린 조직[19]이라는 협동조합 일반론에 입각하여 설명하였다.

금융조합이 협동조합이라고 선언할 수 있는 가장 큰 요인은 조합원이 출자금을 낸다는 사실이었다. 협동조합은 조합원의 출자금으로 설립・운영하는 조직이므로, 조합원은 조합에 대해서, 또는 조합의 채권자에 대해서 재산과 운영에 관한 법률상의 책무를 갖는다. 금융조합에서 규정한 조합원의 권리는 ① 의결권(제34조, 제43~45조) ② 총회소집 청구권(제29조) ③ 결의취소 청원권(제30조) ④ 서류열람 청구권(제46조, 제49조) ⑤ 잉여금배당 청구권(제53조) ⑥ 지분에 대한 권리(제61조, 제76조)였고, 의무는 ① 출자금에 대한 의무(제17조, 제18조, 제23~25조) ② 지분에 관한 의무(제26~28조-2, 제62조, 제63조)였다.

요컨대 금융조합은 조합원의 출자금으로 조합의 기본재산을 만들었고, 그에 따라서 권리와 의무가 결정되었다. 금융조합의 조합원은 1구 이상의 출자금을 내야 할 의무가 있으며, 출자금 1구는 촌락조합이 10원, 1918년 이후에 설립된 도시조합이 보통 20원에서 50원 정도를 냈다.[20] 출자금은 탈퇴할 때 되찾을 수 있으나, 조합이 해산할 때나 탈퇴할 때 조합이 조합재산으로 채무를 다 갚을 정도가 되지 못할 경우나 지분이 마이너스인 경우는 출자액을 한도로 부담금액을 불입해야 했다.

출자금을 내고 조합원이 되면 각 조합사무소에 비치된 조합의 운영에 관한 서류를 열람하고 총회를 소집하며, 총회결의 과정에 문제점이 있을 경우에는 감독관청인 도지사에게 총회의 결의사항에 대한 취소청구를 할 수 있었다.

---

19) 牟田口利彦, 위의 책, 191~196쪽.

20) 10원이라면 쌀값이 올랐던 1920년대 초반에는 도매가격으로 볼 때 나락으로 1가마니가 조금 못 되는 액수였고, 가격이 내린 30년대 초반이라면 1가마니 이상을 살 수 있는 금액이었다. 1926년 벼의 도매가격은 상등이 15원 97전, 중등이 15원 1전, 하등이 14원 41전이었고, 가격이 가장 떨어졌던 1931년에는 상등가격이 7원 4전에 불과했다(朝鮮總督府, 『朝鮮總督府統計年報』 1935년판, 299쪽).

또 조합장과 평의원의 선출권과 중요사항에 대한 의결권이 부여되었다. 그리고 출자액에 대해서는 연 7푼 이하의 비율로 잉여금배당을 청구할 수 있으며, 탈퇴할 때나 조합이 해산될 경우 조합에 순자산이 있으면 출자지분을 되돌려달라고 청구할 수 있었다. 또 조합이 해산될 때에는 조합 채무를 다 갚은 후 남은 재산에 대해서 일정한 지분에 따라 분배를 받을 권리가 있었다. 이와 같이 「지방금융조합령」에서 조합원의 권리와 의무를 규정함으로써 금융조합은 일반적인 협동조합으로서 모습을 갖추었다. 조직의 모습은 근대적인 협동조합으로서, 계라든가 향약 같은 조직인 근대화과정에서 발전할 수 있는 하나의 조직형태라고 할 수 있다.

그러나 금융조합의 성격에서 또 다른 한 면은 협동조합이 가져야 할 조합원들의 직접적인 의사결정 참여과정을 막는 제한성을 가지고 있었다. 금융조합의 활동은 거의 모두 법률규정과 총독부의 감독·지휘에 따라 '통일'되어 있고 획일적인 상명하달식으로 운영하도록 되었다. 금융조합의 운영중심은 일상업무를 총괄하도록 한 理事에게 있었고, 이사는 총독이 임명하는 관선이었다. 따라서 협동조합으로서의 규정은 총독부에 의한 금융조합 지배라는 틀 속에서의 논의였을 뿐이었다. 이런 운영구조의 핵심인 관선이사제를 살펴보자. 조선금융조합에서는 조합의 일상적인 업무를 담당하는 1명의 이사를 총독이 임명하고 급료를 지급하였다.[21)]

조선의 금융조합이 모범으로 삼은 독일의 신용협동조합이나 일본의 산업조합에서는 조선과 같이 1명의 이사가 전담하기보다는 조합원 총회에서 3~5인의 이사를 선출하고 각각 사무를 분담하며, 그 중에서 1인이 전무로서 일상 업무를 담당하였다. 이런 제도에서는 이사회를 감독하는 기관으로서 감사회를 두어 조합업무를 감독하였다.[22)] 감사의 수는 많고 권한도 비교적 넓게 규정되었으며,

21) 1918년 「금융조합령」에서는 도시조합에 한해서 민선이사를 선출하도록 했으나 1929년 법령개정시 모두 관선이사제로 바꾸었다.

22) 車田篤, 『朝鮮協同組合論』, 京城 : 朝鮮金融組合協會, 1932, 136~137쪽. 이사제도는 독일에서 시작된 것으로 일본도 이 제도를 도입하였고, 조선에서도 이를 활용하였다.

현실에서 지침으로 쓰이는 정관에서는 그 권한이 더 넓어지는 게 보통이었다. 중요사항은 감사회와 이사회의 합동위원회에서 결정하였다. 이사를 민선으로 함에도 불구하고 그것을 견제하기 위해서 조합원이 뽑은 감사회를 활성화시킴으로써 민주주의 의사결정의 효과를 높이며, 이사회의 결점을 보충하려고 하였다.[23)]

그러나 금융조합에서는 총독부가 임명한 이사가 조합의 일상적인 업무를 담당하는 데 비해서, 조합원들이나 조합원이 선출한 조합장이나 평의원, 감사의 역할은 매우 취약했다. 조합원의 유일한 최고의사기관인 총회의 기능을 보면,[24)] 총회의 의결사항은 총회에 앞서 통지된 사항에 제한되며(令42조), 통지되지 않는 사항은 의결할 수 없었다. 즉 조합원은 조합에 대해 새로운 의안이나 의견을 제시할 만한 통로를 원천적으로 봉쇄당한 셈이다. 조합원은 조합총회에서 조합의 공동대표인 조합장과 이사 중에서 조합장만을 선출할 수 있었다. 「지방금융조합령」에서 조합장은 조합의 공동대표이며 업무집행의 상설기관으로 규정되었다. 그러나 조합장은 조합의 일상 업무를 수행하지도 않았고 중요사항의 입안과 결정과정에서 평의원회 의장으로서의 기능밖에는 갖지 못하는 명예직일 뿐이었다. 조합의 일상 업무는 이사가 담당하므로 조합원이 조합장 선출을 통해서 간접적으로 갖게 되는 업무집행에 관한 권리는 거의 없는 것과 마찬가지였다.[25)]

관선이사가 조합운영에서 가장 중요한 위치를 점하며, 일제가 금융조합을 활용한 지배체제 구축에 이사의 역할을 중시했다는 점은 이사의 급여에서

---

23) 本位田祥男, 『協同組合論』, 東京 : 日本評論社, 1929, 44~45쪽.

24) 조합원총회는 조합의 유일한 최고의사기관이다. 총회의 권한은 첫째 원칙상 정관이나 법령에 저촉되지 않는 한 총회에서는 조합의 모든 일에 대해서 결의할 권한이 있다. 둘째 조합을 대표하는 조합장과 조합을 감사하는 감사, 그리고 조합운영에 자문을 하는 평의원을 선출할 수 있다. 조합원은 이 총회의 임원선출을 통해서 자신의 의사를 간접 표현한다. 즉 총회는 조합원이 조합장이나 평의원이 되지 않는 한 자신의 의사를 표현할 수 있는 유일한 공간이다.

25) 山根譓, 앞의 책, 357쪽.

잘 나타난다. 1907년 금융조합의 설립시 재정고문 메가타는 금융조합을 이끌 이사로 조선인을 뽑을 수 없다고 하여 일본인으로 충원하였다. 이들이 처음 금융조합에서 받은 급여는 50원으로, 당시 한국인 관리의 월급이 10원 내외였던 것에 비하면 엄청난 금액이었다.[26] 1914년 「지방금융조합령」의 제정 직후 관통첩 「지방금융조합직제 급 직원급여규정준에 관한 건」에 따라 새로 정해진 급여에 따르면 금융조합 이사의 총급여는 기본급여+사택료(일본인일 경우)+연말상여금(급여의 200%)/12였다. 여기에 숙직할 경우 특별수당이 추가된다.[27] 이사 급여는 12등급으로 나뉘며, 1등급은 연 급여 2,280원으로 1914년 현재 총독부의 일본인 주임관이 받는 2,612원보다는 조금 적고, 판임관 942원보다 훨씬 많은 액수였다. 12등급이라도 연 550정도로 지방청직원 중 일본인 판임관보다 조금 적지만 조선인보다는 훨씬 많은 액수였다.[28] 게다가 1918년 월급여의 30%를 주는 벽지수당이 생기면서 조선인과의 격차는 더욱 커졌다. 상당 기간 총독부가 이 금액을 경비보조라는 명목으로 지원해 주었다. 이러한 조치는 금융조합의 경영상태를 유지 발전시킬 수 있는 기반이 되었고, 그 속에서 이사들은 조합에서의 권위를 더욱 강화시킬 수 있었다. 총독부에 의해 행정적 재정적인 지원을 받고 권한을 이양받은 이사이기 때문에 이사는 조합원의 의사보다는 총독부의 이해를 관철시키는 역할에 충실할 수밖에 없었다.

이 같은 관선이사중심 운영은 근본적인 취약점이 있었다. 운영에 관한 중요사항을 검토할 때 조합장이나 평의원 나아가 조합원 전체의 의사를 수렴할 수 있는 통로가 없기 때문에 의사결정에서 이사의 판단은 결정적인 역할을 하였다. 따라서 이사가 잘못 판단하거나 잘못을 저지를 경우 조합운영은 치명적인 위험에 빠질 수 있었다. 이런 예를 김천금융조합에서 볼 수 있다. 이곳에서는 이사의 부정과 그것을 알게 된 조합원들이 크게 대립하는 사태가 벌어졌다.[29]

---

26) 農業協同組合中央會, 『韓國農業金融史』, 1963, 29쪽.

27) 官通牒 제382호 「地方金融組合職制及職員給與規程準に關する件」 1914.10.23, 『官報』 668호, 336쪽.

28) 총독부 관리의 급여는 『朝鮮總督府統計年報 1914』 참조.

사건은 결산감사를 하면서 이사의 부정을 알게 된 감사가 날인을 주저하면서부터 시작되었다. 조선인 평의원과 조합원들은 감사 내용을 공개하라고 요구했고, 그에 대해 일본인들이 조선인 조합원들에게 총회를 문란시킨다는 이유로 퇴장을 요구하면서 이 문제는 조선인과 일본인 간의 대립으로 확대되었다. 이런 문제가 일어난 배경은 이사의 편파적인 조합운영과 비리에서 비롯되었다.[30] 특히 김천조합에서는 10여 년 동안 이사가 네 차례 바뀌었는데, 그 중에서 두 번은 다른 금융조합에서 문제가 발생하여 김천조합으로 이동된 경우였고, 김천조합에서 나간 이사는 일본인에 대한 편파적인 대부와 부정사건으로 인해 조합원의 반발을 사자, 道에서 사건을 무마하기 위해서 교체한 경우였다. 이와 같이 금융조합에서는 짧으면 몇 개월 사이에 이사를 교체하는 등 연합회와 도에서 자신들의 편의에 따라 혹은 문제가 발생한 이사들을 임시 무마하기 위해 교체하는 일이 빈번했다. 이런 현실은 조합원들의 의식이 성장하면서 점차 사회문제화 되었고, 금융조합 내부에서도 근본적인 문제해결을 요구하는 목소리가 나오기 시작했다.[31]

그렇지만 문제해결은 이사중심주의와 관제조합적 성격을 없애는 방향이 아니라, 조합원들의 조합운영 참여 저지와 중앙통제적 금융조합 운영이라는 방향으로 전개되었다. 1928년 '總代會'제도의 설치가 그것이었다. 총대회제도는 조합원 수가 많기 때문에 총회를 제대로 할 수 없다는 이유로 설치되었지만, 실제로는 총회석상에서 운영에 대한 비판과 대립이 일어나는 것을 미연에

---

29) 「金泉金組總會가 修羅場化」, 『東亞日報』 1925.5.4 ; 「道當局에 問함」, 『東亞日報』 1925.5.23 ; 「理事非行의 가지가지」, 『東亞日報』 1925.5.25.

30) 김천조합 이사의 비리는 첫째는 제대로 된 절차를 거치지 않고 현금을 마음대로 이동한 것이었다. 채무자에게서 임시로 받은 假受金을 수취인도 없이 현금으로 되돌리고, 수표를 이서하지 않은 채 받고, 채무자에게 받은 이자를 장부에 기입하지 않으며, 증빙서류 없이 현금을 지출하는 등 조합운영의 투명성을 해치고, 개인적인 이해관계로 자금을 사용하였다. 둘째 연합회에 대한 이자를 지불하고서도 지불하지 않은 것처럼 꾸미거나 이사상여금을 총회결의 없이 지출하는 등 개인적인 착복과 개인이득을 위해 마음대로 조합재정을 운영한 것이었다(『東亞日報』 1925.5.25).

31) 大道生, 「指導の立場より」, 『金融と經濟』 68, 1925.2, 37~40쪽.

방지하기 위한 것이었다.[32] 이는 조합원의 의식 성장과 조합운영의 투명성을 보장할 수 있는 방법인 조합원들의 다양한 의견과 비판·대립을 조정하는 길을 봉쇄하고, 금융조합 주도층에 의한 일방적인 결정으로 조합을 운영하도록 한 조치였다.

관선이사제를 중심으로 한 주도층의 운영주도란 달리 표현하면 총독부의 감독과 통제를 의미하였다. 운영 자금에서부터 일상 운영에 이르기까지 총독부의 관여와 감독은 관철되었다. 설립 시 1조합당 1만원을 무이자로 지원하여 설립자금으로 삼도록 했다. 1만원이면 촌락조합에서는 1,000명의 조합원의 출자금을 갖고 시작하는 셈이었다. 1925년 1조합당 조합원규모가 500~800명 선이었던 것을 생각하면 이 정부보조금이 얼마나 유용한 금액이었는지 상상이 갈 것이다. 이 자금은 총독부가 급여한 외부자금이기는 했지만, 금융조합 관계자들은 이를 자기 자본으로 생각하고 운영하였다.

설립과 운영자금만이 아니라 총독부는 「지방금융조합령」 제12조에 "본령에서 정한 것 외 금융조합의 사무 취체에 관해 필요한 사항은 조선총독이 정한다"라고 규정함으로써 운영 전반에 걸친 의사결정을 주도하였다. 그리고 「지방금융조합업무감독규정」을 두어 중요 사항은 모두 관청의 인가나 계출을 요구하였고, 조합이 자율적으로 결정하는 것을 허가하지 않았다. 그래서 조합원 1인에 대한 대부한도, 대부종류, 기간, 담보물건의 종류, 예금종별, 이자계산방법 등까지도 자세하게 규정을 정하여 제한을 가하였다. 또 모범정관을 만들어 개별 금융조합의 활동에 대한 준거 틀을 만들기도 했다. 이런 면에서 금융조합은 형식적으로는 협동조합의 구성요건을 갖추었음에도 불구하고 자율적 자치적인 운영을 하지 못하고 총독부의 농촌정책을 수행하는 관제기구가 될 수밖에 없었다. 금융조합 관계자들은 이렇게 금융조합이 관청을 배경으로 하는 것이 오히려 이에 대한 민중의 신뢰를 깊게 해주었고, 그래서 예금을 받거나 자금을 차입할 때 실제적인 효과를 거둘 수 있었다고 평가하였다.[33]

---

32) 川崎勇, 「金融組合運動人類愛善運動」, 『金融組合』 1930.5.
33) 牟田口利彦, 앞의 책, 229쪽.

이 같은 총독부의 직접적인 감독과 지휘를 받는 기구라는 성격으로 인해 1914년 「지방금융조합령」에서는 1907년의 「조례」와 다른 점이 생겨났다. 1907년의 금융조합 창설 시에는 대한제국의 사업이기도 했으므로 조선인들의 경제적 구제라는 목적이 분명했다. 그런데 1914년 「지방금융조합령」에서는 그 대상을 구역 내에 거주하는 농업자로 규정하여(제2조), 개항 이후 농촌지역에 깊숙이 침투해 들어온 일본인 농업자들이 금융조합원으로 가입할 수 있도록 했다. 즉 일제는 금융조합을 통해 일본인 농업자를 경제적으로 지원하는 한편 이들을 일본 농업의 조선이식을 위한 모범으로 삼아 일제의 한국지배정책의 이데올로기인 '동화주의'를 실현하고자 하였다.

또한 관주도 운영은 시간이 감에 따라 더욱 강화되었고, 금융조합 운영은 통일성이 강화되었고 통제체계가 정비되었다. 금융조합의 통제기관으로서 1918년 道 단위로 금융조합연합회가 설립되었다. 이는 금융조합마다 독자적인 운영을 함으로써 나타나는 자금의 과부족을 해소하는 한편, 이를 통해서 금융조합 운영의 통일성을 확보하고 통제하고자 한 것이었다. 이후 금융조합은 여유자금이 있을 경우 금융조합연합회에 예치하고, 부족분은 대출을 받아 사용함으로써 금융조합 자체의 자금순환체계가 확립되었다. 뿐만 아니라 직원교육, 출판활동, 이사협의회 등을 통해서 금융조합 전반의 통일된 운영방침을 확산시켜 갔다. 나아가 1920년대 중반 이후 금융조합 내부에서는 전국적인 금융조합연합회 건설을 요구하는 목소리가 높았다. 이러한 연합기구는 금융조합 운영의 전문성을 높여주고 자금운영의 불안정성을 해소하는 데 기여하였다. 그렇지만 통제성이 강한 금융조합의 성격상 개별 금융조합의 자치적 운영을 강화하고 그것을 연합회가 지원하여 운영의 문제를 해결하기보다는 금융 흐름의 중앙통제, 조합운영의 중앙통제적 관리체계로 문제를 해결하려는 방향에서 많은 결정들이 내려졌다.

금융조합은 형식적으로는 조합장과 평의원 등의 조합원대표를 선출하고, 조합원총회에서 중요 사항의 의결권을 갖는 등 협동조합 운영체제를 갖추었다. 그러나 총독부가 총체적인 감독권을 장악하고, 관선이사제를 실시함으로써 조합원들의 자치운영방침은 실현될 수 없었다. 이런 이사중심주의와 관제적 성격으로 인해 조합운영의 투명성을 보장받을 수 없었던 문제는 이사의 비리와 잦은 이사교체를 불러왔다. 이에 대한 일제의 대책은 더욱 더 이사중심주의를 강화하고 조합원의 조합운영참여를 제한하는 한편 중앙집중적 관리체계를 만들어 조합 자체의 독자적 운영권을 제약하는 방향으로 전개되었다. 이러한 금융조합의 성격은 지주주의적 농본주의라는 금융조합을 규정하는 일제의 농정관에서 기인한 것이었다.

2. 금융조합 구성원의 계층적 성격

1) 지역 유지집단의 운영 참여

설립시 금융조합은 중하층 농민 중심을 원칙으로 삼았으며, 이러한 원칙에 대해서는 금융조합 관계자들 모두가 합의하였다. 그렇지만 현실은 그와 달랐다. 운영 면에서는 일본인 관선이사를 중심으로 하여 재지 유력 지주층이 참여하였고, 조합원 구성도 재지지주를 비롯한 자작농상층으로 이루어졌다.

1910년대 10% 미만, 1920년대 후반에 이르러야 20% 정도가 되는 금융조합의 농가조직률을 볼 때, 이 시기에 금융조합의 조합원이 되었다는 것은 금융조합 나아가 일제의 지배체계에 빠르게 적응해 간 인물이었음을 의미한다. 1913년에 조사된 총 63개 조합(전 농가의 약 2% 정도를 차지하던)의 조합원 구성을 살펴보자.[34] 여기에는 자소작농이 조사된 조합과 조사되지 않은 조합이 있는데, 먼저 전체적으로 보아 분명히 구분할 수 있는 지주와 지주가 아닌 계층구분을 보도록 한다. 전체적인 평균 수치로 보면 지주층이 7.3%고 지주가 아닌 층이 92.7%를 차지하였다. 이 수치로 본다면 지주층이 금융조합에 그다지 많이 가입했다고는 볼 수 없다.

그런데 이들 조합 중 지주층이 20% 이상을 차지하는 조합이 영천(21.6%),

---

34) 『答申書 1913』, 1~70쪽.

서천(25.2%), 장단(29.4%), 영덕(30.6%), 자성(34.8%), 강계(36.1%)의 6개 조합이었다. 이들의 특징은 소작농 비율이 다른 조합들에 비해서 매우 적다는 점이다. 소작농이 가장 많은 조합이 영천 31.7%였고 장단과 자성은 각각 8.3%와 1%로 극소수이며, 강계는 아예 소작농이 없었다. 이들 조합에서 가장 큰 비중을 차지하는 층은 역시 자작농층이었다. 자소작농이 27.7%로 조사된 서천을 제외하면 이들은 모두 자작농이 40% 이상이고 60% 이상인 조합도 6개 중에 3개나 되었다. 또한 지주층이 10% 이상을 차지하는 조합이 조사대상의 22%에 해당하는 14개 조합이었기 때문에 지주층의 금융조합 가입이 평균수치에서 나타난 것처럼 적다고는 볼 수 없다. 오히려 상당수의 조합에서는 지주층의 조합가입이 적극적으로 이루어지고 있었다. 지주층의 가입률이 높다는 것은 일제가 금융조합 설립 초반에 농촌지역의 재지지주를 포함한 상층농민의 포섭에 관심을 기울이고 있었음을 보여준다.

재지지주를 비롯한 유력자층이 금융조합에 가입한다는 것은 여러 가지 의미가 있었다. 우선 일본인 이사가 아무리 총독부의 적극적인 후원을 받고 있다 할지라도 단독으로는 농촌사회에 침투하기란 불가능했다. 농민들을 금융조합망에 끌어들이기 위해서는 지역의 영향력을 지닌 인물들의 협조가 필요했다. 이는 양자의 이해관계가 부합되는 지점에서 이루어질 수 있었다. 일제로서는 지역사회에서 영향력 있는 지주층이나 면장 급 인사들을 조합운영에 끌어들여 조합원 모집과 관리를 맡김으로써 일본인 이사진이 하기 어려운 농촌침투를 실행할 수 있었다. 그리고 조합운영에 참여할 수 있었던 조선인들은 금융조합의 금융활동을 매개로 농민경제에 영향력을 행사하는 등 지역내 정치적·사회적 지위가 강화되었다.

일제와 재지유력자층의 상호관계로 인해 組合長과 評議員은 대개 '지방의 유력자, 명망가, 독지가, 신용있는 자산가'인 유력 지주나 상인들로 구성되었다. 금융조합에서는 지위가 높고 지방사정에 정통하다는 이유로 이들에게 조합원 가입을 독려하게 하고, 조합원의 신용조사와 관리를 맡겼다.[35]

이들은 또한 총독부가 관할하는 각종 자문기구나 통치기구에 참여하는 경우가 많았다. 1930년대 자료이기는 하나, 조합장들 가운데에는 면장, 면협의원, 군참사, 군수, 도회의원, 중추원 참의, 경찰관 등 전・현직 공직자들이 많았다. 특히 면장직을 맡은 사람이 과반수를 넘었다. 이들은 학교조합, 농회, 수리조합, 삼림조합, 청년단 등의 공공단체와 농사단체에 간여하였다.[36] 금융조합 측에서는 통신의 편리함을 들어 평의원으로 면장층을 선호하였다. 심지어는 조합장은 도참사, 평의원은 군참사, 면장으로 사회적 격차를 두어 조합장이 평의원을 통할 감독할 수 있도록 한 경우도 있었다.[37]

금융조합 운영을 매개로 지역 유지층을 일제 통치정책의 실행자로 삼음으로써 금융조합의 농촌사회 침투는 수월할 수 있었다. 또한 금융대부에 영향력을 행사할 수 있는 간부직을 맡은 지역 유지층은 자금대부를 매개로 하여 농촌사회에 대한 정치경제적 지배력을 강화시킬 수 있었다. 이러한 상황을 두고서 금융조합에서는 階級調和와 內鮮融和가 이루어졌다고 평가하였다.[38] 즉 농본주의적 농촌운영 구조에서 일본제국주의의 조선지배와 그에 협력하는 세력, 그리고 지주층과 그들에 의한 농민지배라는 농촌지배구조가 마련되었음을 의미하는 것이었다.

2) 자소작 상층 중심의 조합원구성

1910년대 금융조합이 주된 조직대상으로 삼은 것은 자소작상농층을 중심으로 하는 계층이었다. 다음 표는 자소작농이 조사된 25개 조합을 중심으로 하여 그 비율을 나타낸 것이다.

---

35) 『答申書 1912』.

36) 藤澤淸次郞, 『金融組合と人物』, 大陸民友社, 1937, 68~734쪽.

37) 『答申書 1915』, 164쪽.

38) "금융조합은 階級調和 아니 內鮮融和機關임이 증명되었다. 소요사건 시나 일한합병 시 내선인 간에 피의 쟁투가 불타오를 시대에도 내지인인 이사가 선인인 조합원에게 보호를 받던가 …… 희생자에 금융조합이사는 없었다"(車田篤, 「金融組合は階級調和の機關」, 『金融と經濟』 83, 1926.5).

<표 4> 1913년 금융조합 조합원의 계층별 구성비율(단위 : %)

구분	대상조합수	지주	자작	자소작	소작	기타	합계
비율	25	4.02	27.45	50.45	14.8	3.28	100.00

자료 : 『地方金融組合理事會同答申書 1913』, 1~70, 304쪽.

1913년에 조합원 중 자작과 자소작농을 합한 비율이 77.9%로 조합원의 대부분이 이들 계층이었음을 알 수 있다. 이에 비해서 소작농은 14.8%로 상대적으로 적어, 앞서 본 바처럼 소작농의 금융조합 가입이 저조했다. 전체적으로 자작농이 가장 많은 조합은 25개 중 3조합이고, 자소작농이 가장 많은 조합은 8개, 소작농이 가장 많은 조합은 2개였다.

1913년의 일반 농가의 계층별 농가구성비율이 지주 3.1%, 자작농 22.8%, 자소작농 32.4%, 소작농 41.7%이었던 데 비해,[39] 금융조합의 지주 자작농 자소작농의 비율은 높고 소작농의 비율은 낮았다. 소작농의 조합가입률이 매우 저조했음을 알 수 있다. 1908년과 비교할 때 순소작농이 가입했다는 점은 일정한 변화이기는 하지만, 여전히 토지소유자층을 대상으로 하는 자작농 중심의 운영이라는 기조는 유지되었다.

이는 금융조합이 지주층의 농촌지배구조 속에서 자작 자소작농의 경제적 몰락을 방지하고 이들을 상업적 농업과 금융자본의 메커니즘에 편입시키는 역할을 담당했다는 점을 의미하였다. 그렇기 때문에 소작농의 금융조합 가입이 매우 적게 나타났다. 따라서 초기 금융조합 조합원으로 가입한 이들은 농촌지역에서 상대적으로 안정된 경제력을 소유한 층이며, 금융조합 자금활용을 통해서 일정하게 경제적 상승을 꾀할 수도 있었다.

이러한 양상을 1916년 『금융조합이사회동답신서』에 실린 경북지역의 4개 조합의 예를 통해서 검토해 보자.[40] 1916년 당시 대구(설립연도 1907), 영천

39) 1913년에서 1925년 사이에 지주는 3.1→3.8%, 자작은 22.8→19.1%, 자소작은 32.4→33.2%로, 소작은 41.7→43.2%로 변화하였다(小早川九郎, 『朝鮮農業發達史-資料編』, 1960, 93쪽 「지주 자작 소작별 농가호수」 참조).

40) 『答申書 1916』, 「組合員의 信用狀態와 異動調査狀況」.

(1909), 영덕(1911), 예천(1911)의 4개 지방금융조합에서 가입 후 4년 이상이 된 조합원의 가입 시 경제상태와 1916년 현재의 경제상태를 비교한 것이다. 이 자료는 1916년의 조합원 중 가입시기가 오랜 조합원들만을 뽑은 것이기 때문에 이들이 가입할 당시의 조합원 구성이나 1916년 당시의 조합원 구성을 알 수는 없다. 그렇지만 이를 통해서 어떤 계층의 사람들이 금융조합의 조합원으로서 오래 유지할 수 있었는지, 그리고 어떤 계층의 사람들로 조합이 구성되었는지의 흐름을 살펴보는 데는 유용하리라고 생각한다.

<표 5>는 1916년 현재 경북지역 4개 조합 조합원들 가운데 가입후 4년 이상 된 조합원의 가입 시와 1916년도 소유변동을 정리한 것이다. 가입 시 토지가 없던 사람은 총 9명이었다. 그리고 가장 많은 수를 차지하는 층은 16~45두 즉 1두락 = 200평으로 했을 경우 1~3정보를 소유한 층이었다. 그 다음이 1정보 이하, 그 다음이 3~5정보층이었다. 이는 일반적인 토지소유 상황과 비교했을 때,[41] 자소작농층으로 유추할 수 있는 3정보 미만의 층이 대다수를 차지한다는 점에서는 동일했다.[42] 그리고 76두락 즉 10정보 이상층이 7% 정도를 차지하며, 그 가운데 100정보 이상을 소유하는 대토지소유자도 있었다.

---

41) 총독부에서 사용하는 농가의 등급은 다음과 같다.
① 지주 : 지주의 大는 20정보 이상, 中은 20정보 미만, 小는 5정보 미만, 細는 1정보 미만의 토지를 가지고 스스로 경작하지 않는 자 ② 자작농 : 자작농의 大는 3정보 이상, 中은 3정보 미만, 小는 1정보 미만, 細는 3정보 미만의 토지를 스스로 경작하는 자 ③ 자작겸소작 : 대는 3정보 이상, 중은 3정보 미만의 토지를 경작하는 자 ④ 소작농 : 대는 3정보 이상, 중은 3정보 미만, 소는 1정보 미만, 細는 3반보 미만의 토지를 소작하는 자 ⑤ 窮農 : 완전히 궁핍한 자로서 소작지를 갖지 못하고 농가의 노역에 종사하여 겨우 생활을 지지하는 자(李覺鍾, 「農村衰亡の徑路に就て」, 『金融と經濟』 103호, 1928.1, 15쪽).

42) 1915년 경북지역 자작농 평균 경지면적은 1.2정보였다. 이에 비하면 금융조합 조합원의 평균 경지면적이 더 큼을 알 수 있다. 또한 지주회의 가입자격은 2.5정보 이상으로 금융조합 조합원 중에는 지주회에 가입할 수 있는 자격요건을 갖춘 사람이 상당히 많았다(李基勳, 「1912~1926년 일제의 農政 수행과 地主會」, 서울대 석사학위논문, 1993, 11쪽 참고).

<표 5> 경북지역 4개 조합의 조합원 토지소유변동(가입시~1916년) (단위 : 명)

	1916년 현재										
	두락	0	1~15	16~45	46~75	76~135	136~450	451~750	751~1450	1451~2900	2901~	합
가입시	0	4	3	2								9
	1~15	2	72	25	4	1						104
	16~45		17	100	23	9						149
	46~75		3	14	19	4	4					44
	76~135			2	3	4	1					10
	136~450				2	0	5					7
	451~750							1				1
	751~1450								2			2
	1451~2900									1		1
	2901~										1	1
	합	6	95	143	51	17	10	1	2	1	1	

자료 : 『地方金融組合理事會同答申書 1916』, 「組合員의 信用狀態와 異動調査狀況」.

그렇지만 1913년 당해 연도의 13.8%로 나타나는 소작농층과 비교해 볼 때 토지없는 농민의 비중이 2.7%로 적어, 소작인들 가운데 조합원 신분을 장기간 유지하는 경우는 많지 않을 것이다.

소의 소유와 관련해서 보면 영천조합은 70명 중 가입시 소가 없는 조합원이 14명이고 이 중에서 6명이 토지가 없었으며, 나머지는 1~8두락 소유자였다. 영천조합이 설립된 1909년 당시 빈농층은 겨울철 사료문제 때문에 소를 키우기 어려웠던 상황[43]을 고려해 본다면 금융조합원의 경제상태는 중농 이상이었다

43) 『答申書 1916』, 「組合員의 信用狀態와 異動調査狀況」.

고 볼 수 있다.

다음 조합원의 소유 토지면적의 변동을 보자. 가운데 대각선을 중심으로 왼편은 가입 시보다 토지소유면적이 줄어든 사람을 표시하며, 오른쪽은 늘어난 사람을 표시하였다. 이를 보면 가입 이후 4~6년 정도의 기간동안 가입시 소유하던 토지를 유지한 사람들이 많았다. 그리고 상당수가 토지소유면적을 늘렸다. 45두락(3정보) 이하 층은 토지소유면적을 늘린 사람이 많았던 데 비해서 그 이상 층은 줄어든 경우가 제법 있었다. 좀더 자세히 살펴보면, 토지가 없던 조합원 중 5명은 토지소유자로 자리를 잡았고, 15두락 이하의 소토지 소유자들은 대부분 1~5두락 정도의 토지를 구입하였다. 일반적으로 15두락 이하 층의 토지소유면적 확대가 어렵다는 것을 비추어 볼 때 이 시기 금융조합에 가입한 영세토지소유자의 상당수가 소유토지를 늘려 갔다는 사실은 주목할 만하다.

특히 일반적인 경제동향과 비교할 때 금융조합원의 경제여건이 더 나았음을 알 수 있다. 1910년대의 일반 경제상황은 1915년과 1916년을 경계로 큰 차이가 있었다. 1914~5년은 작황은 괜찮았지만 곡가가 떨어졌기 때문에 지주층을 비롯하여 미곡을 판매하는 자작 자소작농층에게는 그다지 유리하지 못했다. 반면 1916년부터 곡가가 오르면서 이들은 상당한 호황을 누릴 수 있었다. 그러면서 이들의 상당수가 토지를 사거나 주택을 개조하기도 하였다는 등 변동이 일어났다.[44] 그런데 1915년 후반기와 1916년 초반기는 아직 곡가가 조금씩 오르고 있었지만 1916년 후반이나 1917년에 비하면 매우 낮은 상태였다.[45] 그렇다면 이 시기 경북 4조합 조합원들의 경제상태가 좋아졌다는 점은

44) 경상북도의 농업기술관들은 1917년 곡가가 오른 상황에서 각 농가의 계층별 대응양상을 다음과 같이 요약하였다. (1) 대농 : 곡가앙등 풍작으로 크게 부유, 사치하는 분위기가 증가. 주택개조, 가구 새로 만들기, 독농가는 토지구입이나 소작자 보호에 주의 (2) 중농 : 토지구입, 경지확장을 바라는 자가 많음에 따라 지가앙등, 구채상환 노력, 견실사상 (3) 소작농 : 물가앙등으로 고통을 호소하는 자가 많음(朝鮮總督府, 『農業技術官會同諮問事項答申書 1917』, 15쪽).

45) 1915~17년의 벼상등품 가격은 1915년 1월 4.00원, 12월 4.96원, 1916년 1월 5.17원, 12월 6.01원, 1917년 1월 5.87원, 12원 9.28원으로 1916년 중반 이하 1917년에 걸쳐 급속히 오르고 있었다(朝鮮總督府, 『朝鮮總督府統計年報 1919』, 238~239쪽 참조).

일반적인 경향과는 달랐음을 의미한다.

이는 이들이 조합에 가입하지 않은 사람들보다 경제적으로 안정된 상태이며, 정책적 지원이 있었기 때문이다. 금융조합이 조합원에게 적극적으로 시행하던 부업장려사업을 통해서 실상을 살펴보자. 일반적으로 금융조합원은 부업장려사업의 일차적인 대상이었다. 앞서 본 바와 같이 1910년대 초반의 금융조합원들은 다른 사람들보다 먼저 농사개량사업과 부업사업에 참여하였다.

1908년 금융조합 대부의 주된 명목이 소구입이었던 것은 대부를 통해 조합원들이 소를 소유하게 되었음을 말해준다. 즉 당시 일제가 강조하던 부업 가운데 축우를 실행하고 있었다는 것이다. 1910년대 당시 소를 구입할 수 있거나, 양잠경영을 하는 층은 일반 농가들보다는 상대적으로 여유가 있는 층이었다. 1910년대 초반의 농가경제조사에서 보면 소를 키울 수 있는 사람은 한 동리에 1~2명 정도에 불과하였고, 닭이나 돼지의 사육도 농가의 계절적인 식량부족으로 사료공급이 불안정하였기 때문에 일반 소농가에서 실시하기는 어려웠다.[46] 그러므로 초기에 닭이나 돼지를 기르는 부업은 비교적 여유가 있는 농가를 대상으로 할 수밖에 없었다. 또한 양잠의 경우 양잠농가가 전체농가에서 차지하는 비중은 1910년대 초반에는 8%정도였고, 1910년대 말에 12%정도로 늘었다.[47] 1910년대 초기 새로운 양잠업으로 양잠업을 하려면 총독부나 각 단체에서 주관하는 양잠전습・강습을 거쳐야 했다. 전습・강습의 대상은 ① 모범농리인 ② 독농가 ③ 국유지 소작인 중 독농가 ④ 각 面에서 농사를 열심히 하는 청년 ⑤ 공동채종전 담당자 ⑥ 치잠공동사육소, 양잠조합원 ⑦ 製莚機 공동구입자 ⑧ 공립간이농업학교 생도 ⑨ 농업강습을 받은 사람들로 한정되어 있었다.[48] 특히 臨時恩賜金授産費에 의한 전습강습은 양반유생층 중에서 일정한 직업이나 수입이 없는 사람들이나 일반민들 중에서 비교적 생활에 여유가 있는 최소한

46) 宮本政藏, 「全羅北道及忠淸南都一部의 農況」, 『韓國中央農會報』 제3권 8호 1909. 8.

47) 『朝鮮農業發達史 資料編』, 107쪽, 잠업생산상황.

48) 『官報』 1914~1916년 강습과 전습관련 사항 정리.

자작농층을 대상으로 하였다.[49] 이들은 독농가나 공동채종전 담당자 등과 같은 자작 이상 지주층들과 지주층에 의해 조직화된 소작인조합 등의 소작인들로 나누어졌다. 이들의 강습에 금융조합은 소속 농업기수를 파견하거나 직접 강습회나 전습회를 열어 강습을 지원했다.

이렇게 전습·강습을 받은 사람들은 기본적인 농촌조직화의 대상이 되었으며, 안정적인 경영을 하도록 여러 가지 배려를 하였다. 府郡共同恩賜授産場의 수료자에게는 「授産者幇助規程」[50]까지 만들어 집중 지원을 하였다. 지원은 ① 잠종, 뽕나무묘목, 제연기 등 사업실행에 필요한 기본자료 공급 ② 운영지원으로서 원료 공급, 차지료 지원이나 국유미간지 대부 수속 등 ③ 기구제작시 필요한 자금 대부 ④ 지원대상의 상속 ⑤ 수료 후 군(郡) 당국자, 농사순회교사, 은사수산장 직원의 지도와 우량종묘, 개량농잠구의 우선 배부 ⑥ 채종답전의 담당자 치잠공동사육장의 교사로 취업 ⑦ 원료의 공동구입과 산품의 공동판매, 원료제공, 금융, 판로지원 등으로 수료자들이 자리잡을 수 있는 다양한 조치를 강구해 주었다.[51]

대다수의 초기 강습·전습 참가자들이 지역내 자산가층이었다면 이런 지원은 어떤 의미가 있을까? 일제농정에 협력하는 이른바 '독농가'라면 특별히 어떤 지원을 하지 않더라도 적극적으로 참여했을 것이다. 그런데도 이들을 지원한 이유는 자산가층을 부업에 끌어들인다는 것 이상의 의미가 있었다. 그것은 이후의 활동에서 잘 나타난다.

이른바 '독행자'로 표창되는 사람들은 면장이나 이장이었다. 이들은 농촌조

---

49) 朝鮮總督府平安南道告示 제14호 「臨時恩賜金事業の種類及經理方法」 1913.4.19, 『官報』, 184쪽.

50) 朝鮮總督府 京畿道令 제1호 「授産者事業幇助規程」, 『官報』 제425호, 1912.3.1, 10쪽.

51) 「慶北의 機業(수산사업의 2)」, 『每日申報』 1911.5.7, 21쪽 ; 「慶北의 製絲業(수산사업의 3)」, 『每日申報』 1911.5.11, 33쪽 ; 「조선총독부 전라북도 고시 제26호」, 『官報』 제511호, 1914.4.16, 206쪽 ; 「조선총독부 강원도고시 제37호 臨時恩賜金事業 及經理方法改正」, 『官報』 제2316호, 1920.5.3, 20쪽 ; 『農業技術官會同諮問事項 1915』, 「제14. 농사강습생과 전습생의 수료후의 상황과 종래지도방법. 경기도」.

직화의 주도 인물[52]이거나 '중심인물'로서 군 농회나 전습소 운영, 소작인조합 결성, 농사개량을 위한 조직 결성 등 일제농정을 수행하기 위한 조직을 만드는 주축이 되고 있었다.[53] 1910년대 후반의 전습・강습은 이들이 주축이 되어 조직한 면리 내의 농촌조직을 중심으로 진행되었고, 강습 전습에 참가하는 대상층은 전 농가로 확대되어 갔다. 특히 자작농층은 부업을 시작한 농가가 받는 지원이나 경영상황을 보면서 자신들이 부업경영을 해도 많은 수익이 있을 것을 전망하여 참여하는 경우도 많았다. 바로 이러한 경로를 통해서 자작농층을 조직해 갔다.[54]

이런 정황을 볼 때 초기 금융조합원들 가운데 장기적으로 조합원 상태를 유지한 사람들은 일정한 토지를 소유하고, 부업을 하며, 총독부로부터 보조금을 받거나 금융조합의 자금을 수월하게 대부받을 수 있는 사람들이었다. 이런 계층은 농촌사회에서 소수에 불과했다. 그렇지만 이들의 존재는 금융조합 운영에서는 커다란 비중을 차지하였다. 이들을 중심으로 보고서를 작성하는 것에서도 볼 수 있듯이 이들은 금융조합의 성과물로서 홍보할 수 있는 사람들이었고, 일제의 농사개량사업 또는 나아가 부업을 통해서 토지를 확대해 갈 수 있다는 정책의 성과를 보여주는 존재이기도 했다. 초기 금융조합원들을 선별하였던 것은 금융조합 자체의 경영문제에서 연유하였지만, 농정에 협력할

---

52) 이러한 인물들은 아름다운 모범을 보이는 경우라 하여 신문이나 잡지 등에서 상당히 많이 강조하고 있었다. 주안면의 면장은 식산흥업에 노력하는 모범면장으로서 청년들의 근로저축을 권장하기 위해 청년실업연구회를 조직하고 짚신삼기와 새끼꼬기를 권장하기도 했다는 식의 기사가 자주 보인다(「朱安面長의 美範」, 『每日申報』 1912.3.30, 303쪽).

53) 이하나, 앞의 글, 92쪽, <표2 '독행자'의 행적> 참조.

54) "古寧面 內 대지주로 농사개량에 열심인 白安里에 孫敏浩, 明場里에 黃泰運, 枇洞里에 鄭鎔基, 靑鶴里에 金秉河, 蓮洞에 金穆源, 武鶴里에 文秉華, 墓老里에 陳曾富, 安東里 金昌郁, 金昌○들이 있고, 농사개량으로 부자가 된 자는 中興里에 尹士謙, 尹煥國, 尹學烈 3인인데 同里는 지금 동면 내의 모범농리가 되었으니 일반 농업자도 이상 제씨와 같이 속히 농사개량에 착수하여 富源을 기도하면 永興이 再興할 것이다"(「농사개량 열심가(함남 영흥)」, 『每日申報』 1915.12.29, 320쪽). 농사개량에 열심히 하는 것을 본받으면 그와 마찬가지로 부를 축적할 수 있을 것이라는 홍보의 예다.

인물들을 중심으로 조합원을 구성하고자 했던 일제의 정책적 의도가 있었기 때문이라고도 볼 수 있다. 또한 이 시기 금융조합에 가입한 소토지 소유자들이나 소작농들은 금융조합 주도층의 소작인이거나 면장의 활동에 적극 협조하는 세력이었을 것이다.

많은 조선인들은 이러한 금융조합의 구성에 대해 "원래 조합의 사명이 중소산업자를 위한 유일한 금융기관이라 하면 조합원의 최다수가 하층자로서 이용의 편을 주어야 하겟거늘 이와 반대로 당국자는 수자적 성적만을 얻기 위해 은행을 이용할 유산계급을 다수 포용하게 되었다"[55]라며 금융조합이 자산계급의 기관이 되어 가는 상황을 비판하였다.

조선금융조합협회는 1929년 총독부에서 조사한 「금융조합구역에서의 자산정도별 세대총수와 조합원수의 비율」이라는 조사자료를 근거로 금융조합이 자산계급기관이라는 비판은 금융조합의 조직 상황을 이해하지 못한 결과라고 반박하였다.[56]

다음의 <표 6>은 戶別割 부과등급을 3등급으로 나누어 구분하고, 총조합원에 대한 각 등급별 조합원수의 비율을 구한 것이다. 이에 근거하여 상급은 9%, 중급 39%, 하급 51%로 하급에 속하는 수가 반을 넘고, 여기에 중급을 더하면 총 조합원의 90%에 해당한다고 분석하였다. 따라서 조합원의 대부분을 상중계급자로 보는 것은 잘못된 것이며 그런 비난은 없어야 한다고 주장하였다.

다만 전 세대수에 대한 비율에서 상급에서는 46%, 중급에서는 31%, 하급에서는 10%가 불부과급에서는 2%가 조합에 가입해 있다는 계층별 가입비율로 볼 때 상급자층이 하급층보다 조합을 이용하는 비율이 높을 뿐이라고 주장하였다.[57] 이 조사는 호별할 부과등급을 조사기준으로 삼고 있는데 수익 400원 이상을 中, 그 이하를 下로 보고 있다. 그런데 400원의 수익을 올리려면 1929년 현재 자소작농일 경우 자작논밭을 합해 3정보 이상, 소작지 9단보 이상을

55) 金佑枰, 『金融組合論』, 京城 : 鍾山社, 1933, 161쪽.
56) 牟田口利彦, 앞의 책, 284쪽.
57) 牟田口利彦, 위의 책, 285쪽.

경영하는 정도였다. 이 정도면 당시 조선사회로서는 대농에 가까운 수준이었다.[58] 따라서 이 조사의 경우에도 금융조합 조합원의 대부분이 중상층이었음을 보여준다.

<표 6> 금융조합구역에서의 자산정도별 세대총수와 조합원수의 비율(1929년 현재)

호별할 부과 등급별	조합별	세대총수A(호)	비율(%)	조합원수B(호)	비율(%)	B/A(%)
상급	촌락	102,881	3	47,805	9	46
	도시	4,127	1	1,934	7	47
	계	10,709	3	49,739	9	46
중급	촌락	623,043	19	195,001	40	31
	도시	27,775	8	9,044	34	33
	계	650,818	18	204,045	39	31
하급	촌락	2,376,203	75	254,184	51	11
	도시	192,998	59	14,076	53	7
	계	2,569,201	74	268,260	51	10
不부과급	촌락	80,859	3	1,068		1
	도시	97,347	32	1,684	6	2
	계	178,206	5	2,752	1	2
통계	촌락	3,182,987	100	498,058	100	15
	도시	322,247	100	26,538	100	8
	계	3,505,234	100	524,796	100	15

자료 : 牟田口利彦, 『金融組合運動』, 284쪽.

금융조합의 조합원은 일정 정도의 자산을 소유한 층을 중심으로 하며 소작농층을 배제하였다. 또한 재지유력자층이었던 조합장이나 평의원은 금융조합의 운영에 참가함으로써 일제의 조선지배에 협력하는 한편 지주층에 의한 금융조합지배구조를 확립하였다. 소농금융기구로서의 역할을 저버렸다는 비판을 받으면서도 금융조합은 '계급조화적' 기관이라는 성격을 강조하면서 그 구조를 유지해 갔다. 금융조합은 일본제국주의와 재지지주층, 유력자층이 합의하고 있는 지주적 농업개발론에 의거해 운영되고 있었기 때문이다.

58) 「農家經濟狀態調查表」, 『金融組合』 36, 1931.10.

제2절 통제 농정과 국가주의 협동조합론

1. 금융조합 개편 논의의 배경과 전개

1) 농업모순의 심화와 금융조합 비판

대공황의 파급으로 인해 조선농촌은 심각한 타격을 입었다. 농산물 가격 특히 쌀과 고치 가격이 급격히 떨어지면서, 미곡 단작경영과 양잠부업에 크게 의존하던 농가경제는 심각한 위협을 받았다. 1926년에서 1931년 사이 물가의 총평균지수는 232에서 140으로 떨어진 데 비해서, 농산물평균지수는 262에서 129로 훨씬 더 내려갔다. 1926년에는 1원이던 농산물이 1931년에는 49전이 된 셈이었다.[59] 벼농사는 1930년부터는 생산을 하면 할수록 손해를 보았다.[60] 수입이 연간 100원을 밑돌던 영세소작농층은 수입인 70원대 아래로 떨어져 생활하기조차 어려운 지경에 이르렀다.[61]

1920년대 말부터 1930년대 초반 공황의 피해가 가장 컸던 시기의 농가계층별 이동상황을 살펴보면, 소작농층은 점점 늘어 가고 자소작농과 자작농은 줄어들었으며, 심지어 지주층까지 감소하였다. 더 나아가 소작농층 중에서도 소작지조차 구하지 못해 농업노동자로 전락하거나 도시로 이주하는 일은 비일비재했다. 그에 따라서 1930년의 농가계층별 통계에 농업노동자항목이 새로 만들어졌다. 1933년 농업노동자 수는 9만 3천여 명으로 농가 총호수의 3.1%에 달해 자작지주보다 많은 비중을 차지하게 되었다. 이 비중은 점점 늘어 1939년에 이르러는 11만여 명, 농가 총호수의 3.7%로 증가하였다.[62]

---

59) 朝鮮金融組合聯合會, 『金融組合と高利舊債整理資金の貸出』, 1933, 2쪽.
60) 벼 1석의 손익비교(단위 : 圓)

	1929	1930	1931	1932
생산비	10.73	7.87	8.27	7.80
판매비	11	6.20	7.38	7.30
차액	37	-1.67	-0.89	-0.50

자료 : 『金融組合』 1932.9.
61) 朝鮮金融組合聯合會, 『金融組合と高利舊債整理資金の貸出』, 1933, 3～4쪽.

<표 7> 농가 계층별 이동상황(1929~1931) (단위 : 호)

구 분	1929(1)	1930	1931(2)	(2)-(1)
소 작	1,255,954	1,334,139	1,393,424	59,285
자소작	894,381	890,291	853,770	△36,521
자 작	510,983	504,009	488,579	△15,430
지 주	104,601	104,004	104,704	△913

자료 : 朝鮮金融組合聯合會, 『金融組合と高利舊債整理資金の貸出』, 1933, 5쪽.

그런데 이러한 농민층의 전반적인 몰락, 특히 자소작농의 대량 몰락과 소작농민층의 농업노동자화는 단순히 대공황기에 나타난 농산물 가격의 하락이 근본적인 원인은 아니었다. 기본적으로 농민들의 생활조건 자체가 불안정하여 외부에서 들어오는 조그마한 충격에도 쉽게 무너질 수밖에 없었던 구조가 문제였다. 첫째 토지조사사업으로 확정되고 산미증식계획으로 더욱 강화된 지주제 중심의 농업구조다. 둘째는 농가경제에 깊숙이 침투해 들어온 화폐경제 즉 세제와 유통구조의 변화로 농민층의 현금수요가 느는 동시에 1910~20년대를 거치면서 농산물의 상품화는 급속히 진전되면서 국제적인 농산물가의 변동이 그대로 조선농가에 영향을 미치게 된 구조였기 때문이다.

이러한 구조-특히 화폐경제의 농촌침투라는 점에서-를 편성하게 된 데에 금융조합의 역할은 컸다. 화폐정리사업에서 금융조합이 맡은 신구화폐교환사업을 빼더라도 1910~20년대 금융조합이 농촌사회에서 주로 맡아 왔던 것은 농산물상품화를 위한 농사지도와 자금지원사업이었다. 지주중심적 농업구조가 강화되는 가운데 전개된 농산물의 상품화는 농가경제를 더욱 취약하게 만들었다. 현금수입이 필요했던 소농가는 활성화되는 미곡상품화와 부업이라는 이름의 원료농산물 상품화에 좋건 싫건 참여하지 않을 수 없었다. 물가가 안정적이거나 농산물가가 상승하고 있을 때, 예를 들어 1차대전 중에는 부업을 해서 어느 정도 현금을 만들 수 있었다. 그렇지만 미가가 꾸준히 떨어졌던 1920년대와 급락한 1930년대 초반에 소농가가 그러한 일을 하게 되는 것은

62) 朝鮮總督府農林局, 『朝鮮農地年報 1』, 1940, 139쪽.

수익성 때문이 아니었다. 늘어가는 현금지출을 감당하기 위해서는 손해를 보면서도 여성과 아동·노인노동을 이용하여 생산비에도 미치는 못하는 일을 지속할 수밖에 없었다. 주업인 주곡농사를 통해서 안정적인 수입원을 확보할 수 없는 구조에서 유통망에 급속히 편입되면서 농민들의 경제구조는 더욱 취약해졌다.

이러한 상황에서 지주 자본가계급에 대항하는 적극적인 농민운동이 발생하는 것은 필연적이었다. 1920년대 중후반기에 이르러 급격히 증가한 일련의 소작쟁의가 그것이다.[63] 대공황기에 들어서 농민층이 몰락해 가는 상황에서 여러 가지 방책이 적극적으로 모색되기 시작했다. 타개방안은 이 시기 농업문제에 대한 인식 차, 계급적 이해관계, 운동주체와 전망하는 사회에 대한 인식 차이에 따라 여러 갈래로 나뉘었다. 크게는 민족자본주의 진영의 소극적 개선론과 적극적 개혁론, 그리고 사회주의 진영의 사회혁명론으로 분류되었다.[64] 이 타개방안들은 각기 다르게 농민층과 접촉하거나 결합하여 대공황기 전후 농민운동의 다양한 흐름을 만들어 갔다.

특히 사회주의진영은 '대중 속으로' 들어가서 노동조합 농민조합을 새롭게 조직하고 그것을 혁명운동으로 추진하는 운동방략을 갖게 되면서 농민 속으로 들어가 농민운동을 활성화시켰다. 이는 혁명적 농민운동으로 발전되었다. 특히 함경도지역을 중심으로 한 농민조합에서는 일반 소작쟁의의 문제인 지주소작관계의 문제만이 아니라 일제의 농민수탈과 통치정책의 전반에 걸친 문제를 놓고 항쟁하였다.[65] "타도 제국주의" "조선민족해방만세"라는 혁명적 구호를 내세우고, "모든 토지를 무상몰수하여 무상분배할 것", "조선의 혁명은 봉건적 유물과 잔재의 파괴, 농업제관계의 근본적 변혁, 자본주의 노예상태에서 토지혁명을 목적으로 한 부르주아 민주혁명이어야 한다"는 등 혁명적 투쟁방침을

---

63) 朝鮮總督府農林局, 『朝鮮農地年報 1』, 1940, 5~6쪽 참조.
64) 金容燮, 「日帝 强占期 農業問題와 그 打開方案」, 『韓國近現代農業史研究』, 一潮閣, 428쪽.
65) 지수걸, 『일제하 농민조합운동 연구』, 역사비평사, 1993.

세웠다. 이는 단순히 슬로건에 그치지 않고 5~6년에 걸친 장기 지구전의 성격을 띠면서 정치투쟁화 즉 민족해방투쟁과 사회주의사회혁명을 지향하는 운동으로 전개되어 일제의 조선지배에 심각한 위기를 가져왔다.

민족자본주의 진영의 타개방안은 일본자본주의의 조선지배가 지속될 것이라고 전제하고 문제를 제기하였다. 이들은 크게 지주자본가계급의 이해관계와 그 기득권을 인정하고 유지하려는 입장에서 문제를 제기하는 지주・부농층 위주의 경향과 소농층의 생존문제와 이해관계를 더 많이 옹호하고 대변하는 소빈농층 위주의 경향으로 나뉘어졌다.[66] 전자는 '농촌구제책'으로서 후자는 '농민운동방안'으로서 접근방법이 달랐다. 농촌구제책은 시혜자의 입장에서 자신들의 이해관계를 유지하는 가운데 몰락해 가는 '농촌'을 구제하자는 방안이었다. 여기서 농촌은 가장 피해를 많이 입는 소빈농층만이 아니라 곡가하락으로 피해를 입은 지주층에 대한 구제까지 포함하였다.[67] 이에 비해 소빈농층 위주의 타개방안은 소빈농층의 생활향상을 위한 농민층 조직화와 농민운동에 초점이 가 있었다.[68] 따라서 구체적으로 요구하는 부분에서는 동일한 부분과 차이점이 있었으나 인식면에서 누구를 주체로 삼느냐에 가장 큰 차이가 있었다.

지식인들과 농민층의 농업개혁에 관한 문제인식은 농업금융 특히 서민금융 기구인 금융조합에 대한 관심과 비판으로 이어졌다. 민족자본주의계열은 금융조합의 필요성에 대한 문제라기보다는 그 운영체계에 대해 비판하였다. 이들은 금융조합은 본래 성격이 사회적 약자를 중심으로 한 협동조합이라고 보았다.[69] 내용은 사람들에 따라 차이가 있긴 하지만 농촌사회의 개혁에서 소생산자의

---

66) 金容燮, 앞의 글, 428쪽.

67) 「農村은 어대로」, 『東光』 20, 1931.4, 설문조사, 宋鎭禹・金佑枰의 의견.

68) 위의 글, 설문조사 李晟煥의 의견.

69) "서민의 경제적 활동을 영위하게 하기 위하야 피등(彼等)으로 하야금 경제적 전장에서 패배한 자가 되지 않게 하기 위하야, 빈한의 도매적 생산을 방지하기 위하야 서민대중을 위한 금융기관이 필요한 것은 사실이다. 이러한 의미에서 금융조합의 존재는 의미잇다 할 것이다 …… 금융조합이란 것이 공동조직체로서 빈소계급자를 조합원으로 한 것이 특색이라 할 것이다."(金佑枰, 『金融組合論』, 183쪽).

안정화와 그들을 보호하기 위한 협동조합 조직의 필요성은 이미 보편적으로 받아들여지고 있었다.[70] 그러므로 협동조합의 한 형태로서 인식되는 금융조합에 대해서는 그것이 본래 목표를 제대로 수행하고 있는가가 비판의 초점이 되었다.

그 비판은 첫째 운영의 주 대상이어야 할 농촌과 도시의 중소생산자들의 경제적 안정을 도모하기 위한 역할을 올바르게 수행하지 못하고 있다는 점, 즉 유산계급을 중심으로 운영되고 있다는 점에 있었다. 둘째는 자치적 조직이어야 할 금융조합이 총독부에 의해 좌우되는 관제기구라는 사실이었다.

> 현재 조선농민의 금융형태는 기형적으로 발달하였다. 금융조합이라는 사이비적 농촌신용조합 …… 금융조합에 가입하는 실제조건－조합원이 되려면－토지소유가 있고 농촌의 중견층 이상의 재산력이 없으면 안 되는 상태이다. 근본조직의 정신부터 공존공영이라는 금간판과는 배치되는 모순을 폭로하고 있다. 그 방대한 대부금의 거의 전부가 담보대 저당대인 것을 보면 몰락하여 가는 농촌경제와 인연이 가까워야 할 기관으로써 도로 빈농대중을 ××하는 기관이요, 농가파산을 ××적으로 촉진하는 자본주의의 화신이 아닐가 한다.[71]

이러한 지적은 조선인들 사이에서 1920년대 초반부터 지속적으로 비판되어 온 부분이었다.[72] 저당대부를 이용할 수 있는 토지를 소유한 유산계급만 금융조합을 이용할 수 있으며, 이는 빈농층을 배제하고 농촌파탄으로 이끌어 가는 것이므로 신용조합으로 볼 수 없다는 것이었다. 이런 문제를 없앨 방법으로는 금융조합의 대부방법을 신용대부로 바꿀 것을 권고하기도 했다.[73] 뿐만 아니라

---

70) 朴文圭, 「朝鮮農村과 金融機關과의 관계-特히 金融組合에 對하야」, 『新東亞』 4~2, 1934.2, 6쪽.

71) 金一永, 「朝鮮農村經濟相의 全面的 考察」, 『農民』 2-7, 1931.7, 13쪽.

72) 妙香山人, 「朝鮮土地兼併의 原因及現狀」, 『開闢』 26, 1922.8, 22쪽 ; 金東爀, 「朝鮮農業의 現狀은 엇더한가」, 『朝鮮之光』 72, 1927.10.

73) 金一永, 앞의 글, 14쪽.

금융조합 밖의 금융에 대한 개혁방안으로 고리대화한 계를 개혁하여 자치적으로 금리를 인하함으로써 계금융을 개선하는 방법이나[74] 독자적인 신용조합을 비롯한 협동조합의 설치,[75] 또는 금융조합과 동등한 보조와 보호를 해주는 소작농 본위의 농자조합의 설립을 요구하기도 하였다.[76]

민족자본주의진영이나 사회주의진영 모두 신간회의 해체 이후 독자적으로 농민층과 결합해 들어가는 여러 방안을 실현해 가고 있었다. 혁명적 농민조합운동에서부터 협동조합 또는 농민사 등 농민자위조직이 각지로 급속하게 퍼져갔다.[77] 농민층이 자주적인 조직을 확산함에 따라 일제는 농촌지배에 심각한 위협을 느꼈으며, 종래와 같은 방식의 농민통제는 한계에 도달하고 있었음을 깨달았다. 또한 대륙침략을 준비하면서 후방으로서 조선농촌의 안정화를 꾀하고자 했던 일제로서는 농민층의 불만을 무마하려는 방안을 찾지 않을 수 없었다.

대공황기를 전후하여 조선농촌의 피폐한 현실에 대해서 많은 조선인 지식인들과 농민들은 그 심각성을 인식하면서 해결방안을 모색하였다. 개혁방안은 토지개혁과 그것을 위한 농민운동을 추진하는 사회주의계열의 혁명적 농민운동세력에서부터 농민구제책이나 농민운동론으로 현실타개책을 모색하는 민

---

74) 金炳淳, 「農村經濟의 改建要綱」, 『農民』 4-6, 1933.6, 9쪽.

75) 「現下 朝鮮 農村救濟의 三大 緊急策」, 『農民』 1-2, 1930.6 설문조사 ; 「農村은 어대로」, 『東光』 20, 1931.4 설문조사 ; 金炳淳, 위의 글, 9쪽.

76) 馬鳴, 「朝鮮사람의 運命을 制하는 當面의 農村政策問題(下)」, 『別乾坤』 35, 1930.12, 34쪽. 農資組合은 ① 순소작농을 본위로 하고 경우에 따라서는 5두락 이하의 자작농까지를 이에 가입케 할 것 ② 설치구역은 面을 단위로 하여 1면1조합제로 할 것 ③ 출자금은 1구 2원 혹은 3원으로 하고 매 조합에 당국으로부터 약 1만원의 보조금을 받을 것이며, 식은 같은 곳에서 다시 융통을 받게 할 것 ④ 조합의 사업경영은 철저한 自治制로 하고 실제 經營은 조합원 중에서 선임한 有給役員으로 하게 할 것 ⑤ 조합의 貸付利殖은 식은보다 비싸지 못하게 할 것 등이었다.

77) 노영택, 「일제하 농민의 계와 조합운동연구」, 『한국사연구』 42, 1983 ; 金顯淑, 「일제하 민간협동조합 운동에 관한 연구」, 『일제하의 사회운동』, 문학과지성사, 1987 ; 장규식, 「1920~30년대 YMCA 농촌사업의 전개와 그 성격」, 『한국기독교와 역사』 제4호, 1995 ; 鄭用書, 「日帝下 天道敎靑年黨의 政治・經濟思想 硏究」, 연세대 석사학위논문, 1997 ; 方基中, 『裵敏洙의 農村運動과 基督敎思想』, 연세대출판부, 1999 참고.

족자본주의세력의 좌우파에 이르기까지 민족해방운동의 방략에 따라 분화되었다. 그렇지만 이들의 공통점은 농민들의 자주적인 조직운동(조합운동)을 통해서 현실을 타개해 가고 궁극적인 농민경제의 안정화를 이루어야 한다는 점이었다. 여기서 농민조합운동과 협동조합운동의 결합이 이루어졌다. 이들은 금융조합의 관제성과 비민주주의적 운영, 그리고 지주적 토지소유에 기반한 농업구조를 강화하는 금융의 성격에 대해 신랄하게 비판하였다. 그리고 대안조직으로 협동적 금융기구를 설립해 갔다. 이 같은 농민운동의 진전에 따라 일제는 지배체제의 위기감을 느꼈고, 농민현실을 완화하기 위한 최소한의 대책이라도 마련하지 않으면 안 되었다.

2) 통제농정의 시작과 금융조합 역할의 강화

(1) 농정체계의 통일과 농가경제의 통제

1931년 조선총독에 취임한 우가키 가즈시게(宇垣一成)는 심각해져 가는 농업문제를 해결하는 지침으로서 "지주-소작인의 관계를 정당하게 律하고, 자작농을 창설하는 등 농업조직의 개선을 꾀하며, 판매·소비조직을 개선함으로써 농민들에게 그 노력에 대한 정당한 보수와 만족이 돌아갈 수 있도록 해야 한다"고 하였다.[78] 이런 방법으로 사회주의적 국가건설을 목표로 하는 혁명적 농민운동으로까지 고양되던 농촌사회를 안정화함으로써 사회주의운동을 막겠다는 생각이었다. 즉 방공적 농업정책이었다.[79]

이러한 농정책이 나오게 된 배경은 조선 내의 농민운동의 급격한 성장과 일제의 위기의식이라는 측면이 있었다. 그렇지만 한편으로 일제의 대륙침략전쟁 준비와 파시즘화, 그리고 조선을 전쟁준비를 위한 기지로 재편성하고자 하는 일본제국주의의 의도가 강하게 깔려 있었다. 우가키 총독은 장기적으로 대륙침략을 위한 준비로 일본은 精공업지대, 조선은 粗공업지대, 만주는 농업지

78) 『宇垣一成日記(1)』, 1927년 6월 하순, 574쪽.
79) 金容燮, 앞의 글, 416쪽.

대라는 일선만블럭의 경제분업구조를 구상하여 일본제국주의가 전시체제로 들어갔을 때 최소한의 자급자족을 할 수 있는 블록경제를 구축하고자 했다.[80] 조선에서는 이런 체제를 갖추기 위해서 일본독점자본의 자본투자에 대해 여러 가지 혜택을 주었고, 농업체제 또한 전쟁수행을 위한 사회안정과 농업생산력 기반 구축이라는 점에 중점을 두었다.[81] 바로 농촌사회의 안정적 기반을 형성하기 위한 최소한도의 자작농층을 육성하고, 소작쟁의를 완화시키는 방침과 공황으로 피폐해진 농민경제를 일정하게 향상시키는 방안이었다. 이런 방향은 일본에서 전개된 사회정책적 농정의 흐름과 거기서 한 발 더 나간 파시즘 농정에 뿌리를 두고 있었다. 일본에서는 1920년대 중반경부터 격렬해진 노동농민운동, 사회주의운동에 대응하기 위한 사회정책적 농정으로서 자작농창설유지사업과 소작조정법을 실행했다.[82] 이런 사회정책적 농정이 파시즘적 대외침략과 결합되어 내적으로는 사회개혁프로그램으로서 사회안정세력인 자작농 위주의 농촌구조와 농민층의 재생산을 보호하는 협동조합기구, 그리고 그것을 국가가 전일적으로 통제해 가는 계획경제의 틀을 추구하며,[83] 밖으로는 침략전쟁을 위한 공업화의 방향을 취하게 된 것이었다.

이런 방향에 입각하여 1933년 3월 7일 조선 정무총감의 각도지사에 대한

---

80) 高橋龜吉, 『現代朝鮮經濟論』, 東京 : 千倉書房, 1935, 108~110쪽. 高橋龜吉은 일본독점자본의 이해를 잘 반영하고 있다. 영국과 일본 간의 정공업과 조공업이라는 국제분업을 청산하고 일본이 선진공업국가로 발돋움하기 위한 조건으로 조선에 조공업을 담당시키고 일본이 정공업을 발전시킬 수 있다는 구상이었다. 그것이 가능한 조건으로 조선농업이 가지는 문제점과 광공업을 발전시킬 수 있는 자원이나 공장법도 없는 노동조건, 전기공급과 같은 기초가 마련되어 있다는 점을 강조하였다.

81) 宇垣一成의 경제정책관에 대해서는 이승렬, 「1930년대 전반기 일본군부의 대륙침략관과 '조선공업화'정책」, 『國史館論叢』 67, 1996, 194쪽 참조.

82) 暉峻衆三 編, 『日本農業史』, 156~162쪽.

83) 「ファシズムと戰時統制下の經濟思想」, 長幸男・住谷一彦, 『近代日本經濟思想史 II』, 東京 : 有斐閣, 1971. 이러한 인식틀을 보여주는 대표적인 글로서 東畑精一・那須皓의 『協同組合と農業問題』(1932, 改造社) 같은 것을 들 수 있다. 이외에도 천황제 파시즘 농업론의 대표자인 橘孝三郎의 『皇道國家 農本建國論』(東京 : 建設社, 1935)이 있다.

통첩 「농산어촌진흥계획 실시에 관한 건」이 발포되면서 농촌진흥운동이 시작되었다. 그 내용의 핵심은 첫째 경제위기에 처해 있는 소작농 경제의 안정화를 목표로 하는 농가갱생사업을 기초로 하며, 둘째 전반적인 농업구조에 대한 조정작업으로서 자작농층을 만드는 것을 목적으로 하는 자작농창설유지사업(1932), 소작문제와 관련된 조선농지령(1934)을 제정하는 한편, 셋째 유통 금융망의 통제화를 목적으로 한 조선금융조합연합회(1933)와 식산계(1935)의 설립이었다.[84]

농가갱생계획은 지도부락을 선정하고 그 부락 내에 있는 농가를 개별적으로 그의 실정에 맞게 지도하여 농가갱생 5개년계획을 수립하고, "식량충실, 현금수지 균형, 부채근절"이라는 '갱생3목표'를 걸고 시작되었다. 갱생지도부락으로 선정되면 지도 농가가 갱생농촌진흥회를 만들고, 여기에 객원으로 마을 전체의 사람들이 들어가도록 하였다. 그리고 이 지도부락 전체가 농촌진흥회라는 단체를 만든다. 진흥회장은 부락의 구장이 담당했다. 읍면서기가 읍면에서는 농촌진흥위원회의 중심이 되고, 위원회의 회장은 면장이 맡는다. 이래서 읍면의 일과 농촌진흥운동은 일체가 될 수 있었다.[85]

전체 농촌으로 대상이 확대된 것은 1935년에 이르러 농촌진흥운동을 확대추진하면서부터의 일이었고, 1933년부터 2년간의 사업은 지도부락을 대상으로 하는 시범사업이었다. 갱생농가는 갱생3목표의 전부나 그 중 하나에 해당하는 농가를 선정하고, 이들 농가가 세 가지 목표를 완성하도록 행정, 금융, 농사지도, 정신지도 등 종합적인 지도를 행해 간다는 것이다. 1933년부터 1938년까지 농가갱생사업이 추진되는 동안 전국 26,503개의 마을, 56만 33호가 대상이 되었고,[86] 이는 갱생부락에 포함된 농가의 약 40% 가량에 해당되었다. 사업의

84) 1930년대 농정에 대해서는 池秀傑, 「1932~1935年間의 朝鮮農村振興運動-運動의 體制安定化政策的 側面에 대한 硏究」, 『韓國史硏究』 46, 1984 ; 鄭文鍾, 「1930年代 朝鮮에서의 農業政策에 관한 硏究」, 서울대 박사학위논문, 1993 ; 鄭然泰, 「日帝의 韓國 農地政策」, 서울대 박사학위논문, 1994.

85) 八尋生男, 「朝鮮における農村振興運動を語」, 『資料選集 朝鮮における農村振興運動』, 東京 : 友邦協會, 1983, 16쪽.

성격상 소작농이 많은 지역에서 상대적으로 많은 지도부락이 배치되었다.[87)]

농가갱생계획은 부족식량충실계획, 현금수지 균형계획, 부채근절계획, 생활개선계획으로 이루어졌다. 그 내용은 부족식량충실계획을 중심으로 영농개선과 소비억제, 자급자족 확대, 이를 달성하기 위한 생활개선을 강조하는 것이었다.[88)] 농가갱생계획은 소작농들의 생활안정을 꾀하는 것이었고, 농촌진흥운동의 가장 중요한 사업이었다. 그만큼 이 시점에서 소작문제는 시급히 완화시켜야 할 문제였고, 사회불안의 가장 중요한 고리로 꼽혔다.

그렇기 때문에 개별 소작농가의 경영개선만이 아니라 근본적인 소작문제의 해결이 이루어져야 한다는 소리 또한 높았다. 여기서 총독부가 택한 방법은 점진적인 소작농 안정화정책으로서 불리한 소작조건과 소작관계를 완화시켜줄 소작법의 제정과 지주에 대한 일정한 견제책을 쓰는 한편 근본적으로는 소작농을 자작농으로 만들어 사회안정의 중심축으로 삼는 '자작농지설정사업'이었다. 1928년 임시소작조사위원회의 설치를 시작으로 소작관행에 대한 조사와 소작관제가 만들어졌다. 1933년 「소작령」 초안이 발표되면서 소작문제, 소작령의 내용에 대한 광범한 사회적 논란을 불러일으켰다.[89)] 그러나 지주층의 거센 반발에 맞닥뜨리면서[90)] 소작령은 1936년에 이르러서야 「농지령」으로서

86) 朝鮮總督府農林局, 『朝鮮の農業 1940』, 302쪽.

87) 鄭文鍾, 앞의 글, 65쪽.

88) 朝鮮總督府, 『農家更生の指針』, 116쪽.

89) 민족자본주의적 진영은 본래부터 소작조건과 제도에 대한 개혁과 소작법의 제정을 요구하고 있었다. 소작령 초안이 나오자 이들은 소작령제정촉진운동을 전개하고, 천도교, 조선인 변호인단, 농민단체, 언론기관들이 중심이 되어 1934년 1월 「조선소작령제정촉진회」를 결성하였다. 이들은 1) 소작기간은 장기로 하는 것이 타당하므로 10년설을 주장한다. 최단기간을 정하더라도 5년 이하는 절대로 반대한다. 2) 소작령의 명칭변경은 절대 반대한다. 3) 위원회 위원 2명에게 이사의 취지를 선전하게 한다. 4) 지방유지와 연락하여 타당한 소작령제정촉진운동을 일으킨다고 결정하고 이에 관한 여론을 불러일으켰다.

90) 1933년 11월 조선농회가 주최한 전조선농업자대회는 일본인 농장들과 조선인 대지주들의 의사를 반영시키기 위해 구성된 모임이었다. 이들은 조선의 농업개량의 주체는 지주이기 때문에 무지한 농민을 자극하는 소작입법은 농촌의 평화를 파괴하는 것이라

모습을 드러냈다.[91] 1932년 조선총독부는 1910년대 이래 하나의 사업으로 해오던 금융조합의 자작농지설정과 더불어 자체 사업으로서 '자작농지설정사업'을 개시하였다. 이런 여러 사업들은 농촌진흥운동이라는 큰 테두리에서 총체적인 관리체제를 갖추면서 서로 결합되어 갔다.

농촌진흥운동의 실시방법은 농촌지도의 종합화와 개별농가 중심의 촌락지도에 중점을 두었다. 농업지도의 종합화란 농업 지도방법을 개별적인 농민을 직접 파악하는 방법으로 바꾸고, 이를 통해서 농촌사회를 통제하려는 의도를 담은 표현이었다. 이를 위해서 군면 행정기구와 농회, 금융조합, 경찰 등의 여러 기관에서 따로 행해지던 농촌지도를 농촌진흥위원회라는 틀에서 협동지도하는 방향으로 바꾸었다. 그간 농촌지도에서는 장려기관 간에 연락이 잘 이루어지지 않아 보통 농사나 퇴비만들기, 부업 등 전체 농사의 부분들이 각각의 지도기관에 따라 지도되었다. 그렇기 때문에 개별 농가로 볼 때는 농업경영의 각 부분에 불균형이 발생하는 등 불편함이 있었고, 지도 내용 자체에도 혼선이 생기는 문제점이 있었다.[92] 따라서 이들의 지도를 받는 농가는 상당히 번거롭고 혼란스러울 수밖에 없었다.

농촌진흥위원회의 구성과 활동은 단지 농업지도의 종합화만을 의미하지는 않았다. 농촌진흥위원회는 총독부의 농촌진흥위원회를 시작으로 도, 부군, 읍면의 단위에서 구성되었다.[93] 다양한 형태로 개별적으로 이루어지던 각 단체들의 활동이 농촌진흥운동이라는 이름 하에 단일한 연결망을 형성하게 된 것이다. 이를 통해서 총독부는 촌락을 단위로 하여 농촌사회를 총체적으로 파악하고 지배할 수 있는 틀을 마련하고자 하였다.

농업지도의 종합화는 촌락 중심으로 운영하던 농업지도의 방향을 개별 농가

고 주장하였다(『朝鮮農會報』 1934.1, 86쪽).

91) 제령 제5호 「朝鮮農地令」(1934.4.11), 총독부령 제93호 「朝鮮農地令施行規則」(1934.9.14)이 발포되고 이에 의거하여 10월 20일부터 시행되었다.

92) 渡邊豊日子, 「農村振興의 基礎」, 『朝鮮農會報』 1933.2, 7쪽.

93) 농촌진흥위원회의 조직과 기능은 다음과 같다(政務總監通牒, 「農山漁村振興に關する件」, 朝鮮總督府農村振興課 編, 『農村振興運動關係例規』, 1939, 3쪽).

에 대한 종합지도라는 방식으로 바꾼 것에서도 특징을 찾을 수 있다. 이유는 그간의 농업지도가 촌락 전체나 단체를 대상으로 공동지도에 치중하여 공동경작이나 공동저금 등의 공동시설은 확대되었지만, 개별 농가의 경제상태는 거의 개선되지 못했다는 문제점이 지적되었기 때문이다.[94] 즉 농촌진흥운동의 핵심사업인 농가갱생계획은 분야별로 기관이나 마을 전체를 대상으로 했던 지도를 개별 농가를 대상으로 한 종합지도와 촌락지도를 결합하는 방식으로 변화시킨 것이었다. 지도방법으로 보면 이전보다 발전해 가고 있는 것이었고, 농가의 경제지도라는 측면에서는 더 치밀해질 수 있는 방법이었다. 그런 만큼 지도주체인 총독부의 농가경제에 대한 장악 통제력은 더욱 강해졌다.

(2) 농촌진흥운동과 금융조합의 부각

농촌진흥운동의 과정에서 금융조합은 1932년 10월 제2회 전선금융조합

단위	영역	직책
총독부 농촌진흥 위원회	위원장	정무총감
	행정기관	내무국장, 재무국장, 식산국장, 농림국장, 법무국장, 학무국장, 경무국장, 체신국장, 철도국장, 전매국장, 경기도지사, 문서과장, 지방과장, 司計과장, 이재과장, 상공과장, 수산과장, 토목개량과장, 임정과장, 학무과장, 사회과장, 보안과장, 총독부 촉탁 2명
도 농촌진흥 위원회	위원장	도지사
	행정기관	參與官, 각 부장, 官房주사, 관계 각장관, 소작관, 산업관계 각 주임기술관, 산업주사, 사회주사, 또는 사회사업에 종사하는 촉탁,
	관련단체	금융조합연합회 이사장, 어업조합연합회이사장, 공립실업학교장(상황에 따라서)
	민간	지방상황에 따라 지방유식자, 교화단체의 주체를 포함
군도 농촌진흥 위원회	위원장	군수 또는 도사
	행정기관	群島 各系 主任, 면행정 및 권업사무담당 군 주임, 산업기술원, 경찰서장
	관련단체	군청소재지 금융조합이사, 군청소재지 공립초등학교장, 공립실업학교장,
	민간	지방상황에 따라 지방유식자, 군청소재지의 산업단체 또는 수리조합이사, 교화단체의 주체 등 포함
읍면 농촌진흥 위원회	위원장	읍면장
	행정기관	읍면 권업사무담당서기 및 技手, 주재소장,
	관련단체	읍면 금융조합이사, 읍면 공립초등학교장, 읍면 산업단체 또는 수리조합이사

94) 八尋生男, 「指導目標 指導綜合化」, 『朝鮮農會報』 1935.1, 14~23쪽.

중앙대회에서 농어촌진흥운동에 대한 금융조합의 대책을 논의하고 농촌진흥운동에 협력할 것을 결의하였다. 금융조합은 각 단위의 농촌진흥위원회에 참여하여, 도 단위에서는 도금융조합연합회가, 군 단위에서는 군청소재지의 금융조합 이사가, 읍면 단위는 읍면의 금융조합 이사가 참여하였다. 여기서 행정관청의 군수나 읍면장, 산업이나 권업담당자, 그리고 학교장, 각 산업단체장들과 함께 그 지역내 농가갱생계획과 각종 사업에 대해서 시설과 통제에 관한 중요사항을 심의하였다. 이를 통해서 각 단위의 담당자들과 동등한 관계에서 농촌사업에 참여할 수 있었다. 특히 금융조합은 농촌진흥운동이 진행되는 동안 필요한 자금, 즉 부채정리와 자작농지 구입 등에 필요한 자금을 공급하는 역할을 담당하였다.

농가갱생사업에서 부채근절계획에 해당하는 농가는 금융조합원이 되어 대부를 받아 부채정리를 하였다. 그런데 금융조합이라는 조직의 성격 상 조합원만을 대상으로 사업을 하므로 사업의 수혜자가 되기 위해서는 금융조합에 가입해야만 했다. 따라서 갱생지도농가에 관한 사업에 금융조합은 언제나 개입하고 있었다. 이 점이 농촌진흥회에 참여하고 있던 다른 기관과 달랐다.

농촌진흥운동은 종자개량이나 미곡조제관리, 부업장려나 위생관리, 그리고 국기게양대 설치나 향약활동 같은 정신지도 등 이미 그 이전부터 개별 지도부락 또는 모범부락이 행하던 사업의 연장에 있었다. 그런데 1930년대의 농촌진흥운동이 가지는 의미는 자작농지설정사업과 고리채정리사업과 같이 개별 농가에 직접 자금을 지원하여 고리채의 억압에서 벗어날 수 있게 하고, 그것을 기반으로 소작농의 자작농화를 추구한다는 이념을 내걸고 있다는 것이었다.

그렇기 때문에 다른 단체나 군면의 활동과 비교했을 때 금융조합의 활동이 이 사업에서 차지하는 비중은 더욱 컸다고 볼 수 있다. 농촌진흥회에 참여한 기관 중 행정기관을 제외한 조선농회나 경찰서 등의 역할은 농사, 부업지도와 납세나 향약실행 등 정신적인 지도를 중심으로 이루어졌다. 그에 비해서 금융조합은 주로 금융부문을 담당하였다. 금융조합이 지도하는 촌락에서는 갱생농가와 촌락 전체를 대상으로 농사지도를 비롯해서 여러 활동을 지도했다.[95] 더욱이 금융조합은 자금을 대부하는 입장에서 회수 문제를 염두에 두고 자금의 쓰임새 지도와 관리를 더욱 주도면밀하게 해야 한다고 주장하였다. 본격적인 '지도금융'을 실시할 것임을 의미하는 것이었다.

본래 금융조합은 1910년대부터 대부신청자의 신용조사에서부터 사후관리에 이르는 일련의 지도를 강조해 왔다. 그런데 이 시기에 기존의 금융조합원의 범주 이상으로 조합원이 확대됨에 따라 엄격한 금융의 관리만이 갱생농가와 금융조합의 경영, 양자 모두에게 도움이 된다고 판단한 것이다. 다른 조직과 달리 금융을 담당한다는 점에서 금융조합이 농촌진흥운동의 농가갱생사업에서 가장 중요한 지위를 점하고 역할을 확대해 가는 것은 필연적인 결과였다.

이는 금융조합을 중심으로 하는 농업자금 수급구조의 재편성과 관계가 깊다. 총독부는 사업자금을 원활하게 충당하기 위해서 종래 대장성예금부–식산은행–금융조합이라는 금융망을 통해서 수급하던 정책자금의 방향을 바꿔, 농촌진흥운동에 필요한 자금을 운영·관리할 조직으로 조선금융조합연합회를 결성하였다.

일제는 농촌사회의 위기에 대응하고 대륙침략전쟁 준비와 파시즘화를 위해 농촌경제의 안정화를 목적으로 하는 농촌진흥운동을 실시하였다. 정책추진방법은 그간 행정기관이나 금융조합, 경찰, 농회 등 다방면의 '농업지도기관'을 농촌진흥위원회가 통일해서 운영하는 것이었다. 여기서 금융조합은 갱생농가에 필수적인 부채정리사업을 도맡아 하였고, 부채정리농가는 모두 금융조합원으로 가입하였다. 따라서 금융조합은 모든 갱생농가와 갱생부락을 지도할 수 있는 위치가 되었다. 또한 자금을 대부 받은 농가에게는 안정적으로 자금을 회수하기 위해 농업생산에서부터 판매에 이르기까지 지도금융을 실시하였다. 금융조합이 농촌진흥운동의 실질적인 지도주체로 영향력을 확대해 갈 수 있게 된 것이었다.

---

95) 朝鮮金融組合聯合會, 『金融組合年鑑 1936』, 59쪽.

3) 금융조합 구성원의 현실인식과 개편 논의

금융조합에 대한 비판이 각계에서 일어나자, 일제는 심각한 농촌위기로 인한 체제의 위기에 대응하는 방법을 모색하지 않을 수 없었고 이는 금융조합의 역할에 대한 새로운 고려로 나타났다. 그 속에서 총독부와 금융조합 내부에는 1920년대 말부터 1930년대 초 금융조합체제의 성격을 두고 논의가 전개되었다. 이런 논의는 통제농정의 본격적인 시작과 더불어 금융조합의 급속한 변화를 이끄는 기반이 되었다.

통제농정 시작 전 금융조합 내부에서 금융조합에 대한 비판에 대한 대응은 두 가지 견해로 나뉘었다. 주류적인 견해는 금융조합이 비판을 받는 여러 가지 부분은 그 성격상 당연한 것이며, 현재와 같은 금융조합의 활동을 좀더 확산시키면 소농층의 자금문제를 해결할 수 있다고 보는 부분적인 보완을 주장하는 것이었다. 이는 금융조합 변화논의의 중심을 이루었다. 또 하나는 소수의 의견으로서 금융조합을 하층민의 단결체로 개편하여 유산계급에 대항하는 협동조합운동이 되도록 해야 한다는 견해였다. 이 견해는 금융조합 논의상에서 주도적인 견해는 아니었지만, 일본제국주의의 파시즘화 과정에서 나타나는 논의의 대립이라는 측면에서 조선에서 소농금융기구가 갖는 특성을 이해할 수 있는 부분이다.

총독부 재무국과 금융조합은 금융기관으로서 자기확립과 전문성 확대에 주안점을 두었다. 그렇기 때문에 금융조합이 극빈 농가에게 이익을 주지 못한다는 비판에 대해서 적극적으로 금융조합을 옹호했다. 조선금융조합협회가 발행하는 잡지 『금융조합』에는 이 시기 금융조합에 대한 비판론을 검토하는 재무국과 식산은행 관계자들의 글이 자주 보인다. 우선 이들은 금융조합은 조합이지 자선구제기관이 아니라며 일반인들이 금융조합의 본래 성격을 잘못 이해하고 있다고 주장하였다. 자본집중과 기업집중의 경향에 대항하여 조합원 상호의 경제향상을 꾀하는 것이 금융조합의 목적이기 때문에 신용없는 자까지 구제할 수 있는 기관이 아니라는 것이었다.[96] 그와 더불어 금융조합은 태생적으로 조합원들이 조합정신에 입각하여 결성한 협동조합이라기보다는 관에서 지방 소농공업자의 금융을 소통시키고 사업의 발달을 조장하기 위해서 만든 官設조합이라고 주장했다.[97] 금융조합은 1907년 설립될 때부터 사회정책적 기구로서 위치지워졌고, 총독부 당국의 강력한 지원과 감독 하에 운영되어 왔다. 그것은 관선이사제도라든가 총독과 지방장관의 금융조합 운영에 대한 감독권으로 표시되었다. 이런 측면이 금융조합이 보통은행과 같은 다른 금융기관의 상황과 달리 대공황기 속에서도 안정적으로 성장하는 데 밑받침이 되고 있었던 것은 자타가 공인하는 바였다.[98] 이러한 성격을 강조하는 입자에서는 금융조합은 조합의 보급에 의해서만 점차 조합의 목적을 달성해 갈 수 있는 성격을 지니고 있다고 보았다. 처음에는 중류나 상류 중 가장 질이 좋은 자를 조합에 가입시키는 한편 조합의 신용을 높이는 데 주안점을 두고, 점차 조합원 수를 늘려 하층민까지 조합원이 되도록 할 수 있다, 따라서 조합을 더 설치하면서 조합구역을 좁혀 가는 것과 조합의 안정적 성장 위에서 하층 농민으로 조합원의 범주를 확대해 간다면 문제없다는 견해였다. 또한 현재도 조합원의 70% 이상이 하층농민이므로 금융조합이 서민금융기관이 아니라는 비판은 잘못되었다는 것이다.[99]

이런 입장과 달리 금융조합 이사진들 속에서는 금융조합을 하층사회의 단결력에 의해서 유산계급에 대항하는 협동조합운동으로 인식하고, 금융조합이

---

96) 堂本貞一,「金融組合私論」,『金融組合』10, 1929.8, 4~11쪽 ;『金融組合』14, 1929.12, 8~20쪽.

97) 矢鍋永三郞,「金融組合制度對一考察」,『金融組合』13, 1929.11, 143~144쪽. 矢鍋永三郞은 재무국과 식산은행 이사를 거쳐 조선금융조합연합회의 초대 회장이 되었다.

98) "유래 금융조합의 보급을 꾀하고 발전시키는 직능은 오로지 정부가 관장하는바, 금융조합의 설치는 정부의 사회정책적 시설로서 중요한 위치를 차지함. 1918년 각도연합회가 설치된 후에도 이 방침은 변하지 않았다. 즉 연합회는 조합 설립에 관해서는 조사 기타를 위한 보조기관일 뿐이었다. 또 동회가 조합 보급의 목적을 제일로 하여도 관청의 지휘감독 하에 있어 정부방침에 기반해야 할 뿐만 아니라, 설립에 관한 허가권이 정부에 있어 下附金이나 보조금 등을 받는 관계 때문에 정부를 벗어나 어떤 활동도 할 수 없었다"(車田篤,「指導原理より見たる金融組合中央會の構成」,『金融と經濟』108, 1928.6, 9쪽).

99) 矢鍋永三郞, 앞의 글, 143~144쪽.

유력인들이 중심이 되어 운영된다는 점에 대해서 강력히 비판하는 견해가 제기되었다. 그들은 협동조합이란 사회개량운동의 하나로서 무산계층의 운동이어야 하고, 무산계층을 더 많이 받아들이도록 노력해야 한다는 입장을 지녔다.[100] 이런 시각은 일본에서도 젊은 산업조합 담당자들 사이에 널리 퍼져 있는 사고방식과 연관되어 있었다. 1920년대 중반이래 각 산업조합에서 활동하던 청년들은 산업조합에 대한 이론학습모임을 기초로 하여 전국적으로 확산되었고, 1933년에 산업조합청년연맹전국연합을 결성하였다. 이들은 선언에서 일반 민중의 생활에 대한 관심과 민중의 자주적 경제운동으로서의 산업조합의 사명에 대해서 강조하였다. 이후 이들은 국가의 산업조합에 대한 개입과 국가기관화에 반대하며 자주적 경제통제를 주장하였다.[101] 이러한 인식은 1920년대 일본사회를 비롯하여 조선에서 성장해 가고 있던 사회주의운동에 대한 대응이었다. 일본의 산업조합이나 금융조합 관계자들 가운데 협동조합론으로서 이들 조직을 인식하기 시작한 세력들은 협동조합은 중소생산자를 보호하는 조직이라는 이론을 지니고 있었다. 그러므로 산업조합의 발전방향은 자주적인 조직으로서 전국적인 체계를 갖춰 가는 것으로 설정하였다.

이러한 금융조합 내부의 비판과 더불어 1928년 금융조합에도 가입할 수 없는 소농들을 대상으로 少額生産資金貸付를 하는 기구로 勸農共濟組合이 결성되면서, 동일한 업무를 담당하는 금융조합에 대한 비판은 더욱 거세졌다. 이는 보통 소농들이 필요로 하는 적은 액수의 자금융통은 금융조합이 담당하지 않기 때문에 농민들이 고리채를 쓸 수밖에 없다는 문제에 대한 대책으로 총독부 사회과가 발의한 것이었다. 그 내용은 面이 소액생산자금 대부사업을 실행하고 촌락단위로 30호 이내의 소농들이 근농공제조합을 만들게 하는데, 조합원은 촌락에 사는 금융조합에 가입하지 않은 소농을 대상으로 하였다.[102]

---

100) 座談會, 「完全なる降下運動の方策硏究」, 『金融組合』 21, 1930.7, 26~27쪽.

101) 『産業組合發達史 第4卷』, 342~354쪽.

102) 勸農共濟組合은 면장을 조합장으로 하며, 1조합에 1명씩의 명예직 勸農輔導委員을 두고 면협의원 또는 유력자 중에서 군수나 도사가 위촉하도록 하였다. 대부방법은

금융조합 관계자들조차 이 조치로 인해 금융조합이 "명예훼손을 당했다"라고 할 정도로 대내외적인 반향은 컸다.[103] 1929년 현재 금융조합의 조합원 수는 전 호수의 14% 정도였다. 이 정도는 연 수입 300원 이상의 자로서 수입에서 지출을 제하고도 생활할 수 있는 정도의 경제력이 있는 사람이었다. 따라서 현실적인 경영 면에서 그 이하의 농민을 조합원으로 받아들일 경우 금융조합의 경영상 심각한 어려움에 처하리라는 것이 실무 이사진들의 보편적인 생각이었다.[104] 그러나 소농금융기구라는 명목성을 지켜나가는 것이 금융조합의 대외적인 책무였으므로 근농공제조합의 설립과 하층 소농민에 대한 금융문제는 새롭게 검토해야 할 문제로 제기되었다.

한편 금융조합 문제와 관련해서 조선통치의 방법론에 대한 비판이 일본인 학자에게서 제기되었다.[105] 조선총독부의 조선통치 전반이 서구풍의 개인주의적 제도를 성급히 받아들이고 있음을 지적하면서 조선에서 발전한 자치의 전통을 통치의 기초로 삼아야 한다는 것이었다. 계에 관심을 가져, 특히 토지조사사업을 하면서 주인 없는 公田이 부락재산이 아니라 국유지가 되고, 국유지의 불하가 동리를 대상으로 하지 않고 개인을 목적으로 한 것은 유감이라고 지적하면서 1914년의 군면동 체제 정비와 토지조사사업으로 의미가 축소되어 버린

농경자금, 농량자금, 부업자금, 기타 산업자금에 한정하며 보통 20원 이내, 특별한 경우는 50원까지 무담보 대부이며 이율 1푼 이내로 하였다. 대부시 보증인 2인을 세우도록 하였다. 심사는 근농보도위원의 의견을 기초하여 면장이 심사하였다. 대부기간은 1년 이내였다. 面당 2400원 가량을 대부할 예정이며, 전 조선 2500개 면에 보급하려면 600만 원의 자금이 소요될 예정이며, 5개년계획으로 매년 120만 원을 사용하고 첫 해는 임시은사금을 운용하기로 하였다(一記者, 「小農救濟小口資金貸付와 內容」, 『經濟』 1, 1928.6, 3~4쪽). 그러나 얼마 되지 않은 1932년 근농공제조합은 모두 상호연대보증조의 형식으로 금융조합에 가입하고 조합은 해산되었다(「勤農共濟組合員ノ金融組合加入ニ關スル件」, 1932.12. 5, 『京畿道金融組合例規』, 150~151쪽).

103) 牟田口利彦, 「金融組合惠澤の擴充第一-民衆機關の實を揚げよ」, 『金融組合』 10, 1929.8, 1~3쪽.

104) 座談會, 「完全なる降下運動の方策研究」, 『金融組合』 21, 1930.7, 28쪽.

105) 猪谷善一의 견해다(近藤康南, 「契-村落共同自治の仕法」, 『朝鮮經濟の史的斷章』, 東京 : 農山漁村文化協會, 1987, 62~69쪽).

동리와 계의 중요성을 지적하였다.

> 전 도 7만 1천의 동리는 자치행정단위로서 이조 오백년간 유지되었다. 위로부터의 온정적 시설이 없었지만, 동리사람은 자신들이 뽑은 公史의 지휘 하에서 경비 행정 교육 토목과 경제의 제반에 걸쳐 자치로 경영하였다. 경영의 기본이 되었던 것이 계이다. 계의 仕法에 의해서 동리 사람들은 종교 정치 경제생활을 보냈다. 계를 무시하고 조선인 생활을 이해할 수 없다. 특히 행정적 경제적 목적은 계에 의해 달성되었다. 戶가 조합원이 되고, 공동출자 혹은 공동경작에 의해 수입을 얻는 여러 사안을 경영하였다. 이 사업은 부락공동체 유지에 머무르지 않았다. 각종 각양 그 본질은 간단하지 않다.

그는 "계는 종계같은 것을 제외하면 부락인 촌락공동체의 행정적 목적, 경제적 목적을 수행하는 자치조직이다"라고 하여 계를 조선통치의 기조로 채택할 것을 주장하였다. 이러한 일본인들은 주로 일제의 조선통치방법론에 관해 비판하면서 좀더 조선인들의 생활에 밀접한 방법을 이용해서 통치를 해야 한다고 주장하였다. 이는 일본에서 전개된 사회개혁의 움직임과 연결된 흐름이기는 하지만 일본제국주의의 조선지배 자체를 부정하지 않고 오히려 더 정교하게 조선을 지배할 수 있는 방법론을 제시하고 있다.

한편 관제조합이라는 성격문제는 금융조합 내부에서도 연합회 설립과 관련해서 그간 총독부의 금융조합에 대한 강력한 통제와 감독의 권한문제가 제기되었다.

> 중앙회 설립의 기운이 성숙하지 않은 것은 …… 관청의 손에서 길러진 금융조합을 빼앗는 것에 애석한 마음을 가지는 이외에 중앙회가 설치된 경우에 과연 충분하게 통제할 수 있는지 우려가 더해진다. 금일 금융조합의 주뇌자는 협동주의의 장점인 자조로 살지 않고 관료주의의 약점인 賴墮, 자유경쟁이라는 방면에 몰두하지 않는가? 중앙회가 만약 설립된다면 그 장래는 과연 어떠할가? 길러진 사회정책적 시설이 엉망이 되지 않을까라는 선의에서 나온 당국의 우려는

> 반드시 무리는 아니다. 여기서 금융조합운동에 필요한 것은 먼저 我利主義, 비굴한 뇌타주의를 버리는 것, 그래서 자주적 협동정신을 작홍하자. 그러면 스스로 첫 페이지는 열린다.[106]

'뇌타주의'라고 이름붙인 금융조합의 특성을 벗어나 자주적인 조직으로 바꿔 가자는 의미를 강조하였다. 그는 "본디 회두에 정무총감을 추대하고 부회두에 재무 식산 양 국장을 한다면 그것도 좋겠지만, 일종의 국권적 금융조합에 되어 버리는 데 불과하고 중앙회 설립의 근본 주지에 어그러지는 것이다. 또 산업조합주의는 일반 國務와는 성질이 다를 뿐만 아니라 반드시 필요한 국무를 번거롭게 하여 본사무가 방임될 것이 분명하기 때문에 그다지 도움이 되지 않는다. 금융조합의 관료화를 가져오는 데 불과하다"[107]라고 하여 총독부에 의한 연합회 지배구조에 반대했다. 그 대안으로서 총독부와의 관계 재정립과 동시에 금융조합 중앙기구를 중심으로 한 조합업무의 집중화를 들었다.[108] 금융과 조합사업 양자에서 통제력을 발휘할 수 있는 구조에 대한 희망이 더 강하게 드러난 것이다.

여러 가지 비판에도 불구하고 주류는 옹호론이었다. 그렇지만 현실적인 농촌사회의 붕괴 상황에서 금융조합의 개혁문제는 필연적이었다. 특히 대공황 속에서 몰락해 가는 조선농촌의 현실과 사회주의적 농민운동의 성장, 또는 다양한 협동조합운동의 부상이라는 현실 속에서 일본의 산업조합중앙회를 중심으로 확산된 산업조합주의는 조선 금융조합 내에서도 받아들이는 분위기가 생겨갔다.

이런 논의의 결과 금융조합의 변화는 앞의 두 가지 견해 중 옹호론을 기조로 하면서 비판론을 일부 수용하는 방향으로 이루어졌다. 하나는 총독부의 영향력

---

106) 車田篤, 「金融組合中央會の設立を論ず」, 『金融と經濟』 107, 1928.5, 7쪽.

107) 車田篤, 위의 글, 6~7쪽.

108) 이런 견해를 주로 주장했던 것은 금융조합 관계자들만이 남아 운영하던 朝鮮經濟協會의 機關誌인 『金融と經濟』의 주간이던 車田篤이었다.

을 강화하는 방향, 이는 조선금융조합연합회의 결성과 그 구성에서 드러나며, 또 하나는 조합원의 범위를 하층으로 확산하여 중소농민층을 조합에 더 포섭해 가는 '降下運動'이었다. 그렇지만 여기에는 그간에 논의되던 산업조합 내 민주주의 문제도, 무산계급의 조직으로서 협동조합론도 사라져 버리고 말았다. 총독부에 의한 금융조합지배체제의 강화와 현재의 조합운영원리를 그대로 유지한 채 조합원을 확대하는 방향을 택한 것이다. 강하운동은 일본의 청년연맹이 주장하는 무산계급의 조직으로 유산계급에 대응하는 운동은 아니었다. 조합원을 늘리면 금융조합의 범위가 하층으로 내려갈 수 있다는 것이다. 1929년 제1회 전선금융조합대회에서 이루어진 조합원 3할 증용의 결의로 이러한 입장은 전 금융조합의 견해로서 공식화되었다. 이후 금융조합에 대한 여러 갈래의 비판은 일본제국주의의 정세변화 및 그에 따른 협동조합이론의 변화와 1930년대 우가키의 총독취임과 농촌진흥운동, 그리고 그것을 뒷받침하는 조선금융조합연합회의 결성과 더불어 새로운 양상을 띠어 갔다.

조선인들만이 아니라 일본인들 역시 금융조합의 비농민적 성격과 관제적이고 비민주적인 성격에 대해 비판하였다. 금융조합 내부에서도 청년 이사들을 중심으로 동일한 비판이 전개되었다. 이에 대응하여 금융조합 측은 변화를 모색했다. 그러나 그 방향은 첫째 총독부에 의한 금융조합지배체제는 유지 나아가 강화하며, 둘째 비판론을 일부 수용하여 저소득층 농민층을 금융조합에 흡수하는 것이었다. 이는 금융조합의 관제적이고 중상층 중심으로 운영되는 원리를 유지하면서 금융조합자금의 축적 정도에 따라 조합원의 범위를 확대해 가고자 한 것이다.

2. 통제농정의 실행기구로서 조선금융조합연합회

1) 중앙집중적 운영기구의 확립

금융조합과 관련하여 통제경제체제를 상징적으로 보여주는 것이 조선금융조합연합회(이하 연합회)였다. 연합회는 1933년 8월 17일 「조선금융조합연합회령」이 발포되고 난 2주 후인 8월 31일에 설립되었다. 이는 1929년에 실시되었던 「금융조합령」 개정이나 식산은행에 금융조합금고과를 설치할 때 전개된 의견대립 양상과 달리 전격적으로 진행되었다. 이로써 1918년 도금융조합연합회가 결성된 지 15년, 1929년 금융부분의 통제권한을 식산은행 산하의 금융조합금고과가 맡은 지 4년이 지난 후, 금융조합 전반의 자금순환과 운영에 대한 통제기관이 마련되었다.

「조선금융조합연합회령」에 따르면 연합회는 촌락과 도시금융조합을 중심으로 하여 조선총독이 지정하는 산업에 관한 법인을 회원으로 한 금융조합계열의 최상부 기구였다. 금융조합은 설립허가를 받으면 자동적으로 회원이 되는 강제가입회원이었고, 기타 산업법인은 임의 가입회원으로 규정되었다(제3조). 단위조합과 중앙연합회의 체제는 도연합회를 해체하여 지부를 만들어, 연합회가 회원조합을 단일하고 종합적으로 통제할 수 있는 방향으로 구성되었다(제43조).[109] 조선금융조합연합회는 회원조합에 대해서 ① 자금의 공급 ② 업무상의 지도 ③ 공통이익의 증진을 위한 업무를 수행하도록 하였다. 구체적으로 보면 회원들을 위해서 자금 대부, 어음 할인, 환업무, 예금, 업무상의 지도, 상호간의 연락 및 업무상 편의를 도모하는 업무를 하며(제15조) 이 밖에 회원의 업무 및 재산 상황을 조사할 수 있었다. 이런 연합회의 업무는 도연합회의 그것과 같으면서도 달랐다.[110] 도연합회는 도 단위의 활동만을 제어할 뿐, 전국적 규모의 금융조합활동에 대한 통제는 할 수 없었다. 상대적으로 조선금융조합연합회는 도연합회가 하던 활동을 전국적으로 확대 계승하면서, 한편으로 전국적인 단체인 조선경제협회가 하던 출판과 선전, 상호부조 업무까지 겸할

109) 일본산업조합제는 3단계제이며, 중앙기관은 부문별로 분화되었다. 『十年史』, 40쪽.

110) 道 金融組合聯合會의 업무는 ① 소속조합에 필요한 자금을 대부하는 것 ② 소속조합으로부터 예금을 받는 것 ③ 소속조합에 대한 업무상의 지도를 하는 것 ④ 소속조합 상호의 연락과 업무상의 편의를 꾀하는 것이었다(제령 제13호 「地方金融組合令」 개정 1918.6.27, 『官報』 제1767호, 1918.6.27, 769~770쪽).

수 있는 금융과 사업 양자에서 중앙집권적인 운영기구가 되었다. 또한 연합회는 도연합회를 지부로 포괄하고 그를 통해서 전국 금융조합에 대한 통제와 지도력을 발휘할 수 있었다.

또한 자금원천을 확대하였다. 연합회는 필요에 따라 조선총독의 인가를 얻어 출자불입금액의 15배를 한도로 조선금융채권을 발행하여 독자적인 자금원을 형성할 수 있는 가능성을 열었다. 식산은행과 직접적인 금융관계만을 형성하던 금융조합으로서는 독자적으로 외부의 자금원과 관계를 맺을 수 있게 되었다는 점에서 독자적인 행보가 가능해졌다고 할 수 있다. 식산은행 금융조합중앙금고과에서 금융조합 자금의 입출입을 관리하는 것과 달리, 채권을 발행해서 독자적으로 자금을 모으고 그것을 금융조합을 통해 운용하게 됨으로써 사업규모나 의사결정과정이 훨씬 원활해질 수 있었다.

이와 같이 각 지역의 금융조합과 산업법인에 대해서 단일하고 집중적인 통제기능을 가진 독자적인 자금운영기구를 만든 이유는 전시체제를 준비하는 통제농정 때문이었다. 통제농정의 구체적인 사업인 농촌진흥운동을 수행하는데 가장 필요한 것의 하나가 자금이었다. 그간 산미증식갱신계획을 수행하는 동안 일제는 대장성예금부－식산은행－지주 또는 농업단체라는 금융망을 통해서 자금을 공급하고 회수하면서 사업을 진행시켜 왔었다. 이 자금은 주로 식산은행이 중심이 되어 유출입이 이루어졌다. 그런데 식산은행은 도시중심으로 편재되어 있으며, 대부를 받을 수 있는 대상은 공공단체와 지주 또는 자산가층일 뿐이었다. 산미증식갱신계획은 그 성격상 그것을 수행할 수 있는 수리조합이나 지주층에게 대부했기 때문에 일반 농민들은 그 자금과 직접 관계를 맺지 못했다. 또한 식산은행은 산미증식계획기와 대공황을 거치면서 재정적으로 열악해지고 심각한 고리금융에 시달리던 지주층을 위해 구제금융을 실시하기도 했다.[111] 이런 상황에서 농촌진흥운동을 추진하는데 소농층을 대상으로

---

111) 1930년대 공황 하에 지주의 급속한 몰락을 막기 위해서 식은은 지주구제금융을 시작하였다. 농사개량자금의 금리인하와 상환기한 연기를 실시하였다. 금리는 1932년 7.2%를 시발로 1936년에는 5.4%까지 인하되었고, 상환기한도 1933년 2월과 1936년 1월 농림

한 농업금융망으로서 금융조합의 역할이 부각된 것이었다. 또한 금융조합은 설립 이래 지속적으로 자작농지구입자금과 고리채차환자금을 조합원을 대상으로 대부하는 사회정책적 기능을 수행하고 있었으므로 이 사업의 정책방향에 가장 알맞은 기관이었다. 일제가 이 금융조합을 농촌진흥운동의 주된 실행 파트너이자 자금살포기관으로 설정하는 것은 어쩌면 당연한 조치였다. 그리고 금융조합의 업무와 자금순환을 관리·통제할 기관으로서 연합회가 설립되었다.

연합회의 결성은 금융조합 내부에서 전개되어 온 중앙집중적 경향성의 결과이기도 했다. 이는 금융조합이 서민금융을 장악해 가는 다른 표현이기도 했다. 금융조합의 연락기관 또는 연합기관이 본격적으로 법적 규정을 가지고 모습을 드러낸 것은 1918년 (도)금융조합연합회의 구성에서부터였다. 도연합회는 도내 금융조합 간의 자금 과부족의 조절과 사업감독을 하기 위해 만들어졌다. 그런데 금융조합의 연합조직은 다른 협동조합연합조직 예를 들어 일본의 연합조직인 대일본산업조합중앙회와 운영방식에서 독특한 면을 지니고 있었다. 이른바 '전속거래'로 대표되는 통제적 성격이었다. 이 점을 금융조합 관계자들은 금융조합 운영의 특징이자 강점이라고 강조했다.

일본에서는 개별 산업조합의 독자성이 강하여 산업조합금고가 있더라도 중앙금고에 여유자금을 예입해야 하는 전속거래관계가 아니기 때문에 산업조합들은 운영의 편리함을 좇아 시중은행과 거래하는 경우가 많았다.[112] 따라서 산업조합금고와 중앙회가 있더라도 개별 산업조합의 자금을 조절 통제하거나 사업운영과 계획 등에 개입하고 조정할 여지는 적었다.

국장 통첩으로 두 차례에 걸쳐 완화되었다. 또한 1935년 경영난에 빠진 수리조합에 대한 구제계획이 수립되고 갱생수리조합연합회가 설립되는데, 식은은 수리조합에 대해서 구제금융을 융통하였다(鄭昞旭, 「日帝下 朝鮮殖産銀行의 産業金融에 관한 研究」, 고려대 박사학위논문, 1998, 138쪽).

112) 1926년 4월~1927년 3월 동안 일본의 산업조합은 은행에 1억 8034만여 원을 예금하고 유업은행에 1,037만여 원을 예금할 정도로 산업조합예금이 상당히 많았다. 만약 전국의 조합여유금을 남기지 않고 중앙금고에 유입한다면 1926년도 말 현재 예금잔고는 2140만 원에 불과하였다(車田篤, 앞의 글, 1928.5, 11쪽).

그에 비해서 조선의 도연합회와 개별금융조합은 여유자금이 있으면 예입을 받고 부족하면 대부해 주는 매우 긴밀한 관계에 있었다. 자금관리에서 강하게 결합되었을 뿐만 아니라 도연합회는 개별 금조의 자금상태와 운영상황을 조사했고, 더불어 사업운영에 대한 지침마련・관리감독 또한 통제적 형태로 유지하였다.[113] 바로 이 점 때문에 금조 관계자들은 일본에서 그다지 성과를 내지 못하는 중앙회와 금고제도라도 조선에서는 성공할 수 있다는 자신감을 갖고 있었다.[114] 이와 더불어 현실적인 문제로 도 단위의 자금조정만으로는 한계가 드러나고 있었고, 도에 따라 대부와 예금금리가 달랐다. 자금수급의 불균형을 해소해야 한다는 데에서 나아가 도연합회에 대한 금융조합 관계자들의 자부심이 결합하여 자금운용만이 아니라 사업부문에서까지 통합을 이루어 내는 연합회의 설립논의가 도출된 것이다. 이것이 전국적인 연합회의 설립을 강하게 요구하는 하나의 배경이 되었다.

이러한 경향성과 결부하여 1923년의 일본산업조합중앙금고를 비롯하여 여러 조합의 연합회 조직이 차례로 설립되었다는 사실은 조합의 지도적 인사들에게 큰 영향을 미쳤다.[115] 조선경제협회의 기관지인 『금융과 경제』에서도 전국연합회의 조직 문제가 활발하게 논의되었고, 금융조합 내에서는 중앙회 설치론이 중심과제로 떠올랐다. 이를 위한 객관적 조건은 금융조합의 차입금이 줄어들어 독자적으로 자금을 운영할 수 있다는 사실에 있었다. 1928년 3월말 현재 식산은행에서 오는 보통차입금은 440만 8천 원인 데 비해서 예금은 948만 8천 원에 달했다. 그렇기 때문에 중앙회가 있다면 차입금은 없어도 된다는 결론이 나온 것이다. 차입금과 예금의 이자율 차이로 인한 손실도 면할 수 있는 장점도 있다고 보았다.[116]

113) 朝鮮總督府令 제94호「地方金融組合業務監督規程」개정 1918.10.1,『官報』호외 1918.10.1, 761~762쪽, 제6장 金融組合聯合會 68~70조.

114) 車田篤, 앞의 글, 8~11쪽.

115) 朝鮮金融組合聯合會,『朝鮮金融組合聯合會十年史』(이하『十年史』), 1943, 23쪽.

116) 車田篤,「指導原理より見たる金融組合中央會の構成」,『金融と經濟』108, 1928.6, 10쪽.

이러한 금융조합 내부의 논의와는 달리, 식산은행을 비롯한 경제계를 주도하는 세력들은 이것이 '시기상조'라는 입장을 취했다. 이들은 중앙회의 설립문제만이 아니라 1918년 이래 실시되었던 도연합회도 필요없다는 견해로서, 도연합회의 금융업무는 식산은행으로 이관하거나 전 조선의 연합회를 1개로 묶어 식산은행 본점에 두고 이사장은 식산은행두취가 겸임하며, 각 지점에 그 지회를 두고 이사는 지점장이 겸임해야 한다고 주장하였다. 또는 식산은행 스스로가 직접 금융조합의 업무상태를 조사하자는 의견도 있었다.[117] 그렇기 때문에 금융조합에서는 전국 연합회 또는 중앙회에 대한 논의가 확산되었지만, 식산은행에서는 금융조합만의 중앙회 구상을 인정하지 않으려는 분위기가 강했다. 따라서 중앙회 설치에 대한 대안으로서 이미 금융조합만의 기구로 바뀌어 버린 조선경제협회를 금융조합의 독자적인 연락기관인 조선금융조합협회로 개조하고, 한편으로는 식산은행에 금융조합금고과를 설치하는 방향으로 논의가 일단락되었다.[118] 1929년 4월 조선식산은행 내에 金融組合中央金庫課가 설치되었다. 조합 간의 연락기관과 자금수급기관이 이원화한 구조를 가지게 된 것이다.

중앙금고과의 설치는 금융계통상으로 볼 때 식산은행과 금융조합이 더 강하게 밀착되는 성격을 보여주는 조치였다. 그간 개별 도연합회와 식산은행의 관계는 그 지역의 식은 지점을 통해서 이루어지고 있어서, 전반적인 자금수급관계를 조절하는 기관은 없었다. 따라서 금융조합중앙금고과가 금융조합의 자금운용을 일체적으로 관할하게 됨으로써 조선의 금융계통 특히 산업금융의 일원적 체계가 강화되었다. 그간 식은본점－식은지점 －도연합회－금융조합이던 체계[119]가 식은금고과－도연합회－금융조합으로 단순화되어 자금수급이 더

---

117) 矢鍋永三郎, 「殖銀支店長會議に於ける金融組合關係事項の答申に就て」, 『金融と經濟』 25, 1921.5, 7~9쪽.

118) 금융조합측 인사들은 조선금융조합협회의 성립은 중앙회를 설립하지 못하고 식은중앙금고를 만들 수밖에 없었던 상황에서 금융조합 측을 무마하기 위한 수단이었으며, 협회는 연합회가 성립되기 이전의 '응급기관'적 성격이 강하다고 생각하고 있었다(朝鮮金融組合協會, 『朝鮮金融組合協會史』, 1934, 79~110쪽 참조).

잘 될 수 있었다. 금고과와 도연합회의 관계는 자금관리 측면에 한정되었다. 이는 금융기관으로서 금융업무를 중심으로 파악할 때 모은행과 연합회의 자금관계 상 큰 무리는 없는 구조였다. 자금운용 부분만을 통해서 양자는 관계를 맺고 식산은행은 금융조합에 영향력을 행사할 수 있었다.

그러나 1930년대 초반의 상황은 그보다 더 진전되었다. 먼저 금융조합관계자들의 생각을 살펴보자. 금고과가 만들어진 이후에도 금융조합 관계자들 말하자면 조선경제협회에서는 금융조합대회를 열어 새로운 금융조합연합회를 설립할 것을 강조했다. 금융조합 관계자들은 금고과와 도연합회의 관계는 한계가 있다고 평가하였다. 1930년 부산에서 조선경제협회의 주최로 제1회 금융조합지방대회가 열려 「금융조합중앙기관 설치에 관한 건」이 협의문제로 제출되었다. 그리고 안건은 "금융조합 발달의 현상에 비추어 유력한 지도기관을 요구할 뿐만 아니라 한층 싼 자금을 취입할 필요에서 인물교양 등 적극적 방침을 취하는 것이 긴요하다"고 인정하여 전원일치로 가결하였다. 다시 1932년 경성에서 조선금융조합협회 주최로 제2회 금융조합중앙대회가 열렸다. 중앙회 설치 및 기타 대회에서 가결된 사항의 실행촉진의 건이 제안되어, 중앙기관 설치 기타의 급한 사항은 한층 배려를 요망한다는 이유로 중앙기관의 급속한 실시를 촉구했다.[120]

금융조합 측의 열망이 아무리 크다 하더라도 1929년에는 전국적인 통제기관을 설립하자는 의견이 묵살되고 식산은행에 금융조합금고과가 설치되는 것으로 만족해야 했다. 이는 금융 이외에 구매나 판매를 비롯한 농촌사업에 대한 금융조합의 포기와 함께 가는 조치였다. 「금융조합령」 개정에서 금융조합은 창고업무를 제외한 구매판매사업 등의 겸영업무를 없애고 금융업무만을 담당하는 것으로 역할이 바뀌었다. 이 조치 이후 4년이 지난 1933년 다시금 아무렇지도 않게 금융조합의 최고 통제기관으로서 조선금융조합연합회의 설립이 인가되고, 연합회의 사업과를 중심으로 구매판매사업의 강화라는 조치가 내려졌다.

---

119) 『十年史』, 23쪽.
120) 『十年史』, 26쪽.

1933년 연합회가 결성된 이후 기존의 도연합회 조직을 지부로 개편하여, 경성에 본부를 둔 1개의 연합회와 각 도 도청소재지에 13개의 지부가 조선 일원을 업무구역으로 삼았다. 연합회는 설립 당시 강제가입회원인 금융조합 674곳, 기타 산업법인 54개 조합으로 구성되었다. 이것이 1940년에는 금융조합만 해도 722개, 포괄하는 인원이 200만을 넘었다. 연합회는 전국에 걸쳐 농촌 구석구석까지 확대되는 금융조합과 식산계를 아우르는 중앙조직이었다.

중앙조직으로서 연합회는 전체 금융조합의 자금순환을 통제 관리하고, 금융조합정책을 개별 금융조합에 하달・감독하며, 연합회체제를 유지하기 위한 사업, 연합회를 비롯한 금융조합 직원교육과 복지에 관한 사업, 잡지와 선전・출판물을 비롯한 다양한 매체를 이용해 금융조합을 선전하는 사업을 해 갔다.[121] 전국 금융조합에 관한 통일적인 관리체계와 총독부정책과 결합된 금융조합론을 확산하고 통제하기 위한 역할을 하는 것이었다. 이러한 연합회의 모습은 개별 금융조합 간의 자금 불균형이나 업무상의 문제점을 해소하기 위한 자문 감독기관의 영역을 뛰어넘은 것이다. 따라서 연합회 자체가 하나의 독립된 조직단위로서 존재하고, 조직 유지를 위해서 많은 직원과 막대한 재원을 써야 하는 존재가 되었다.

2) 총독부의 의사결정구조 장악과 조선인

연합회의 성립으로 금융조합의 통제적 성격은 강화되어 갔다. 내부에서 총독부와 관계, 또는 연합회와 개별 금융조합의 관계를 둘러싼 여러 의견이 제기되었지만, 금융조합은 더 강력하게 총독부와 밀착해 가면서 운영을 확대해 갈 수 있었다.

「朝鮮金融組合聯合會令」과 「同施行規則」을 살펴보자. 연합회에는 임원으로 회장 1인, 이사 13인과 감사 2인 이상을 두었다(令 제6조). 이 중 회장과 이사는 조선총독이 임명하고(令 제8조), 감사는 총회에서 회원의 대표자 중에서

---

121) 다음 표는 『十年史』, 43~46쪽을 정리한 것이다.

선임하였다. 연합회에 대한 감독은 조선총독이 맡았다. 총독은 감독상 필요한 명령을 내릴 수 있고(令 제28조), 필요할 때는 업무도 제한할 수 있었다(令 제16조). 또 총독은 연합회령, 연합회령에 기초하여 발하는 명령, 연합회령에 기초하여 하는 처분이나 정관에 위반될 경우 또는 공익을 해할 우려가 있을 때는 총회결의를 취소할 수 있고, 회장이나 이사를 해임하거나(令 제29조), 총독의 임명에 관계된 감리관의 감사를 받게 한다(令 제30조). 감리관에게는 검사권, 보고징수권, 의견진술권을 부여하였다(令 제31조). 더불어 각종 인가 승인 계출 보고 사항을 정하였다. 연합회의 자금수급과 운영에 관한 한 조선총독

조선금융조합연합회의 업무 분장

부	과	업무
서무부	총무과	① 직원의 임면·이동·상벌, 기타 인사에 관한 사항 ② 금융조합과 금융조합공로자의 표창에 관한 사항 ③ 회의에 관한 사항 ④ 會印 會長印 기타 중요물품의 보관에 관한 사항 ⑤ 회계에 관한 사항 ⑥ 업무용 토지, 건물 집기의 구입관리 혹은 처분과 비품 소모품의 출납보관에 관한 사항
	조사과	① 여러 통계표의 조제에 관한 사항 ② 업무상 참고해야 할 여러 조사에 관한 사항 ③ 도서 책자와 會報에 관한 사항 ④ 선전에 관한 사항
	사업과	① 금융조합 관계 직원의 퇴직 위로금에 관한 사항 ② 건물 화폐 손해 보전에 관한 사항 ③ 용지, 장부, 집기, 비품, 기타 용품의 공동조달에 관한 사항
금융부	자금과	① 자금의 조달과 운용에 관한 사항 ② 채권발행에 관한 사항 ③ 예산과 결산에 관한 사항 ④ 사업계획과 업무보고서의 조제에 관한 사항 ⑤ 爲替업무, 기타 금융부 다른 과의 소관에 속하지 않는 사항
	지도과	① 회원의 업무조사와 지도에 관한 사항 ② 회원의 업무상황보고서의 심사에 관한 사항 ③ 지부의 업무검사에 관한 사항 ④ 산업법인의 가입심사에 관한 사항
교육부	교무과	① 강습회에 관한 사항 ② 도서실에 관한 사항 ③ 강연강습회에 관한 사항 ④ 강당과 교실의 사용에 관한 사항 ⑤ 기숙사의 감독에 관한 사항 ⑥ 실습장의 관리에 관한 사항 ⑦ 기타 회원 직원의 교양에 관한 사항

참고 : 1. 사업과는 1935년 식산계의 설립과 함께 사업부로 확대되었다.

의 인가와 감독을 받아야 한다는 점은 연합회 사업방향이 총독부의 의지대로 움직여 갈 것임을 의미하는 것이었다.

이에 상응하여 여러 가지 특전이 주어졌다. 첫째 세법상의 특전으로서 비과세 단체가 되어 소득세와 자본이자세, 임시이득세, 법인자본세, 영업세를 부과하지 않았다. 또 연합회령에 기초한 등기도 세금이 면제되었다. 둘째 장기저리를 요하는 촌락금융조합에 대한 금융이 많으므로 금융채권발행을 인정하며, 대장성예금부자금을 저리로 융통받을 수 있도록 하였다. 셋째 총독부에서 무이자대하금을 받는 등 연합회에 대해서 많은 특혜가 주어졌다.[122]

이러한 연합회의 설립은 한편으로는 금융조합 자체의 자기운동논리에 입각한 중앙집중화의 선상에 있지만, 한편으로는 태생적으로 지니고 있었던 총독부에 의한 금융지배구조 내지는 금융조합지배구조가 강화되어 가는 측면을 보여준다. 그렇기 때문에 금융조합 내부에서 또는 농촌 내부에서 총독부의 운영방향에 대한 비판적 대안이 나오기 했지만, 연합회의 성립과정에서 걸러져 버리고 말았다.

연합회는 목적하는 사업을 실행하기 위해서 대표와 집행기관으로 회장 1인, 이사 13인 이상을 두고 사무감사기관으로 감사, 의사기관으로 총회들 두었다. 연합회를 대표하는 회장과 주요 업무를 분장하여 행하는 이사는 모두 조선총독이 임명하였다. 이렇게 총독이 연합회 주요 구성원을 임명하는 관선방식에 대해서 금융조합 내부에서도 반발이 있었던 것으로 볼 때, 연합회가 총독부에 의해 통제받는 통제경제 실행기구로서의 성격이 강함을 역으로 보여주는 측면이다. 따라서 연합회가 어떤 방향으로 움직일 것인가를 임원들의 이력을 통해서 살펴볼 수 있을 것이다.

다음 표의 금융조합 중앙기구의 주요 인물들을 보면 모두 일본인이며, 상급은 총독부 고위관료들이고, 중간급은 총독부와 식산은행 출신들이었다. 조선금융조합협회장은 금융조합의 감독기관인 총독부 재무국장이 겸임하였다.

---

122) 『十年史』, 46~47쪽.

<표 8> 조선금융조합연합의 주요 인물 경력

직책	기간	이름	소속	경 력
조선금융조합협회회장	28.9-29.11	草間秀雄	총독부	-29 재무국장
	29.11-33.8	林繁藏	총독부	13 경도대 정치학과 16 경상북도지방과장 23 재무국 사세과장 28 재무국 이재과장 29-33 재무국장
			식산은행	37-45 두취
조선금융조합협회이사	28.9-29.11	林繁藏		
	29.11-32.12	兒島高信	총독부	23 참사관겸임, 사무관심의실, 관방비서과겸무, 식산국 상공과장, 재무국이재과장, 관방심의실
	32.12-33.8	西崎鶴司	총독부	20 동경대 법과 20 식산국 21 임야조사회사무관 겸식산국 산림과사무관 22- 경남지방과장 경남 경기 재무부장, 부산세관장, 함북내무부장 32 재무국 이재과장
	28.9-29.11	古庄逸夫	총독부	24- 내무국지방과장, 충북재무부장, 경기재무부장
	29.11-30.2	矢島杉造	총독부	29 경기도내무부장 31 전남도지사 35 총독부농림국장
	30.2-31.1	西崎鶴司		
	31.1-32.2	景山宜景	총독부	28- 평북재무부장, 경기재무부장, 전남재무부장 32 세관장 34 재무국 세무과장
	32.2-33.8	瀬戸道一	총독부	27- 전북학무과장, 전북지방과장, 강원도내무부장, 경기도재무부장 34 세관장
				33 연합회 경기도지부감리관
	28.9-30.10	山根譓	총독부	① 07 동양협회전문학교 ② 07 재정고문부 ③ 황해도 이재과장 ⑤ 금융제도조사위원회 위원
			금융조합	④ 22 황해도금련이사장 22 경남 금련이사장 26 경기도 금련이사장 ⑥ 33 연합회교육부장
	30.10-33.8	貞廣敬介	총독부	① 山口高 ② 졸업후 三井물산 ④ 17 총독부 이재과 금융조합계
			금융조합	③ 12 광주금조 이사견습, 장성금조 이사 ⑤30 경기도금련이사장 ⑥ 33 연합회 경기지부장
조선금융조합연합회장	33.8-38.8	矢鍋永三郎	총독부	07 동경대 법과졸업 07 통감부서기 08 공주재무감독국장 09 재무국 이재과장 24-25 황해도지사
			식산은행	25 - 33 이사
	38.8-43.8	松本誠	총독부	09 동경대정치과 10 한국정부내무과 11 내무부서무과장 12 평북재무부장, 경북 경기도재무부장, 충남 전북 경기 내무부장, 총독부이재과장, 철도국이사겸임 28 전매국장 31 경기도지사 35 조선제련주식회사사장
	43.8-45.8	富永文一	총독부	16 동경대 법과 18 황해도사무관, 총독부사무관 23 감찰관 겸임 25 전북경찰부장 26 보안과장 29 내무국 지방과장 31 함북도지사 34 경기도지사

조선금융조합연합회 이사	33.8-36.8	牟田口利彦	금융조합	10 동양협회전문학교 10 원주금조이사, 강원도금련이사장, 충남금련이사장, 금융조합협회상무이사, 33 연합회 이사 서무부장
	36.8-	齊藤淸治	기업	① 神戶商高 ② 山崎조선소
			금융조합	③ 청주금조 이사, 충북금련이사, 이사장, 평북금련이사장, 금련 평남지부장
서무부장	33.8-36.8	牟田口利彦		
	36.8-38.11	齋藤淸治		
	38.11-40.7	松本節郞	금융조합	12 동양협회전문학교 12 공주 양덕 채운 금조이사, 24 충남도금련이사 27 경기도금련 29 경북금련이사장, 평북금련이사장
	40.7-40.8	齋藤淸治		
	40.8-43.1	岡田豊次郞	총독부	① 13 동양협회전문학교 ④ 총독부이재과
			금융조합	② 16 송화, 옹진금조 ③ 19 황해도금련 ⑤ 27 충남금련이사 ⑥ 33 연합회 본부참사, 자금과장
	43.1-	鈴木伊勢治	총독부	① 12 동양협회전문학교 ② 13 토지조사국 서기
			금융조합	③ 18 포항금조이사 25달성금조이사, 함북금조연합회이사 30 황해도금조연합회 이사
금융부장	33.3-38.6	本田秀夫	식산은행	17 동경대법과 17 대구경상농공은행 18 식산은행대구지점 21 대구지점장대리 24 본점 조사역겸권업금융과장대리, 공공금융과장대리, 조사과장대리 30 진남포지점장
	38.6-38.11	金谷要作	식산은행	동경대농과, 19 입행 34 현재 공공금융과장
	38.11-42.12	齋藤淸治		
	43.1-	岡田豊次郞		
사업부장	36.5-39.5	河野節夫	총독부	동경대법과, 19 충남지방과장, 21 경찰관강습소장 24 강원도경찰부장 26 전남경찰부장 29 경북경찰부장, 29 총독부관방심의실, 임시국세조사과장, 32 황해도내무부장, 평남내무부장
	39.6-43.7	土屋傳作	총독부	14 동경대농과대, 21 체신서기, 22 황해도학무과장, 24 함남학무과장, 25함남지방과장 27평남지방과장 28전북재무부장, 28 경무국사무관, 29 황해도경찰부장, 30 전남경찰부장, 32 관방외사과, 32 함남내무부장, 34 부산부윤

교육부장	33.8-41.11	山根譓		
	41.12-	重松髜修	총독부	① 15동양협회전문학교 ② 15 임시토지조사국
			금융조합	③ 17의주, 양덕금조이사 ④ 21구룡금조이사 ⑤ 25강동금조이사 ⑥ 39 연합회황해도지부장 ⑦ 40 연합회 경기도지부장

자료 : 朝鮮金融組合聯合會, 『朝鮮金融組合聯合會十年史』, 1943 ; 民衆時論社, 『金融組合大觀』, 1935 ; 『朝鮮金融組合發達史』 ; 朝鮮新聞社, 『朝鮮人事興信錄』, 1935 ; 京城日報社, 『朝鮮人名錄』, 1942 ; 林繁藏回顧錄編纂委員會, 『林繁藏回顧錄』, 1962, 419~436쪽.

따라서 이 시기에도 금융조합의 운영에는 총독부 재무국의 영향이 가장 컸다. 금융조합이 일본제국주의의 조선지배에 복무하는 기관일 수밖에 없는 조건이었다. 금융조합에서 성장한 인물도 있기는 하나 총독부와 식산은행 출신의 비중이 더 컸다. 1940년대 들어서 금융조합의 성격이 변화되었음을 연합회회장이 보여준다. 도미나가 분이치(富永文一)는 경찰 계통 출신으로 내무계통 인물이었다. 1940년대에 들어 금융조합이 행정단위와 동일한 역할을 수행함을 단적으로 보여주는 인선이었다.

금융조합의 의사결정은 일본제국주의의 의도대로 진행되었다. 의사결정 과정에서 조선인들의 의사가 반영될 수 있는 통로는 금융조합 관계 잡지에 기고를 하거나, 이사협의회에서의 발언, 기획된 좌담회에서의 의견개진들이 거의 전부였다. 금융조합의 이사는 관선이사이므로 모든 운영의 기조와 활동내용은 중앙단위에서 결정되고 이사는 단위 금융조합에서 그것을 실행하는 존재일 뿐이었다. 다만 자신의 사고방식에 따라서 일정한 융통성을 가질 수 있을 정도였다.

일제는 농촌진흥운동의 자금원이자 소농층으로 독점자본의 영향력을 확대해 가기 위해 금융조합의 최상부기구인 조선금융조합연합회를 설립하였다. 그래서 연합회 조직은 농촌진흥운동이라는 총독부의 요구와 내적으로 20년대 이래 축적된 자본의 활동기반을 확대하려는 금융조합 측의 의도가 결합된 산물이었다. 따라서 인적·조직 측면에서 총독부의 강력한 지휘를 받아 움직이도록 편성되었다.

이러한 중앙조직인 연합회가 총독부와 연관이 깊은 일본인들로 구성되었던 한편으로 금융조합망의 확대에 따라서 조선인들이 금융조합에 참여하는 수도 많아져 갔다. 중앙은 일본인들이, 지방조직은 조선인들로 이루어지는 금융조합 지배구조가 편성되어 간 것이다.

금융조합의 수가 조합원의 급속한 증가를 따라잡지 못함에 따라 한편으로는 촌락단위로 식산계를 조직하여 농민경제단위를 조직하고, 또 한편으로는 단위조합 안에 부이사, 이사견습, 서기, 고원과 같은 직원수를 늘리는 방향을 취했다. 1937년 현재 경기도내 촌락금융조합 79곳의 직원수는 516명으로, 1조합당 평균 7명이었고, 도시조합은 12곳의 직원이 187명으로 평균 16명꼴이었다.[123] 금융조합이 설립될 초기 1조합당 이사 1인과 서기 1인으로 시작한 것에 비한다면 개별 조합의 규모가 엄청나게 커졌음을 알 수 있다. 특히 이 시기에는 조합원이 늘어나고, 경제사업과 조직사업을 추진함에 따라 인력이 더 필요해졌다고 볼 수 있다. 그렇지만 금융업무만을 주로 하는 도시조합의 경우 촌락조합보다 직원이 훨씬 많다는 것은 도시지역의 금융업무가 갖는 자금운용상의 중요성이 컸음을 반증해 준다.

이와 같은 급속한 금융조합의 조직확대에 따라 금융조합 설립 초기의 운영기조였던 일본인 관선이사제를 계속 고수하기는 어려워졌다. 그로 인해 1930년대 들어 조선인 이사의 수는 급격히 늘어났다. 연합회와 지부의 운영을 일본인들이 여전히 장악하고 있는 가운데 조선인들은 이사, 부이사, 이사견습, 서기, 고원층에 광범하게 확산되었던 것이다.

그렇다면 조선인들은 어느 층에 속하였을까.[124] 1935년 조사자료에 나타난 금융조합 이사 중 조선인들을 분석해 보면 1920년부터 조선인들이 이사에 취임하고 있는 것으로 나타난다. 1935년 현재 전 금융조합 내에서 조선인

---

123) 朝鮮金融組合聯合會, 『朝鮮金融組合の現勢』, 199~208쪽.

124) 조선인 이사에 관한 것은 民衆時論社, 『朝鮮金融組合大觀』(民衆時論社, 1935)의 「金融組合人事銘鑑」 참조.

이사 비중은 대략 20.5% 정도였다.

전체 수에서는 중남부지역이 많지만, 전북 전남 충남 평남 경기 등에서는 비중이 20% 이하, 특히 전북은 16% 정도로 전체 이사진 내에서의 비중은 적었다. 상대적으로 강원 충북 평북 함북 황해 등은 30% 전후로 조선인 이사의 비중이 좀 더 높았다. <표 9>는 1935년 현재 금융조합 내의 조선인 이사 중에서 학력이 확인되는 사람의 학력을 임용시기별로 구분한 것이다.

<표 9> 금융조합 내 조선인 이사의 학력(단위 : 명)

임용시기	조선인 이사	공립 농학교	고등상업학교		사립 학교	상업 고등	고등 보통	일본내 대학	경성 법전	사립 전문	기타	모름
			조선	일본								
1920~1925	26	9			1	2	1				1	12
1926~1930	69	7	6	3	1	2	4	7	20	3	2	14
1931~1935	70	3	7	8	1	1	0	24	13	5	4	4

자료 : 阿部薫, 『朝鮮金融組合大觀』, 京城 : 民衆時論社, 1935.

1919년 촌락조합 94개가 급격히 설립됨에 따른 인력부족으로 인해서 그동안 조합에서 근무하던 서기급과 새로운 인물들을 이사로 승진시켰다. 예를 들어 황해도 안악금융조합 이사인 안처영은 1909년에서 10년까지 조선농업회사에서 근무하다 1911년 금천금융조합의 통역생으로 임용되었다. 9년 동안 금천조합과 은율조합에서 일하다가 1920년에 풍천조합의 이사가 되었다. 평북 대관조합의 나병순은 보통학교를 졸업한 후 1914년 태천군청에서 일을 하다 1918년 태천금융조합 서기견습으로 들어갔고 1921년 이사견습이 된 후 곽산이사를 거쳐 1925년 남시조합 이사가 되었다.

이와 같이 1920년대에 금융조합 이사가 된 인물들은 공립농학교나 고등상업 등의 학력과 서기나 통역관을 거쳐 최하 5년에서 10년 정도의 금융조합 경력을 가진 경우가 많았다. 이렇게 장기간 조합직원으로 근무하다가 이사로 승진하는 경우와 달리, 20년대 중반 이후 고등교육을 받고 금융조합에 입사하여 몇

년 지낸 뒤 이사로 승진하는 경우가 점차 늘어났다. 전 시기에 걸쳐 조선인 이사를 가장 많이 배출한 곳은 경성법전과 공립농학교였다. 이곳은 식민지 법률지식인과 일제 농정수행을 위한 인력양성기관이었다는 점에서 금융조합의 운영에 가장 밀접한 곳이기도 했다. 그리고 1930년대에는 특징적으로 일본의 東京大나 明治大를 비롯한 여러 대학 출신들이 가장 높은 비중을 차지했고, 그 외에 경성법전이나 경성제대, 연희전문이나 보성전문 같은 사립전문대 출신도 이사로 진출해 학력수준이 매우 높아졌음을 알 수 있다. 이는 금융조합이 갖는 조선사회에서의 경제적 위치, 상대적으로 높은 급여수준에 연유한 것이라고 보인다.

조선인 이사들은 전체 연합회조직체계의 의사결정 과정에는 참여할 수 없었다. 그렇지만 이들은 조선인들 가운데에서도 상당한 지식인 그룹에 속해 있었고, 지역사회 내에서는 유지로서 지역의 의사결정에 커다란 영향을 미치는 존재였다. 이들은 자신이 학습하였던 금융조합론과 운영방침을 내면화하고 그것을 통해서 농업문제를 풀어 가는 또 하나의 주체였다.[125] 따라서 조선인 이사나 사무직원이 확대되어 감은 일본이 조선사회를 재편하는 가운데 조선인을 통해서 일본제국주의의 논리를 확산시킬 수 있는 메커니즘을 형성하고 있었다는 점에서 주목할 만하다.

1930년대 들어서 금융조합은 농정 실행의 중심기관으로서 조선금융조합연합회를 설립한 이래 급속하게 조직이 확대되었다. 이는 1920년대부터 점차 늘어 가던 조선인 이사의 증가를 가져왔다. 특히 이 시기 금융조합 이사에 취임한 조선인들은 일본에서 대학을 졸업했거나 조선 내의 전문학교 출신

---

125) 상당수의 조선인 금융조합 관계자들은 금융조합 활동이 일정한 한계는 있지만, 궁극적으로 농민들을 위한 기구임을 믿어 의심치 않았다. 따라서 자부심을 가지고 이 일에 임하고 있었던 모습을 많이 볼 수 있다(윤융구, 『무명 노학사의 발자취』, 혜안. 일제시기 조선금융조합연합회의 기관지 『金融組合』에는 조선인 이사의 글이 상당수 실려 있다. 이들은 전문적인 식견으로 농가부채 문제나 금융조합 개선책을 제시하기도 했다). 조선인 금융조합 이사는 해방후 한국 농업협동조합 설립에 주요한 영향을 미치는 사람들임을 볼 때 이들의 의식구조와 농업관에 대해서 살펴보는 일이 필요하다.

지식인들이었다. 금융조합이 조선인들을 통해서 지배의 논리를 확대해 갈 수 있는 기반이 마련된 것이다.[126] 일제가 중앙기구와 전체를 지배하는 정책논리를 장악한 후 조선인들을 그 메커니즘 안으로 끌어들여 체제유지에 기여하도록 해 가고 있음을 볼 수 있다.

3. 전시기 국가주의 협동조합론의 성립

1) 파시즘 계획경제체제와 국가주의 협동조합론

중일전쟁 이후 일제는 전시체제에 돌입하였고, 1938년 「國家總動員法」의 제정과 더불어 본격적으로 전시파시즘적 통제경제체제를 구축하기 시작했다. 이 시기 일제는 국내 자원을 전쟁목적에 맞도록 효율적으로 관리하기 위해서 각 부문을 단일기구로 통합하여 통제하고자 했다. 이에 따라 금융조합은 행정기관화되었고, 금융과 농업 면에서 역할이 강화되었다.

금융조합은 그간의 활동을 재검토하면서 '國民協同組織'으로서 자신을 새롭게 규정하였다. 1940년 9월 20~21일에 열린 제2회 전선금융조합이사협의회에서 마쓰모토 마코토(松本誠) 조선금융조합연합회 회장은 과거 협동조합운동 일반을 비판하면서 파시스트 국가주의 협동조합론을 주장하였다.[127] 그간 일본 협동조합운동은 "조합운동이 아직 충분히 일본화의 시련을 거치지 못한 시대"에 있었기 때문에 자유주의경제 하에서 조합원 이익 본위로 움직여 온

---

126) 조선인 이사의 확대는 일본의 영향력이 커지는 것이자, 조선인 지식인들이 농촌사회에서의 활동을 통해서 일본인들과 달리 농민과의 밀접한 관계를 형성하고 나름대로 경제안정화방안을 모색할 수 있는 기반이 되기도 했다. 자작농지설정사업에서 조선인 이사가 활동하던 지역에서 가장 적극적인 활동이 이루어졌다거나, 해방후 이들 이사들의 향방 속에서 그러나 분위기를 읽을 수 있다. 예를 들어 금융조합의 자작농지설정사업에서 가장 높게 평가되는 부분이 농장소작지를 집단으로 설정한 경우였는데, 이는 전남 삼계조합의 유덕렬 이사가 전남연합회와 함께 실시한 활동이었다(全南 森溪金融組合, 「全南金融組合に於ける自作農創定の一事例」, 『金融組合』 1940.6).

127) 『金融組合年鑑 1941』, 96~99쪽.

폐해가 있었으므로, 이제 새로운 지도이념을 재확인해야 한다고 보았다. 그 방향은 자유주의적 협동주의를 청산하고 조합 본연의 사명이자 지도이념인 報本反始, 中心歸一의 정신에 서서 國恩에 보답하는 것으로서, 그것이 生業報國의 근본정신이자 조합운동의 사명이라고 보았다. 이러한 인식은 파시즘의 자유주의적 협동조합에 대한 일반적 인식이며, 통제경제 하의 조직이론으로 정착되었다.[128] 또한 농업정책도 1930년대 전반기 농촌진흥운동이 개별 농가의 경제향상을 통한 농촌사회안정화를 추구했다는 점을 비판하였다. 전시체제 하에서는 개인의 자유의지에 의한 사회안정화가 아니라 농업생산이 국가의 이익을 위해서 쓰여야 한다는 파시즘적 국가인식에 따른 것이었다.

이러한 인식은 '신경제체제'로 구체화되는 국가기구로서의 파시즘론에 의거하였다. 2·26사건 이후 일본에서는 급진파 파시즘운동이 종지부를 찍었고[129] 군부를 중심으로 한 위에서부터 국가통제를 강화하는 파시즘체제가 성립되었다.[130] 파시즘적 인식이 체제화된 것은 중일전쟁이 장기화되면서 등장한 이른바 '동아공영권' 확립을 지향하는 경제신체제론이었다.[131] 이에 입각해서 모든 경제체제의 중심은 군비증강 즉 군수산업체제로 재편되었다. 먼저 일제가

---

128) 이런 견해를 협동조합론으로 정리한 것이 本位田祥男의『協同組合の理論』(日本評論社, 1944)아더. 그는 협동조합이론은 변해야 하는데 그 이유는 협동조합 내에 침투한 맑스주의와 투쟁해야 하고, 또 하나는 통제경제 하에서 협동조합이 국가통제의 역할을 담당해야 하기 때문이라고 주장하였다.

129) 2·26사건과 급진파시즘운동의 성격 및 그의 종말에 대한 것은 關口尙志,「危機の意識と日本形ファシズムの經濟思想-北一輝と權藤成卿-」, 長幸男·住谷一彦 編,『近代日本經濟思想史 II』, 東京 : 有斐閣, 1971.

130) 일반적으로 파시즘체제는 위로부터 국가기구가 주도한 형태와 국민운동과 결합하여 아래로부터 촉발된 형태로 나눈다(丸山眞男,「일본파시즘의 사상과 운동」,『일본현대사의 구조』, 한길사, 1980, 278쪽 ; 任城模,「滿洲國協和會의 總力戰體制 構想 研究」, 연세대 박사학위논문, 1997).

131) 일본이 전시파시즘체제로 편입되는 과정에 대해서는 小林英夫,「總力戰體制와 植民地」,『體系 日本現代史-15年戰争とアジア』/최원규 편,『일제말기 파시즘과 한국사회』, 1988, 청아 재수록 ; 任城模, 위의 글 ; 김정현,「일제의 '대동아공영권' 논리와 실체」,『역사비평』 26, 1994 참조.

영향력을 미칠 수 있는 일본 국내와 피침략지역인 조선・만주・중국 지역에서 자급자족적 체제를 만들기 위한 블록경제를 강화하였다. 대 영미 무역이 막혀 외화획득권이 중요한 의미를 상실함에 따라 전쟁수행능력은 일본영향권 내의 물자수송력에 따라 규정되었기 때문에 블록경제를 강화하는 것만이 일제가 전쟁을 수행할 수 있는 방법이었다.[132]

블록경제의 내부 운영체계는 1940년 12월 발표된 「經濟新體制要綱」으로 구체화되었다. 그 최고목표는 군수물자 공급을 위해 일본 지배권 내의 생산소비 체계를 자급자족계획에 의한 국방체제로 확립하는 데 있었다.[133] 이른바 '高度國防國家'의 건설을 위한 종합적 계획경제를 생산・배급・소비・가격의 각 부문에 걸쳐 실시하는 방향으로 나아갔다.

이러한 방침에 따라 금융조합 또한 고도국방국가 건설을 위한 계획경제에 걸맞는 '국민협동조직'을 표방하였다. 금융조합은 "생산부문에서 국가기관의 일기관"으로서 "개개의 이익은 제2의이며 공익우선을 제1의로 하는 조직"이어야 한다는 것이었다. 따라서 활동방향은 "조합이 조합원의 이익을 꾀하기보다 항상 국가목적에 부응"하는 것으로 설정되었다.[134]

금융조합 관계자들은 조선의 금융조합은 본디 일본의 산업조합과 달리 출발부터 협동조합적 조직이 없는 곳에 정부가 행정시설로서 설립하고 그 지도감독을 해 왔으므로 새로운 이념을 실현하는 기관으로 바뀌는 것은 수월하리라고

---

132) 일본의 통제경제 즉 전쟁준비와 실행을 위한 총력전체제는 만주사변과 중일전쟁 시기부터 시작되었다. 통제경제는 세계적으로 국가독점자본주의단계에 들어간 국가들이 선택한 국가운영방식이었다. 국가가 강제적으로 국민경제의 생산과 소비를 조정하는 것으로, 안으로는 원료 확보, 생산물 배급, 판매 등을 보증할 자급자족적인 경제적 광역을 필요로 함과 동시에 대외무역의 내용, 수량, 방향 등도 국가의 정치적・군사적 목적에 조응하여 계획적으로 통제하는 것이다. 즉 정치적 목적을 수행하기 위한 자급자족책의 강화로서, 그 중점은 군사적 방면에 두어진다. 전쟁능력은 생산력의 기초인 자원의 자족성과 유통이 가능한 영역규모, 활용할 수 있는 자원 간의 유기적 관계를 얼마나 종합적으로 통제할 수 있는가에 의해 결정되기 때문이었다(小林英夫, 앞의 글).

133) 『金融組合年鑑 1941』, 1쪽.

134) 『金融組合年鑑 1941』, 96~99쪽,

판단하였다. 금융조합의 '국가기관'화는 그간 관설조합으로서 총독부의 의지에 따라 활동하는 것이 당연하다고 인정해 오던 태도와도 다른 주장이었다. 이들은 그간의 금융조합이 관설조합으로서 정책수행기관의 역할을 했지만, 기본적으로는 조합원 경제를 위해서 모든 자금의 유입과 유출이 이루어졌다고 보았다. 그에 비해서 '국가기관'이 된다는 것은 자신들이 대상으로 삼는 계층 또는 산업분야를 운영하는 한 기관이 되면서, 활동의 목표를 조합원 경제의 지원이 아니라 국가의 당면사업에 복무하는 데 둔다는 것이다. 즉 활동목표가 달라진다는 점을 강조하는 표현이었다.

일제는 금융조합을 '중소 농상공업자의 금융기구'에서 '국민협동조직'으로, 조선민중을 '국민'으로 규정함으로써 조선경제의 재편성에 필요한 이데올로기인 '내선일체', '황국신민'론을 금융조합 운영원리와 결합시켰다.[135] 조선인은 '국민'으로서 일제의 침략전쟁에 동참해야 된다는 동화정책의 이데올로기로서 조선인을 '충량한 황국신민'으로 만든다는 목표와 동일하였다.[136] 이런 내선일체논리는 표면적으로는 일본인과 조선인을 동일하다고 보지만, 본질은 조선인에 대한 차별을 전제로 한 이율배반적 논리이며, 반공주의 반민족주의로 계급모순과 민족모순을 은폐하고, 민중을 천황제 가족국가관으로 무장시켜 조선의 민족독자성을 없애 버리려는 것이었다.[137] 이는 천황제라는 가부장제 이데올로기를 기반으로 하여, 국가 내부의 계급모순을 은폐하고 계급조화를 내세워 자본주의사회의 모순을 부분적으로 해결해 보려는 파시즘적 사고구조에 기초하고 있었다.

---

135) 內鮮一體論의 구조와 성격에 대해서는 宮田節子, 『朝鮮民衆と'皇民化'政策』, 東京 : 未來社, 1985 ; 崔由利, 『日帝 末期 植民地 支配政策硏究』, 국학자료원, 1997 참조.

136) 이 같은 '國民'은 전제정치 하의 백성과 마찬가지로 단순한 동원의 대상이자 객체인 존재, '國の民'으로서 권리 없는 의무의 부담자다. 이런 인식의 특징은 官治행정을 골격으로 지주와 부농을 중시하는 지역파악방식, 대중조직의 양적 팽창을 중시하는 조직화 방식, 國體論・皇道論에 입각하여 일본을 '특권적 국민국가'화한 점에 있다(任城模, 앞의 글, 8쪽).

137) 宮田節子, 앞의 책 ; 崔由利, 앞의 책.

국민협동조직론은 금융조합이 조선인에 대한 '국민' 이데올로기를 고취하면서 '고도국방체제'에 맞도록 재편성됨을 의미하였다. 미나미 지로(南次郎) 총독은 鮮滿一如정책을 걸고 조선도 만주국과 같이 전시통제경제로 전환하였다. 생활필수품을 생산하는 경공업 부문도 군수산업으로 재편되어 유통부문에서 통제해 나갔다.[138] 전 산업체제가 전시 군수공업의 활성화와 군비확충을 위한, 즉 고도국방체제를 위한 '합리화' 작업에 들어간 것이다. 군수산업체계를 기축으로 하여 재정, 금융, 무역, 농업을 비롯한 각 산업부문, 그리고 노동 등 전 부문은 그에 종속된 체계로 재편되었다. 이를 뒷받침해 주는 법인 「국가총동원법」은 "국방목적을 달성하기 위해서 국가의 전력을 가장 유효하게 발휘할 수 있도록 인적・물적 자원을 통제 운용하는 것"을 목적으로 하여, 모든 물자・산업・인원・단체・근로조건・생산・유통구조・출판・문화・교육에 이르기까지 통제・지발・징용할 수 있도록 규정하였다.[139]

이에 의거하여 금융조합이 관계된 금융과 농업 모두 재편성되었다. 금융부분은 금융통제기구인 朝鮮金融團에 소속되어 모든 자금 흐름을 통제당하였고, 농업부문도 통합논의가 일어나면서 전반적인 통제체제를 형성하는 가운데 금융조합은 식산계를 통해서 촌락단위에서의 통제체제를 만들어 갔다. 이런 방향에서 금융조합은 농촌사회 전 농민을 포섭해 들어갈 수 있었다. 금융조합의 농민포섭률, 즉 조합원과 식산계원 중 비조합원을 포함한 비율은 1938년 55.5%에서 1942년 91.2%로 늘었고, 식산계가 전국 촌락에 설치됨과 동시에 전 농민의 금융조합 포섭이 완료되었다고 할 수 있다(부록 1 참고). 금융조합이 '국민'조직이라 표방한 것은 이와 같은 전 농민의 금융조합 포섭을 의미하는 것이기도 했다.

일본파시즘은 모든 사회관계의 운영을 국가기구로 재편성하고자 하였고, 금융조합은 '국민협동조직'론을 내세우며 금융조합활동을 행정기구와 동일하

---

138) 이승렬, 「1930년대 전반기 일본군부의 대륙침략관과 '조선공업화'정책」, 『國史館論叢』 67, 1996, 194쪽.

139) 「國家總動員法」, 朝鮮總督府, 『朝鮮法令輯覽 13』, 1940, 188~190쪽.

게 재편성하고자 했다. 조선민중에 대해서는 '국민'이라는 동화정책적 이데올로기를 주입하면서 일제의 전쟁수행으로 끌고 들어갔다.

2) 농업단체통합론과 식산계의 농촌통제기구화

계획경제체제는 농업분야에서 농촌재편성정책으로 구체화되었으며, 중점은 농업생산력 확충과 그를 위한 농촌통제화에 있었다. 농업생산력 확충의 문제는 중일전쟁 이후 다시금 부각되었으며, 1939년과 1940년의 가뭄, 그리고 전국적인 전시총동원체제 실시로 인해 식량공급기지로서의 역할은 더욱 강조되었다. 그에 따라 1940년 조선증미계획의 실시를 비롯해 경종법 개선과 토지개량의 이용을 통해서 식량증산을 하려는 정책이 실시되었다.[140] 그러나 노동력 부족과 경종법 개선을 통한 농업생산력 확충은 한계에 도달했고, 기본적인 기계화는 절망적이었다. 이와 같이 지주제를 기반으로 하는 농업생산력이 둔화 정체국면에 빠지자, 일제는 농업생산력 확충을 위해 농촌경제를 전면적으로 재조정해 갔다.[141] '농촌재편성정책'이었다.[142] 재편성정책의 골격은 1943

---

140) 1940년의 증미계획에서는 경종법 개선과 토지개량사업을 하여, 1950년까지 총생산량 3005만 석을 확보하고자 하였다. 1942년에 갱신된 증미계획에서는 1955년까지 3,463만 6천 석의 미곡을 증산하려 하였다. 증미계획의 실적은 매우 저조했다. 농지개발영단의 토지개량사업 착수면적도 1942년 45,259정보, 1943년 17,762정보, 1944년 25,938정보, 1945년 1,580정보 합계 90,539정보로 매우 부진하였다. 미곡수확고는 1942년 이후 계속된 한발로 1942년 1,568만 7천 석, 1943년도 1,871만 8천 석, 1944년 1,660만 5천 석으로 평년의 70%에도 못 미치는 실정이었다(崔由利, 「日帝末期 '朝鮮增米計劃'에 대한 硏究」, 『韓國史硏究』 61·62합, 1988).

141) 松本武祝은 농촌재편성정책의 입안은 그 전에 실시했던 '부락계획'이 '농경지분배의 적정, 소작조건의 개선, 농촌노무대책의 수립, 농업자이주계획과 농촌지도방침의 통합'을 내세웠지만 그 실시가 형식적이었던 점을 해결하기 위한 방안이었다고 보았다. 따라서 농촌재편성론은 '농경지분배의 적정'화를 통해서 '적정규모' 농가의 육성에 정책의 주안점을 두었다고 평가하였다(松本武祝, 『植民地權力と朝鮮農民』, 東京 : 社會評論社, 1998, 227~228쪽).

142) 농업재편성정책에 관해서는 印貞植, 『朝鮮農村再編成の硏究』, 京城 : 人文社, 1943 ; 姜成銀, 「戰時下日本帝國主義の朝鮮農村勞動力收奪政策」, 『歷史評論』 355, 1979 ; 鄭然泰, 「日帝의 韓國 農地政策」, 서울대 박사학위논문, 1994 ; 松本武祝, 위의 책

년 7월 「조선농업계획요강」으로 발표되었다. 중점은 농업생산체제를 정비하는 것이었다. 이를 위해서 첫째 지주제도를 식량증산과 노동력 공급이라는 기조에 맞게 재편하는 것, 둘째 자작농지의 확대와 적정규모의 경영을 유도하며, 셋째 농업생산과 유통, 소비 부문 등 농민생활 전반을 통제함으로써 구매력을 줄이고, 농업생산력의 극대화를 꾀하는 것이었다. 그 외는 농업시험기관의 정비와 농업단체의 조정 등 이를 외곽에서 보완하는 방법들이었다.143)

특히 지주제를 재편하는 것은 생산력 확충이라는 시각에서 지주제라는 기본 틀을 유지하면서 생산농민의 의욕을 감퇴시키는 부분을 제어하는 방향이었다. 「조선지세령」 개정을 통해 지세가 인상되고144) 소작료 인상의 정지와 부군도소작위원회가 적정소작료의 결정권을 장악하며 소작실태 조사와 시정명령 또는 단속권한을 갖게 됨으로써 지주의 자의적인 수탈을 억제하려 하였다.145) 또한 농업경영에 통제를 가하고,146) 나아가 생산책임제를 실시함으로써 증산시책에 호응하지 않는 지주와 농민에게 제약을 가하였다.147) 이로 인해 농촌사회에서

참조.

143) 「조선농업계획요강」의 내용은 다음과 같다. 1. 황국농민도의 확립 2. 농촌생산체제의 정비(① 농지의 확충 확보 ② 농지의 개량 ③ 농지의 적정이용 ④ 자작농의 유지 창설 ⑤ 소작관계의 조정 ⑥ 농촌노무의 공출과 조정 ⑦ 협동사업의 확충 ⑧ 개척사업의 촉진 ⑨ 농업금융의 확립) 3. 농림축산물의 종합생산 4. 농업시험기관의 정비 충실 5. 농업단체의 조정 6. 농산물가격의 조정 7. 지주의 활동촉진

144) 1943년 4월 「조선지세령」 개정으로 지세는 1942년에서 1944년 사이 1.6배가 올랐으며, 과세표준은 지가라는 외형표준에서 임대가격, 즉 소작료로 고쳤다(鄭然泰, 앞의 글, 277쪽).

145) 1939년 12월에 발포된 「소작료통제령」(칙령 제823호)과 「동시행규칙」(부령 제212호), 1939년 12월 소작료통제령(칙령제823호)과 동시행규칙(부령 제212호)을 시행하였다. 이는 경작을 목적으로 임차되고 있는 농지, 永小作, 賭地權의 소작료(제2조)를 대상으로 소작관계의 조건에 대해 통제를 가하는 것이었다(鄭然泰, 앞의 글, 250~262쪽 참조).

146) 1944년 3월 「임시농지등관리령」을 개정하였다. 「임시농지등관리령」은 농지의 소유권 영소작권 도지권 등의 양도와 설정 등 농지관리 일반에 대하여 총독부권력의 허가를 받도록 하였다. 이를 통해 지주의 소유지가 증산시책에 호응하지 않는 자에게 양도되거나 임대차되는 것을 제한하였다.

147) 1944년 「지주활동촉진요강」, 「농지관리실시요강」, 「타농자조치요강」을 실시하였다.

지주의 지위와 역할이 전보다는 약화되는 현상을 초래했다.

이는 농민들로 보아서는 양면성 있는 정책이었다. 표면적인 정책방향은 지주제의 억제 개편과 자작농 중심의 농업생산관계의 형성을 촉진하는 것처럼 보이지만, 근본적으로 인식과 실천에서 한계가 많았다. 지주에 대한 통제의 핵심은 지주제 해체를 도모하기보다는 이른바 '靜態的 지주'를 없애서 지주의 '動態化'를 촉진하는 데 있었다. 동태적 지주로 불리는 농장형의 일본인 지주들의 경영형태는 모범적으로 인식되어 제재 대상이 되지 않았으며, 지주를 생산관리 책임자로 하여 소작권관리를 일임하였다. 재편된 지주소작관계의 환경 속에서 농업생산의 일정한 향상을 꾀할 수도 있었지만, 농장지주제와 같이 농업생산 과정에 지주층의 개입이 강화되고,[148] 나아가 금융조합이 전 촌락을 대상으로 그 모델을 적용하는 농촌통제방식의 확산을 의미했다.

한편 지주제에 대한 억제로 인해 토지가격의 인상이 억제되고, 부재지주의 토지방매 기운이 일어나 금융조합이 자작농지 설정사업을 추진하기 위한 유리한 조건이 형성되었다. 총독부의 제2기 자작농지설정사업의 실시와 더불어 금융조합은 집단적 설정을 강화하고 호당 설정규모도 평균 1정보로 늘렸다.[149] 그렇지만 금융조합의 계획도 조건이 불리했다. 초기와 마찬가지로 금리는 총독부의 것보다 높았다. 그러면서도 농촌진흥운동기와 달리 금융조합의 자금운영은 조합원에 대한 대출방향보다는 유가증권과 국채매입에 집중되어 있어 조선금융조합연합회의 자금대부금의 증가 속도보다 유가증권의 매입 속도가 빨라서 자금운용 비율에서는 급속히 감소했다. 뿐만 아니라 자작농지 설정에 대한 방법이 집단적인 것을 강조한다 하더라도 간접자유방식이기 때문에 강제

148) 久間健一, 「巨大地主の農民支配」, 『朝鮮農政の課題』, 東京 : 成美堂書店, 1940, 283~357쪽.

149) 자작농지설정사업에서 집단적 설정과 호당 금액의 인상문제는 1차 자작농지설정사업에 대한 평가 속에서 제기된 것이었다. 또한 금융조합이 1차 사업에서 부분적으로 실시했던 것을 금융조합 사업 전체로 확장하는 의미가 있었다(「朝鮮における自作農倉定維持事業」, 『殖銀調査月報』 1942.12 ; 岩田龍雄, 「自作農創定を繞る諸問題」, 『總督府調査月報』 1943.8).

적으로 추진할 수도 없었다.

생산력 확충을 위해서 추진한 지주제에 대한 일정한 제지방침은 지주제가 중심이 되었던 일제하 조선농업환경에 변화를 주는 요소이기는 했지만, 그것의 해체를 가져오기보다는 기업형 농장이 농민지배를 강화하는 방향으로 전개되었다. 그것은 한편으로 금융조합과 같은 조직이 일반 지주의 토지에서 농장경영과 같은 농업통제를 실시할 수 있는 기반을 마련한 것이다.

전시통제 하에서 금융조합은 2~3개 면 단위로 조합이 있었고, 촌락 단위로 식산계가 조직되었으며, 그 외에도 양우식산계나 준식산계의 형태로 식산계로 전화하는 조직들은 농촌사회에 확산되고 있었다. 이런 조건 속에서 일제는 금융조합을 중심으로 하는 농촌통제방침을 구상했다. 이는 농업단체 즉 금융조합과 산업조합, 그리고 농회의 통합문제로서 단일 농업기구를 통한 전일적 농업·농촌 통제를 실시하고자 한 것이었다.

농업단체 통합문제, 또는 단일화문제는 1938년 10월 일본 농림성이 추진한 농업단체 정리통일방침에 따라 조선농업단체의 조정문제로 제기되었다. 일본에서 농업단체의 통합에 관한 논의가 일어난 것은 「농산어촌경제갱생계획」의 진행과정에서였다. 농촌 관계 여러 단체의 긴밀한 협력이 필요함에 따라 1932년 産業組合研究會에서 문제를 제기하기도 하였으나 이루어지지 못하였다. 이것이 만주사변과 중일전쟁의 과정에서 단체 간의 협력을 넘어 국가총동원법에 걸맞는 생산과 유통체계의 정비를 요구받았고, 이는 통제기관의 필요성으로 제기되었다.[150] 따라서 일본에서는 1943년 「농업단체법」을 공포하고 통합하였다. 시정촌 단계에서 농회와 산업조합, 그외의 농업조직들 합동해 갔다. 중앙에서는 중앙농업회(농회계), 전국농업경제회(산업조합계), 농림중앙금고(산업조합중앙금고)의 3자 정립상태가 이어졌으나 다시 1945년 7월에 이르러 앞의 두 조직이 합동하여 '戰時農業團'이 탄생하였다.[151]

이 과정에는 일본 산업조합의 '産業組合主義' 사고와 일본제국주의의 파시

---

150) 産業組合史刊行會, 『産業組合發達史 第5卷』, 412~456쪽.
151) 暉峻衆三 編, 『日本農業史』, 有斐閣, 1981, 220~221쪽.

즘적 농업관이 결합되어 있었다. 전자는 자본주의경제제도의 개량책으로서 자본주의뿐만 아니라 사회주의와도 다른 독자적인 협동조합주의 경제제도를 확립해야 한다고 주장하는 논리로서, 1차대전 이후 일본농업에서 산업조합이 경제사업체로서 상대적인 주체성을 확립해 가면서 실체화되어 나타났다.[152] 이들은 이를 국가론으로 끌어올려 협동조합국가의 구상을 통해서 원활한 전쟁수행과 더불어 일본국가 내부의 사회개혁을 추진해 가고자 하였다.[153] 이를 실제로 구체화한 안은 직능조직이 정촌의 행정에 참여하거나 집행을 분담하는 구상으로, 농촌사회를 총체적으로 압축한 촌락단계의 조합주의적 재편성이었다.[154]

그렇지만 실제 일본제국주의 농정으로 현실화된 것은 직능단체들이 주장한 것을 부분적으로 수용하면서 이를 천황제국가론에 입각하여 국가 행정기구의 통제 하에 두는 방향이었다. 즉 국가주의 협동조합국가 형태의 농촌단체 합동이었다. 국가행정체계가 직능단체의 상위에서 통제하는 것이었다. 내무성이 중심이 되어, 촌락단계에서 직능단체와 다른 지역 조직으로서 部落會를 만들어 내무성의 헤게모니를 유지하고자 하였다. 그 결과 1941년 부락회는 지역단체로 행정조직이며, 부락농업단체는 자주적 직능단체로서 규정하여 소관을 분명히 하면서, 같은 구역에서 동일한 인물들이 활동하는 인적 결합을 꾀하여 이원적으로 운영하도록 하였다. 금융조합 관계자들의 협동조합주의에 대한 인식은 전자보다는 일제 정책담당자쪽에 가까웠다. 이런 인식은 1930년대 말부터

152) 近藤康男,『農業政策』, 東京 : 青林書院, 1959, 457쪽. 이런 견해의 대표자는 日本産業組合中央會의 千石興太郎이었다(千石興太郎,「農業團體統制に關する批評と私見」(1939.1),『産業組合發達史 5』, 525~531쪽).

153) 那須皓・東畑精一,『協同組合と農業問題』, 東京 : 改造社, 1932. 東畑精一이 농업단체란 단순한 사경제단위가 아니고 또한 단순한 이익대표단체도 아닌 "반은 公共性을 가진 행정을 수행하는"는 것이며 따라서 "직능 대표로서의 농업단체의 임무가 …… 재래의 임무를 개조하는 기준"이라고 한 것에 대해 長原豊은 코포라니스트적인 위치를 보여준 것이라고 평가하였다(長原豊,『天皇制國家農民』, 東京 : 日本經濟評論社, 1989, 342쪽).

154) 일본에서의 농촌단체 통합논의에 대해서는 長原豊, 위의 책, 357~367쪽 참조.

금융조합 관계자들 속에서도 널리 확산되고 있었다.[155)]

이런 틀 속에서, 특히 조선 내부에서는 식산계의 유통사업이 강화되면서 사업영역을 분할하여 대립하던 금융조합과 조선농회, 산업조합 간의 문제를 해소하는 방안으로서 3단체 기구조정이 제기되었다. 먼저 직능단체인 농업 3단체를 행정운영과정에 직접 참여시키는 방책이 취해졌다. 1938년 10월 농회와 금융조합, 산업조합, 어업조합의 대표자 5명을 새로이 총독부의 농촌진흥위원회 위원으로 선임하여 총독부 국장·과장 들과 함께 농산어촌 종합지도개발에 참여하도록 하였다.[156)] 1939년 8월 금융조합과 조선농회, 산업조합의 3단체 조정문제로 시작하여 각 단체를 관할하는 재무국과 농림국, 식산국 내부에서 의견일치를 보고 세목결정에 들어갔다. 이후 농림국과 재무국, 식산국에서 따로 관할하던 것을 농림국 농정과가 모두 관할하는 것으로 결정났다.[157)] 유통부문의 통합을 추진하는 기구상의 문제를 합의한 것이다. 그렇지만 상부의 3단체 통합은 빠르게 진행되지 못했다.

당시 조선농회는 농회와 산업조합을 결합하여 자신이 구판부문의 중심조직이 되고 금융조합은 「금융조합령」의 규정대로 금융부문에만 주력할 것을 요구하였다.[158)] 그러나 연합회는 국민경제조직에서 협동주의 경제기구가 구판부문

---

155) 1930년대 후반부터 금융조합의 기관지인 『金融組合』에는 파시즘적 협동조합주의를 대변하는 글이 계속해서 실렸다. 조선금융조합연합회 회장이던 松本誠의 「皇道精神と組合精神」(『金融組合』 1939.4)을 비롯하여 平實의 「協同組合的世界觀の基礎」(『金融組合』 1939.7), 연합회 교육부장이던 山根譓의 「事變下に立つ金融組合の任務」(『金融組合』 1939.10) 등을 들 수 있다. 이런 인식은 1940년대 들어서서 국가주의적 전체주의 경향이 더욱 강화되면서 국가중심적 경제체제운영론으로 금융조합 논단의 중심을 차지하였다. 栗田眞造, 「統制經濟の回顧と展望-經營と國家の關聯を中心して」, 『金融組合』 1942.8 ; 大熊良一, 「大東亞共榮圈と'協同組合運動の基本方針」, 『金融組合』 1942.9 ; 勝田貞次, 「資本制經濟の修正-計劃經濟と指導經濟」, 『金融組合』 1942.9 등이 그것이다.

156) 『施政三十年史』, 581쪽.

157) 『朝鮮の農業 1941』, 240쪽.

158) 小早川九郎의 「朝鮮に於ける農業團體統制綱領」(『農會報』 1938.4)을 비롯하여 『農會報』에는 농업단체 통제문제와 관련하여 검토를 요구하는 글이 실린다. 「農村團體の

의 중심조직이 되어야 함을 강조하였다. 그런 방향에서 사업부를 중심으로 말단의 식산계에 이르기까지 일관된 구판사업조직을 편성하고 이 조직을 전국적으로 확대해 갔다. 또 이를 통해서 구판부문만이 아니라 금융과 유통부문, 나아가 촌락조직체계로까지 금융조합이 지배해 가는 구조를 구상하고 있었다.[159] 이는 유통부문만이 아니라 농업부문의 단일기구를 전망하는 것이었다. 당시 금융조합이 행정기구와 긴밀한 관계를 가지고 국민경제의 통제화 계획화의 주축이 되리라는 조선금융조합연합회 회장 마쓰모토의 전망은 이를 두고 한 말이었다.

금융조합과 농회가 서로 대립했던 이유는 일본의 산업조합과 조선의 금융조합의 위치가 달랐기 때문이다. 일본의 산업조합이 4종 겸영조합으로서 단위조합이 신용, 구매, 판매, 이용사업을 따로 또는 같이 벌였으므로 전국적인 산업조합조직은 이들 사업을 합법적으로 확장시킬 수 있었다. 이에 비해서 조선금융조합은 법적으로는 유통사업을 금지하면서도 말단조직인 식산계를 이용하여 유통사업을 확장해 갔기 때문에 유통부분의 단체통일문제에서 문제가 불거진 것이었다.

그러면서도 실제 일본에서의 논의가 농민생활을 총체적으로 드러내주는 촌락단위의 문제로 접근했던 것처럼 조선에서도 농업단체통합문제는 촌락단위에서 일방적으로 실현되어 버렸다. 총독부는 조선농회보다는 조선금융조합연합회를 중심으로 농업단체의 단일화를 구상하였다. 식산계 확산의 결과, 촌락단위의 행정망에 따른 부락연맹과 식산계는 일본의 부락회와 직능단체가 수행한 역할과 같은 성격을 갖게 되었다. 즉 식산계가 이미 직능단체의 대표성을 부여받은 것이었다. 그렇기 때문에 농회는 상위단체의 통합이 논의되는 과정에서 실질적으로 촌락단위에서의 통합을 기정사실화하는 데 대해서 강력히 반발하였다고도 볼 수 있다.

총독부가 상위단체의 통합논의를 기다리지 않고 식산계를 실질적인 촌락

新機構と農會」(1940.5), 「農業團體統制問題の再検討」(1940.10) 참조.

159) 山下義郎, 「朝鮮に於ける農業團體を論ず」, 『金融組合』 1939.11

직능단체로 간주해 버렸던 이유는 식산계의 확산 속도, 그리고 설립 때부터 관철되어 온 금융조합의 행정조직적 성격 때문이었다. 식산계가 전국 농촌을 대상으로 확대 개편되었던 것은 1937년부터였다. 이때 식산계의 주관국이 재무국에서 농촌진흥운동을 총괄하는 농림국으로 이관되었고,[160] 그후 식산계의 역할은 더 확장되었다. 농림국 산하에서 농촌진흥운동의 일환으로서 전 농촌지역을 대상으로 하는 조직화사업으로서 추진되었던 것이다.

1940년 이 연장선에서 조선금융조합연합회는 산업조합을 해체시키라는 요구를 했고, 총독부는 산업조합 손실금 전액을 국고에서 보조하는 것을 전제로 하여 산업조합 해체로 나아갔다. 1942년 117개 조합의 손실금 전액 150만 원을 국고에서 보조하는 형식으로 산업조합은 해산되었다.[161]

전시체제기에 들어서면서 일제는 농업생산력의 확충과 농촌통제라는 두 가지 문제를 해결하기 위해서 농업생산력 발전을 저해하는 근본적인 문제인 지주제에 대해서 1930년대 전반기보다 좀더 강한 제지책을 사용하였다. 이는 일반적인 지주제의 성격을 개편하는 한편 기업가형 농장지주제를 지주제의 모범으로 삼아 농민통제와 생산력확충을 이끌어 내고자 했던 것이다. 이러한 변화를 기반으로 금융조합은 농촌사회에 침투하여 농민들을 직접 지배 통제하려 했고, 상층부에서의 농업유통부문 나아가 농업단체의 통합을 금융조합 중심으로 이끌어 가고자 했다. 한편 부락연맹과 애국반을 중심으로 한 촌락단위의 농촌통제체제가 형성되면서 식산계는 촌락단위에서의 경제직능단체의 입장으로 부락연맹과 표리일체관계를 형성하면서, 촌락단위로 단체를 통합해 갔다.

---

160) 文定昌, 『朝鮮農村團體史』, 459쪽.
161) 文定昌, 위의 책, 249~251쪽.

제4장 자금조달과 운용구조

제1절 자금원천과 금융체계

1. 자금순환구조의 형성과 은행화

1) 외부자본 의존과 식산은행체계에의 편입

1910~20년대 산업금융은 식산은행(농공은행)-금융조합이라는 체계로 운용되었다. 식산은행은 대지주나 대상인 같은 개인과 수리조합이나 금융조합과 같은 공공법인이 거래대상이었고,[1] 금융조합은 일반 농민과 중소 상공업자를 대상으로 하였다. 일제가 식민지 금융체계를 각 계층별로 편성하여 조선인과 조선경제 전반에 걸쳐 영향력을 행사하려 했기 때문이다. 따라서 금융조합의 자금구성과 운영도 이러한 금융체계에 맞게 이루어질 수밖에 없었다.

금융조합은 설립시 정부에서 급여하는 '정부하부금' 1만원을 기초로 하고, 1914년부터는 조합원의 출자금과 예금을 받았다. 이것이 금융조합 자체가 마련하는 기초자금이었다. 출자금은 都市組合이 만들어지기 시작한 1918년 이후 급속하게 늘어나는 양상을 보인다. 1년 결산 후 잉여금의 1/4 이상을

1) 鄭昞旭, 「日帝下 朝鮮殖産銀行의 産業金融에 관한 硏究」, 고려대 박사학위논문, 1999 참고.

적립하는데, 적립금은 설립 초반에는 얼마 되지 않지만 금융조합이 손실을 보지 않으면서 영업을 신장시키고 있었으므로 점차 상당한 금액이 축적되었다.

<그림 1> 금융조합 자금원천(1907～1930)

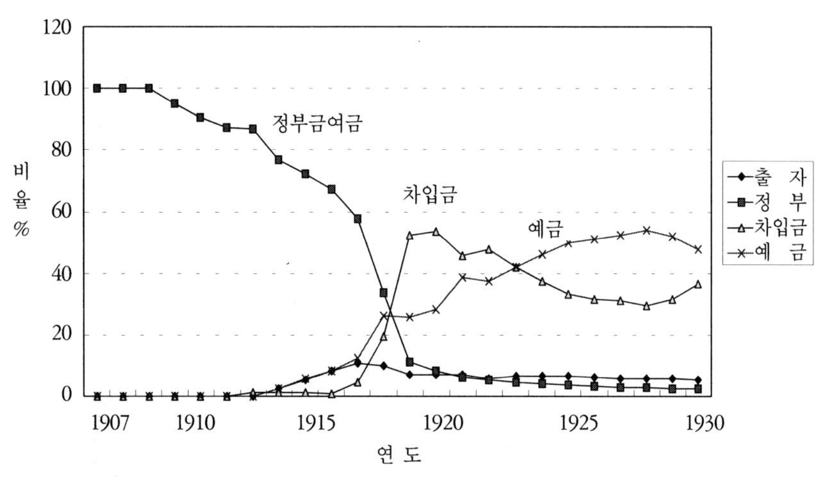

자료 :『朝鮮金融組合聯合會十年史』, 52～53쪽.

위의 <그림 1>은 1907～1930년 사이의 금융조합의 자금원천을 나타낸 것이다. 1910년대까지 가장 중요한 비중을 지닌 것은 정부급여금이었다. 이는 아직 금융조합이 독자성을 가지지 못하고 총독부 재정에 의존하고 있음을 보여준다.2)

조합수나 조합원수가 적기 때문에 금융활동이 제한적이어서 대출금은 그다지 많지 않았다. 원칙적으로 금융조합의 사업규모 즉 대부규모는 출자금과 수익금에서 법정적립금을 뺀 잉여금을 합한 액이 한도였다. 이러면 외부로 수익금이 유출되지 않으므로 조합원들을 대상으로 가장 저리의 자금을 대부해 줄 수 있는 요건을 만들 수 있다.

---

2) 금융조합은 총독부에서 설립시 1조합당 1만원의 급여금과 이사급여에 쓰이는 경비보조와 창고건설보조금을 받았다.

그렇지만 그럴 경우 출자금 액수가 제한되기 때문에 대부활동이 활발해지기 어려웠다. 조합을 소규모로 운영하려면, 동리 단위의 계 정도 규모로 운영할 수 있을 것이다. 그렇게 하려면 금융조합을 더 많이 설립하든가 일정 지역에만 국한하여 집중 설립하는 방법을 취해야 했을 것이다. 그러나 금융조합은 설립할 때부터 전국을 대상으로 하여 군 단위 정도 또는 20년대 들어서 6개 면에 1개 정도라는 광역주의를 택했기 때문에 출자금과 총독부의 급여금만으로 원활하게 운영하기에는 근본적인 한계가 있었다.

이러한 금융조합 자체 자금원의 한계를 해결하기 위한 조치가 1914년 「지방금융조합령」을 제정할 때 예금업무를 할 수 있도록 한 것이었다. 조합원들의 예금은 출자금과 더불어 조합원들이 되찾아갈 수 있는 자금이기는 했지만, 원칙적으로 조합의 주인인 조합원들의 예금이므로 외부 자금이라기보다는 내부 자금으로 간주되었다.[3] 따라서 예금업무의 시작은 금융조합 자체 자금원을 확보했다는 의미가 컸다.[4]

그런데 예금업무의 시작은 일본제국주의의 의도로 보아서는 좀더 복합적인 의미를 내포하고 있었다. 당시 총독부는 조선 내부에서 식민지 지배를 위한 자금원천을 확보하고자 하였다. 이는 소농민에 대한 금융활동에서도 농촌 내 유휴자금과 농민층의 영세자금을 흡수하고, 그것을 금융기관을 통해서 다시 농촌에 살포하여 농정을 수행해 간다는 것이었다. 그것을 수행하는 데 금융조합은 가장 적격인 조직이었다. 금융기관으로서 농공은행이나 보통은행이 대도시 중심으로 영업활동을 하고 있던 데 비해서 농촌지역에서는 금융조합

3) "예금은 외래자금으로 극히 중요하다. 그러나 조합원예금은 외래자금이라기보다는 일종의 자기자금으로 간주할 수 있다. 조합원의 저금은 조합원 출자금과 같이 조합원의 조합에 대한 하나의 의무다"(山根譓, 『金融組合概論』, 412~413쪽).

4) 예금업무는 어느 금융기구든지 여유자금을 안정적으로 확보할 수 있게 하는 방안이므로 금리인하에 결정적인 영향을 미치는 업무영역이다. 1930년대 계의 고리대기구문제를 논의하는 과정에서 그것을 해결하는 방안으로서 예금업무를 하는 신용조합으로의 개편문제가 제기되었던 것도 같은 맥락이다(玉正源, 「朝鮮의 契와 庶民金融問題」, 『農民』 1933.11, 11쪽).

만이 있었을 뿐이다. 따라서 금융조합을 통해서 농촌자금을 흡수하고 금융조합의 활동을 확대시키려 했던 것이다. 이런 방침을 가지고 시작한 금융조합의 예금업무는 급속히 확대되어 갔다. 1914년 처음 업무를 시작했을 때 6만 8천 원이었던 것이 1930년에는 8천만 원을 넘어섰다. 이런 예금업무는 이후에도 빠르게 증가하여 금융조합 자금원천의 중심이 되었다.

그렇지만 1910~20년대 동안 금융조합의 대출금 증가속도는 예금증가 속도를 앞지르고 있었다. 다음 그림은 이 시기 금융조합의 예금과 대출의 상관관계를 나타낸 것이다.

<그림 2> 금융조합의 예금과 대출 추이(1907~1930)

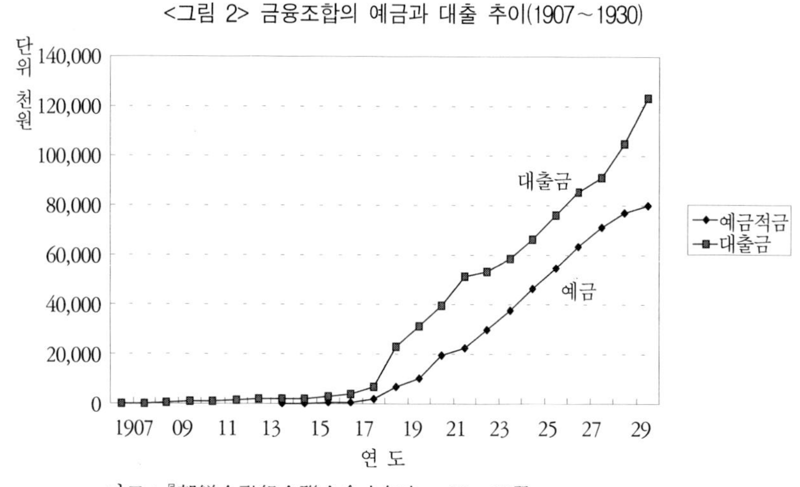

자료 : 『朝鮮金融組合聯合會十年史』, 52~53쪽.

이 그림을 보면 1918년을 기점으로 금융조합의 자금규모는 빠르게 커져 갔다. 이는 앞서 본 예금증가에 힘입은 바 컸다. 그렇지만 1930년 이전에는 예금을 포함한 자금으로 대출수요를 감당할 수 없었다. 위의 그림에서 보이는 대출금과 예금 사이의 차이가 자금부족의 정도를 보여준다. 그래서 금융조합에서는 농공은행(식산은행)에서 자금을 차입하여 부족한 대출금을 충당하고자 하였다. 1918년 이전에 금융조합이 자금을 차입할 수 있었던 곳은 농공은행이었다. 그렇지만 농공은행의 재정이 취약하였기 때문에 차입금은 많지 않았다.[5)] 그에 비해서 1918년 농공은행을 합병한 식산은행[6)]은 채권발행한도액을 자본금의 5배에서 10배로 확장하여 자금조달력을 강화했고, 업무영역을 은행권 발행을 제외한 거의 모든 금융영역으로 확장하였다. 이 과정에서 식산은행은 일본금융시장에 밀착해 갔고, 특히 1926년 산미증식갱신계획에서부터 일본 대장성예금부가 식산은행의 채권을 저리로 인수하는 방식으로 자금을 지원하면서 식산은행은 일본국가자본의 식민지 투자통로가 되었다.[7)] 이는 식산은행의 대리점 역할을 하는 금융조합의 자금확충으로 연결되었다. 이때 대장성예금부 자금은 정책금융으로서 목적이 정해져 있었으므로, 특별차입금으로 금융조합이 들여오는 자금도 그에 맞게 쓰여야 했다. 이 과정에서 일본금융시장－식산은행－금융조합이라는 금융체계가 형성되었다.

<표 10>은 금융조합과 식산은행을 둘러싼 금융구조를 나타낸 것이다. 1920년대에는 이러한 금융구조 속에 깊숙이 편입되면서 금융조합의 자금원천에서 차입금의 비중이 커졌을 뿐 아니라 가장 큰 비중을 차지하게 되었다. 차입원은 주로 식산은행으로서 총독부의 급여금 중심에서 식산은행으로 금융조합 자금원이 바뀌었다. 1920년대 초반까지 금융조합은 예금업무의 확대를 비롯해서 식산은행에서의 차입금을 기반으로 업무를 확대해 갔다.

1920년대 중반을 지나면서 금융조합 자금의 중심은 차입금에서 예금으로 바뀌었다. 차입금도 늘어 갔지만 1920년대 후반기에 이르러서는 예금이 자금원천의 50% 이상을 점할 정도로 급속히 늘어나 자금원천의 중심을 차지했다.

5) 1910년대 초반 일제는 농공은행과 지방금융조합에 자금을 지원하는 금융기관으로서 동척을 설정하고자 하였다. 그래서 농공은행은 동척의 업무를 대리하고, 동척은 농공은행 채권의 80% 이상을 매입하여 농공은행의 주자금원이 되었다. 그러나 1916년 이후 일제의 만선블럭정책에 따라 동척이 만주로 중심으로 옮기게 되면서 농공은행은 새로이 재편되어 일본 금융시장과 곧바로 연결되는 식산은행으로 개편되었다(尹錫範 외, 『韓國近代金融史硏究』, 世經社, 166～167쪽 ; 鄭昞旭, 앞의 글, 108～111쪽).

6) 制令 第7号「朝鮮殖産銀行令」1918.6.7.

7) 鄭昞旭, 앞의 글, 114～120쪽.

<표 10> 식산은행과 금융조합의 자금계통

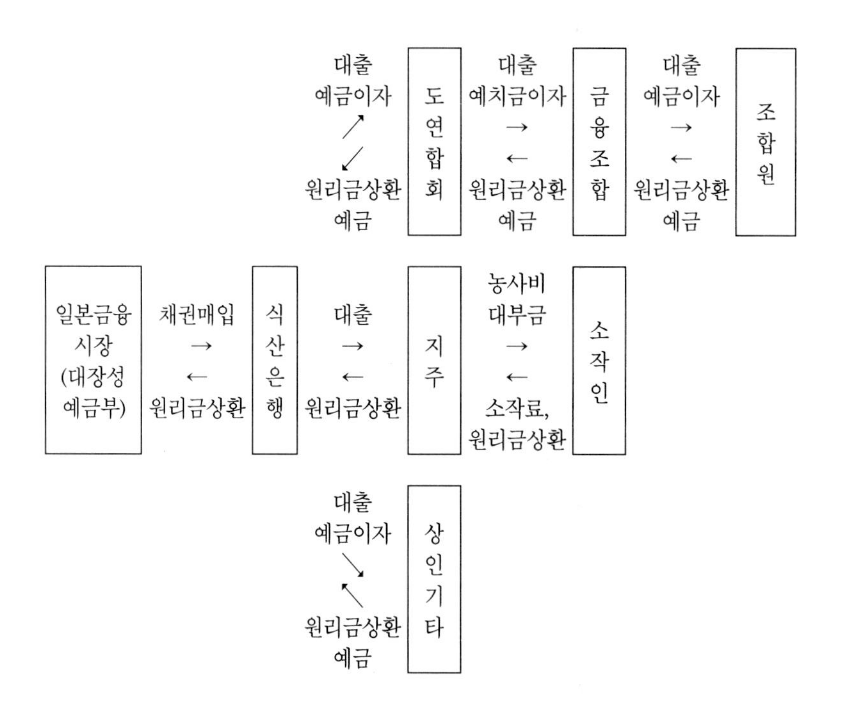

이에 따라 금융조합은 큰 변화를 겪었다. 1918년 이후에는 도금융조합연합회가 설립되어 도내의 촌락금융조합 간, 또는 촌락과 도시금융조합 간에 자금순환이 이루어지는데, 이때 늘어난 예금이 그 기초가 되었다. 즉 금융조합의 예금은 금융조합의 자금확충이라는 측면에서 금융조합의 확대와 성장에 의미가 컸다.

금융조합은 조합원예금(제5조-2)과 함께 비조합원의 예금도 취급할 수 있었다(제6조). 총독부가 비조합원에게 저금의 길을 연 이유에 대해서 조합원에게 저축을 장려하는 한편으로 "지장이 없는 한 조합원 외의 저금을 받음으로써 운전자금을 충실히 하고 일반 지방민을 위한 저축의 편의를 꾀"하는 데 있다고 설명하였다.[8] 금융조합이 조합원만이 아니라 비조합원의 예금을 흡수하게

8) 「地方金融組合令 發布와 荒井度支部長官의 說明要旨」, 山根譓, 앞의 책, 78~83쪽.

된 것은 금융조합이 협동조합으로서의 성격만이 아니라 일제의 정책자금원으로서 농촌지역의 자금을 흡수하는 저축기관의 역할도 수행함을 의미하였다. 저축을 확대시키기 위해서는 조합원이 아닌 일반인을 대상으로 하는 보통은행의 확충도 가능했을 것이다. 그런데 금융조합을 활용한 것은 일제의 입장에서 볼 때 보통은행보다는 식산은행체계 속에 있는 금융조합에 영향력을 더 행사할 수 있었기 때문이다.

그런데 예금액의 증가는 금융조합 자체의 자금원천의 확보를 의미했다. 이에 반해 상대적으로 식산은행 차입금의 비중이 감소해 갔다. 1930년 현재 30% 정도로 아직 차입금의 비중이 크기는 하지만, 금융조합은 점차 자금의 자립도가 높아지고 있었다. 이러한 자금원천의 변화는 금융조합 내부에서 독자적인 자금순환구조에 대한 요구를 발생시켰다. 금융제도조사위원회에서 금융조합 측이 제출한 금융조합연합회의 설립요구가 그것이었고, 이는 그것을 뒷받침할 수 있는 자본축적이 일정하게 이루어지고 있음을 의미했다.

금융조합 관계자들은 금융조합이 독자적인 자금형성 능력을 갖추기 시작했고, 영업도 건실하게 하고 있으므로 전국적인 금융조합 중앙기관을 설립할 수 있다고 주장하였다.[9] 그에 대해서 식산은행에서는 일본의 산업조합중앙회의 문제점을 들고, 조선 금융조합이 역량부족이라고 주장하면서 은행 안에 금융조합중앙금고과를 설치할 것을 주장하였고, 결과는 그의 의견대로 되었다.

이 시점에서 금융조합은 기구로서의 독자성을 획득하지 못하였지만, 이후 1933년 조선금융조합연합회를 설립하게 되는 금융 면에서의 기반을 점차 확보해 갔음을 알 수 있다. 1920년대까지 금융조합과 식산은행은 식산은행-금융조합 체계를 통해서 일본금융자본의 이해관계를 관철시켜 갔다. 그렇지만 그러는 가운데 금융조합은 자본축적을 해 감으로써 점차 식산은행과의 관계 재정립을 요구하게 되었고, 이는 독점자본에 의한 농촌지배가 강화되는 1930년대 초반 통제농정 하에서 금융조합의 역할이 강화되는 기반이 되었다.

---

9) 車田篤, 「指導原理より見たる金融組合中央會の構成」, 『金融と經濟』 108, 1928.6, 10쪽.

2) 1920년대 예금의 확대와 금융운영의 왜곡

(1) 비조합원 예금문제와 금융조합의 은행화

1914년 예금업무를 시작한 이래 점차 자금원천에서 그 비중이 높아 갔다. 예금은 주체 면에서 조합원들의 저축증가 부분과 비조합원의 것으로 나눠볼 수 있다. 예금증가는 조합원의 것에서 저축계 조직이나 부업활동을 통한 저축증가를 통해 이루어진 증가분도 있지만, 비조합원의 예금증가가 더 큰 부분을 차지하였다. 1929년 금융조합예금 중에서 조합원의 예금은 1/5 정도, 단체와 조합원가족의 예금이 2/5, 비조합원의 예금이 2/5 정도를 차지하였다.[10] 특히 도시조합은 비조합원의 예금이 더 큰 비중을 차지하였다.

<표 11> 1925년 전남지역 금융조합의 예금자별 상황(단위 : 구, 圓)

구분			도시조합		촌락조합		합계	
예금자총액		구수(구)	6,535		83,083		89,618	
		금액(圓)	658,668		3,462,811		4,121,479	
조합원		구수	2,307	35.3%	32,792	39.4%	36,099	39.1%
		금액	256,786	38.9	812,148	23.4	1,068,934	25.9
비조합원	관공서	구수	35	0.5	3,026	3.6	3,061	34
		금액	20,561	3.1	1,318,033	38.0	1,338,594	32.4
	기타	구수	4,193	64.1	47,265	56.8	51,458	57.4
		금액	381,321	57.8	1,332,630	38.4	1,713,951	41.5

자료 : 全羅南道金融組合聯合會, 『統計より見たる全羅南道(金融組合同聯合會)過去及現在(旬報特別號)』, 1926.

위의 표는 1925년 전남지역 금융조합에서 도시조합과 촌락조합의 예금자별 구성을 살펴본 것이다. 이를 보면 조합원예금보다는 비조합원의 예금이 훨씬 많았다. 또 비조합원예금 가운데에서도 촌락조합은 관공서・단체와 개인예금이 비슷한 수준이었으나, 도시조합은 관공서나 단체의 예금보다는 개인예금이 반 이상으로, 광주금융조합은 84.5%, 목포는 70.1%, 영산포는 72.1%를 차지하였다. 물론 모든 도시금융조합이 그런 것은 아니지만 상대적으로 도시금융조합

10) 山根譓, 앞의 책, 412~413쪽.

은 비조합원인 일반인들의 예금이 자금운영의 중심이 되었다고 볼 수 있다.[11]

금융조합의 자금원은 1920년대 중반을 지나면서 식산은행에서의 차입금보다 예금의 비중이 커졌다. 이는 금융조합이 식산은행에 대한 자금예속성을 약화시키는 한편, 예금의 내용이 비조합원 예금에 집중됨에 따라서 금융조합 내부의 자금운용 자체를 왜곡시키는 양면성을 가지고 있었다.

이 점은 금융조합 위상에 관한 논란을 일으키는 문제로 커져 갔다. 비조합원 예금의 비중이 커져 가기 이전에 이미 1914년 비조합원의 예금을 받기로 법령이 제정되면서 금융조합 내부에서도 문제가 제기되었다.

> 조합의 근본정신은 共助와 自助다. 주의할 것은 자조를 중시한 결과 조합원은 종종 자기의 이익을 중시하여 조합에서 금전적 이익을 많이 받고자 한다. 출자에 대해 배당을 많이 받기 바라고 예금 이자도 크기를 희망한다. 조합이사도 조합원에게 배당을 많게 하고자 한 결과 조합이익을 많게 하려고 자금의 유익한 운전에 고심하고 자금융통의 효과에 깊은 주의를 기울이는 것이 자연의 흐름이다. 이런 조합은 수익을 목적으로 하는 주식회사 또는 은행업자와 하등 구별이 되지 않아 ……[12]

예금이자를 높이거나, 출자 배당을 높이려는 조합원들 또는 예금주들의 요구에 부응하여 조합이 수익을 목적으로 활동할 때 조합의 목적과 배치되는 방향으로 운영될 가능성을 이야기하고 있다. 이러한 내부의 문제제기에도 불구하고 금융조합은 대출금리를 낮추기보다는 예금금리를 시중금리 또는 그보다 높은 수준에서 운영하여 비조합원의 예금을 확보하는 방향으로 운영하였다.

그 결과 1930년대 초반에 이르면 조선인들도 심각하게 문제를 제기하였다. 당시 동아일보 경제부장을 지내던 金佑枰은 다음과 같이 지적하였다.

---

11) 全羅南道金融組合聯合會, 『統計より見たる全羅南道(金融組合同聯合會)過去及現在(旬報特別號)』, 1926.

12) 矢島音次, 「金融組合」, 『地方金融組合』 1914.9/『金融組合論策』에 재수록, 21쪽.

> 도시조합의 예금은 조합원의 저축심을 배양한다는 것보다 비조합원의 저축심 양성에 주력하는 것이 되었다. 금융조합 당국이 선전하는 것과 같이 조합의 저축예금 구수가 전 구수의 8할을 점유하였다 하여 조합원의 저축을 조성하였다는 것은 아니며 비조합원의 그것이 될지 모르기 때문이다. 비조합원이 …… 대부분이 고리대금업자인 관계로 보면 도시조합은 지방고리대금업자의 親銀行 역할을 충실하게 하는 데 지나지 못하는 기관처럼 되었다. …… 조합원의 예금은 감퇴하고 비조합원의 예금은 증가하므로 조합에 가입하면 불리하고 가입하지 않으면 이롭다는 것으로 조합 본연의 목적을 의심하지 않을 수 없다.[13]

제도를 실시할 당시부터 문제가 되던 것이 현실로 드러나고 있었다. 금융조합이 중소농상공업자를 대상으로 한 금융지원을 내걸고 있었으면서도, 비조합원 예금을 자금원의 중심으로 삼기 때문에 자기 목적이 제대로 이행하기 어려운 구조적 문제를 지니게 된 것이다. 심지어 고리대금업자들이 자금을 빌어 다시 고리대를 확대해 간다는 점은 심각한 문제였다. 그럼에도 불구하고 비조합원의 예금이 조합원의 것보다 조합운영에 더 많은 영향을 미칠 정도로 비중을 가지고 있다는 것은 금융조합의 전반적인 운영에서 이들에게 돌아가는 혜택이 크기 때문이었다.

당시 금융조합의 예금이 활성화되면서 이를 가장 문제시한 것은 보통은행이었다. 식산은행의 예금업무와 마찬가지로 금융조합의 비조합원을 대상으로 한 예금은 보통은행의 잠재적 예금원을 잠식하였다. 강점 직후 일반 보통은행의 예금점유율은 전체 예금액의 거의 반을 차지하였으나 그 비중은 점차 줄어들어 1931년에는 1/3 수준이었고 1944년에는 1/4 수준으로 떨어졌다. 상대적으로 식산은행과 금융조합의 점유율은 늘어 갔다. 이 시기 금융조합의 점유율은 0.23%에서 28.23%로 늘어났다. 여기서 경쟁할 수 있었던 요인은 금리였다. 당시 금융조합의 금리는 각 조합마다 달랐는데, 대개 정기예금 금리가 일보 3전5리에서 5전 정도로 평균 3전8리인 보통은행에 비해서 일부는 낮고 일부는

13) 金佑枰, 『金融組合論』, 1933, 146～148쪽.

높았다. 게다가 총독부가 주도하여 금융조합을 설립했고 여전히 그 보호감독을 받고 있다는 점은 금융조합의 대외신용도를 높이는 데 기여하였다.

다음 그림은 금융기관 전체 예금 중 금융기관별 비중을 나타낸 것이다. 이들 금융기관의 예금 비중을 보면 보통은행이 가장 큰 비중을 차지하였다. 그렇지만 1918년 도시금융조합의 예금업무가 시작된 이후 금융조합의 예금액은 급격히 커졌다. 이에 따라 보통은행이 차지하던 비중은 일정하게 줄어들었다. 또한 1920년대 후반에 이르러 식산은행예금은 크게 줄어들었고, 금융조합예금이 그 자리를 차지하였다.

<그림 3> 예금의 금융기관별 비중(1907~1930)

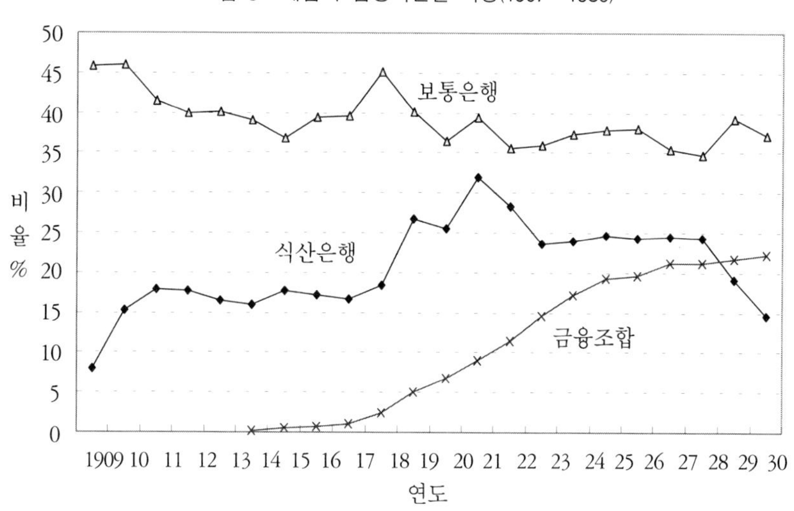

자료 : 朝鮮總督府 『朝鮮金融事項參考書』, 1939년판
참고 : 1. 기타는 동척 무진 신탁을 합친 값
2. 조선은행은 한국과 관계없는 예금은 제외

이런 변화는 보통은행이 식산은행과 그 계열에 있는 금융조합이나 저축은행 등에 밀리면서 세가 약화되었고, 한편으로는 독자적인 운영권을 상실하면서 소수의 큰 은행에 합병됨으로써 일반 보통은행의 입지점이 점차 약화되었던

것과 관계가 있다.[14] 그에 비해서 금융조합은 총독부와 식산은행의 지원을 받으면서 상대적으로 비싼 예금금리를 가지고 예금점유율을 확대해 갔다.[15]

예금금리가 높으면 그만큼 상대가 되는 대출금리도 높아진다. 금융기관에서는 잉여금이 생겼을 때 그 이익을 예금자와 대출자 중 누구에게 돌릴 것인가를 선택해야 한다. 이는 각 금융기관이 무엇을 목적으로 설립되었는가와 관련되었다. 금융조합은 고리대를 대신하여 저리로 중소 농상공업자에게 대부를 하는 것을 주목적으로 설립되었다. 그렇기 때문에 금융조합에서는 예금금리를 높이기보다는 대출금리를 낮춰 대출자가 더 수월하게 금융혜택을 받도록 하는 것이 운영원리에 맞았다. 그렇기 때문에 금융조합의 대출금리와 예금금리, 나아가 비조합원 예금 문제는 하나로 얽혀 논란을 일으켰다.

게다가 금융조합의 비조합원 예금업무는 일반 은행의 존립기반에 영향을 미치고 있었다. 따라서 보통은행 측은 금융조합에게 예금업무를 중지하라고 요구하였다. 본격적으로 밀려오는 금융위기 상황에서 금융 구조조정을 목적으로 1928년부터 시작된 조선금융제도조사위원회에서 일반은행측은 도시금융

14) 尹錫範 外, 앞의 책, 227~259쪽 참조.

15) 금융기관 정기예금 금리비교

연도	조선	식산	저축	보통	금련	금조	연도	조선	식산	저축	보통	금련	금조
	전리	전리	전리	전리	전리	전리		전리	전리	전리	전리	전리	전리
1910	30			37			1923	32	35		38	28~33	35~50
1911	28			34			1924	32	35		38	29~33	~50
1912	29			32			1925	31	35		37	27~33	~48
1913	30			35			1926	30	35	28	36	26~33	~43
1914	30			36			1927	28	33	28	35	26~30	~44
1915	31			37		30~50	1928	25	31	28	37	24~27	~40
1916	30			35		30~50	1929	25	31	28	35	21~27	34~42
1917	28			33		30~45	1930	24	26	28	34	21~26	34~40
1918	26	33		32	24~30	30~45	1931	24	25	28	33	21~25	34~40
1919	27	31		32	23~33	35~45	1932	24	28	28	29	21~25	34~40
1920	32	34		37	27~35	35~50	1933	24	28	25	27	20~21	31~35
1921	31	35		38	29~33	35~50	1934	21	25	23	23	18~20	30~33
1922	32	35		38	28~33	35~50	1935	20	24	22	22	18~20	30~33

자료 : 朝鮮總督府, 『朝鮮總督府統計年報』 1935년판.

조합의 조합원 예금을 전폐하거나 아예 이들을 일반은행으로 전환시킬 것, 촌락금융조합의 예금업무를 제한할 것을 강력하게 요구했다.

그러나 이 요구는 수용되지 않았다. 단지 1929년 4월부터 실시된 「개정 금융조합령」에서 비조합원 예금을 저축성예금에 한정함(令 제6조)으로써 부분적으로 요구를 받아들였을 뿐이다.[16] 그렇지만 오히려 금융조합이 새로 설립된 저축은행의 업무와 동일한 업무를 할 수 있도록 하였고, 「개정 금융조합업무감독규정」에서는 도시조합에서 비조합원의 예금을 3천원으로 제한하던 예금최고한도를 폐지함으로써 비조합원 예금업무를 더 확대할 수 있는 길을 열었다. 게다가 비조합원의 예금을 보호하기 위한 조처로서 종래 예금총액의 2할이었던 예금지불준비금을 비조합원예금 수입총액의 1/3로 올리고, 비조합원 예금자가 이에 대한 선취득권을 가지도록 규정하였다(감독규정 제53조-3). 이 조치에 대해서 금융조합 측은 조합은 조합원의 것이기 때문에 조합원 전체가 비조합원에 대해 책임을 져야 하고 그 예금에 대해 우선적 지위를 주는 것이 당연하다고 생각하였다.[17]

이렇게 금융조합 본래의 목적을 흐트러뜨리면서, 또 일반은행의 존립을

16) 개정된 이후 금융조합의 예금업무는 다음과 같다.

대상	종류	내용
조합원	① 정기예금	지불기일을 3개월, 6개월, 1개년씩으로 정하는 예금. 1구금액은 20원 이상
	② 거치예금	미리 되돌려받는 기한을 정하고 매월 몇 회 또는 몇 개월에 몇 회 예금을 하는 것
	③ 저축예금	
	④ 당좌예금	
	⑤ 정기적금	
비조합원	⑥ 정기예금	저축하여 누적된 예금에서 계정변경을 하여 예입할 경우에 한정하는 것이 원칙. 공공단체와 산업조합은 제한없음
	⑦ 거치예금	②와 같음
	⑧ 저축예금	③와 같음
	⑨ 당좌예금	공공단체, 산업조합에 한정
	⑩ 정기적금	⑤와 같음

자료 : 朝鮮金融組合協會, 『金融組合のしるべ』, 1933, 14~15쪽.

17) 車田篤, 『朝鮮協同組合論』, 52쪽.

위태롭게 해 가면서까지 총독부와 금융조합이 비조합원의 예금을 유지·강화하려 했던 이유는 무엇일까. 가장 큰 이유는 자금력을 늘리는 데 있었다.[18] 자금력 확충에 목적이 있었기 때문에 비판에도 불구하고 계속 강화해 갔던 것이다. 그 결과 1914년에 실시된 비조합원 예금을 금융조합의 업무로 한 조치는 단순히 비조합원의 금융활동을 돕는다는 차원을 넘어 금융조합 자체의 성격을 변화시켜 갔다. 대부업무를 통해서 조합원의 금융활동을 지원하기 위한 금융조합이 예금업무에 중심을 두면서 조합원이 아닌 비조합원의 이익에 더 크게 복무했다. 이런 과정을 통해서 조합원을 중심으로 한 협동조합적 기능보다는 일반 금융기관적 성격을 강화시켜 금융조합이 은행화되어 간 것이다.

(2) 도시금융조합과 촌락금융조합의 자금순환구조

금융조합의 일반 금융기관 같은 성격은 도시금융조합과 촌락금융조합 간의 금융순환 관계에서 더욱 심화되었다. 1918년의 「금융조합령」에서는 조합원의 범위를 농업자에 한정하지 않고 '구역 내 주소를 가진 자'로 고쳐 조합 설립과 조합원 범주의 제한을 없앴다(제1조, 제2조). 이로써 1907년 창립시 규정한 '조선인 농업자'에서 1914년 「지방금융조합령」의 '농업자'로, 그리고 '구역내 거주자'로 바뀌어 가면서 조합원의 범주는 지역 내 중소 농·상·공업자로 확대되었다. 그에 따라 도시지역의 중소 상공업자를 대상으로 도시조합의 설립을 인정하였다. 다음은 이에 대한 스즈키(鈴木) 탁지부장관의 말이다.

이들(시가지의 소상공업자 : 인용자) 자산 신용이 박약한 자는 보통은행에서

---

18) 1929년 「개정금융조합령」에 대한 총독부당국의 설명에서 잘 드러난다. "금융조합에서 비조합원 예금의 취급은 자금 충실을 최선의 목적으로 인정하였다. 금일 조합의 자금 상태에 비추어 비조합원의 예금수입은 금후 계속할 필요가 있다고 인정되지만, 보통은행의 예금업무와의 조화를 고려하여 은행과의 분야를 세우기 위해 주로 이를 저축적 예금으로 제한하고, 이미 공포된 저축은행령에 기초하여 장래 설립을 볼 저축은행과 마찬가지로 일반 서민계급의 영쇄저금과 공공단체 및 산업조합의 예금을 수입하는 것으로 고친다"(車田篤, 앞의 책, 51~52쪽).

금융을 구하는 것이 더욱 곤란하여 거의 금융권 밖에서 고립된 모습이다. 그래도 이들의 금융은 양은 많지 않지만 절실하게 급박한 것이 적지 않다. 따라서 소상공업자는 밤낮 뼈를 깎듯 열심히 업에 종사함에도 불구하고 자금이 가혹하게 힘겨워, 부득이하게 質屋 頼母子講 또는 고리대금업자에 기대며 심하게 불이익을 당하며 금융을 구할 수밖에 없는 상태였다.[19]

도시조합을 설립한 주된 이유는 도시지역의 중소상공업자를 대상으로 한 서민금융기구가 없기 때문이라는 것이다. 그런데 서민금융기구의 확충이라는 측면에서 설립된 도시금융조합은 촌락금융조합과 다른 점이 있었다. 첫째 행정기구가 중심이 되어 설립되는 촌락조합과 달리 도시조합은 지방 독지가가 자유로이 설립하도록 하여 자율성이 상대적으로 강했다. 이는 일본인들이 주도권을 장악한 도시조합의 성격을 반영하는 것이었다. 1917년 「조선면제」를 제정할 때 면을 보통면과 지정면을 구분하고 일본인이 많은 지정면에는 면협의회를 설치하도록 한 조치와 같은 궤라고 할 수 있다. 이는 촌락조합이 관선이사제를 택하는 데 비해서 민선이사제로 운영되었던 점에서도 그러했다. 둘째 도시조합에서는 일반은행의 주된 업무인 어음할인과 당좌대월 업무도 허용하였다.[20] 이와 같은 도시조합의 성격에 대해서 금융조합에서는 슐츠형 조합이라고 보았다.

도시조합의 설립은 도시 상공업자들의 금융편의를 도모하기 위해서 이루어지기는 했지만, 1918년 「금융조합령」에서 채택한 중요사항의 하나인 도금융조합연합회의 설립과 더불어서 살펴볼 때 그 의미가 더 뚜렷하게 드러난다.

자금원천으로서 예금에 주안점을 두었기 때문에 비조합원의 예금이 조합원의 예금보다 더 큰 비중을 차지하는 것이 아무런 문제가 되지 않았으며, 도시조합 중심의 비조합원 예금의 확보는 그 무엇보다도 중요한 업무로 부각되었다. 도시조합은 중소상공업자에게 금융의 편리를 주기 위한 목적으로 설립되었지만, 그것을 통해 들어오는 예금은 전체 금융조합의 자금규모를 더욱 크게

19) 「鈴木度支部長官の改正令說明」, 山根譓, 앞의 책, 92쪽.
20) 1929년 개정에서 도시조합도 민선제를 폐지하고 관선제로 바뀌었다.

하였다. 도시조합이 설립된 것과 동시에 결성된 도금융조합연합회가 금융조합간에 나타나는 자금의 과・부족을 조정하는 역할을 주 업무로 했던 것과 관련이 있었다.

<표 12> 1923년 촌락과 도시금융조합의 자금운용 상황(단위 : 千圓)

	조합수(개)	불입출자금	예금	적립금	대부가능금액	대부금	차입금	예치금
촌락 A	442	3,119	21,761	2,693	22,126	42,556	25,758	13,100
도시 B	57	1,722	8,050	632	9,139	10,569	3,951	8,050
합계 C	499	4,841	29,811	3,325	31,265	53,125	29,709	21,150
B/C%	11.4	35.6	27.0	19.0	29.2	19.9	13.3	38.1

자료 : 朝鮮經濟協會, 『金融組合及金融組合聯合會概況』, 1925, 15~17쪽.

1923년의 촌락과 도시조합의 자금운용상황을 비교해 보면, 도시조합은 대출보다 출자금과 예금의 합이 더 많았기 때문에 촌락조합과 달리 차입금이 적거나 없는 조합도 있었다. 그럼에도 불구하고 전체적으로 볼 때 차입금을 받으면서 남은 액수를 도금융조합연합회에 예치하였다. 예를 들어 1923년 현재 도시조합의 출자금액수는 1,700만 원이고 예금액수는 800만 원인데 여기서 적립금 63만 원을 뺀 913만 원이 대출가능액수였다. 대부액은 1,056만 원으로 부족금액은 143만 원이었다. 그런데 차입금은 395만 원으로 약 250만 원이 더 차입되었다. 그에 비해서 도금융조합연합회과 우편저금 등에 예치한 금액은 351만 원으로 차입금을 상쇄하고도 남는 액수였다. 이 계산법은 회기말을 기준으로 한 단순계산이기 때문에 자금대부시기나 회수시기 등의 자금 회전에 대한 고려를 하지 않은 것일 수는 있지만, 궁극적으로 예치금과 차입금의 합은 사실상 도금융조합연합회를 매개로 하여 자금이 회전되는 양이라고 볼 수 있다. 개별 금융조합에 보류해 둔다면 필요하지 않은 돈을 차입하는 것일 수도 있었다. 실제 1930년대 들어서 도시금융조합의 여유자금은 연합회에서 언제라도 원조를 받는다는 전제로 이를 장기자금으로 돌릴 수 있도록 업무감독 규정을 개정하였다.[21]

---

21) 車田篤, 앞의 책, 212~214쪽.

이 개정으로 인해 도시금융조합은 대부금리를 내릴 가능성이 커졌다고 할 수 있다.

도시금융조합이 도금융조합연합회에 예치한 자금은 대부분 촌락금융조합이 차입했다. 도시금융조합이 전체 예금에서 차지하는 비율은 27%였으며, 도금융조합연합회에 예치한 비율은 38.1%였다. 상대적으로 촌락금융조합은 대부금의 80% 이상을 대부하였고, 차입금의 86% 이상을 빌려 갔다. 도시금융조합은 예치금이 많고 촌락금융조합은 차입금이 많아 도금융조합연합회를 매개로 도시금융조합의 자금이 촌락금융조합으로 유입해가고 있었다.

도금융조합연합회의 역할이 조합 간의 자금 과부족을 해소하기 위한 것이기 때문에 자금이 많은 조합에서 자금을 예치하고 자금이 부족한 조합이 자금을 차용해서 사용할 수 있다는 것에 대해서 금융조합 관계자들은 '금융조합 간의 상호부조'를 실현하는 것이라고 주장했다.[22] 그리고 그것을 통해서 자금부족에 시달리는 촌락금융조합이 자금을 상대적으로 넉넉하게 사용할 수 있다면 더 많은 농민들이 자금을 활용할 수 있다고 보았다.

그런데 도시금융조합의 자금원천은 도시의 비조합원 예금에 있었다. 금융조합의 예금금리가 높기 때문에 비조합원들이 금융조합에 예금을 하는 것이므로 금리 수준을 유지·확대하기 위해서는 다른 금융기관보다 금리를 높게 유지해야 했다. 게다가 촌락조합은 내부조달자금이 부족하기 때문에 차입금이 많았다. 도시금융조합의 여유금을 도금융조합연합회를 통해서 촌락조합에 대부하고, 다시 촌락조합원에게 대부하는 구조이기 때문 자금원 확보를 위해서 금리를 인상하는 순환고리가 만들어졌다.

(3) 경제사업의 축소와 금융중심의 업무변화

도시금융조합과 비조합원의 예금을 자금원천으로 삼은 결과 금융조합은 은행과 같은 기구가 되었다. 이는 그대로 금융조합 업무에 대한 규정이 변하는

---

22) 車田篤, 위의 책, 69쪽.

것에서 잘 드러난다. 가장 큰 변화는 신용과 경제사업의 겸영에서 신용사업 단영으로 바뀐 것이었다. 농민경제를 지원하는 조직이기보다는 금융기관으로서의 안정성 확보에 주안점이 두어졌다고 볼 수 있다.

1910~20년대 금융조합의 업무는 조합원에 대한 금융업무로서 자금대부와 예금업무를 하였으며, 1910년대는 농사지도업무와 공동구입 위탁판매의 구판사업 및 창고업을 함께 실시하였다. 그러다가 1918년 이후에는 경제사업 중에서 농사지도 업무는 중단되고 산업재료대부와 구판사업으로 축소되었다. 그리고 실제 금융업무 이외에 경제사업에 관련된 것은 매우 축소되었다. 나아가 1929년에 이르면 금융 이외의 업무는 창고업무를 제외하고는 모두 폐지되었다.

<표 13> 금융조합 업무의 변화

연도	주업무 (조합원 대상)	겸영업무	부수업무	명령업무 (총 독)
1907	농업자금대부 창고보관업	농사재료분배나 대여 생산물 위탁판매		
1914	농업자금대부 예금 농사재료구입과 분배 농업재료 대부 위탁판매 창고보관업 공동농사시설 설치		비조합원예금 농공은행업무대리와 매개	지방금융조절
1918	자금대부 예금과 적금 수형할인(도시조합)	산업재료대부 공동구입, 위탁판매 창고보관	비조합원예금 은행 업무대리와 매개	지방금융조절
1929	자금대부 예금과 정기적금 수형할인(도시조합)		비조합원예금과 정기적금 다른 금융조합과 은행 업무대리와 매개 창고보관업	공탁 지방금융조절

자료 : 勅令 제32호 地方金融組合規則, 『舊韓國官報』 제3781호, 光武 11(1907).6.1 ; 制令 제22호 地方金融組合令(1914.5.22), 『官報』 제542호, 1914.5.22 ; 制令 제13호 金融組合令 개정(1918.6.27), 『官報』 제1767호, 1918.6.27 ; 制令 제4호 金融組合令 개정, 1929.4.27, 『官報』 호외, 1929.4.27.

1907년 「지방금융조합규칙」에 규정된 조합의 업무(제4조)는 ① 조합원에 대한 농업상 필요한 자금대부 ② 조합원이 생산한 곡류를 창고에 보관하는 것이고, 그 외에 겸영 업무로서 ① 조합원에 대하여 종묘 비료 농구 등 농업상의 재료분배나 대여 ② 조합원 생산물의 위탁판매로 규정하였다.

기본업무인 금융대부와 창고업무와 더불어 조합원을 대상으로 하는 농사개량사업과 공동판매의 부대업무를 동시에 수행하였다. 나아가 1914년의 「지방금융조합령」에서는 농사지도와 경제사업부분이 겸영업무가 아니라 주업무에 편입되어 이 부분에 관해 중점을 두고 있었음을 알 수 있다. 이는 일본의 산업조합과 같이 신용조합과 사업조합의 겸영구조를 기본으로 삼고 있는 것이었다.[23] 그러던 것이 1918년 이후에는 겸영사업이 감소되었고, 1929년 아예 금융업무만을 운영하는 것으로 바뀌었다.

금융조합은 소농에게 저리자금을 대부할 목적으로 설립되었지만, 1914년부터 실시된 비조합원의 예금실시와 1918년 도시조합의 설립으로 그 성격이 '은행'과 같이 바뀌고 있었다. 비조합원의 예금흡수와 도시조합의 비조합원 예금 위주의 운영으로 인해 전반적인 금융조합의 자금 흐름은 원활해져 갔고, 차입금을 줄여 독자적 운영을 할 수 있을 정도로 성장할 수 있었다. 그렇지만 그 결과 비조합원의 예금을 흡수하기 위해 보통은행과 경쟁하게 되었고, 이는 다시 예금금리와 대출금리를 인상시키는 요인으로 작용했다. 따라서 금융조합의 대출금리는 자기자본으로 활용할 수 있는 조합원예금이 가져다주는 인하요인에도 불구하고 비조합원예금이 자금운영의 중심이 됨에 따라 일정수준 이하로는 내려갈 수 없었다. 그러므로 금융조합은 일정한 경제력을 지닌 중상층 이상의 금융기관으로 제한될 수밖에 없는 구조가 되었다.

---

23) 山根穗, 앞의 책, 141쪽.

2. 통제경제하 금융통제체제의 정비와 농촌자금 흡수

1) 통제농정의 금융기초 확립과 금융통제체제

1933년 통제농정에서 필요로 하는 소농에 대한 자금운영을 담당하는 기구로서 조선금융조합연합회가 설립되었다. 연합회는 농촌진흥운동의 수행기관이자 자금조달처가 되었다. 이에 따라서 전체 금융체계에서 차지하는 연합회의 지위도 변했다. 연합회는 식산은행을 통해서 자금을 공급받던 때와 달리, 금융채권을 발행하여 독자적인 자금원을 확보할 수 있었고, 이는 일본금융시장과 국가자본에 더욱 더 밀착하는 계기가 되었다. 연합회의 활동이 강화되어 농촌에 대한 자금이 투하되는 것은 곧바로 일본 국가자본과 금융자본의 이해가 농촌사회에 직접적으로 관철되어 간다는 것을 의미하였다.

우선 연합회의 자금원이 어떻게 형성되었는지 살펴보자. 초기 연합회는 차입금과 예수금, 기타 수입으로 소요자금을 충당했다. 여기서 차입금은 특별차입금과 보통차입금으로 구분되는데, 보통차입금은 식은을 통해 들어오는 것이고, 특별차입금은 대장성예금부에서부터 용도가 지정되어 차입되는 것으로서 총독부의 농촌진흥운동사업과 관련해 들어오는 자금이었다. 연합회가 설립된 1933년에는 1,700만 원, 중일전쟁이 일어나 전반적인 농정의 변화가 일어나는 1937년에는 2,500만 원으로 상당한 액수였다. 이는 연합회 자금총액의 22%와 19%를 차지하였다. 보통차입금의 비중은 연합회 창립 이후 지속적으로 줄어들어 1933년 400만 원으로 특별차입금의 1/4정도 수준이다가 1937년에는 아예 식은에서 차입하지 않았다.[24]

이러한 비중의 변화는 예수금의 증가와 금융채권의 발행과 연결되었다. 먼저 자금원으로서 가장 안정적인 예수금은 단위 금융조합이 예금과 대출금의 차액을 연합회에 예치한 것으로서 조합원들의 예금이 대출금을 훨씬 능가하게 된 그간의 사정을 반영하는 것이었다. 아래의 그림에서 보면 1935년부터 금융채권의 비중이 급속히 커졌다.

---

24) 農業協同組合中央會, 『韓國農業金融史』, 76쪽.

<그림 4> 조선금융조합연합회의 자금원천별 비율(1933~1937)

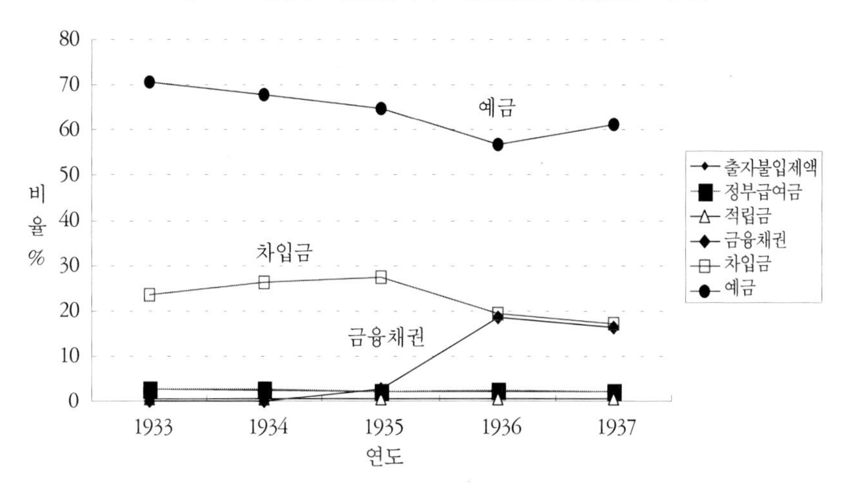

이는 연합회가 1935년 11월 처음으로 328만 원의 금융채권을 연 3푼 2리로 발행하였기 때문이다. 처음 발행한 금융채권은 대장성 예금부에서 인수하였으며, 이후 최단 10년, 최장 20년의 채권을 해방 전까지 18회 4,600여만 원을 발행했다. 이 중 16회는 대장성이, 2회는 식산은행이 인수하였다.[25] 특별차입금과 마찬가지로 대장성예금부 즉 일본국가자본이 유입된 것이었다.

연합회의 자금원 가운데 일본금융시장에서 유입된 자금은 예금에 비하면 적은 액수이기는 하나 연합회의 활동에는 더 큰 영향력을 행사하였다. 즉 이 자금은 총독부가 기획한 농정을 수행하기 위한 자금이라는 목적성이 강한 것이었기 때문이다. 연합회의 자금운영이 식산은행으로부터 상대적 독자성을 가지게 된 반면에 총독부의 정책자금원인 일본국가자본과 직접 연계를 가지게 되었다는 점에서 연합회가 가지는 일본금융자본, 일본제국주의의 정책금융기관으로서의 역할은 더욱 강화되었다고 할 수 있다.

조선금융조합연합회가 금융채권의 발행을 통해 독자적인 자금원천을 확보

25) 農業協同組合中央會, 위의 책, 71쪽.

한 것은 정책금융의 실행처로서의 자기확립을 의미하였다. 이는 한편으로 통제농정을 수행할 수 있는 기초가 마련된 것이기도 했다. 통제농정의 기조가 농민들 개인을 파악하고, 이들에 대한 금융활동을 통해 조직하는 것에 있는 것인 만큼 연합회의 자기확립은 통제경제 농정 수행에 결정적으로 중요한 의미를 갖는다.

전시체제기에 들어서면서 연합회와 금융조합은 역할이 더욱 중요시되었다. 국민협동조직론에 의거하여 금융조합의 주된 사업은 자금흐름의 통제와 유통부분의 합리화에 두어졌다. 금융조합의 활동이 전쟁수행을 위해 민간자금의 흡수기구이자 전쟁자금 공급처로서, 그리고 공출기구로서 활동하게 될 것임을 의미하였다.

먼저 자금흐름의 통제를 위해서 민간자금 흡수를 위한 國民貯蓄强化事業과 대출억제와 전쟁자금으로의 활용을 중심으로 한 자금운용의 계획화가 추진되었다.[26] 이는 금융조합이 금융통제체제의 일부로 편입되면서 더욱 구체화되었다. 1937년 9월 일본에서 공포된 「임시자금조정법」과 1940년 10월 공포된 「은행등자금운용령」에 의해[27] 금융통제에 관한 법령이 제정되고 금융통제기구로서 1938년 12월 朝鮮金融團이 설치되었다. 구성원은 무진회사를 제외한 모든 금융기관이었다. 조선금융단은 금리 인하, 국채 소화, 저축 장려, 시국관련 융자 확대, 불요불급한 융자 억제 등 전시 금융통제상의 주요 업무를 담당하였

26) 『金融組合年鑑 1941』, 99~102쪽.

27) 「임시자금조정법」은 조선 내의 산업설비의 신설, 확장 또는 개량에 관한 설비자금을 규제하는 조치였다. 금융기관이 10만 엔 이상의 대부 또는 증권의 응모, 인수를 하는 경우나, 자본금 50만 엔 이상의 회사가 설립 증가 합병 및 제2회 이후 株金을 불입하거나 10만 엔 이상의 社債발행 및 자기자금에 의해 사업설비를 신설 확장 개량할 경우 조선총독의 허가를 받아야 했다. 단 항공기, 금속공기계, 병기 및 병기부분품, 鋼船, 제철, 産金, 석탄광업, 석유광업, 석유정제업, 석유수입업과 같은 군수산업부문은 정부의 인가를 얻어 제한 외의 증자와 사채발행을 할 수 있도록 하였다(「臨時資金調整法」에 대해서는 裵永穆, 앞의 글, 293~298쪽 ; 鄭昞旭, 앞의 글, 171~172쪽 참조). 이 법령이 조선에서 시행된 것은 각각 1937년 10월 「臨時資金調整法施行規則」과 1940년 12월 「銀行等資金運用令施行規則」이었다.

다. 1942년 4월 "금융기관은 일본은행을 중핵으로 하여 조직체를 결성하고 정부 지도 하에 同業이 연대 일체적으로 기능을 발휘하여 금융통제의 실시에 협력하고 금융과 산업 간의 연락의 긴밀을 도모하기 위"해서 일본에서 「金融統制團體令」이 공포되고,[28] 「全國金融統制會」가 설립됨에 따라 조선금융단은 6월 전국금융통제회 산하 地方金融統制會의 일원으로 포섭되었다. 일본 금융체계에 조선의 그것이 완전히 편입되어 자금이 운영됨을 의미하였다. 이때 조선중앙무진주식회사가 포함되어 조선금융단은 조선내 전 금융기관을 통제하는 중심기구가 되었다. 조선총독부는 조선금융단을 통해서 ① 자금의 흡수와 운용에 관한 지도체제 ② 지역에 있어서 금융사업의 정비 ③ 지역에서의 금융사업 기능의 증진 ④ 그외 필요한 사업에 관해 명령할 수 있게 되었다. 그 해 12월 조선총독부는 고시로 「자금 흡수 및 운용에 관한 건」, 「유가증권의 응모, 인수, 매입 등에 관한 건」, 「자금융통에 관한 건」, 「금리조정에 관한 건」을 발하여 조선금융단의 이사장이 전권을 행사할 수 있도록 하였다.[29]

2) 국민저축운동과 농촌자금 흡수

금융조합은 국민저축운동의 주요 담당기관이 되었다. 금융조합 측은 국민저축운동의 시작은 이전의 조합금융과는 성격이 달라졌음을 의미한다고 보았다. 단순한 상호주의에 기초하여 자기자금을 충족하는 기능이 아니라 저축운동을 통해서 조선 내의 구매력의 흡수에 노력하고, 조성된 자금은 특수은행과 결부하여 생산확충자금의 현지조달을 위해 사용한다는 것이다.[30] 구매력의 흡수 즉 조선인들의 소비를 억제하고 전쟁수행과 군수산업에 자금을 조달함을 의미하였다.

일제와 조선금융조합연합회는 유가증권과 국채매입에 쓰일 자금을 흡수하

---

28) 勅令 제440호 「金融統制團體令」(1942.4.17), 『官報』 4600호, 1942.6.1, 영291~294쪽.

29) 朝鮮金融團에 관해서는 裵永穆, 앞의 글, 303~305쪽 ; 鄭昞旭, 앞의 글, 173~178쪽 참조.

30) 『金融組合年鑑 1941』, 2쪽.

기 위한 방법으로 강제저축방법을 동원하였다.

이러한 목표를 가졌던 금융조합이 1938년 이후 무엇을 중심으로 자금을 형성해 갔는지를 살펴보자.

<그림 5> 조선금융조합연합회의 자금원천별 비율(1938~1945)

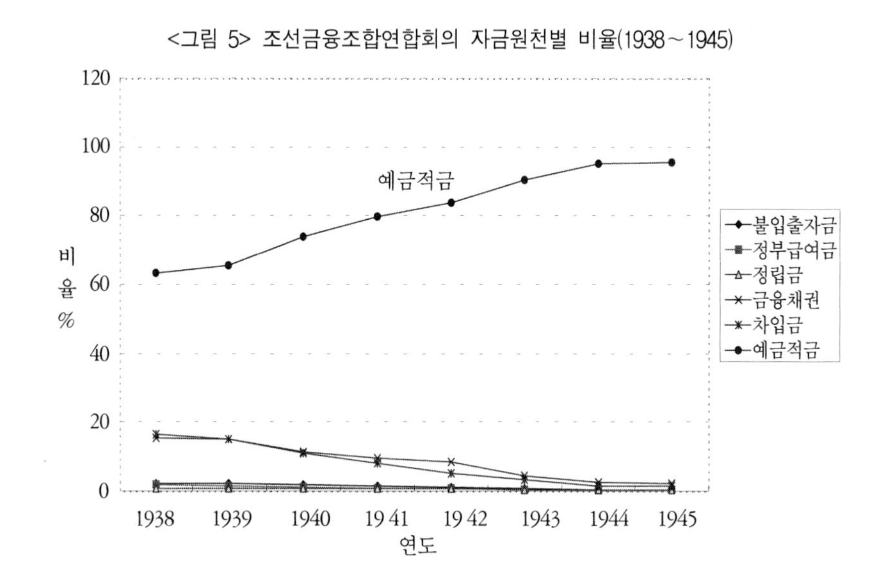

앞서 1930년대 초반까지 금융조합의 자금구성에서 차입금이 가장 큰 비중을 차지하다가, 점차 예금의 비중이 커져 갔던 것을 살펴보았다. 이 시기에 오면 예금의 비중은 50%를 넘었고, 1945년에 가면 자금의 90% 이상을 차지할 정도로 금융조합 자금구성에서 절대적인 지위를 차지하고 있었다. 국민저축조성운동과 관련된 양상이었다. 금융조합 자금 가운데 대출하고 남은 부분은 다시 조선금융조합연합회에 맡겨져 연합회 자금을 형성하였다. 운용자금의 총액은 급속히 늘어났다. 1937년부터 1941년까지의 4년 사이에 자금총액은 2배를 넘었고, 그 다음 4년 후에는 5배가 늘어났다. 1937년에 대비해 본다면 11배 가까이 늘어난 금액이었다. 이 예수금은 1941년 현재 연합회 자금의 73%를 차지하였다. 이렇게 금융조합의 예금과 연합회의 예수금이 늘게 된 것은 국민저

축운동에서 금융조합의 사업이 성과적이었음을 의미한다.

국민저축운동에서 금융조합의 사업방법은 이전부터 금융조합 조합원을 대상으로 시행하던 강제저축을 더욱 강화하는 방향에서 전개되었다. 1938년 금융조합 지부장회의에서는 금융조합예금장려계획을 세우고, 3천만 원의 예금 순증가를 목표로 실행방법을 세웠다.[31] 이는 조선총독부가 1938년 4월 정무총감을 위원장으로 하는 「저축장려위원회규정」(총독부훈령 제22호)을 제정하고 저축장려방침을 결정한 것에 따른 조치였다. 이 방침은 ① 수입이 늘어난 부분 ② 물자의 소비절약으로 생긴 여유금 ③ 농촌진흥운동과 병행하여 근로에 의한 생산이나 소득의 증가액을 저축으로 흡수하며 ④ 저축방법을 구체적으로 제시하였다. 이른바 天引貯金의 시작이었다.[32]

금융조합의 저축장려 실행방법은 첫째 금융조합 저축망을 완성하는 것으로서 1) 관공서, 회사, 공장, 조합 기타 단체와 연락을 갖고 직원이나 단원의 저축단체를 조직하는 것 2) 식산계 기타 조합지도단체를 그대로 저축단체로 만드는 것 3) 부, 군, 읍, 면과 연락하여 町이나 부락단위의 저축단체를 조직하는 것, 둘째 부유계급에게도 적극적으로 권유할 것으로 설정되었다. 여기서 종래 식산계 등의 금융조합 하부조직을 그대로 저축단체로 재규정함으로써 식산계는 경제사업을 중심으로 하는 단체에서 일제의 전쟁수행을 위한 자금수집단체로 바뀌게 되는 것이었다. 또한 부유계급을 적극적으로 권유하는 것은 금융조합이 중소 생산자를 위한 금융기관이었던 성격을 바꾸어 이른바 '국민'이라는 범주에서 상층부까지 포괄하는 금융기관으로 바뀜을 의미했다.

그리고 권유방법은 1) 권유를 전담하는 사무원을 설치하거나 증원 2) 조합역원 직원을 총동원하여 계획적이고 적극적으로 권유를 하는 것 3) 저축자 배가운동, 공동판매대금의 예금화 등 특색있는 방법, 기타 지방사정에 적합한 방법을

31) 「金融組合預金奬勵ノ計劃目標竝實行方策ニ關スル件」(1938.6.14), 朝鮮金融組合聯合會調査課, 『調査資料 第17輯 國民貯蓄造成運動に關する資料』, 31~32쪽.

32) 政務總監通牒, 「貯蓄奬勵に關する件」(1941.4.18), 朝鮮金融組合聯合會, 『國民貯蓄造成運動に關する資料 第2輯』, 3~25쪽.

강구하여 저축층의 확대심화에 노력할 것으로 하였다.

1938년부터 저축조합이 임의단체로 각 부문의 말단에 설치되어 강제저축을 실시하였고, 1941년 10월 「國民貯蓄組合令」에 의해서 이 단체는 법적 근거를 마련하였다. 조합수는 1939년 3월 86,681개, 1940년 93,889개로 증가했고, 조합원은 각각 3,829,282명, 4,047,741명으로 늘어났다. 「국민저축조합령」을 실시하기 이전에 저축조합은 정동리 마을 단위에 75% 이상이 집중하였고, 관청, 학교, 군대 등에서 11%를 차지하였다.

법령의 실시 이후에 저축조합은 조선총독부의 저축정책을 집행하는 기관이 되었다. 이 법령에 따라서 조합원은 지역조합원, 직능조합원, 산업단체조합원, 청년단, 소년단, 부인회 소속원, 학생, 종교단체원까지 포섭하였다. 또한 업무는 ① 우편저금, 간이생명보험금의 납입 ② 은행 및 금융기관에 대한 적금 또는 예금 ③ 무진회사 무진부금 납입 ④ 국채, 저축채권, 報國債券의 매입 ⑤ 기타 조선총독부 지정업무를 맡아 금융기관의 저축기관업무를 대행하는 기관으로 성장하였다. 1944년 조합수는 117,429개, 조합원수 823만 8천 명, 저축액 9억 7549만 원으로 늘어났다.

<표 14> 금융조합 관할 하의 임의저축조합 현황(1941년 2월말 현재)

	단체수		저축조합원수		금 액	
관공서	6,161	9.6	157,172	5.8	10,119,423	19.6
조 합	4,182	6.5	146,773	5.4	3,657,932	7.1
회 사	928	1.4	56,372	2.1	2,382,886	4.6
공 장	411	0.6	24,161	0.9	802,005	2.1
상 점	1,368	2.1	28,053	0.7	1,497,553	2.9
町 會	912	1.4	57,847	2.1	3,059,194	5.9
부락단체	41,186	63.9	1,881,467	68.9	26,350,736	51.0
부인회	6,659	10.3	198,968	7.3	1,065,833	2.1
기 타	2,641	4.1	188,213	6.9	2,748,856	5.3
합	64,448	100.0	2,729,026	100.0	51,684,418	100.0

자료 : 朝鮮金融組合聯合會,『調査資料第26輯 朝鮮國民貯蓄組合令に關する資料』, 1941, 5~7쪽.

전체 저축조합 가운데 금융조합과 관계있는 조합은 1941년 현재 전국평균 77%였으며, 많은 곳은 강원도와 같이 99%를 차지하는 곳도 있었다.[33] 아래의 표는 금융조합이 관할하는 저축조합의 단체별 상황을 보여주는 것인데, 가장 많은 비중을 차지하는 것이 부락단체였다. 부락단체는 부락연맹과 애국반 등 이 시기 식산계와 '표리일체' 관계로 규정된 단체들이었다. 금융기관 가운데 농촌지역에 널리 침투해 있던 금융조합이 농민층의 자금을 흡수하기에 가장 적합했던 조직이었음을 보여준다. 특히 관공서부분이 조합수는 적은 데 비해서 금액이 많았는데, 이를 부락단체와 비교해 보면 농촌지역의 저축액이 영세저금이었음이 드러난다.

1941년 금융조합이 세운 저축증가 목표액은 1억 2천만 원이었다. 이를 달성하기 위해서 1) 저축조합을 도시와 산업 방면에 전면적으로 결성 2) 천인예금 강화 3) 日掛저금이나 集金저금 장려 4) 입학이나 출산 축하 기념저금 장려 5) 장기성 예금 장려 6) 기한이 다된 예금의 계속 장려 7) 저축강조주간의 설정 8) 기타 시국에 효과적이라고 인정되는 방법 등을 실행하기로 하였다.[34] 이와 같은 방법을 활용하여 저금액은 급속히 증가했다. 금융조합예금은 1937년에서 1941년까지 저축증가실적이 1937년 17.4%, 1938년 22.9%, 1941년이 19.4%로 지속적으로 늘어갔다.[35]

이렇게 저금을 장려하기에 앞서 금융조합과 다른 시중보통은행들의 금리인하가 추진되었다. 특히 금융조합 예금금리의 인하는 표면적으로는 보통은행 측에서 금융조합의 비조합원예금을 견제하는 반발을 무마하기 위한 방법으로 취해졌다.[36] 보통은행 측은 금융조합의 금리를 인하하지 않고 보통은행만 금리를 인하할 경우 예금이 모두 금융조합에 몰릴 것을 우려하여 강경한 입장을

33) 朝鮮金融組合聯合會,『調查資料第26輯 朝鮮國民貯蓄組合令に關する資料』, 1941, 4쪽.
34)「昭和十六年度金融組合ノ貯蓄奬勵ニ關件」(1941.5.14),『調查資料第23輯 國民貯蓄造成運動に關する資料 第2輯』, 1941, 27~28쪽.
35) 朝鮮金融組合聯合會,『調查資料第28輯 國民貯蓄造成運動に關する資料 第3輯』, 1942, 13쪽.
36)「金利水準化に銀行側の足竝揃ふ」,『釜山日報』1938.9.22.

표시했다. 그런데 이러한 금리인하는 총독부가 전쟁수행을 위한 자금수급을 원활히 하기 위한 방안으로, 금융기관에 대한 일원적 통제와 국채수준으로 금리를 내리고자 한 것이었다.[37] 이러한 방향에 따라 각 금융기관 간에 갈등이 있기는 했지만 전반적으로 예금금리가 하락했다. 1937년 국채 수익률은 연리 3.7%였고 금융조합 정기예금 이자율은 4.0%로 금융조합 수익률이 높았기 때문에 일반인들은 국채매입보다는 금융조합예금을 선호할 수밖에 없었다. 그러던 것이 여러 차례에 걸친 금융조합 금리인하로 인해 1939년에 똑같이 3.7%, 그후 역전되어 1942년에는 금융조합 금리가 3.5%로 0.2% 낮아졌다.[38] 이는 금융조합을 비롯한 금융기관의 금리 인하가 국채매입으로 방향을 돌리게 하는 방법이었음을 잘 보여준다.

이는 강제저축을 해야 하는 조선인들에게는 과거와 달리 예금을 통해 개인적인 이익을 볼 수 없게 되었음을 의미하였다. 또한 원천저금제도에 의해 공출대금과 생산의욕을 높이기 위해 지급되었던 생산장려금도 강제저축으로 흡수되었다. 이와 같은 강제저축의 강화에 따라 농민생활수준은 하락할 수밖에 없었다. 그런데 총독부는 그에 대해서 철저하게 생활을 검토하여 의식주 전반에 걸쳐 간소한 생활기준을 구할 지침을 세우고, 그 잉여를 다시 저축으로 돌리라는 방침을 내세우기까지 했다.[39]

전시하에 들어서 일제는 강제저축을 강화하여 전시자금공급을 원활하게 하고자 했고, 금융조합은 농촌지역을 중점으로 해서 그 일을 수행하였다. 그에 비해서 농민들은 공출로 인해 생산가에 미치지 못한 가격으로 농산물을 강탈당하는 한편, 그 수입의 일부분과 생산장려라는 명목으로 부여하는 생산장려금마저 강제저축으로 빼앗기고 말았다. 1930년대까지 금융조합의 예금은 높은 금리 때문에 예금할 수 있는 층에게만 혜택이 돌아가는 문제가 있었던 반면,

37) 「金利の水準化目標は何處に」, 『釜山日報』 1938.9.3.
38) 裵永穆, 앞의 글, 1990, 330쪽 참조.
39) 政務總監通牒 「貯蓄奬勵ニ關スル件」(1942.4.18), 朝鮮金融組合聯合會, 『調査資料第28輯 國民貯蓄造成運動に關する資料 第3輯』, 1942, 6~7쪽.

전쟁기에 이르러는 금융조합에의 저축은 오히려 낮은 금리와 강제성으로 인해 농민경제를 파탄나게 하는 요인이 되었다.

제2절 자금운용

1. 농정보조 위주의 자금운용과 농민층 분해 촉진

1) 농사개량사업과 '사회정책적' 자금운용

금융조합의 자금은 주로 대출자금으로 운영하며, 대부되지 않은 자금은 농공은행에 예치해야 했다(지방금융조합령 제9조). 즉 금융조합 자금의 운용은 대출금과 예치금의 두 항목으로 운용되었다. 이는 1930년대 후반 유가증권매입을 시행하기 전까지 지속되었다. 대출금과 예치금 가운데 중심이 된 것은 역시 금융조합업무의 특성상 대출금이었다.

다음의 그림은 1907~1930년 사이 금융조합의 대출금과 예치금의 분포를 그린 것이다. 금융조합은 초기에는 정부부여금을 기초로 하여 대부활동을 펴 갔지만, 대부금이 급속히 증가함에 따라 차입금과 예금으로 그 중심이 옮겨졌다. 금융조합의 대부금액은 자신의 자산규모 이상으로 급격하게 증가한 것이다. 이는 대출금과 예치금의 관계에서도 잘 드러났다. 자금의 예치를 시작한 1908년에는 자금의 57%를 대부하고 43%를 예치하였다. 예치비중은 점차 줄어 1910년 중후반에는 10% 전후로 거의 모든 자금이 대출에 사용되었다. 그렇지만 예금업무가 실시된 이후 운용할 수 있는 자금원이 확충되는 동시에 예치금은 급속히 늘어갔다. 그와 함께 금융조합의 순익금은 1908년 17만 원에서 1912년 11만 원, 1921년 105만 원, 1925년 210만 원으로 가파르게 상승하고 있었다.[40] 이는 금융조합이 자금의 대부분을 대부업무에 사용한다 하더라도

40) 금융조합의 순이익은 1925년을 정점으로 하여 조금 줄어들었다. 이는 이 시기 일본과 조선에 경제가 공황에 들어가기 시작했기 때문에 농민경제 또한 타격을 받고 있었기

<금융조합의 자금운용(1907~1930)>

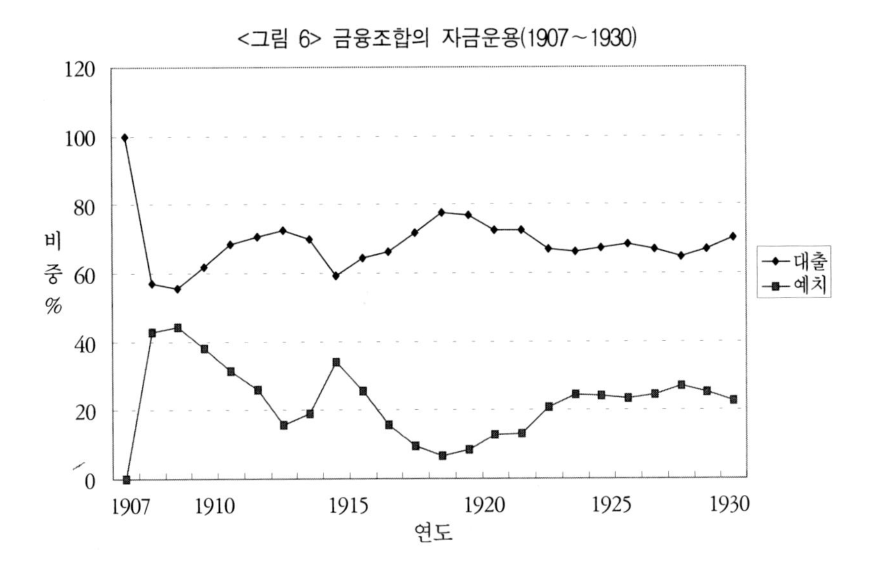

예금으로 인해 확충되는 자금을 대부로 돌리지 않고, 상당 부분을 예치하였음을 보여준다.

자금원천 부분에서 나타난 비조합원 예금의 증가와 그에 대한 지불보증의 강조는 예치금 증가와 병행된 방침이었다고 할 수 있다. 이와 같이 금융조합의 중심이 되어야 할 대출활동은, 자본축적문제와 결부되어 그 수준과 비중이 영향을 받고 있었지만, 금융조합 자금운용에서 비중은 가장 컸다.

다음 표는 대출범위의 추이를 나타낸 것이다. 여기서 대출용도를 보면 1910년대는 토지개간이나 관개사업 등의 토지개량, 종자・종묘・농구 구입을 위한 농사비, 자작용 토지구입, 부업자금으로 농사개량사업을 위한 자금지원과 자작농지 구입과 같이 자작농정책에 자금을 지원하였다. 그런데 1918년에 이르면 일반 농사자금의 대출은 중단되고 토지개량과 자작토지구입, 건물신축 등으로 축소되었다. 종자 구입 등에 쓰이는 농사비나 경작기간 중의 양식비 등 소모성 자금에 대해서는 대출을 중단한 것이었다. 1918년 직접적인 농업지원업무가

때문이다.

중단된 것과 관련된 조치였다. 그런데 1926년 제2차 산미증식계획기에 들면서 농기구와 비료자금 항목이 추가되었다. 1920년대 중후반 日窒자본계의 화학비료공장이 가동되면서 판매비료의 사용을 강화하는 움직임과 관련된 것이었다.[41] 대개 비료는 조선농회를 통해서 공급되었고,[42] 금융조합은 비료구입을 위한 자금을 대출하였다.

<표 15> 금융조합 대출범위의 변천

연도	대 출 범 위
1907	농업상 필요한 자금
1914	1) 개간 배수 관개 기타 토지의 개량자금 2) 자작용 토지의 매입자금 3) 종자 종묘 비료 농구 기타 농업재료의 매입자금 4) 주택 이외의 농업용 건물의 신축, 개축 증축 수선자금 5) 인부임, 농구의 임차비 등의 농사비 6) 경작기간 중의 양식자금 7) 가축 가금의 매입 기타 부업에 필요한 자금
1918	1) 개간, 배수 관개 기타 토지의 개량자금 2) 자작용 토지 구입자금, 자작용토지를 담보로 한 과거 채무 상환자금 3) 주택 이외의 농사용 건물의 신축 개축 이축 증축 수선 구입 자금
1919	1) 개간 배수 관개 기타 토지의 개량자금 2) 자작용 토지의 구입자금 3) 주택 이외의 농사용 건물의 신축 개축 이축 증축 수선 구입자금 4) 점포의 설비에 요하는 자금 5) 전 각호의 용도, 자작용 토지를 담보로 한 과거채무 상환자금
1926 이후	추가 6) 농업용기구 기계 구입자금 7) 비료 구입 자금

자료 : 勅令 제32호「地方金融組合規則」,『舊韓國官報』제3781호, 光武11.6.1 ; 制令 제22호「地方金融組合令」1914.5.22,『官報』제542호, 1914.5.22 ; 制令 제13호「地方金融組合令」개정 1918.6.27,『官報』제1767호, 1918.6.27 ; 1919/1926 보충.

자금대부용도는 총독부의 농정추이에 따라 변화하였으며, 실제 대출 양상은

41) 河合和男,『朝鮮産米増殖計劃』(東京 : 未來社, 1986), 128~133쪽.

42) 1935년 경에도 판매비료는 개인영업자 외는 농회에서만 취급하였으며, 그 비율은 76%에 달했다(朝鮮總督府農林局,『朝鮮の肥料 1938』, 44쪽).

금융조합이 농정체계 속에서 담당하는 역할을 더욱 분명하게 보여주었다. 다음 <표 16>은 1910년대 전반기 금융조합의 대출 양상을 보여주는 것이다.

<표 16> 1910년대 전반기 충청도 금융조합의 용도별 대출 구성(단위 : 천원)

용 도	1910	1911	1912	1913	1914
개간, 관개 등 토지개량	365	2,850	675	3,151	830
자작용 토지구입자금				2,620	85
농업재료구입	1,605	6,481	8,675	4,270	4,038
가축(소)매입자금	6,285	12,210	12,516	15,614	9,032
부업자금	231		380	360	310
계	8,486	21,541	22,246	26,015	15,175

자료 : 『地方金融組合』 제3권3호, 1916.3.

1910년대 초반 금융조합 대출금의 사용처는 가축의 매입자금, 그 중에서도 소의 구입자금이 가장 큰 비중을 차지하였고, 다음이 농업용 재료구입비로서 이 둘이 대출액의 80%를 차지하였다. 일제의 농사개량사업과 관련된 양상이었다. 농사개량사업에서 소의 활용은 무척 중요한 비중을 차지하였다. 경종작업에서뿐만 아니라 소의 부산물로 퇴비를 만들 수 있었고, 게다가 송아지의 판매까지 소의 사육은 부업으로서도 적극 장려되었다.[43] 明治農法의 특성이 단위면적에 많은 노동력과 비료를 사용하는 多勞多肥的 집약농법이었기 때문에 소를 활용한 퇴비의 생산은 매우 중요시되었다.[44] 또한 금융조합에서는 소 구입을 위한 장려방침을 세우고 구입자금을 지원하였다.[45] 이와 더불어 1910년대 전반기 각 면이나 군단위에서 우후죽순과 같이 만들어진 購牛契나 畜産組合과 연결되어 축산농민의 조직을 후원하였다. 다음으로 비중을 차지한 것이 농사재료 구입비였다. 금융조합은 1910년대 초반 일제의 행정체계에 의한 농촌사회

43) 「總督訓示」, 『道農業技術官會議要錄 1912』, 3~4쪽.

44) 퇴비사 건설에 힘쓰라는 것은 1911년부터 시작된 농업기술관회의의 안건 중 하나였다(『農業技術官會議要錄 1911』, 2쪽).

45) 朝鮮總督府忠淸北道訓令 제1호 「地方金融組合員犢牛飼育奬勵規程」(1914.2.16), 『官報』 제470호, 1914.2.25, 278~279쪽.

지배체제가 정비되지 않았을 때 농촌에서 조선농회와 함께 농사개량사업을 추진한 유일한 기관이었다. 금융조합은 농업생산에 개입하면서 자금공급과 농업생산자료의 공급을 통해 농촌사회 내에서 입지를 확보하고자 하였다.

이에 비해서 자작농지 구입자금의 대출은 1910년대 초반경에는 그리 활발하지 않았다. 초기 금융조합 조합원의 계층적 성격 즉 대부분의 조합원들이 토지를 소유하고 있었던 것으로 보아 자작농지 구입 문제가 적극적으로 대두될 필요는 없었기 때문이다. 이 점은 고리대상환자금과도 관련되었다. 고리채문제는 금융조합이 설립될 때 제기되었던 주요한 문제였음에도 불구하고 대출규정에 고리채상환항목이 없었다. 다른 용도로 대출을 받고 고리채를 갚을 수도 있었겠지만, 1910년대 금융조합 가입자들의 계층과 관련해서도 이해할 수 있는 부분이 있다. 설립 초기의 조합 가입자들은 대개 중상층이었던 만큼 이들은 이 문제보다는 더 나은 영농조건을 만드는 것을 중요시하였다고 볼 수 있다. 이는 소의 구입에 대한 비중이 큰 점에서 잘 드러난다.

<표 17> 1920년대 금융조합 용도별 대출(단위 : 千圓, %)

구 분		1921	1923	1928
농업자금	총액	21,224 (81.0)	31,915 (75.8)	47,703 (71.1)
	토지구입	9,943 (38.0)	17,898 (42.4)	29,765 (44.4)
	토지개량	3,097 (11.8)	3,530 (8.3)	3,430 (5.1)
	경우구입	5,367 (20.5)	7,504 (17.8)	10,913 (16.3)
	기타	2,815 (10.7)	2,979 (6.9)	3,592 (5.3)
상공업자금		2,171 (8.3)	4,054 (9.5)	6,217 (9.3)
수산업자금			161 (0.3)	
잡자금		2,742 (10.7)	6,017 (14.5)	13,189 (19.7)
구채상환			5,332 (12.7)	11,891 (17.7)
기타			678 (1.8)	1,298 (1.9)
합계		26,138(100.0)	42,148(100.0)	6,7110(100.0)

자료 : 1921년 朝鮮總督府, 『金融組合槪況』, 33쪽 ; 1923년은 朝鮮總督府, 『제2차 金融組合要覽』, 15~16쪽 ; 1928년은 秋田豊, 『朝鮮金融組合史』, 209~212쪽/金斗宗, 「植民地朝鮮における1920年代の農業金融について」, 『(東京大)經濟學研究』 第5號, 12쪽 재인용.

참고 : ( ) 안은 비율.

다음은 1920년대 금융조합의 대출용도별 양상을 살펴보겠다. 금융조합에서는 1910년대의 연장에서 소 구입자금의 규모는 여전히 컸고 지속적으로 늘어가고 있었다. 그렇지만 그 비중은 줄어들었고, 대신 토지 구입의 비중이 매우 커졌으며 소 구입과 비슷한 비중으로 고리채상환자금이 방출되었다. 1910년대에는 총독부가 추진한 농사개량사업과 결합하여 자금을 방출하였던 데 비해서, 1920년대는 총독부가 추진하던 산미증식계획과 다른 방향에서 자금이 쓰였다. 총독부는 1920년과 1926년 두 차례에 걸쳐서 산미증식계획을 추진하였다. 특히 1926년에는 3억 5천만 원의 저리자금을 투입하여 20년 후에 816만 석을 증산한다는 목표를 세웠다.[46] 여기에 쓰이는 자금의 대출기관으로서 식은과 동척, 금융조합이 지정되었지만, 실제로는 금융조합은 산미증식계획의 핵심사업인 토지개량 부분의 자금에서 배제되었다. 대출에서도 토지개량이 차지하는 비중은 얼마 되지 않았다. 용도부분에 새로 추가되었던 비료구입자금도 비중이 미미했다.

그렇다면 왜 금융조합은 산미증식계획의 핵심사업에서는 배제되고 토지구입이나 고리채 상환 등으로 대출을 추진했던 것일까. 토지개량은 수리조합, 비료는 농회가 주로 담당하였던 데 비해서, 일제가 금융조합에 부여한 역할은 지주적 농정체계 속에서 금융조합이 안고 있던 계급갈등을 완화시키는 것이었다. 농본주의에 입각한 소농금융기구로서의 위상과 부분적으로라도 '사회정책적' 기능이 요구되었던 당시 사회적 분위기에서 금융조합의 역할이 규정된 것이다. 식산은행과 동척을 통해서 장기 자금을 방출하여 증산정책을 추진하고, 금융조합에는 지주층의 양성을 통한 증산정책인 산미증식계획으로 발생할 수 있는 지주적 농정이 가져오는 문제점을 완화시키는 임무를 부여하였다.[47] 1910년대의 활동이 농사개량사업에 중심을 두면서 부분적으로 자작농지 구입자금을 실시했던 것에 비해서 1920년대에 들어서는 자작농지 구입이라는 자작

46) 朝鮮總督府, 『朝鮮産米增殖計劃要綱』(1926.12).
47) 1910~20년대 일제의 지주적 농정으로 인한 농촌 계층변화에 대해서는 鄭然泰, 「일제의 식민농정과 농업의 변화」, 『한국역사입문③』, 풀빛, 1996 참고.

농 창정과 같은 활동이 중심에 떠올랐다. 또 춘궁농민이 대량으로 발생하고 세금액수가 늘어나는 등 현금수입의 필요성이 더욱 가중되는 상황에서 필연적으로 늘어나는 고리대 문제를 일정하게 해소할 필요에서 이 시기부터 고리대를 금융조합대출금으로 대체하는 고리채상환자금이 방출된 것이다. 이럴 경우 상환이자가 감소하기 때문에 자금을 상환할 수 있는 계층에게는 상당한 도움이 되었을 것이다.

2) 제한적 소농금융활동

(1) 금융조합원의 분화

1920년대까지의 금융조합 대부활동은 소수의 자작・자소작농층의 안정화라는 측면에서 기여하였다고 평가할 수 있다. 그와 더불어 경제적 몰락을 경험하는 다수의 조합원들이 있었다. 이 분화의 양상을 살펴보자.

금융조합에서 자금을 빌린 결과 경제적인 안정을 이룬 조합원도 제법 있었다. 금융조합의 홍보자료에 다수 나와 있는 조합원들이 그들이다.[48)]

소작농과 자소작농의 예를 들어 보겠다. 충남 연기조합의 조합원인 崔敬允은 가난한 농가에서 태어나 소작 논 3단보를 경영하는 순소작농인데, 6인 가족이 있어 식량도 부족하고 부채에 시달려 왔다. 그런데 그의 정직하고 근면한 생활태도를 높게 본 동리의 금융조합 組長이 그를 추천하여 1925년 금융조합에 가입하였다. 그는 금융조합에서 부업자금으로 40원을 대부받아 고물 打綿機와 가마니짜는 기계를 구입하고 가마니를 짜고 겨울에는 낡은 면을 사서 타면하거나 행상을 하여 첫 해에 80원의 수익을 얻었다. 그 돈으로 조합에서 빌린 40원을 갚고 고리채도 정리했다. 그후 1927년 저축액 250원과 조합에서 차입한

---

48) 금융조합이 자신들의 업적을 홍보하기 위해 만든 책자는 지속적으로 편찬되었다. 대표적인 것은 다음과 같다. 朝鮮經濟協會, 『金融組合に關する逸話』, 1923 ; 朝鮮金融組合聯合會調査課, 『組合員は斯くして身を起す』, 1934 ; 朝鮮金融組合聯合會調査課, 『明るい村』, 1936 ; 朝鮮金融組合聯合會 調査課, 『殖産契の經營事例』, 1941 ; 重松髜修, 『朝鮮農村物語』, 中央公論社, 1941.

돈으로 논 3단보 3묘를 구입하고 소작지를 늘려 여유있는 자소작농이 되었다. 그후 다시 1931년 논 6반을 구입하여 1정보에 가까운 토지소유자로 성장하였다. 이렇게 빈농도 금융조합의 지원을 받고 열심히 일하면 성공할 수 있다는 예였다. 금융조합의 사례집에는 이런 순소작농의 예가 주를 이루었다.

이에 비해서 본래 자소작농이었던 전남 신북조합의 吳二永은 자소작농이 금융조합을 활용하여 상당한 자산가로 성장한 예였다. 오이영은 1926년 금융조합에 가입했는데, 가입시 자산은 자작논 3두락반, 소작논 10두락으로 소작료를 지불하면 남는 것이 거의 없는 생활이었고, 고리채가 약 200원이 있었다. 조합에 가입한 후 그는 자작답을 담보로 230원을 대부 받았고, 그 돈으로 논 2두락과 밭 10두락을 매입하였다. 그리고 양잠부업을 하여 그 돈으로 고리채를 갚았다. 그후 양잠수익만으로 논 3두락을 매입하고, 1930년대에 들어서는 조합의 특수산업저리자금을 활용하여 자작용토지를 구입하였다. 그 외에 양계와 양돈 등의 부업을 하고 겨울철 농한기에는 곡물상으로 자금을 점차 늘려 갔다. 그 결과 1930년대 중반에는 논 1,800여 평, 밭 2,000여 평, 임야 9만 평, 기타자산 1,500여 원을 보유하였고, 부업 등으로 1,300여 원의 수익을 올리고 저축도 수백 원을 하는 등 안정된 생활을 할 수 있었다. 기초자산이 있을 경우 금융조합의 자금대부가 경영에 안정성을 가져올 수도 있음을 보여주는 예였다.[49)]

이와 같이 금융조합을 활용하여 자소작농 또는 자작농으로 성장하는 경우가 있었음을 볼 수 있다. 소작농일 경우 대출금은 대부분 부업자금으로 쓰였고, 그들은 소작경영으로는 몰락할 수밖에 없는 현실을 부업을 통해서 생기는 현금수입으로 보전하였고, 그것에 금융조합자금이 일정한 상승의 발판을 만들어준 것이었다. 이 경우는 대출금액이 소액이었고, 소작인이 조합원으로 가입할 수 있도록 추천한 조장이나 평의원이 보증인이 되었기 때문에 가능하였다. 즉 주업인 농업을 통한 재생산이 불가능해진 소작농을 부업으로 유도하여 현금수입을 생기게 하고, 그것을 통해서 일정한 생활의 안정을 꾀하도록 한

---

49) 朝鮮金融組合聯合會調査課, 『組合員は斯くして身を起す』, 1934.

것이다. 이럴 때 그 소작인은 조합의 방침에 따라 생활이 어느 정도 여유를 갖게 되었다는 사실로 인해 근본적인 지주제의 문제점을 인식할 수 없게 되었고, 나아가 자신의 보증인이 된 지역 유력자들에게 사회적인 지지를 표명할 수밖에 없었다. 금융조합이 실현하려 했던 계급대립의 완화와 사회적 불안정을 해소하려는 정책방향이 실행되는 경우였다.

이에 비해 기본자산이 있었던 자작 또는 자소작농은 대부분 금융조합자금을 토지매입자금으로 사용하여 소작을 그만두거나 토지규모를 늘리고자 했다. 소토지 소유자가 되고, 거기에 부업을 통해서 일정한 현금수입이 생기면 이른바 '사회안전판'으로서 보수적인 안정희구세력으로 정착하였다. 그렇기 때문에 일정하게 경제력이 향상된 후 이들은 1930년대 들어 농촌진흥회 위원이나 식산계장 등 일제가 육성하고자 했던 이른바 '중견인물'로서 역할을 수행하게 되었다.

그러나 금융조합에서 자금대출을 받고 그것을 활용하여 경제적 안정을 이룬다는 것이 조합원들 전부에 해당된 것은 아니었다. 1910년대 초반부터 금융조합원의 탈락은 지속적으로 있어 왔다. 1910년대 여러 차례 개최된 금융조합 이사들의 회동보고에는 각 조합들이 조합원들을 어떻게 교체하였는지를 알 수 있는 여러 사례가 나온다. 전주지방금융조합의 경우 창립 시 951명이던 조합원 중 1915년까지 계속 남아 있던 조합원은 40명뿐이었고, 전체 조합원수도 331명으로 줄어들었다.[50] 911명이 탈락하였고, 그 이후에는 조합원을 선별적으로 받아들였다. 또 황해도 신계조합은 대부신청자 가운데 용도를 속이거나 상환이 양호하지 않은 조합원은 제명 탈퇴시키고 항상 불량조합원을 도태시키고 있다고 보고하였다.[51] 뿐만 아니라 1914년 「지방금융조합령」에서 출자금 제도를 실시한 이래 제1회 불입금을 내지 못한 조합원들은 모두 제명당했다.[52] 그리고 늘 조합원 통계에서 회계연도 말 전달과 다음 회계연도 초의 조합원

50) 『答申書 1916』, 380쪽.
51) 『答申書 1913』, 145쪽.
52) 『答申書 1915』, 135쪽.

수에는 현격한 차이가 있었다. 이 점은 회계정리 이전에 이른바 불량조합원들을 일제히 탈락시켰음을 의미하였다. 특히 1920년대 중후반기의 금융공황 하에서 연체가 속출하고, 그에 따라 곡물과 토지를 차압당하는 일이 빈번하게 발생하였다.[53] 그에 따라서 금융조합에 유입되는 물건은 점차 늘어 갔다.

<표 18> 금융조합 유입물건의 추이(단위 : 圓)

연도	촌락조합	도시조합	계
1927	266,191	147,420	413,611
1928	295,879	183,160	479,039
1929	391,616	229,381	620,997
1930	355,181	242,653	597,834
1931	464,978	333,330	798,308
1932	709,516	490,869	1200,385
합계	2,483,361	1,626,813	4,110,174

자료 : 朝鮮金融組合聯合會, 『金融組合經營統計』, 1935, 9~20쪽.

위의 표에서 보면 1927년부터 1932년까지 불황에서 대공황기로 넘어가는 시기에 금융조합의 대부금을 갚지 못해 금융조합의 소유로 들어온 자산이 촌락조합은 250만 원 가까이 되었고, 전 금융조합을 합해 400만 원이 넘는 큰 액수였다. 게다가 금액은 시간이 감에 따라 점차 늘어나 1927년 40만 원대에서 1932년 120만 원대로 급격하게 증가하였다. 이 시기는 공황기에 접어드는 때로 농가경제의 어려움이 더 커지고 있었는데, 이와 같은 유입물건의 증가는 그만큼 농가경제가 취약했음을 반영하는 것이었다.

금융조합원이 파산과 탈퇴, 차압이라는 몰락을 경험하는 속에서도 금융조합의 경영은 그다지 어려움을 겪지 않았다. 금융조합은 창설 후 1922년 말까지 16년간 대출총액이 2억 6500만 원이었지만 회수 불능으로 인한 결손에 따른

53) "금융조합의 조합원수를 보면 매년도 말 현재 조합원수는 그 전월 말에 비교하여 뚜렷하게 감소하는 양상이 보인다. 회계연도로 보면 1931년도 회계 말인 1932년 3월과 그 전달을 비교하면 74만 6,611인에서 72만 6,321인으로 격감하였다. 금융조합이 조합원의 금융을 완화하여 경제의 발달을 이루지 못하고 오히려 産을 파괴하여 연도 말에 이르러 조합원인 자를 제명하기 때문이었다"(車田篤, 앞의 책, 66~67쪽).

불량대출은 총액 8만 5천 원이었고, 돈을 떼인 것은 총대출액에 대해 0.0003% 정도로서 거의 없다고 보아도 좋을 정도였다.[54] 금융조합이 돈을 떼이는 일은 거의 없었다는 것이다. 이는 조합원들이 대부금 상환을 연체하는 일이 없다거나 대부금을 거의 완납하기 때문이 아니었다. 대부금을 연체할 경우는 수확곡물을 차압하여 변제를 해결하거나, 금융조합이 신용대부를 했을 때 변제하지 못하면 자산 있는 보증인에게서 받으면 되었고, 담보대부라면 담보물인 토지를 매각해 버리면 금융조합은 피해를 거의 입지 않기 때문에 금융조합이 돈을 떼인다는 것은 극히 드문 일일 수밖에 없었다. 게다가 금융조합의 회계 상에서 관행상 회수불능을 예상하는 대출금을 장부에 그대로 남겨 다음 해로 넘기는 일이란 없으므로 연말에는 장부상의 정리를 위해서 담보물을 처리함으로써 자금을 회수하고 조합원을 제명함으로써 깔끔한 장부를 만들 수 있었다.[55]

(2) 금융활동의 계층적 제한성

금융조합 경영과 금융조합원의 경제가 같은 궤를 그리지 않고, 따로 전개되는 원인은 우선 금융조합이 조합원들의 가입과 대부에서 제한을 두기 때문이었다. 첫째 금융조합은 소비금융은 비생산적 금융이라는 이유로 대부를 하지 않고 생산적인 부분에만 대부를 하였다. 춘궁기에 식량이 떨어지는 농가가 상당수에 달하는 상황에서 1918년 이후는 경작기간의 양식자금에 대한 대부를 중단하였다. 또한 관혼상제나 기타 여러 생활자금과 같은 소비금융에 대한 대부를 하지 않음으로써 이런 용도를 위해서 어쩔 수 없이 고리대를 사용할 수밖에 없었다. 이는 원천적으로 절량농가에게는 자금대부를 하지 않겠다는 표현이기도 했다. 그렇기 때문에 춘궁기가 되었거나 여러 사정으로 급한 돈이 필요했을 때 조합원이라 할지라도 금융조합보다는 고리대를 활용하였고, 그에 따라 고리대의 순환구조에서 벗어날 수 없게 되었다.[56]

---

54) 山根譓, 앞의 책, 223쪽.
55) 山根譓, 위의 책, 225쪽.
56) 牟田口利彦, 「舊債償還資金貸出問題」, 『金融組合』 22, 1930.8, 2~4쪽.

둘째 계층적으로 가입과 대부를 제한하였다. 다음 표는 1910년대부터 1932년까지 촌락금융조합 대부금의 종류별 현황을 살펴본 것이다.

<표 19> 금융조합 대부금 종류별 비율과 1구당 금액

연도			대부금 비율(%)			1구당 금액(圓)	
			1908	1923	1932*	1923	1932*
보통	담보	구		18.5	15.3	98.44	130.16
		금액	79.9	28.8	55.9	153.16	476.33
	무담보	구		81.5	71.7	85.99	70.82
		금액	20.1	71.2	39.0		51.25
특수	담보	구			11.1		
		금액			5.1		

자료 : 度支部,『韓國財務經過報告 제2회 융희2년 하반기』, 1908, 315~319쪽 ; 朝鮮經濟協會,『金融組合及金融組合聯合會槪況 大正12年度末現在』, 1923, 34~35쪽 ; 車田篤,『朝鮮金融組合論』, 170쪽.

참고 : 1932년 특수자금은 업무정리대부금을 포함한 것.

1910년대 초반 금융조합의 대부종류는 대부금액을 볼 때 담보대부가 보증인부 신용대부보다 훨씬 큰 비중을 차지하였다. 그렇지만 1923년에는 보증인부 신용대부가 담보대부의 약 2.5배를 차지하여 45%에 해당할 정도로 증가하였다. 그러나 다시 1932년에는 담보대부가 더 많은 비중을 차지하였다. 대부구수와 대부금액의 관계를 보면, 늘 담보대부는 대부구수의 비중에 비해서 대부금액의 비중이 높았다. 이런 양상은 1932년에 이르러 극적으로 나타났는데, 15.3%의 사람이 55.9%의 대부금을 받은 데 비해서, 보증인부 신용대부를 하는 경우는 71.7%의 사람들이 39%의 대부금을 받는 데 불과했다. 담보대부의 1구당 금액이 1923년경에도 신용대부의 약 배가 되었고, 1932년에는 6배가 넘는 상황에서 더 잘 드러난다. 담보대부를 할 수 있는 층이 더 유리하게 금융조합을 이용하고 있었다.

금융조합의 대부가 원천적으로 담보를 제공할 수 있는 계층에게 문호가 개방되어 있고, 절량농가라고 볼 수 있는 영세농민들에게는 폐쇄되어 있음은 조합가입과 대부금 사정에서 기초가 되는 신용조사에서 이미 결정되어 있었다.

담보대부의 경우는 담보물이 기준이 되기 때문에 별 문제가 되지 않으나, 무담보 즉 보증인부 신용대부의 경우는 위의 신용조사가 결정적으로 작용했다. 금융조합은 대부한 자금을 떼이지 않도록 하는 사전조치이자, 대부를 받은 조합원을 관리하기 위한 방침으로 신용조사를 실시하였고, 대부 후에는 엄격하게 대부자를 관리하였다. 상환을 못할 경우 담보물이 있으면 담보물로 변제하고, 보증인부 신용대부일 경우는 보증인에게 변제를 하도록 하기 위해서였다. 그래서 보증인부 신용대부에서는 대부자만이 아니라 보증인에 대한 조사가 병행되었다.

1912년 남양금융조합을 살펴보자. 아직 금융조합 전체에 대한 공통된 대부방법과 사후관리에 대한 규정이 마련되지 않는 상태였는데, 남양에서는 이미 실시하고 있었다.[57] 우선 자금대부를 신청할 때에는 신용조사와 면담을 행한다. 조합원이 자금대부를 신청하면 이사는 사용방법을 질문하고 조합원의 신용대장과 답변내용을 대조하여 금액을 결정한다. 그러나 사용방법이 이상할 경우는 다음 번을 약속하고 일단 되돌려보내고, 조합원 관할 평의원과 면장에게 조회한 후 출장하여 조사하고서 대부 여부를 결정하였다.

만약 신용대부를 받을 수 있으려면 代物 代人 신용이 모두 높아야 하는데, 전 재산이 150원 이상이며 지방의 모범이 될 만한 인물이면 신용대부가 수월하였다. 그런데 대인신용은 충분하더라도 담보로 제공할 재산이 없는 경우는 평의원이나 면의 자산가 2명 이상의 보증인을 세워야 하고 보증인이 여러 명이 안 될 경우는 대부를 해주지 않았다. 물론 신용대부와 담보대부 모두 1명의 보증인은 반드시 필요했다. 담보대부를 할 때 담보물은 상환이 곤란할 경우 처분을 쉽게 하기 위해서 주로 논으로 차입하고, 평가격은 대략 1두락(약 100평) 평균 10원으로 하며, 면적에 따라서는 면장의 증명을 요구하기도 했다.

이렇게 자금을 대부받을 수 있는 요건이 되어 대부금을 내줄 때 현금은 반드시 본인에게 건네주고 대리인은 인정하지 않았다. 그리고 대출과 동시에

---

57) 『答申書 1912』, 59~60쪽

차용증서를 징수한다. 단 담보대부일 때에는 담보차입증과 상환기일의 다음날부로 하는 담보물매각위임장을 징수하였다. 이는 한말부터 일본인들이 사용하던 저당유질의 방식과 동일하였다. 부채조합원은 본인이 연령・직업・인감・신용정도・대부금액・기한・사용처・담보물 등을 기입한 통장을 건네받는다. 그리고 대부 후 평의원은 대부금의 사용처를 조사하였다.

이와 같은 기준들은 조금씩 다르지만 대부분의 조합에서 이행하는 것들이었다. 여기서 조합원의 신용평가를 하는 기본은 신용조사표 또는 신용대장이었다. 신용조사는 1914년에는 자산・성행・근면의 항목 외에 2항목을 조합이 임의로 한정할 수 있도록 하고, 각각 30점 만점으로 합계 150점이 만점이었다. 1918년에 이르러 순자산, 성행, 근면, 기능, 分度를 각각 20점 만점 합계 100점으로 바꾸고, 그 외에 자산이 있는 자에게는 특별점수 200점을 더해서 이들은 보증채무만으로 충당할 수 있도록 하였다. 1927년 각 지역의 신용조사 방법이 통일되어 인물과 생계 상태를 각각 40점 만점으로, 거기에 순자산을 20점 만점으로 하여 합계 100점 만점으로 평가를 바꾸었다. 이때도 역시 특별점수는 동일했다.[58] 전체적으로 보아서는 신용조사가 엄격해지는 듯이 보이지만, 개별 조합으로 보면 이미 1910년대 초반부터 거의 동일한 신용조사방법이 행해지고 있었다. 다만 뒷시기로 갈수록 양식과 규정이 일정해짐에 따라서 균일한 평가가 이루어질 수 있었다는 점이 다르다고 할 수 있다.

그러면 신용조사의 점수 즉 인격과 자산으로 구분된 신용평가 기준을 살펴보자. <표 20>은 안악지방금융조합의 신용정도 채점방법을 예시한 것이다.

조합원으로서 자금대부를 받기 위해서는 확실한 수익이 있는 토지를 소유하고 있는 것이 가장 좋았다. 그렇지 못할 경우는 열심히 일을 하고, 농사개량도 하고, 부업도 하며, 술과 도박을 해서도 안 되고, 저축을 하면 훨씬 유리했고, 늘 금융조합에 가까이 하여 조합이 시행하는 시책에 잘 따른 사람이어야 했다. 자금대부를 해주는 한편으로 총독부의 농사개량정책과 금융조합의 시책에

---

58) 山根譓, 앞의 책, 202~210쪽.

순응하게 만들고자 하는 것이었다.

<표 20> 안악지방금융조합의 신용정도 채점방법(1916년)

항목	신용 상태	득점
자산	확실한 수익이 있는 토지의 가격(조합인정) 150원 이상은 만점	30
성행	덕의심 5점, 의지 5점, 공공심 5점, 건강 5점, 의무심 5점, 質實 5점(주로 납세성적 참작) 음주, 도박, 낭비 죄는 정상에 따라 30점 이하 4점 이상을 감한다. 상은 원인에 따라 만점에 달하지 않는 자에 한해 5점을 올린다.	30
근면	열심 10점, 기능 5점, 개량심 5점, 경험 5점, 부업 5점 특히 기능이 있는 자는 만점에 달하지 않는 자에 한하여 5점을 올린다.	30
정직	조합의 취지철저 5점 항상 진실을 말하는 것 10점 자각심 5점 조합의 성적과 접근정도 10점	30
저축	저축심 5점 정기로 예입하는 자(1개월에 1번 이상)를 20점으로 하고, 기타는 15점 이하 부업으로 저축하는 자 5점	30

자료 : 朝鮮總督府, 『地方金融組合理事會同答申書 1916』, 439쪽.

이때 신용에서 가장 중요한 기준은 자산이었다. 확실한 수익이 있는 토지를 소유하고 있을 경우는 남양조합의 예로 볼 때 보증인 1인만 있으면 신용대부가 가능했다. 자산이 있으면 보증인을 세운다는 것이 그리 어렵지 않았을 것이다.

일단 자산이 많으면 신용점수가 높아지기 때문에 인격적인 측면에 대한 고려는 그리 중요하지 않았다. 또 인격점수라 할 수 있는 성행은 납세성적을 기준으로 삼기 때문에 자산의 유무와 관련이 있을 뿐만 아니라 자금대부를 매개로 일본제국주의의 조선지배에 순응시키려는 의도가 깔려 있었다. 또한 정기예금을 하는 자의 점수가 부업저축을 하는 조합원의 점수보다 높다는 것은 영세 조합원의 부업을 통한 조합 참여보다는 자산이 있고 일정한 수익을 정기적으로 올릴 수 있는 계층을 선호하고 있다는 것을 알 수 있다.

이런 기준으로 했을 때 안악지방금융조합 조합원의 평균 신용상태는 자산 18점, 성행 22점, 근면 16점, 정직 17점, 저축 11점, 평균득점 84점. 150점 만점에서 84점이었다. 이에 근거하여 조합에서는 조합원들에 대해서 “성행이 완비에 가깝고, 근면은 부업과 개량심이 부족하며, 정직에는 자각심과 조합성적에 미치지 못한 바가 있으며, 저축은 매월 1회 이상 저축하는 자가 적으므로 득점이 낮은 상태다"라고 평가하였다.[59]

금융조합은 대부활동을 통해서 농촌 내의 중견인물을 양성하는 데 초점을 두었다. 신용조사와 사후관리 등 대부를 한 조합원에 대해서 엄격한 관리시스템을 갖추어 가고 있었던 것이다. 대부를 받을 수 있으려면 그 지역 내에서 자산이 있다거나 인격적으로 인정을 받을 정도는 되어야 했다. 이런 인물은 일제가 추진하는 중심인물에 가장 적당한 요소를 갖고 있었다.

그러므로 이들을 금융조합 조합원으로 가입시켜, 금융 지원을 하고, 그들의 신상을 구체적으로 파악하면서 생활, 생산 부문까지 모든 것은 관할하는 이른바 '지도금융'을 지향하고 있었다. 즉 조합원의 신용조사는 조합원에 대한 여신측정의 저울이기도 했지만 이것이 완비됨에 따라 금융조합이 금융을 매개로 개인의 생산활동, 일상활동까지 지배할 수 있는 기초를 만들어 가고 있었다.

이렇게 금융조합이 계층적 차별성을 갖고 대부활동을 하였기 때문에 많은 농민들은 어쩔 수 없이 고리대를 이용할 수밖에 없었다. 다음 <표 21>은 1925년 황해도지역의 농가부채를 조사한 것이다.

<표 21> 농가부채의 조사

동명	총호수(호)	농가호수	차금있는호수	차입총액(원)	차입선별(%)			용도별(%)				신용별(%)		보통금리(할)
					보통대차	계	금융조합	농업	의식	관혼제례	재해 등	담보	신용	
A	27	26	10	682	48	45	7	20	40	30	10	60	40	4
B	30	36	20	1000	50	30	20	50	15	30	5	?	?	?
C	228	227	65	650	업자 40 기타 60	-	-	30	20	40	10	30	70	3

자료 : 近藤康男, 『朝鮮經濟の史的斷章』, 東京 : 農山漁村文化協會, 1987, 69쪽.
A 황해도 해주군의 보통농촌, 계 5개, 최승호씨 조사
B 황해도 재령군의 도작농촌, 조건 나쁨, 이재룡 씨 조사
C 황해도 황주군의 양잠 목면도 행하는 부유한 2리의 합계, 김덕에 씨 조사

59) 『答申書 1916』, 440쪽.

이 농가 부채조사는 1924년 황해도 사리원농학교장 노무라 미노루(野村稔)가 학생들에게 몇 개 동리의 부채 현황을 조사하도록 해서 정리한 것이었다. 일반 농촌에서는 대지주가 아니고서는 식산은행이나 보통은행 같은 은행에서 대부를 받는 경우란 없었다. 그나마 상대적인 저리로 일반 농민들이 대부를 받을 수 있는 금융기관이라고는 금융조합뿐이었다.

그런데 1920년대 중반 4개 동리에서 금융조합을 이용하는 농가는 매우 드물었다. 그보다는 보통대차나 계를 이용하는 비중이 더 컸다. 금융조합이 근대적인 금융운영체계를 도입하고 상대적으로 낮은 금리를 제공한다는 점은 농촌사회의 금융상황으로 본다면 긍정적인 면이 많았다. 그럼에도 불구하고 금융조합에 비해서 여전히 고리대가 맹위를 떨치고 있었다. 금융조합이 1925년에 전 농가의 14.1%를 포괄하는 상황에서 금융조합에 가입하지 못한 86% 정도의 농가는 고리대를 이용할 수밖에 없는 것은 현실이었다.

문제가 이것만이라면 그저 금융조합의 수를 늘려 가면 될 뿐이었다. 하지만 더 심각한 문제는 금융조합 자금이 농촌 내에서 순환되는 과정에 있었다.

> 총독부에 기대어 자만하기 딱히 없는 지방금융조합은 결국 중농 이상의 부자, 양반들에게 빈민을 괴롭힐 고리대 자금을 공급하고 있다. …… 이사는 장부를 관리하는 일에 급급하며 빈민 따위에게는 돈을 빌려주지 않고, 이 고마운 기관을 이용하는 자는 확실한 저당을 가진 부자 양반무리들이다.60)

이 글은 한 일본인이 바라본 금융조합의 모습이었다. 바로 금융조합은 자금을 농촌 상층부에 집중해서 대부하고 있으며, 이는 다시 영세 농민층에게 고리대로 재생산되고 있음을 지적한 것이었다. 금융조합의 문제점은 여기에 있었다. 소농층을 위한 저리 생산자금을 공급하는 것이 목적이면서도 실제는 지주를 비롯한 유력자층을 중심으로 운용되었다. 따라서 농민들은 실질적인 금융대부를 받을 수 없었다. 단지 금융조합의 수가 적어서가 아니라, 금융운영이 왜곡되

---

60) 中野正則, 『我が觀たる滿鮮』, 1915, 378~379쪽.

어 고리대가 사라지지 않고 더욱 확대되는 금융구조가 유지되었던 것이다.

2. 통제농정 수행을 위한 자금운용

1) 대부액의 증가와 소농대상 금융활동의 강화

중일전쟁이 일어나기 전까지 연합회의 자금운용 총액은 1935년부터 금융채권을 발행하고, 예금증가로 인해 자금원의 안정성을 확보하였다. 그에 따라 운용할 수 있는 자금은 1933년 8,195만 9천 원에서 1941년 2억 9,034만 6천 원으로 3.5배 이상 증가하였다. 일제의 통제농정 실시를 위해 자금이 연합회에 집중되었기 때문이다.

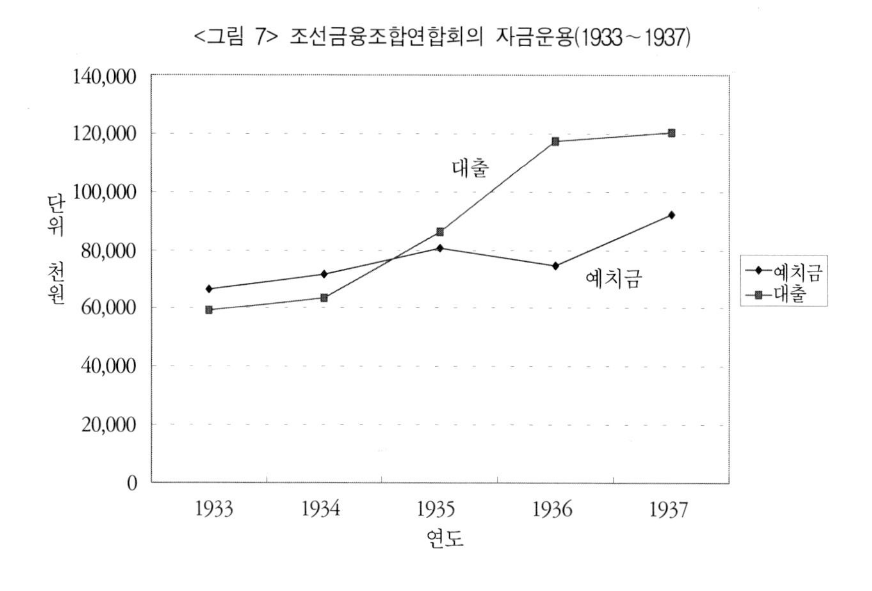

<그림 7> 조선금융조합연합회의 자금운용(1933~1937)

위의 <그림 7>은 중일전쟁 이전 조선금융조합연합회의 자금운용에 관한 것이다. 이를 보면 1934년과 1935년을 사이에 두고 예치금과 대출금의 추이가 변해 대출위주의 자금운용으로 바뀌고 있다. 특히 식산은행에의 예치금이

1933년보다 1937년에 급속히 줄어 8% 정도를 차지하였다. 그 대신 자금의 대부분이 대출자금으로 쓰여 전체 자금운용의 80%를 넘었다.

이는 자금을 예치하여 자본을 축적하기보다는 단위 금융조합의 일반 조합원들을 대상으로 한 대부 업무가 연합회 사업의 중심을 차지하고 있었음을 의미하였다.

이 시기 일제가 금융조합에 요구한 것이 농촌사회에 자금을 공급하여 농촌 파탄을 억제하고 조합원으로 포섭한 농민층을 개량화시키는 데 있었음을 보여준다. 즉 준전시상태에서 대륙침략을 위한 후방기지의 안정화라는 목표에서 비롯된 것이었다.

이 시기 조합원 확대사업으로 인해 대출수요도 늘었고, 그에 따라 대출총액도 급속하게 증가하였다. 이 가운데 대장성예금부의 특별차입금에 의한 특별대부금은 중일전쟁 무렵까지 빠르게 늘어났다. 일제의 정책성 자금루트로서 금융조합의 역할이 강화되고 있었던 것이다.

특별대부금은 ① 농사개량자금[61] ② 특수산업자금[62] ③ 부채정리자금[63] ④ 수해복구자금[64] ⑤ 특수저리자금[65] ⑥ 미곡응급자금으로 특정한 사용조건

61) 농사개량자금은 산미증식계획에 기초한 농사개량을 위해 대부하는 것으로 주로 비료구입자금이며, 여기에 경작과 미곡조제용 기계기구 양수기 발동기의 구입이나 소 구입자금으로 쓰였다. 대부기간은 비료구입은 1개년 이내, 기타는 5년 이내의 연부상환 방법이며, 담보대부는 300원까지, 무담보는 200원까지였다.

62) 특별산업자금대부는 ① 자작용 토지구입 ② 소 구입 ③ 점포와 주택 설비 기타자금에 충당하는 것이었다. 자작용 토지구입자금에 충당할 경우는 구입할 토지를 담보로 제공할 것을 조건으로 하며 5년 이상의 연부상환으로, 구입할 토지와 그 소유경지의 법정지가가 550원을 넘지 않는 자에게만 융통하였다.

63) 부채정리자금은 조합원들이 전에 가지고 있던 고리의 부채를 정리하는 것을 목적으로 한다. 담보대부는 1천 원을 한도로 하며, 15년 이내의 연부상환 또는 10년 이내의 월부상환방법으로 하며, 무담보대부는 200원을 한도로 5년 이내의 연부상환이나 월부상환에 의한다.

64) 수해복구자금은 1934년 남부지역 5개 도에서 일어난 수해와 1936년의 중부와 남부지방의 풍수해를 입은 조합원의 구제를 목적으로 한 것이다.

65) 특수저리자금은 농촌진흥시설자금 중 면작 공동포의 구입, 공동경작지의 구입 공동이용에 쓰이는 기계 기구의 구입을 목적으로 한 자금에 충당하는 것으로 5년 이내의

을 걸고 융통되었다. 금융조합은 이 가운데 고리부채정리, 자작농설정자금, 농사개량시설의 3항목에 집중하여 융통을 하였다.[66]

보통대부도 1934년에서 1938년까지 거의 두 배 가까이 늘어났다. 예금증가와 금융채권 발행에 따른 운용자금의 확대가 대출증가로 이어진 것이다. 이들 자금은 ① 농업자금[67] ② 상공업자금[68] ③ 수산업자금[69] ④ 잡자금[70]으로 구분되는데, 대출금 중 촌락조합에서는 농업자금이, 도시조합에서는 상공업자금이 많은 비중을 차지하였다. 이 가운데 장기 자금은 토지구입, 농사건설, 경우구입, 점포설비, 구채상환에 쓰이는 것으로 장기대부를 이용하며, 비료구입 양식구입 부업자금은 단기대부로 융통되었다.

다음 <표 22>는 1930년대 촌락금융조합의 대출추이를 살펴본 것이다. 촌락금융조합에 대한 자금대부에서 특별대부금과 보통대부금은 같은 경향성을 띠고 운영되었다. 가장 많은 자금이 투입된 곳은 구채정리였고, 다음은 토지구입, 다음이 소 구입 순이었다.

소 구입자금은 1910년대부터 금융조합 자금대부에서 지속적으로 진행되었고, 특히 1910년대 대부의 가장 중요한 부분을 차지하였다. 그에 비해서 토지구입자금은 1920년대부터 커지기 시작하다가 30년대에 급속히 늘어난 부분이었다. 구채정리는 20년대까지 그다지 비중이 크지 않다가 공황기에 들면서 집중적으로 운용되었다. 특히 구채정리는 1930년대 전체에 걸쳐 금융조합 사업의 가장 중요한 부분이었다고 할 수 있다.

특히 특별대부금은 1934년에는 부채정리와 토지구입자금의 비중이 비슷하나 1938년 이후는 부채정리자금의 비중이 압도적이었다. 1930년대 전반기의

정기상환 또는 15년 이내의 연부상환방법으로 융통되었다.

66) 朝鮮金融組合聯合會, 『朝鮮金融組合の現勢』, 1937, 29~32쪽.

67) 농업자금은 ① 자작용토지구입 ② 농사건설 ③ 농기구구입 ④ 경우구입 ⑤ 비료구입 ⑥ 농업양식구입 ⑦ 농업노임지불 등으로 구분되었다.

68) 상업자금은 ① 점포설비 ② 상품사입 공업용원료구입 ③ 공장설비 등이었다

69) 수산업자금은 ① 어업설비 ② 어구구입 ③ 어업노임지불 ④ 어업양식구입 등을 포함한다.

70) 잡자금은 주택설비, 가정정리, 구채상환 등이다.

농촌진흥운동이 본격적으로 추진되던 시기 특별대부금에서 자작농지설정사업과 고리채정리사업의 비중을 비슷하게 설정했다면, 중일전쟁 이후는 자작농지설정사업의 비중이 감소했다고 볼 수 있다. 그에 비해서 보통대부금은 양자가 일정한 비율을 유지하는데, 토지구입자금의 성격에 따라서 보통장기대부에서 가장 많은 비중을 차지하였다.

<표 22> 1930년대 촌락금융조합의 대부내역

		계			보통단기			보통장기			특별		
		1934	1938	1939	1934	1938	1939	1934	1938	1939	1934	1938	1939
합계액(千圓)		101	182	171	48	80	109	33	48	62	20	53	43
	토지구입	36.3	34.7	26.0	30.3	34.9	34.6	54.6	58.8	0.1	21.2	12.3	16.0
	토지개량	1.9	0	0	2.4	0	0	2.2	0	0	0	0	0
	농사설비	1.1	0.4	0.7	1.7	1.0	0.8	0.8	0.1	0.6	0.3	0	0
	농구구입	0.5	0.5	0.6	0.6	0.7	0.6	0.1	0.3	0.2	0.9	0.3	0.3
	경우구입	10.4	8.7	11.5	17.9	14.2	13.2	0.8	2.7	1.6	7.8	5.8	10.2
	비료종자	1.2	2.6	3.7	2.4	3.1	3.1	0.04	0.4	0.03	0	3.8	6.8
비중	노임	1.9	1.2	1.6	3.8	2.5	5.5	0.1	0.2	0.1			
(%)	양식	0	0.7	2.9	0	1.4	4.4	0	0.2	0.4			
	부업	0.8	0.04	0.03	1.5	0.1	0.04	0.2	0	0.01	0.1		
	주택	0.1	0.2	0.2							0.4	0.7	0.7
	구채정리	39.8	34.9	45.3	36.5	33.7	32.1	40.7	31.7	33.4	46.3	39.7	50.9
	수해복구	0.6	2.4	2.0							3.1	8.2	8.1
	기타	3.8	10.1	8.5	2.8	8.4	8.7	0.6	5.0	3.9	11.5	17.2	6.3
	부락공동	0	0.2	0.2							0	0.8	0.9

자료 : 『金融組合統計年報』 각년도.

2) 고리채정리사업과 금융지배의 강화

농가부채문제는 농가경제를 옭아매고 있는 가장 심각한 문제 중의 하나였다. 1933년 금융조합 각 지부가 관내 농가 409,732호를 대상으로 조사한 부채총액은 36,519,405원으로, 1호당 약 89원의 부채를 지고 있었다. 1933년 말의 조선농업자 총 호수 2879,396호를 대비하면 부채총액은 254,766,244원에 해당하는 액수다. 여기에 연 2할의 이자율을 계산하면 연 50,953,488원이 된다.[71]

다음 <표 23>은 1930년대 초 각 금융조합별로 농촌지역에 대부한 액수를 표시한 것이다. 대부액이 가장 큰 곳은 식산은행이었다. 그렇지만 상급농가는 동척과 식산은행에, 중급농가는 금융조합이나 특수회사에, 하급농가는 개인고리대라는 형식으로 채무를 지고 있었던 것으로 보아,[72] 일반 농가의 부채는 동척과 금융조합, 그리고 면의 생업자금, 개인 등에 집중되어 있었다고 볼 수 있다. 1933년 농가의 부채총액이 약 2억 5천을 넘는 것을 보면 전 금융기관이 농촌에 대부한 액수 중 농가에 대부된 금액은 반 정도라고 할 수 있다.

<표 23> 금융기관에 따른 농촌부채 상황(단위 : 圓, %)

금융기관명	금액	%	금융기관명	금액	%
조선은행	1,679,465	0.3	식산은행	192,429,708	39.1
저축은행	254,767	0.05	面의 생업자금	2,279,224	0.4
보통은행	12,017,455	2.4	개인, 계와 지주	125,898,775	25.6
동척회사	71,171,352	14.4	합계	491,232,203	
금융조합	85,501,357	17.4			

자료 : 朝鮮金融組合聯合會, 『金融組合と高利舊債整理資金の貸出』, 1933, 6~7쪽.

금융기관별로 볼 때 농민경제에 가장 큰 어려움을 주는 것이 개인대차로서 개인이나 계, 지주에게서 빌린 고리대였다. 개인 간의 금전대차일 경우 최고 연 7할 2푼에서 연 3할 6푼까지의 편차는 있는데, 長利라 불리는 연 5할이 보통으로 금리가 상당히 높았다. 뿐만 아니라 춘궁기와 추궁기 농민들의 양식으로 빌리는 곡물대차일 경우 연 5할에다 연 2회 이자가 붙어 금전대차보다 더 높았다. 그럼에도 불구하고 양식이 없는 농민들에게는 그나마도 구할 수 있으면 다행이었다. 연초에 풍수해나 병충해를 입을 경우는 회수불능사태를 우려해서 빌려주지 않는 일이 허다했기 때문이다.[73] 최고 연 7할의 높은 이자에 전 생산액의 50~60%에 달하는 소작료를 납부하는 영세소작인은 금융조합에 가입하여 새로운 가능성을 타진해볼 기회조차 없이 고리채의 순환고리에서

71) 朝鮮金融組合聯合會, 『金融組合と高利舊債整理資金の貸出』, 1933, 7쪽(이하 『高利債整理』).

72) 李範益, 『農家更生と負債整理」, 『朝鮮農會報』, 1934.1, 23쪽.

73) 朴玄鎬, 「農家負債の眞相」, 『金融組合』 35, 1931.9, 22~28쪽.

빠져나올 수 없는 상황이었다. 금융조합원도 모든 대차관계가 금융조합에 한정되지 않고 고리대를 이용하였다. 오히려 금융조합에서 돈을 빌려 고리대를 갚고, 다시 금융조합 대부금을 갚기 위해 고리대를 빌리는 악순환에 빠져 있는 경우도 많았다.[74]

총독부는 고리부채 사용도에 대해서 첫째가 관혼상제비고 둘째가 재해응급비로 보았다. 이 두 가지를 위해서 돈을 빌리게 되는 이유는 ① 저축의 의사가 없어서(낭비, 게으름, 안일로 흐르기 때문) ② 저축의 여유가 없어서(경제적으로 곤란하기 때문) ③ 필요 이상의 돈을 써서(나쁜 습관때문에)라고 보았다.[75] 농가수지관계에서 저금이 있으면 부채를 질 필요가 없는데, 고리부채를 지는 것은 개별 농가의 개인적인 성향 또는 나쁜 관습 때문이라고 본 것이다. 그리고 그것을 해결하는 방법은 개인적인 노력밖에 없다고 하는 논리로 연결되었다. 물론 개인적인 이유나 사회적 관습에 따른 쓰임새를 무시할 수는 없을 것이다. 그렇지만 더 근본적이면서도 조선인들이 문제점으로 지적하고 있는 요인들은 달리 있었다. 일제는 지주소작관계의 강화에 따라 소작료 6할을 넘는 곳이 늘어가는 상황에서 농민들은 자급성을 상실하고, 상품화폐경제가 농촌에 침투하여 생활표준이 변화했으며, 게다가 농산물가격이 떨어지는 등의 요인[76]은 중요시하지 않고 있었다. 이런 원인에 따라서 식량부족을 호소하는 농가가 급증하였지만, 신용정도가 낮아 공식 금융기관에서 대출을 받을 수 없었던 것이 고리대를 강화시키는 가장 큰 원인이었다.[77]

이러한 현실에서 농촌사회를 안정화시키려는 총독부 정책의 방향은 고리부채의 근절을 꾀하는 것부터 시작하였다. 농촌진흥운동의 슬로건 중 하나로 '부채근절'이 들어있는 것도 그러한 현실의 반영이었다. 그렇지만 그 주된 방향은 그들의 인식대로 진행되었다. 적극적인 방법으로는 1) 통제를 받지

---

74) 牟田口利彦, 「舊債償還資金貸出問題」, 『金融組合』 22, 1930.8, 2~4쪽.
75) 『高利債整理』, 8~9쪽.
76) 農經學人, 「農家負債整理問題」, 『農民』 2-6, 1931.6, 51쪽.
77) 朝鮮總督府, 『朝鮮ノ小作慣行』 續編, 151~156쪽.

않는 가계를 없애고, 지출은 수입에 따라 결정하도록 가계경제를 다시 수립하는 계획을 세우게 한다. 2) 단일농업방법을 없애고 다각형농업, 지주에 따라서 특수시설을 설치하거나 자작비료를 사용하는 등 농업경영방식을 개혁한다. 그리고 소극적인 방법으로 1) 금연・금주・색의 착용 등으로 지출을 감소하고 잉여를 저축하는 절약방법 2) 관혼상제 비용을 줄이고 나쁜 관습을 타파할 것, 그리고 이를 위해서 3) 각자가 결심하고 이를 지방적으로 협의하여 관철시키는 결심과 협의의 방법을 들고 있다.[78] 이런 내용은 모두 농촌진흥운동의 농가갱생계획 안에 포함된 것이었다. 개별 농가를 대상으로 한 농가갱생계획의 성격을 보여주는 내용이라 할 수 있다.

총독부의 부채정리사업은 금융조합원을 대상으로 진행되었다. 이전부터 금융조합이 실행하던 고리채를 금융조합대부금으로 바꿔 고리대를 저리대부로 바꾸는 사업을 농가갱생사업의 부채정리사업과 결합시킨 것이었다. 1932년에 들어 총독부 재무국에서 금융조합원의 부채에 관한 조사가 실시되었고, 11월 총독부령 제111호 「금융조합원의 부채정리에 관한 건」으로 금융조합의 부채정리사업은 본격적으로 시작되었다. 조합원이 금융조합에서 대부를 받아 조합 이외에서 지고 있는 부채를 정리하는 방법이었다. 무담보의 경우 200원을 한도로 하고, 담보는 1,000원을 한도로 하며, 고리채 정리자금은 금융조합의 대출 제한에 포함하지 않게 함으로써 금융조합의 대출규정을 벗어나 특별한 활동을 할 수 있도록 규정하였다.

이 사업을 위해서 총독부는 식산은행을 경유한 대장성예금부 자금 300만 원을 각도 금융조합연합회에 할당하였고, 각도 금련에서는 이 자금에 이전부터 자신들이 운용하고 있던 부채정리자금을 합하여 소속 금융조합에 다시 할당하였다. 자금의 상환방법은 5년거치 15년 반년부상환이었다.

금융조합의 부채정리사업은 규모가 컸다. 1940년까지 부채정리자금으로 대부된 액수는 5,100만 원에 달했으며, 부채를 정리한 호가 48만 호를 넘었다.

---

78) 『高利債整理』, 9~10쪽.

이 상태로 보건대 지속적으로 진행된다면 농민층의 부채문제에 큰 도움이 될 수 있었다고 본다.

<표 24> 부채정리자금대출상황(각 회계연도 말 누계) (단위 : 구, 천圓)

연도	정리호 수A(호)	정리부채		부채정리내역				호당정리 부채 B/A(원)
		구수(구)	금액B	조합대부금	자기자금	조정감면액		
						총액	이자	
1933		138,074	6,699	5,419(80.9)	361(5.4)	917(13.7)	681	
1936		398,606	33,998	25,782(75.8)	2,518(7.4)	5,697(16.8)		
1937		492,008	41,130	30,879(75.1)	3,382(8.2)	6,867(16.7)	4616	
1938	340,066	612,452	51,134	38,243(74.8)	4,339(8.5)	8,551(16.7)	5699	150.4
1939	431,163	699,270	61,000	45,749(75.0)	5,451(8.9)	9,799(16.1)	6316	141.5
1940	482,546	762,587	68,987	51,863(75.2)	6,478(9.4)	10,645(15.4)	7324	143.0

자료 : 朝鮮金融組合聯合會, 『朝鮮金融組合聯合會十年史』, 73쪽.
주 : 1. 1934년과 1935년의 정리내역은 빠져 있다.
2. 내역항목 오른쪽 ( ) 안의 수는 총정리액에 대한 백분율이다.

그런데 이 통계에는 상당한 거품이 들어 있다. 우선 보통단기자금이 상당 부분을 차지한다는 점이다. 따라서 자금의 순환이 상당히 빠르다. 앞서 살펴본 것처럼 자금의 구성은 1938년을 기준으로 볼 때 특별대부가 39.7%, 보통장기대부가 31.7%, 보통단기대부가 33.7%를 차지하였다. 즉 저리자금으로 배포된 금액은 전체의 40%가 안 되었고, 보통단기대부처럼 상당히 높은 이율로 대부되는 금액도 상당한 정도를 차지하였다. 부채정리자금은 5년 거치 15년부 상환이 원칙이었으나, 이는 특별자금의 활용에서 그러한 것으로 보인다. 그에 비해서 보통자금을 활용할 경우는 일반적인 금융조합의 구채정리자금 대부와 마찬가지로 보통저당권의 설정에 의해 15년 이내의 불균등 연부상환이나 10년 이내의 불균등 월부상환에 의하고, 무담보의 경우는 5년 이내의 연부상환이나 월부상환을 하였다. 보통대부를 할 경우 농촌진흥운동으로 시행되는 특별한 대부를 겸하기 때문에 무담보 5년 이내의 연부상환이 사용되었을 가능성이 많다. 그리고 단기대부는 담보대부나 보증인부대부 모두 촌락조합은 1개년 이내, 도시조합은 6개월 이내였다. 그러므로 단기대부가 30%이상을 차지할 때 자금순환은 빨라져 전체적으로 대출자금의 누계는 늘어난다. 그렇기 때문에 정리호수에 비해서 구수가 두 배 가까운 양상을 보이며, 누계액에 비해서 당해연도 대부액이 차이가 있는 것이었다.

그리고 고리채 정리과정 자체가 조합자금으로 전부를 해결하지 않고, 조합원의 자기 자금이 함께 사용되고 있다. 전체 자금에 비한다면 그다지 많지 않지만 권장사항 중의 하나였고, 금조의 저축사업과 관련하여 저축한 돈을 찾아 구채정리자금에 사용하면서 그 차액을 금조에서 빌리도록 유도하였다. 이는 자율성을 높인다는 차원에서 의미가 있다. 그렇지만 금융조합의 고리채정리에 현재 현금을 가지고 있지 못한 사람들인 경우는 참여하기가 어려울 수도 있다는 제한성이 생기는 부분이다.

이와는 별도로 고리채정리사업에서 금융조합이 가지고 있던 관리방침은 금융조합이 이 사업을 통해서 무엇을 이루고자 했는가를 잘 보여준다.

첫째는 채권자와 협의하여 부채의 일부를 감면한다는 사실이다. 이 조정감면은 부채농가에게 직접적인 이익을 줄 수 있는 부분이었고, 이에 대해서는 사업 초기부터 적극적으로 실시할 것을 지시하고 있었다.[79] 감면액수는 단지 금융조합만의 성과는 아니었고, 농촌진흥운동 전반과 관련하여 실시되었기 때문에 여러 기관이 협력하여 실행하였다.[80] 채권자대회를 열어 집단적으로 조정을 실시하기도 했는데, 채권조정위원회나 농촌지도위원회의 명의를 쓰거

---

79) "채권액수를 줄이는 것은 조합에서 충분히 조정하여 조합원의 이익을 옹호하는 방침을 고수할 것. 특히 장기간 차입하여 많은 이자를 지불하는 것은 지불하지 않은 이자의 전부, 원금의 일부 면제를 적극적으로 교섭할 것"(指第140號 金融部長通牒各道支部長宛, 「組合員負債整理資金貸出方法ニ關スル件」 1933.11.30, 『朝鮮金融組合聯合會關係例規集』, 1943, 137쪽).

80) "나의 경우는 부채정리 시에 채권자와 채무자를 부락에 모아 놓고 담임자와 관계자와 군에서 군수가 오거나 내무주임이 와서 그들의 입회 하에 채권자와 채무자에게 고리채 정리와 농촌진흥의 불가분함을 설명한 후, 대체로 금융조합이 조사한 바에 의해 차금의 감액범위를 절충하였다. 여기에는 상당한 시간이 걸리기도 하지만 대부분은 여기에 응낙한다. …… 이런 식으로 정리를 하지만 채무의 성질상 장래 회수가 어렵다고 생각되는 것은 부락의 중심인물이나 학교관리자 등에 금후의 책임을 맡겼다"(生業報國會, 『朝鮮金融組合を語る』, 304~305쪽).

나, 군수 혹은 내무부장이 참가하여 분위기를 조성하였다. 또는 개별적으로 채권자와 채무자를 대신한 금융조합이 협상을 하여 이자의 포기나 원금 일부의 면제에 대해서 절충을 하고, 조합이 직접 채권자에게서 차용금증서나 그에 따르는 권리증 등을 인수받아서 정리하고, 그에 따라서 저당권이 설정된 것을 대출과 동시에 말소시키는 등 적극적으로 움직이기도 하였다.[81]

그런데 이 과정에서 금융조합이 이 사업에서 갖는 태도가 드러난다. 금융조합에서는 부채 자체를 채무자의 경제관리능력이 부족한 결과 발생한 것으로 인식하였다. 그렇기 때문에 채권자와 채무자의 기본관계에 대해서는 영향력을 미치지 못했다. 예를 들어 채권자가 지주일 경우에는 소작권 침해의 우려가 있으므로 적극적으로 조정을 추진하지 못하고 채권자인 지주에게 소작인의 처지를 탄원하여 동정을 유발하는 방법을 썼다. 또 채권자회의를 열더라도 조정이 안 될 경우 분규를 조장할 우려가 있어 금융조합 명의보다는 농촌지도위원회 명의를 이용하여 모으고 이들에게 소작인의 궁핍한 처지를 설명하여 동정하는 분위기를 조성하는 일을 우선적으로 할 수밖에 없었다.[82] 즉 지주소작관계나 고리대업자로 활동하는 채권자에 대한 조치가 없었다. 그런 상태에서도 일정하게 조정감면의 성과가 있었던 것은 농촌진흥운동이라는 총독부에 의한 강력한 농정의 일환으로 수행되고 있었기 때문이라고 할 수 있다.

둘째 1930년대 이후의 금융조합 대부가 그러하듯 대부자의 선정과 대부 후의 관리를 엄격하게 시행한다는 점이었다. 금융조합 이사회에서 부채정리사업의 모범으로 뽑힌 평북의 영미조합에서 제시한 조합원 선정표준 조건은 다음과 같다. ① 평소 조합과 거래 성적이 우량하여 신용이 확실하다고 인정된 자 ② 가족 전원이 근로 자치정신에 불타고 집안일을 열심히 하는 자 ③ 생업 이외 반드시 양돈 등의 부업을 하고 절약을 하고 있어 상환할 수 있는 자원이 확실하게 있다고 간주되는 자 ④ 최고이율로 독촉이 가장 급한 부채를 가진 자부터 순차 정리 ⑤ 조합대출금 총액으로 고리채를 정리할 수 있는 자 ⑥

81) 『高利債整理』, 31쪽.
82) 『高利債整理』, 27~35쪽.

담보를 제공할 수 있는 자에 대해서는 담보대부를 하려고 노력하여 저금리의 효과를 얻도록 한다. ⑦ 조합 가입 이래 만 2년 이상을 경과하고 출자불입을 완료한 자를 우선순위로 한다.[83] 부채정리사업에 대상이 되는 자는 그간 금융조합과 원만하게 거래를 해오고, 금융조합에서 착실한 조합원이라고 인정된 자에 한정된다는 것이다.

그런 조합원은 고리채정리 과정에서부터 지도감독이 실행되었다. 강원도의 경우 ① 채무자의 상환능력을 사정한다. ② 사정된 금액 내에서 그 사람이 진 채무 전부를 정리하는 계획을 세우고 계획 예정표를 작성한다. ③ 본인과 본인이 속한 조장과 계장으로 부락 단위의 舊債整理委員會를 구성한다. ④ 채권자와 회의를 하여 최초의 원금액과 그 후 받은 액을 조사하고 남은 잔금을 채무액으로 결정한다고 하였다.[84] 이와 같이 채무정리과정에서 조합원은 자신의 계획에 의해서 채무정리를 행하는 것이 아니라 조직화된 관리체계 속에서 채무정리를 행하게 되었다.

나아가 대부 후의 지도는 이런 관계를 더욱 강화시켰다. 영미조합의 지도감독 방법은 ① 조합지도에 따라 생산증가에 노력한다. ② 양돈이나 기타 부업에 정려하자. 이 경우 본인의 저금을 내어 대출과 동시에 새끼돼지 한 마리를 사서 양돈한다. ③ 자급자족에 노력하고 현금지출을 감소시킨다. ④ 서약서를 위반하고 조합의 승낙없이 다른 사람에게 새로 빚을 지거나 다른 사람의 채무에 대해 보증하지 말자. ⑤ 경제사정은 크나 작으나 조합과 상담하고 조합의 승낙없이 대량 생산물을 내다 팔지 말자. ⑥ 이전의 고리대와 조합의 대부금리의 차액[利鞘]을 저금한다고 하였다.

이런 방법은 거의 모든 조합에서 실행되었는데, 지도금융이 고리채차환금융을 통해서 강화되고 있었던 것이다. 특히 이를 통해서 금융조합은 조합원에게 전속거래관계를 설정하도록 하고, 모든 금융활동과 유통활동은 금융조합을 매개로 운용하도록 하였다. 따라서 금융조합자금을 이용하여 고리채를 정리한

---

83) 『高利債整理』, 30쪽.
84) 『高利債整理』, 53~61쪽.

조합원은 다시 금융조합에서 자금을 빌어 토지를 구입하거나 부업자금으로 사용하는 경우가 많아 금융조합의 운영논리에 더욱 깊숙이 편입되었다. 즉 고리채정리사업은 금융조합이 영세농가를 자신의 메커니즘으로 끌어들이는 첫 과정이었던 것이다.

3) 자작농지설정사업과 농정수행의 중심인물 양성

자작농지설정사업은 소작농민들을 자작농화한다는 목표를 가지고 1932년 농촌진흥운동의 시작과 더불어 총독부에서 입안한 사업이었다.[85] 금융조합은 이미 1910년대부터 자작농지 구입자금의 대부를 실시했지만 통제경제 농정으로 농정방향이 변함에 따라 사업규모를 확대할 수 있는 근거를 마련할 필요가 있었다. 특히 총독부의 자작농지 설정사업이 시범사업으로서 성격이 강했던 데 비해서 금융조합의 사업은 규모나 대상, 지도라는 면에서 실질적이었다. 총독부는 이 사업의 중심을 총독부 자신이 아니라 금융조합에 두고 있었다.[86]

금융조합의 자작농지 설정사업에서 투하된 자금은 특별대부금으로 대부된 저리자금과 보통대부금으로 대부된 금융조합자금을 포함한다.[87] 자작농지설

---

85) 자작농지설정사업에 대한 연구는 1930년대 농정 연구에서 중요한 부문을 차지하였다. 참고할 연구로는 박명규, 「일제의 자작농창정계획에 관한 고찰」, 『韓國學報』 37, 1984 ; 鄭文鍾, 「1930年代 朝鮮에서의 農業政策에 관한 硏究」, 서울대 박사학위논문, 1992 ; 鄭然泰, 「1930년대 자작농지설정사업에 관한 연구」, 『韓國史論』 26, 1991 ; 鄭然泰, 「日帝의 韓國 農地政策」, 서울대 박사학위논문, 1994 ; 정태헌, 「1930년대 식민지 농업정책의 성격전환에 관한 연구」, 『일제말 조선사회와 민족해방운동』, 일송정, 1991 ; 金度希, 「1930년대 自作農地設定事業과 농촌통제」, 고려대 석사학위논문, 1998 등이 있다.

86) 鄭文鍾, 앞의 글, 제3장 참조.

87) 1930년대 농정의 특징으로 부각되는 '자작농창정사업'의 자금으로 보통자금과 특별자금을 다 넣어서 설명해야 되는가 하는 문제는 논란이 되었다. 정연태는 자작농지설정사업을 중심으로 볼 때, 금융조합의 토지구입자금은 보통대부금이 포함되어 있으므로 과장되게 설명될 수 있다고 본 반면, 대부분의 연구에서는 이 둘을 모두 합해 설명한다. 그렇지만 금융조합을 중심으로 생각할 때 금융조합이 추진한 자작농창정사업은 이전부터 해 오던 사업을 확대강화한 것이었다. 이전에는 금융조합만의 사업으로서 지주적 농정을 보완하는 부수적인 것이었다면, 농정의 중심이 변화된 상황에서 총독부 농정의

정을 위한 특별대부금은 1933년부터 금융조합에 유입되었다. 그 이전에 대장성 예금부 자금은 농정의 중심사업인 산미증식계획에 투하되고 있었고, 30년대에 와서는 통제농정을 위한 자금으로 전환되었기 때문에 금융조합이 선택된 것이었다.

즉 전체적인 농정의 전환과정에서 그것을 수행할 조직으로서 이전부터 동일한 사업을 해오던 금융조합을 강화시킨다는 차원으로 볼 수 있다. 금융조합의 사업은 자작농지설정사업이라기보다는 토지구입자금의 대부가 확대되었다고 표현하는 것이 더 적절하다. 실제 금융조합 내부에서도 특정 사업의 자금이라는 표현보다는 특별대부금으로 이루어지는 자작농지 구입자금이라고 보고 있다.[88]

<표 25> 금융조합에 의한 자작농지설정상황(연도별) (단위 : 호, 千圓)

연도	대부호수	대부금	구입토지(정보)				호당 대부금(圓)	호당구입면적(단보)
			답	전	대	계		
1933	14,795	4,624	4,638	5,819	180	10,637	313	7.2
1936	48,085	2,559	-86	2,562	389	2,869	53	0.6
1938	1,033,619	30,477	12,585	10,878	303	23,766	294	2.3
1939	358,320	100,424	46,580	52,499	2,120	101,200	280	2.8
1940	212,795	55,711	23,918	36,261	764	58,944	262	2.8

자료 : 『朝鮮金融組合聯合會十年史』, 69~70쪽.

1933년부터 1941년까지 금융조합의 토지구입자금을 대부를 받은 호수는 607,105호고 대부금액은 1,989,759원으로 총독부에 비해서 각각 25배, 135배 많았다. 이 규모는 1932년 자소작 · 소작농 총호수 229만여 호의 26% 정도를 차지하였다. 비교적 성과적이라고 볼 수 있는 이 사업의 이면에 몇 가지 제한성을 보여주는 측면이 있다.

우선 사업추진 주체에 따라 그 운영에 차이가 있었다. <표 26>은 「자작농지설정사업」을 실행주체별로 구분하여 비교한 것이다. 이것을 보면 금융조합의

중심사업으로 부각되었다는 점에서 차이가 있다.

88) 朝鮮金融組合聯合會, 『朝鮮金融組合の現勢』, 30쪽.

자작농지구입자금 대부는 총독부가 추진한 「자작농지설정사업」에 비해 자금을 대부받는 사람에게 더 불리하였다.

<표 26> 자작농지설정사업의 주체별 비교(단위 : 圓)

	총독부		금융조합		
	계획	실적	특별자금	보통자금	계
기간	1932~1941		1933~1940.3		
대상호수	20,000 (24,000)호	23,895	34,708	572,397	607,105
구입면적	10000정보 (12000)	14,710.5	187,882	1,901,877	1,989,759
1호당면적	논 4단보 밭 1단보 합 5단보	3단보이하 15% 4단보이하 27% 5단보이하 20% 5단보이상 38%	5.4단보	3.1단보	3.3단보
구입자금원	간이생명보험적립금		대장성예금부 차입금	자기자금(주) 식은대출(부)	
총액	13,200,000 (15,840,000)	15,779,504	12,526,242	138,791,083	151,371,325
대출기관에 대한 이율	연 6푼		연 5푼7리 (4푼4리)		
농가대출 이율	연 3푼5리		① 연7푼 ② 5푼7리 ~7푼0리 ③ 5푼7리 ~6푼5리	① 장 9푼2리~1할2푼4리 단 일 3전~3전2리 ② 장 8푼5리~9푼 단 일 2전8리 ③ 장 8푼5리~8푼8리 단 일 2전5리~2전7리	
농가1호당 금액	660(1000)		360.9	242.5	평균 249.2
상환방법	1년거치 24년 원리균등상환		15년 원리균등상환	장기- 10년 이상 연부 원리균등상환* 또는 월부상환 단기- 1년미만	
보완방법	제1저당권 설정		제1저당권 설정		
특혜	이율의 차액은 총독부보조 취득세 등록세 면제		없음		
기타			특별자금은 구입할 토지를 합한 소유면적의 법정지가 550원을 넘지 않는 자		

자료 : 農第161號 政務總監通牒 「自作農地設定に關する件」, 『朝鮮農村振興關係例規』, 576쪽 ; 『金融組合年鑑 1941』, 46쪽 ; 『京畿道金融組合例規』, 326~327쪽.

참고 : 1. ( )는 1935년 변경분이다.
2. 금융조합금리는 ①『金融組合統計年報 1934』, 47~48쪽 ② 1935년 이후로 『金融組合統計年報 1936』, 47~48쪽 ③ 1939년 금리변동 이후『金融組合統計年報 1939』, 55~56쪽.
3. 금융조합 보통자금에서 *은 10년 이상 15년 이하를 의미한다. 금융조합의 일반 자금대부의 경우 15년내 연부상환이나 10년내 월부상환, 5년내 정기상환으로 구분된다(「金融組合業務監督規程」, 1929).

첫째 금리가 총독부의 것은 대부의 원주체인 간이생명보험에서 대부받는 이율보다 농민에게 대부하는 이율이 더 낮았다. 그리고 그 차액을 총독부의 보조로 메우는 등 총독부가 정책적으로 자작농민을 육성한다는 모습을 선전할 수 있도록 하였다. 그에 비해서 금융조합의 특별대부금은 대장성예금부의 저리자금을 들여온다고는 하지만 대장성예금부가 연합회에 대부하는 금리가 1934년까지는 연 5푼 7리고, 금융조합이 조합원에게 대부하는 이율은 연 7푼으로 총독부의 그것에 비해서 높았다. 또한 연합회에서 떼는 이율이 1푼이 넘어 대출이율을 높이고 있었다. 촌락금융조합의 장기대부금리는 1931년 1할 5리 이하에서 1933년 9푼 6리 정도가 된 뒤, 1934~1935년 9푼 2리 정도, 1936~1939년 10월 9푼 이하, 1939년 8푼 8리 이하로 점차적으로 내려갔다.[89] 이는 일반 시중금리에 비한다면 저리지만,[90] 세금과 공과금, 농업관리비를 제외한 논의 순수익률이 8.0~8.5%였던 당시의 상황에서는 고금리였다.[91]

금융조합의 자작농지대부자금이 총독부에 비해서 농민에게 불리함에도 불구하고 대부 받는 호수는 금융조합의 것이 훨씬 많았다. 이는 단기대부 때문인데, 촌락금융조합의 대부내역 가운데 1938년 토지구입자금으로 대출된 액수

89) 『朝鮮總督府統計年報』 1940년도판, 180쪽.

90) 個人貸借의 100원에 대한 월리는 1931년에는 조선인 간에 보통 2푼 9리 즉 연 3할 4푼 8리였고, 1935년 2푼 6리, 26~38년간 2푼 5리, 39년 이후 2푼 4리로 조금씩 내려갔다. 일본인과 조선인 간의 금리는 1931년 월 2푼 8리, 1933년 2푼 7리, 1934년 2푼 4리, 1936년 이후 2푼 3리 수준으로 연리 2할 7푼 수준이었다(『朝鮮總督府統計年報』 1940년판, 180쪽).

91) 角木傳一・加藤淸吾, 「朝鮮の耕地價格と其の變遷に就いて」, 『殖銀調査月報』 6, 1938.

중 특별대부금은 12.3%였고, 보통장기대부는 58.8%로 가장 많았다. 보통단기대부가 34.9%를 차지하여 상당 부분이 단기대부로 이루어졌음을 알 수 있다. 단기대부는 1년 이내에 상환하는 것이므로 빠르게 회수되었고 운전자금액이 많아져 대부호수와 대부금액을 늘리는 역할을 하였다. 고리채정리사업과 마찬가지로 통계상 거품이 있었던 것이다.

둘째 1인당 대부금액도 660원과 360원(특별자금)으로 큰 차이가 있었다. 660원으로 전답을 합해 5단보 구입한다는 총독부사업계획도 자작농을 새로 만들기에는 부족하였으며, 1935년 1,000원으로 늘어나긴 했지만 지가가 상승하여 그 효과가 적다는 점이 늘 지적되고 있었다.[92] 그에 비한다면 금융조합의 대부금으로 토지를 구입할 수 있는 면적은 더 적었다. 특별자금을 받는 경우 5.4단보로 총독부 자작농지설정사업의 계획규모와 비슷한데, 보통자금에 의한 것은 3.1단보로 적었다. 그리고 상환기간도 총독부의 것은 1년거치 24개년 연부상환이었지만, 금융조합의 경우 특별대부금은 15년 균등상환, 보통대부금은 5년 미만의 연부상환자금이었다. 동일한 액수를 대부받는다고 가정할 때 연간 상환대금은 훨씬 클 수밖에 없었다.

셋째 특별대부금의 유입 이후 보통대부 중에서 자작농지구입자금의 비중이 커졌다. 저리자금의 공급은 많지 않았던 데 비해 일상적인 보통대부를 통해 자작농지를 구입하도록 유도하고 있었다고 할 수 있다. 특히 총 대부액의 40% 이상을 차지하는 보통단기대부는 1인당 평균 130원도 안 되는 금액이었는데 이것으로는 논 1단보도 구입하기 어려웠다.

여기서 단기대부로 토지구입자금을 사용할 여러 경우들을 살펴보자. 다른 용도로 쓰기 위해서 차입하는 경우다. 앞선 시기까지는 토지구입명목으로 대부를 받은 후 고리대상환이나 생활자금으로 지출하는 경우가 많았다. 그런데 이 시기에 이르면 금융조합 측의 조합원에 대한 파악이 더 세밀해졌고, 자금을 대부할 때와 대부 후의 관리가 강화되고, 상호연대보증조, 혹은 양우식산계로

92) 「朝鮮における自作農創設維持事業」, 『殖銀調査月報』 1942.12, 17쪽.

소수의 농민을 상호조직으로 결합시켜 관리를 하는 등 개별 조합원에 대한 침투도가 높아져 조합원이 다른 용도로 자금을 사용하는 것은 이전보다 어려워졌다. 이런 경우는 있더라도 그다지 많지 않았을 것이다.

또 하나는 자기자금을 합하여 토지를 구입하는 경우다. 많은 사례에서 조합원이 토지구입자금을 대부받을 때 자신의 저금을 더해서 토지를 구입하였다.[93] 특히 농촌진흥운동기에 들어서면서 금융조합은 농가의 자금과 생산물 관리에 직접 개입하여 부업수입을 저금하도록 의무화하는 등 지도금융을 강화하였다. 소작농민은 조합원이 된 이후 자작농지자금을 대부받기까지 이러한 과정을 먼저 거친 후 자신의 저금과 대부자금을 합하여 토지를 구입하였다. 또 조합원일 경우 자작농지구입자금의 대부는 여러 차례 이루어졌다. 이는 단기자금이 가장 적극적인 의도에서 사용된 경우지만, 정상적으로 상환하려면 하루에 3전~2전 5리의 돈을 내야 했다. 이는 일반 소작농가로서는 어려운 일이며, 그간 조합원들의 주계층을 차지하던 토지소유자층과 같이 일정 정도의 경제력을 지닌 층이 새로운 토지를 구입하려고 할 때 사용할 수 있는 자금이라고 볼 수 있다. 따라서 단기자금을 소작농층의 자작농 또는 자소작농화를 목적으로 하는 자작농지설정사업에 포함시키기는 어렵다.

넷째 적극적인 자작농화정책이 아닌 간접자유창정방식을 택했다는 점에서 자작농지설정사업은 조선농업구조를 소농체제로 재편하려는 것이 아님을 보여주었다. 따라서 사업 자체에 대한 적극적인 확대의지는 약하다고 볼 수 있다. 이 점이 소작농가들이 자작농이 되기 어렵게 하는 가장 큰 요소라 할 수 있다. 소작농이 금융기관을 매개로 자금을 대부받게 하고, 그것으로 지주나 타인의 소유지를 매입하도록 한 것이었다.[94] 즉 현재의 토지소유관계를 그대로

---

93) 朝鮮金融組合聯合會調査課, 『組合員は斯くして身を起す』, 朝鮮金融組合聯合會, 1934 참조.

94) 자작농창정의 방법은 형식으로는 ① 직접창정주의 : 국가나 공공단체가 스스로 토지를 사서 이를 적당한 크기로 분할하여 연부로 농민에게 매도하는 법 ② 간접창정주의 : 토지매매는 지주소작 간의 직접 거래에 일임하고 국가나 공공단체는 그 땅의 농민에게 저리 연부의 토지구입자금을 대부하여 소작인의 토지구입을 촉진하는 법의 두 종류가

인정한 가운데 소작농의 사상적 심리적 동요를 막아 보고자 한 의도에서 벌인 사회정책적 사업이었다. 이런 의도에서 추진되었으므로 지주층에 대해서는 농지령의 제정이나 세제상 일정한 제약을 통해 토지소유에 대한 압박을 가하였지만, 지주층이 토지를 팔 의지가 없는 한 토지소유관계는 개혁될 수 없었고, 자작농지설정사업 자체도 점진적이라도 궁극적인 성과를 얻기에는 역부족일 수밖에 없었다. 이런 방법을 취하고 있었으므로 자작농지설정사업에 대해서 조선인 측에서도, 일제 측에서도 비판의 목소리는 계속되었다.[95]

이러한 관계를 가진 자작농지설정사업의 목표는 소작인을 자작농화하기보다는 소작인에게 작은 토지라도 갖게 해서 토지소유자 의식을 갖게 하고, 그에 기반하여 일제농정에 협력하는 계층을 만드는 데 있었다. 이는 특별자금(특수산업저리자금)을 받을 수 있는 대상의 선정에서 잘 드러난다. 대상이 되는 사람은 조합원인 식산계원, 보통학교지도생 또는 보통학교지도생을 가족으로 한 호주로 제한되었고, 이들 중에서도 ① 가족 중 잉여노동력이 있는 소작농, 자소작농 또는 자작농으로서 호주, 처와 상속자가 현재 소유경지와 대부를 받아 구입할 토지의 법정가격의 합계액이 550원을 넘지 않는 자 ②

있다. 직접창정주의는 ① 직접자유창정주의 : 국가 등이 지주에게서 소유지를 자유계약으로 매상하여 분할하여 농민에게 매도하는 법 ② 직접강제창정주의 : 국가가 일정 면적 이상의 지주에게서 소유지의 전부나 대부분을 지주의 의사 여하에 관계없이 강제적으로 매상하여 농민에게 매도하는 법의 두 종류가 있다. 간접창정주의도 ③ 간접자유창정주의 : 지주소작 간에 소작지매매의 계약이 성립될 경우 국가나 공공단체가 소작인에게 소작지대금을 대부하고 이를 자작농으로 하게 하는 것으로 지주의 자유의사에 방임한다. ④ 간접강제창정주의 : 매매계약이 성립할 경우 국가나 공공단체가 소작지대금을 대부하고 자작농이 되게 하지만 그 이면에 여러 수단으로 지주에 대해 간접으로 소작지 매각을 강제하는 법이다(澤村康, 『小作法と自作農創定法』, 改造社, 1927, 570~573쪽).

95) 『朝鮮總督府調査月報』나 『殖銀調査月報』에서도 자작농지설정방식의 간접창정방식의 한계를 지적하는 글들이 실리기 시작하여, 40년대에 진행되는 제2차 자작농지설정방식의 방향에 대해서 논하고 있었다. 여기서는 정부가 직접강제적으로 토지를 수용하여 소작희망자에게 분양할 필요가 있음을 지적하여, 일제의 토지정책이 매우 미온적임을 비판하고 있다(「朝鮮に於ける自作農創設維持事業」, 『殖銀調査月報』 1942.12, 17~19쪽 ; 岩田龍雄, 「自作農創定を繞諸る問題」, 『總督府調査月報』 1943.8, 22~29쪽).

조합 이외에는 부채가 없는 자 ③ 가계수지가 현재 적자가 아니며, 자금을 대부받아 토지를 구입한 후 개선될 잉여로 대부금을 확실하게 상환할 수 있는 자로 규정하였다.[96] 토지소유면적으로 보면 토지를 많이 소유하지 않으면서도 현재 농가경제의 적자가 없고, 금융조합의 지도를 잘 받아들여 금융조합 외에는 부채를 지지 않는 사람에 한정되었다. 특히 이들은 자작농지 구입자금 외에도 다른 많은 지원을 받기도 하였다. 경기도에서는 식산계에서 집단적으로 자작농지설정을 하려는 계원을 借主로 하는 단체를 만들어 이들이 상호연대보증으로 자금을 대부받을 때나 보통학교 졸업생들이 특수산업저리자금에 의한 자금을 대부받을 때 도에서 구입자금 차입금의 연 2%에 상당하는 금액을 보조하였다. 특수산업저리자금에 의한 자작농지설정사업은 보통학교 졸업생에 대한 적극적인 지도와 식산계로 모인 농민들에 대한 지원을 통해서 청년중견층을 만들어 내려는 정책적인 성격을 띠고 있었다.[97] 자작농지설정자금도 그렇지만 다른 특수저리자금의 경우도 모두 단지 금융조합원 자격만이 아니라 그 산하에 특별히 조직된 사람들 예를 들어 양우식산계와 같은 부업조직에 참여한 사람들을 대상으로 하고 있었다.[98] 이전과 달리 새로운 청년 중견농민층을 일제의 농정협력세력으로 육성하려는 정책이 반영되고 있었다

이러한 설정사업의 성격은 자작농지로 설정된 토지가 유지되는 상황을 통해서도 볼 수 있다. 전반적인 상황을 볼 때 자작농지로 설정된 규모로는 농가경제의 확대재생산을 꾀한다는 것은 어려운 일이었다.

---

96) 京支 제4563호 「特殊産業低利資金ニ依ル自作用土地購入資金貸付ニ關スル件」(1935.1.22), 朝鮮金融組合聯合會 京畿道支部, 『京畿道金融組合關係例規』, 1935, 451쪽.

97) 중견청년 양성을 위한 방법의 하나다. 보통학교 졸업생 지도, 實修學校의 개선과 농사훈련소 경영 등을 통해서 생도와 연습생, 수강자들을 관계자들이 협력하여 중견인물로 활동하게 하는 지침을 마련하였다. 이들을 조직하기 위해서 갱생계획 실시나 농촌진흥회에 청년부를 두어 이를 효과적으로 이끈다는 방침을 세웠다(「公立普通學校卒業生ノ金融組合加入ニ關スル件」 1930.8.27, 『京畿道金融組合例規』, 149쪽 ; 「更生計劃擴充實施ニ關スル件」 1935.7.12, 『京畿道金融組合例規』, 728~729쪽).

98) 「特殊産業購牛低利資金ノ貸出ニ關スル件」1932.4.4, 『京畿道金融組合例規』, 198~199쪽.

<표 27> 금융조합의 자작농지설정 중 계속 유지되는 것(단위 : 호, 단보)

연도	호수	토지	호의 유지율	면적의 유지율
1933	13,392	95,172	90.5	89.5
1938	440,539	1,307,775	84.2	85.5
1939	606,187	1,891,962	68.8	74.4
1940	698,016	2,047,687	63.8	65.4

자료 : 『朝鮮金融組合聯合會十年史』, 69~70쪽.

위의 표는 금융조합의 자작농지 설정 중에서 지속적으로 유지되고 있는 것에 대한 상황표다. 이를 보면 첫 해는 905호 정도가 유지되었지만, 1939년에 이르면 68.8%로 유지율이 떨어졌고, 뒷시기로 갈수록 유지율은 더 떨어졌다. 이에 대해서 정책담당자들까지도 "안정농가로서 영구히 농촌에 머물게" 할 수 있을지 의문이라고 표현할 정도였다.[99] 설정된 토지에서 나오는 수입으로 연부상환금을 갚고 생계비와 농업경영비를 감당할 수 있을 정도는 되어야, 새로 구입한 토지를 유지는 할 수 있었을 것이다. 그런데 유지율이 떨어진다는 것은 자기 소유의 토지가 생겼더라도 농가경제를 유지할 수 있을 정도가 되지 못했음을 의미한다. 일반적 토지소유・경영규모에 따른 경영수지를 통해 왜 유지율이 떨어졌는지 알아보도록 하자.

다음의 <표 28>은 1929년의 농촌계층별 경제상태를 조사한 내용이지만, 공황기 농가의 계층수준을 볼 수 있어서 30년대 농가경제의 추이를 비교하는 데 무리는 없을 것이다. 자작소농은 논 5.9반 이상과 밭 1정 2반 이상의 자작농지를 소유하는 정도였고, 자소작농으로서 소농 수준이려면 자작지논 2반 4무에 소작지 5.5반과 자작밭 7.6반과 소작 5.2반을 경영하는 정도, 소작농으로 중농 정도가 되려면 소작지 10.3반 밭 10.2반 정도는 경영해야 했다. 이 정도가 최소한도 생계를 유지하는 경영규모였다.

자작농지설정자금을 받았을 경우 이보다는 경영규모가 커야만 연부상환금을 갚고 비슷한 수준에서 생활할 수 있었을 것이다. 특별대부자금 300원에

99) 「朝鮮に於ける自作農創設維持事業」, 『殖銀調査月報』 1942.12, 17쪽.

1936년의 지가로 구입할 수 있는 토지는, 지역마다 다르지만, 전북의 경우 1단보의 중등지 논 가격이 48원이므로 6.25단보의 토지를 구입할 수 있었다.[100] 여기에 일부의 소작지가 있거나 자작 밭이 있다면 자작소농으로 생활할 수 있는 규모의 토지이므로 자작농을 창정하였다고 할 수 있다. 이 농가가 보통장기대부를 받았다면 연 8푼 5리로 10년간 원리균등상환할 때 대부 이후 1~3년간은 50~55원 정도, 그 이후 3년간은 40원대, 이후 3년간은 30원대를 상환해야 했다.

<표 28> 농촌 계층별 경제상태(1929)

구별		경작반별(畝)						가족원수와 동거고인(인)		수입액(圓)	지출액(圓)	잔액(圓)
		답			전							
		자작	법정지가	소작	자작	법정지가	소작	경작	불경작			
자작농	중농	135	550		203	236		4	5	767	661	106
	소농	59	233		123	125		3	3	395	358	37
자작겸소작농	중농	54	215	60	119	127	60	4	4	594	536	58
	소농	24	94	55	76	80	52	3	3	307	292	15
소작농	대농			167			163	5	4	452	427	24
	중농			103			122	3	3	279	274	4
	소농			60			91	3	3	196	200	△4
	세농			33			59	2	2	135	148	△13

자료 : 「農家經濟狀態調査表」, 『金融組合』 36, 1931.10, 122~126쪽.

이 정도 규모의 상환을 무리없이 하려면 자기 토지가 일부 있고, 소작 짓는 토지도 있는 상태에서 자작지구입자금을 대부받는 사람으로 토지구입후 자소작 중농 수준은 되어야 했다. 자소작 중농의 경우 연수입 약 600원에서 지출 540원을 뺀다 해도 남은 돈이 60원이므로 연부상환금을 갚고 잉여가 남을 수 있었다. 그렇지만 이 농가가 토지를 구입하여 자작 소농의 수준이 되는 것이었다면 연수입 395원에서 지출 358원을 뺀 후, 남은 돈은 37원뿐이라

100) 1936년경에는 토지가격이 그다지 상승하지 않았을 때다. 이때 중등지 가격에서 전북은 중간 정도 되었다. 경기는 28원, 경북은 63원, 평남은 25.5원이었다(『朝鮮總督府統計年報 1936』, 10~11쪽).

연부상환금을 갚기에 부족하였다. 이들이 연부상환금을 연체하지 않으려면 생활비를 줄이거나 다른 현금수입원을 확대하는 방법밖에 없었다. 만약 재해를 입는다면 문제가 심각해져 연부상환금을 갚기 어려워질 것이다. 또 점차 지가가 오르는 1930년대 후반경에 자작농지구입자금을 대부받아 토지를 구입할 경우는 적은 토지를 구입하고도 동일한 연부상환금을 내야 하는 상황이 된다. 따라서 뒷시기로 갈수록 유지되는 농가가 감소하는 것은 필연적이었다.[101)]

적은 돈을 대부하면서 자작농을 창정하고 유지한다는 것이 역부족임은 분명하였다. 따라서 금융조합은 대부받은 조합원들에 대한 적극적인 관리를 통해서 문제를 해결하고자 했다. 지도금융의 강화였다. 이런 지도금융이 가장 적극적으로 실행된 대상은 특수산업저리자금을 받을 수 있는 층이었다. 따라서 이 자금을 받을 수 있는 양우식산계에 가입된 사람들과 보통학교졸업지도생의 경우, 즉 일제가 중견층 육성을 표방했던 대상들은 자작농지설정사업을 통해서 소토지소유자로 성장하는 한편 일제 농촌지배의 주된 대상이 된 것이다.[102)]

예를 들어 전남 구례조합의 조합원인 金裕中은 소작농이나 보통학교 졸업후 졸업생지도의 대상이 되었고 1932년 금융조합에 가입하였다.[103)] 그는 1차로 고리채차환사업의 대상이 되어 80원의 부채를 금융조합자금으로 대체하였다. 그에 따라 5개년에 걸친 금융조합의 개별농가지도와 이른바 '全家勤勞'가 실시되었다. 영농방법의 합리화, 연초경작, 양잠, 마포, 면포, 슬리퍼 제작, 새끼꼬기 등의 여러 부업을 함께 행하면서 금융조합에 대한 부채를 상환하였다. 그 후 김유중은 다시 자작농지 토지구입자금을 빌려 토지를 구입하여 자소작농

---

101) 이를 부분적으로 상쇄하는 것이 미가 인상이다. 정미 1승 가격은 1929년과 1935년에 동일하게 0.31원이었다(『조선총독부통계연보 1936』). 이것이 현미 1석당 1929년에 25.48, 1936년 27.94원이었다(『농업발달사 자료편』, 121쪽).

102) 富田晶子, 「農村振興運動下の中堅人物の養成」, 『朝鮮史研究會論文集』 18, 1981 ; 松本武祝, 『植民地權力と朝鮮農民』, 東京 : 社會評論社, 1998.

103) 보통학교 졸업생을 금융조합 조합원으로 가입시킬 경우는 일반적으로 戶主가 조합원이 된다는 규정에 위배되었다. 그러나 금융조합에서는 아버지보다 보통학교졸업생을 통한 지도가 더욱 효과적이라고 판단하여 졸업생을 위주로 하는 조합원가입방침을 세웠다.

이 될 수 있었다.[104] 이 경우에서 살펴볼 수 있는 것은 보통학교 졸업생 지도의 전형이었다. 이들은 어린 나이지만 한 가구의 대표자로 인식되었고, 그를 매개로 금융조합을 비롯해서 행정기관이 적극적으로 지원하였다.[105] 그리고 고리채차환사업을 통해서 이 가구는 금융조합의 운영메커니즘에 완전히 편입되어 그 지도를 받으며 생활하게 되었다. 또한 주업을 통해 잉여를 낼 수 없는 소작인의 조건은 그대로 유지한 채 부업을 많이 해서 현금을 확보하고 그것으로 금융조합 부채를 갚는다는 방침이 여기서도 그대로 드러났다. 이와 같은 생산관계에 대한 개편이 아니라 노동시간과 노동강도의 극대화를 통한 현금확보, 그것을 이용한 갱생이라는 농가갱생사업의 전형이라고 볼 수 있다. 이러한 기반 위에서 고리채를 정리할 수 있었던 인물들은 금융조합에서 일정한 신용을 인정받을 수 있었고, 주된 조직대상이 되었다. 그리고 나아가 자작농지설정자금의 주된 대부대상이 될 수 있었다. 이에 따라 이 보통학교 졸업생은 일제농정의 적극적인 실행자가 될 수밖에 없었고, 자소작농으로 성장한 이후는 이른바 농촌의 청년중견인물이라는 농정수행의 중심세력으로 육성되는 것이다.

이와 같은 1930년대 금융조합의 금융활동은 총독부의 농정을 수행하는 중심기구로서 자금운용을 담당하면서 이루어졌다. 사용하는 자금은 정책자금인 특별자금과 금융조합 자체자금이었다. 이 가운데에서 금융조합의 자체자금으로 사용되는 자금액수가 더 많았다. 그렇기 때문에 특별한 저리자금으로 융통되고 선전되었던 이른바 '자작농지설정사업'이나 '고리채정리사업'은 전반적인 농정기조를 유지하는 선에서 활용되었을 뿐이다. 금융조합은 특별자금을 받아 사업을 전개하는 과정에서 한편으로는 총독부 농정의 중심기관으로 성장하는 계기를 마련했으며, 한편으로는 자금을 대부받는 조합원들의 일상 경제활동 전반을 관리감독하는 지도금융을 철저하게 행함으로써 농민층에 대한 영향력을 강화시킬 수 있었다.

---

104) 朝鮮金融組合聯合會調査課, 『組合員は斯くして身を起す』, 40~41쪽.
105) 보통학교졸업생지도는 농촌진흥운동의 주된 사업의 하나였다.

3. 전시기 전쟁자금 공급 중심의 자금운용

1) 전쟁자금원으로서의 유가증권 매입

조선금융조합연합회는 조선금융단에 소속되어 있었으므로 조선금융조합연합회의 모든 금융활동은 이에 규정을 받았다. 즉 조선금융조합연합회의 자금운용은 일본 전체의 자금운용의 일부분으로 재편성되고, 그 주된 업무는 그간에 행해 오던 대출과 더불어 새로이 국채를 비롯한 유가증권을 인수하여 일본정부의 전쟁수행에 필요한 자금과 군수산업체에 자금을 공급하는 일이었다.

이 시기 조선금융조합연합회의 자금운용의 특징은 그림에서 보듯이 유가증권 매입이 자금의 거의 대부분을 차지하게 되었다는 점이다. 그래서 1940년에 들어가면서 대출 비중이 상당히 줄어들었다. 1941년에는 예치금비율이 35%로 높아졌고, 1945년에 이르면 유가증권의 매입이 거의 대부분을 차지하였다. 전쟁자금의 수급을 위해 연합회는 다른 금융기관과 마찬가지로 국채와 유가증권의 매입을 늘렸고, 일반인들에게도 이들을 매입하기에 유리한 환경을 만들어 갔다. 금융기관의 예금금리를 동일한 수준으로 통일하면서 국채이율 수준으로 인하한 것이다.[106] 거기에 강제저축방침이 결합함으로써 일반인들은 국채매입을 하거나 어쩔 수 없이 예금 적금에 들어야 했다. 이렇게 예금금리가 인하되었음에도 불구하고 대출금리는 그다지 많이 인하되지 않았다. 소비를 향해 쓰이는 대출을 줄이고 그 자금을 강제저축으로 돌림으로써 농촌 내 자금을 모두 흡수하기 위해서였다. 이런 방향에서 연합회의 자금운용은 그간 대출을 중심으로 이루어지던 것에서 선회하여 유가증권매입으로 중점이 바뀌었다.

연합회가 소유한 유가증권은 주로 國債와 社債로 이루어졌다. 조선금융조합연합회는 1942년 액면 3110만 1천 원의 중일전쟁과 태평양전쟁 國庫債券을 매입하였고, 그후 국채매입은 본 업무와 같아졌다. 그 결과 해방 당시 사변

---

106) 1941년 일본국채의 이율은 연리 3.7%였고, 그에 비해 식은의 정기예금은 3.4%, 일반대출이자는 5.1%로 전반적으로 이율이 낮아지면서도 대출이자는 상대적으로 높은 구조를 지녔다(鄭昞旭, 앞의 글, 175~176쪽).

및 전쟁국채, 전시저축채권, 보국채권 등의 소액채권과 지방채, 국책회사의 사채와 주식 등을 상당수 보유하게 되었다.[107)]

<그림 8> 조선금융조합연합회의 자금운용(1938~1945)

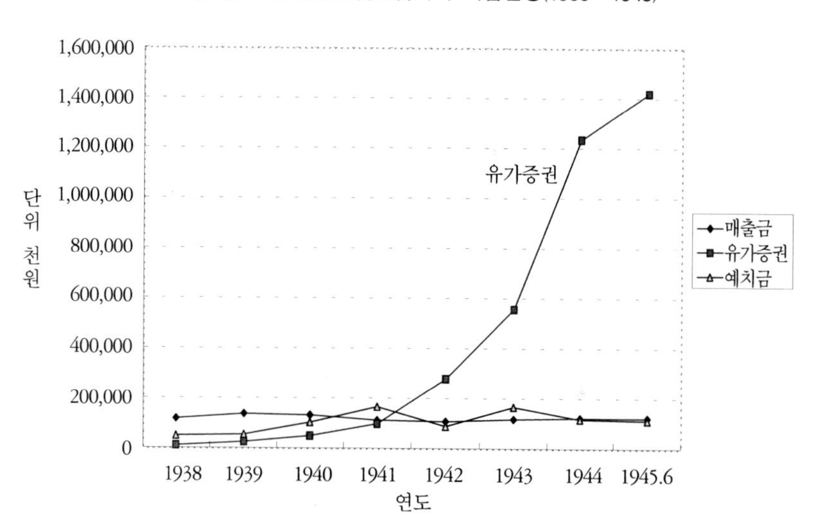

<표 29> 조선금융조합연합회 보유 유가증권 내용(단위 : 千圓)

연 도	국 채	지 방 채	사 채	주 식	총 액
1937	14	55	29	2	7,383
1938	39	38	20	2	9,962
1939	40	43	16	1	22,419
1940	19	31	49	1	49,749
1941	10	23	65	2	95,126
1942	14	9	68	8	278,107
1943	20	4	70	5	556,189

자료 : 『金融組合統計年報』, 각년도판/文暎周, 앞의 글, 40쪽 재인용.

특히 1940년 이후 사채의 비중이 압도적이 되었고, 금융조합은 주로 식산은행

107) 農業協同組合中央會, 『韓國農業金融史』, 96쪽.

의 사채를 매입하였다. 당시 식산은행의 자금운용 방향은 국채인수를 통해 일본정부에 전쟁자금을 공급하는 한편, 그 외의 자금은 모두 군수 관련 사업체에 대한 융통에 집중하고 있었다.[108] 즉 식산은행의 사채를 매입하는 일은 직접적인 국채매입보다 이율은 높으면서도, 동일하게 군수산업에 필요한 자금을 제공하는 방법이었다.

급격하게 증가했던 금융조합의 자금이 본래 목적대로 대출을 했다면 상당히 많은 조합원들이 혜택을 볼 수 있었을 것이다. 1930년대 자작농지 구입자금이나 부채정리자금과 같은 자금을 더 많이 그리고 싼 이자로 방출할 수 있었을 것이다. 점진적이기는 하나 농업구조의 문제점을 일정하게 완화시켜 줄 가능성은 있었다. 그렇지만 연합회의 자금이 금융조합에 대출되는 액수는 일정 수준으로 정체되었고, 운용할 수 있는 자금규모가 커지는 데 비해 그 비중은 매우 줄어들었다.

2) 농업자금 대출의 정체

이런 현실 속에서 금융조합의 주된 대부대상이던 농업부문과 중소생산자에 대한 자금대부에 무리가 발생할 수밖에 없었다. 국민저축으로 금융조합의 자금운용은 근본적으로 윤택해졌음에도 불구하고 나타난 현상이었다. 유가증권 매입이 늘어남에 따라서 조합원을 비롯한 농촌사회에 방출되는 자금은 커다란 영향을 받았다. 자금운용 총액이 급격히 늘어난 데 비해서 대출금액은 그다지 늘지 않았다. 1945년 6월 현재 1938년에 비해 예치금은 13배가 늘었고 대출금은 2배가 늘어난 데 지나지 않았다. 상대적으로 대출업무의 비중이 줄어들었다고 볼 수 있다. 같은 시기의 조합원 증가비율과 같았다.

이와 같이 저축액을 늘리면서도 대출을 늘리지 않은 것에 대해 연합회는 '자금운용의 계획화'를 들면서 조합원을 비롯한 전 농민에 대해서 소비절약을 강조하였다.[109] 동시에 농민과 도시중소상공업자를 조직하여 생산자금대출을

---

108) 鄭昞旭, 앞의 글, 1998, 176~178쪽.

합리화, 즉 총독부가 집중해야 한다고 인정하는 부분에만 자금대출을 실시한다는 의미였다. 이를 위해서 '생업의 협동화'를 걸고 농촌지역은 식산계조직으로 촌락협동화를 철저히 하고 도시에서는 同業者協同組合을 조장하여[110] 여러 업자를 금융조합망 안에 편성하는 것을 우선으로 삼았다. 이를 위해서 연합회는 1) 조합원의 계획적 증용운동을 추진하고 2) 식산계의 전 부락확충운동에 의해 촌락 전원을 식산계에 결합시켜 농가의 全戶包容, 도시중소상공업자의 결합을 구현하고자 하였다.

연합회에서 금융조합에 대한 대출은 1933년부터 1943년 3월 대출누계에서는 보통대부가 7억 497만 원이고 특별대부는 3억 1,436만 원이었는데, 이 중에서 1943년 3월 현재 회수하고 남은 액수는 보통대부가 3,363만 원으로 남은 액수는 30.9%였고, 특별대부가 7,550만 원으로 69.1%를 차지하였다. 이는 금융조합의 자기자금에 의한 보통대부가 대장성예금부를 통해 대출되는 것보다 단기자금이었기 때문에 순환속도가 빨랐음을 의미한다.[111]

다음의 <표 30>을 보면 금융조합의 대부금 가운데 소 구입자금이 농사개량자금과 특수산업자금을 합하면 가장 많은 금액이 할당되었다. 이는 전시 하에서 축력과 퇴비생산의 강화가 강조되었고 운송수단인 자동차가 석유부족으로 인해 가동되지 않았던 상황에서 소가 그것을 대신하게 되었기 때문이다. 상대적

---

109) 『金融組合年鑑 1941』, 96~99쪽.

110) 都市同業者協同組合은 1933년부터 경기도에서 시도한 형식이다. 도시금융조합의 조합원은 이동이 빈번하고 직업이 다양하여 이해가 일치되지 않아 조합원을 관리하는데 어려움이 있었다. 이에 대한 방안으로서 소규모 조직을 만들어 도시금융조합원의 경제개선방책으로 제기된 것이 동업자협동조합이었다. 이를 통해서 재료의 공동구입과 제품의 공동판매, 시설의 공동이용, 금융조합과 은행에서 무담보 연대 저리자금 융통을 실현하여 동일 직종 조합원의 경제력 향상에 도움을 준다는 취지였다. 금융조합은 이에 대해서 여신 정도를 높이 두고 무담보 저리대부를 해주며, 고리구채정리자금의 저리융통, 점포설비자금의 저리융통, 집금사무와 회계사무의 원조, 구입과 판매에서 다른 산업법인단체와 연계 알선을 도아주는 일 등을 하였다(朝鮮金融組合聯合會, 『金融組合年鑑 1936』, 221~222쪽).

111) 1943년 현재 연합회의 보통대부중 장기대부금은 18,097圓이었고, 단기대부금은 15,463圓이었다(『十年史』, 180쪽).

으로 토지구입자금은 할당이 적어졌다. 이는 자작농지설정사업이 확대되기 어려웠던 현실을 보여준다.

일제는 자금운용의 계획화라는 방침을 이용하여 대상에 대한 조직화만이 아니라 다른 여러 가지 부수적인 효과를 노렸다. 일선 금융조합이 자금운용을 계획하는 데 가장 주의를 요하는 항목은 '통화팽창에 대한 경계'였다. 토지투기 등 급하지 않고 긴요하지 않은 부분에 대한 자금활용을 억제하는 한편 생산부문에 대한 자금투여로만 집중시키기 위해서 더 강한 지도금융의 실시를 요구했다. 이를 위해서 대출 시 행정기관을 비롯해 특히 농회 혹은 상공회의소 방면과 협력할 것을 권고하였다.

<표 30> 금융조합 대부상황(1943년 3월 현재) (단위 : 千圓)

종 류			연합회대부고	금융조합대부고	
				대부인원	대부현재고
특별대부	무이자자금		3,460		
	농사개량자금	합	7,240	58,890	6,045
		소구입	4,498	23,601	3,478
		돼지구입	14	1	1
		농구	449	4,946	297
		비료	2,279	28,342	2,269
	특수산업자금	합	29,818	105,478	23,135
		토지	19,350	31,855	15,276
		축우	10,468	73,623	7,859
	부채정리		25,160	106,290	21,275
	특수저리자금		1,962	4,545	625
	중소상공업자금		3,528*		3,612*
보통대부	장기	담보			118,010
		무담보			2,370
	단기	담보			248,937
		무담보			101,296

자료 : 『朝鮮金融組合聯合會十年史』, 175~179쪽 ; 朝鮮金融組合聯合會, 『朝鮮金融組合統計月報』 1944.1.

참고 : 1. 중소상공업자금은 누계임.
2. 보통대부는 1944년 2월 현재임.

금융부문에서의 자금흐름 통제와 더불어 유통부문에서도 전쟁수행을 위한 공출과 소비억제를 목적으로 하는 '물자의 집하·배급의 합리화'가 진행되었다. 이 부분의 핵심은 조선금융조합연합회라는 상부기구에서의 물자집하 배급의 집중과 촌락조직화되는 식산계에서의 구매판매활동 강화에 있었다. 연합회가 농촌 말단의 식산계를 통해서 모든 물자유통을 통제하는 체계를 마련하는 것이었다. 이른바 '國家奉仕第一主義' 기구로 개편하고자 했다.

전시 통제경제체제 속에서 금융조합은 전쟁을 위한 일본정부의 정책방침을 실현하는 이른바 '國民協同組織'으로 개편하고자 하였다. 이는 금융조합의 업무영역 모두에 적용되었는데, 강제저축의 강화를 통해서 농촌 말단의 자금을 흡수하여, 일본국채매입과 군수산업부문의 유가증권을 매입함으로써 전쟁수행자금으로 전용하였다. 그렇기 때문에 조합원에 대한 대출위주의 업무는 제대로 진행될 수 없었다. 동시에 지도금융을 강화하여 강제저축에 쓰일 수 있는 자금마련과 대출감소로 인한 농촌자금부족문제를 해결해 보고자 했고, 유통망의 정비를 통해서 전쟁수행을 위한 식량과 원료의 흡수에 주력하였다. 이러한 금융조합의 개편방향은 농정의 전환과 더불어 농민생활에 커다란 영향을 미쳤다.

제5장 농촌조직활동

제1절 금융조합 확대의 추이

금융조합은 한국정부 또는 총독부에 의해서 설립지역이 지정되고, 설립위원이 선정되며, 모범정관에 따라 정관이 마련된 후, 조합원을 모집하여 설립되었다. 조합원들에 의해 모임이 구성되고, 그들의 이해와 요구에 맞게 정관이 만들어지고, 그것을 국가가 법적으로 인정해 주는 아래에서부터 조직하는 방식이 아니었다. 그렇기 때문에 금융조합의 확대과정은 그것을 통해서 조선사회를 파악하고 지배해 가려는 일본제국주의의 의도에 따라 진행될 수밖에 없었다.

1907년 광주지방금융조합을 시작으로 세무관 주재지역 10곳에 금융조합이 설립되었다. 그 후 1908년 33곳, 1909년 46곳, 1910년 43곳, 1911년 33곳 등 초창기에 조합이 급속하게 설립되었다. 그렇지만 1910년대에 들어선 이후 그 추세는 좀 느려졌다. 다음 <그림 9>는 금융조합과 금융조합 조합원의 변동을 지수로 표현한 것이다(부록 참고).

이 그림을 보면 1919년경까지는 조합 수가 조합원 수보다 빠르게 늘었으나, 1919년 이후는 조합원 수가 더 많이 늘었다.

<그림 9> 금융조합과 조합원 추이(1907~1945)

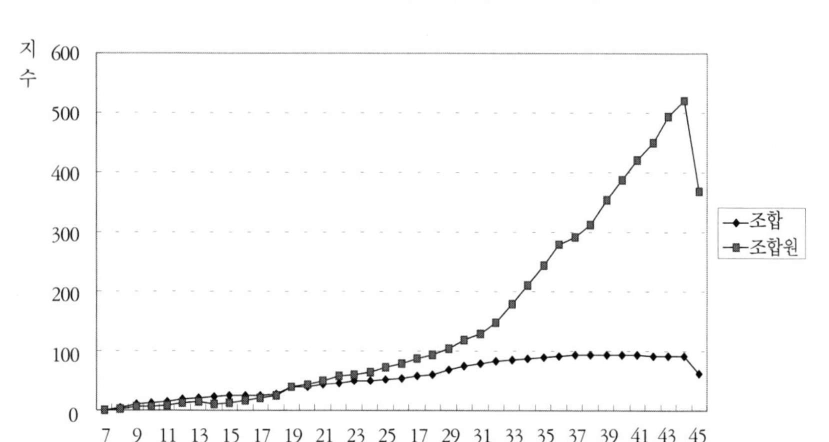

자료 : 朝鮮金融組合聯合會, 『朝鮮金融組合聯合會十年史』, 52~53쪽.

1930년 이전에는 30년 이후보다 증가속도가 완만하기는 했지만, 1914년을 제외하고는 지속적으로 증가하였다.[1]

그런데 금융조합이 늘어나기는 했지만 촌락조합의 경우 1조합이 관할하는 구역은 1907년 250개 면으로 상당히 넓은 데 비해서[2] 조합원 수는 561명밖에 되지 않았다. 넓은 구역에서 소수를 대상으로 한 것인데, 1면에 조합원이 2명밖에 안 되는 셈이었다. 이후 조합수가 점차 늘어가면서 1915년에는 10개 면에 270명의 조합원이 1조합을 구성하여 1면 당 27명 정도, 1925년 5.4면에 조합원 380명 정도로서 1면당 140명 정도, 1930년에는 3.6면에 930명의 조합원이

---

1) 1914년에 조합원수가 줄어든 이유는 「지방금융조합령」의 출자금제도의 신설 때문이었다. 기존에는 연간 2원을 납부하던 것이 출자금 10원으로 늘어나자 그것을 납부할 수 없었던 조합원들이 대거 탈퇴하거나 제명당했던 것이다.

2) 1914년 부군면동리 통폐합 조치의 결과 전국적으로 부는 12곳, 군은 220곳, 면은 2517곳, 동리는 58,467곳이 되었다(이하나, 앞의 글, 128쪽 참고). 이를 기준으로 하였을 때 1907년 금융조합이 전국 10곳에 설립되었으므로 250여 개의 면을 포괄하는 정도가 된다.

있어 1면당 250명 정도가 되었다. 지방금융조합이 설립되고 30년 정도 되는 사이에 약 750개의 금융조합이 설립되고 상당히 빠른 속도로 농촌지역에 확산되었다. 이 과정에서 전체 농가호수에 대한 금융조합원의 비율은 1910년대 10% 미만에서 1925년 14%, 1930년 22%으로 점진적으로 증가하여, 1930년에는 25%가 되었다(부록 참고).

한편 1918년 이후 부와 읍에 세워진 도시금융조합은 1918년 12곳에 설립된 이래 1930년까지 전국 62곳의 부와 읍에 설립되었고, 그 수는 약간 증감하면서 해방 직전까지 이어졌다. 도시조합의 1조합당 평균 조합원수는 설립 초기 260명 선에서 1930년 무렵에는 500명을 웃돌 정도로 많아졌다. 그러나 1930년 촌락조합의 평균 조합원수가 900명 정도인 것에 비하면 적은 수였다.

이러한 양상을 전남지역의 사례를 통해서 구체적으로 살펴보자. 금융조합의 효시는 전남 광주지방금융조합이었다. 1907년 「지방금융조합조례」가 발포되고 광주지방금융조합을 비롯한 5개의 금융조합이 전남지역에 설립되었다. 이후 1909년에 5개, 1910년에 5개씩 설립되는 등 빠르게 늘어났고 그 이후에는 1년에 1곳 정도 설립되어 1918년까지 총 24곳이 운영되었다. 그러다가 1919년 도시조합 3개를 포함하여 15개의 조합이 설립되었다. 그 후 꾸준히 1년에 1~2개, 많으면 4개의 조합이 설립되다가 30년대 전반기에는 지소를 중심으로 매년 6~7개가 설립되어 금융조합망이 급속히 확산되었다. 그 결과 1937년 전남지역에는 55개의 금융조합 본・지소가 활동하였다.[3)]

이를 郡 단위로 보면 1910년까지 15개 군에 금융조합이 설립되었고 1915년까지 전남지역 23개 군 모두에 금융조합이 설립되었다. 이 기간에는 1군 1조합의 형태로 금융조합망을 형성했으며 대부분의 조합이 1919년까지는 1군 1조합으로 유지되었다. 그러다가 1919년에 15개의 금융조합이 설립되면서 1군에 3개의

3) 全羅南道金融組合聯合會, 『統計より見たる全羅南道(金融組合同聯合會)過去及現在(旬報特別號)』, 1926, 「組合別設立竝業務開始年月日, 所在地, 振替貯金口座番號及區域現任組合役職員狀況」; 朝鮮金融組合聯合會, 『朝鮮金融組合の現勢』, 1937, 229~239쪽 참조.

조합이 생기기도 했다.[4] 1925년에는 대개 1군당 2개 조합이 있었으며 초기에 설립된 조합은 1군 4~6개까지 늘어나 금융조합망이 확산되었다. 1920년대 초반 조합당 포괄하는 면수는 무안지역이 13개 면으로 최고였고, 최저 2개 면까지로 편차가 컸다. 그렇지만 포괄하는 면 수가 많았던 조합은 1920년대 후반 군내에 새로 조합이 설립되고 1930년대 지소가 집중적으로 설립됨으로써 편차는 줄어들었다.

이렇게 볼 때 1920년대 중반까지 금융조합은 넓은 구역을 대상으로 영업하였음을 알 수 있다. 특히 초기에 설립된 조합일 경우는 거의 20년 동안 이런 상황이 지속되었던 것이다. 넓은 구역을 대상으로 활동할 수밖에 없었던 환경은 조합의 활동과 성격에 커다란 영향을 미쳤다. 이는 금융조합망의 확대가 그렇게까지 빠르게 이루어지지 못했음을 반증해 주는 예이기도 하다.

조합과 조합원의 증가에 따라서 직원과 운영을 위한 자산규모도 커져 갔다. 전남지역의 금융조합을 살펴볼 때 설립 초기에는 유급직원인 관선이사와 조선인 서기 1인, 고원 1인 정도의 규모로 조합운영을 시작하였다. 그 후 조합의 규모가 커지면서 10년 정도 지난 시점에는 직원 4~5명에 고원이 2명 정도로 늘었다. 또한 위탁판매와 공동구입이나 창고업무를 위해 소유하는 조합 창고는 총독부의 보조를 받거나 예전의 관아창고를 넘겨받아 확보했다. 그래서 1910년대 중반에는 거의 전 조합에 창고 1개 정도로 확산되었지만, 1918년 이후 운영기조가 금융중심으로 잡히면서 창고 수는 거의 늘지 않고 도리어 1922년을 정점으로 다시 줄어들었다.

1930년대 들어서면서, 특히 1933년 조선금융조합연합회가 설립된 이후 금융조합의 본소를 비롯해 지소 등 금융조합망이 급속히 확대되는 것을 알 수 있다. 1929년부터 시작된 '증용운동'(조합원 확대사업)과 1935년부터 식산계이 조합의 확대와 영향력 확대에 주요하게 작용했다. 조합원 확대방침은 그동안 조합에 포괄하지 않았던 영세소농민들을 조합원으로 끌어들이는 것이었고,

4) 나주는 세 곳, 광주·순천·영암은 두 곳으로 모두 1907년에 조합이 설립된 지역이었다. 아직 대개는 1군1조합의 상황이었다.

이것이 농촌진흥운동과 결합되면서 더욱 확대될 수 있었다. 이런 기반 하에서 촌락을 기조로 하는 식산계가 금융조합 산하에 조직됨에 따라 비조합원의 금융조합 이용이 가능해져 금융조합이 포괄하는 인원이 급속히 늘어났다.

이러한 금융조합이 포괄하는 호수가 늘어남에 따라 1931년 본소 600곳에 지소 140곳이었던 촌락금융조합은 1937년 본소 657곳, 지소 212곳으로 지소를 중심으로 조합망을 확대해 가고 있었다. 거기에 1936년부터 설립된 식산계는 1936년 143곳, 1937년 1345곳으로 빠르게 늘었었다. 식산계 속에 포함된 비조합원 수는 1937년 1만 명 정도였고 그 후 빠르게 늘어 갔다. 조합원수의 증가는 조합의 증가보다 더 빨라 1931년 69만 명 정도에서 1937년 156만 명으로 두 배 이상 증가하였다.

조합보다 조합원수의 증가가 더 빨랐던 결과 1조합당 조합원수는 촌락조합의 경우 평균 935명에서 1,796명으로 늘어났다. 1929년 1조합당 1,000명 정도를 적절한 규모라고 했던 상황보다도 포괄하는 인원이 더욱 커진 셈이었다. 이 시기 1조합당 포괄하는 구역의 크기는 많이 줄어 1조합당 평균 2.5~3면 정도로 줄었다.

1940년에 들어 금융조합은 행정체계와 같이 활동하게 되어 산하의 식산계가 애국반과 동일시됨에 따라 전 농민의 조직화를 이루어가려 하였다. 이에 따라 전 농가호수의 70% 이상을 조직했고, 2.8개 면에 1개의 금융조합로 밀도를 높여 갔다.

1907년부터 1945년까지 일제 강점기 전 시기에 걸쳐 금융조합은 위로는 조선금융조합연합회로 강력한 자금과 중앙통제력을 가진 조직으로 확장해 갔고, 아래로는 식산계 조직을 통해서 전국적인 조직망을 갖기에 이르렀다. 일제강점기 동안뿐만 아니라 현재에 이르기까지 이와 같은 규모와 밀도를 갖는 기관이 없었음을 볼 때 그것이 갖는 농민경제 내지 조선경제에서 차지하는 비중은 매우 컸다고 볼 수 있다.

제2절 초기 농촌조직과 금융조합

1. 점진적 조직 확대와 조합원 중심의 조직 활동

1) 광역주의 조직방침과 농촌사업의 제한성

초기의 금융조합은 점차 조직을 확대해 가고 있었지만, 1930년대가 되기 이전에는 구역규모가 넓어서 운영에 한계가 많았다.

일제는 구역문제에 대해 이사중심주의 경영이라는 점과 금융조합은 그 구역 내 경제중심지에 설립되어야 한다는 점을 들어 1조합당 1,000명 정도를 적당한 규모로 설정하였다.[5] 이사중심주의 경영이란 금융조합은 이사의 됨됨이가 다른 무엇보다 중요하므로, 그 인물이 올바르면 조합원이 많아도 모두 교화시킬 수 있다는 주장이었다. 여기서 이사는 조합원의 신용조사에서부터 대부금사용처 조사를 비롯한 모든 업무를 다 직접 하는 것이 아니라, 그것을 관장하고 직원과 조합원을 교화·통솔하는 일을 담당하는 존재였다. 또한 금융조합은 시장 같은 경제중심지에 설치하도록 하였다. 그래야 조합원들이 원활하게 이용할 수 있다는 이유인데, 마땅한 경제중심지가 없으면 조합을 설치하지 못하도록 하였다. 이에 따라 설립시의 규모는 크게 하되, 구역 내 조합원수에 따라서 점차 구역을 축소하는 방향으로 설립하였다. 이때 축소하는 정도는 조합원이 하루 동안 쉽게 조합사무소에 왕복할 수 있는 구역을 최대한으로 정하여 보통 3~4면 정도로 하였다. 하지만 금융조합 구역이 3~4면 정도로 줄어든 것은 1930년 이후의 일이었다.

이와 같은 광역주의는 금융조합의 성격문제를 둘러싸고 논란을 일으키는 주제였다. 논의의 매개가 된 것이 독일 신용조합의 모델인 라이파이젠 신용조합과 슐츠형 신용조합이었다. 농촌신용협동조합으로 설립된 라이파이젠 신용조

---

5) 山根譓, 『金融組合概論』, 327~338쪽. 이 책은 금융조합이사와 직원교육의 교재로 사용되었고, 당시 금융조합에 대한 많은 비판에 대해서 금융조합 측의 입장을 대변하면서 논쟁적으로 서술되어 있는 점이 특징이다.

합은 1교구를 단위로 한 소규모 신용조합으로 신용, 판매, 구매, 이용사업을 모두 운영하는 겸영조합이었으며, 금융활동은 신용대부를 위주로 하였다. 이에 비해서 슐츠 조합은 도시 중소상공업자를 대상으로 은행에 가까운 운영을 하는 조합이었다. 금융조합 측은 설립 초기부터 라이파이젠 조합을 모델로 하였다고 주장하였으나, 그러기에는 구역 문제나 업무, 대부방식 등을 둘러싸고 많은 논란이 일 수밖에 없었다.6)

1910~20년대 금융조합이 넓은 구역을 대상으로 운영한 방침에 따라 여러 가지 문제점이 발생했다. 먼저 금융조합과 조합원의 관계가 밀접하지 않아 신용대부의 기초를 마련하지 못하였다. 금융조합은 조합원 가입과 대부를 할 때 신용조사를 하였다. 그러나 금융대부를 책임지는 이사가 직접 이를 담당하지 않고 평의원 등을 활용했는데 이사는 이에 대해 그다지 신뢰하지 않는 경우가 많았다. 또한 대부금을 대부한 후 지속적으로 대부자를 관리할 수 있는 역량이 없어서 신용대부를 할 수 있는 기반이 없었다. 때문에 금융조합은 대부의 위험성을 줄이기 위한 방안으로 신용대부보다 담보대부를 선호할 수밖에 없었다. 이러한 구역상의 문제점 때문에 금융조합은 담보를 제공할 수 있거나 든든한 신용보증인을 세울 수 있는 중소지주나 자작상층을 중심으로 하는 조합원구성과 대부관행을 갖게 되었다.

광역주의는 금융조합이 일본의 조선지배를 위한 대민지배기구라는 관제조합이었기 때문에 나온 원칙이었다. 일본의 산업조합도 위로부터의 법제화와 운동에 의해서 설립된 곳이 많았지만, 일본 산업조합의 모델이라 불리는 보덕사와 같이 산업조합법 제정 이전부터 설립된 여러 조직을 합법화한 경우도 많았다. 조선에서도 금융조합 설립 이전에 계와 같은 소규모 상호부조 금융기구가 널리 조직되어 있었다. 이들 민간금융기구를 재조직하거나 합법화하고, 운영의

6) 寺島德實, 「庶民銀行」, 『地方金融組合』 1914.9 ; 山藤半介, 「金融組合の活動と經營」, 『金融と經濟』 26, 1921.6 ; 多田憲一, 「組合成立の基礎に關する一考察」, 『金融と經濟』 26, 1921.6 ; 山根生, 「金融組合をシュルツエ式に改むるの可否に就て」, 『金融と經濟』 74, 1925.3 등 금융조합 내부에서 금융조합의 역할을 바라보는 시각도 다양했다.

합리화나 금리인하, 부패방지 등을 위해서 총독부가 관리 감독 지원하는 방향으로 운영되었다면 굳이 구역을 넓게 잡는 방침을 세우지 않아도 되었을 것이다.

그러나 강점 초기 일제는 기존의 촌락조직들을 지배하기 어려웠기 때문에, 이들의 자치력을 약화시키는 방향으로 정책을 추진하고, 대신 자신들이 영향력을 미칠 수 있는 광역규모의 새로운 조직을 만드는 방법을 택한 것이다. 따라서 새로이 금융조합을 만들거나 금융조합 설립과정에서 자신들과 협력할 수 있는 세력들이 설립한 기존의 민간금융기구를 흡수하기도 했다. 예를 들어 전남 동복금융조합은 1905년에 설립된 평준조합을 기반으로 설립되었으며,[7] 김천 도시금융조합도 지역 유지들이 설립한 저축계를 기반으로 하였다.[8] 그렇지만 금융조합에 편입되는 문제를 둘러싸고 기존 조직의 임원들이 내부갈등을 겪기도 하였고, 때로는 기존 조직의 임원을 그대로 유지하기로 한 합의를 일제가 깨고 이들을 배제함으로써 갈등이 일기도 했다. 즉 배제와 흡수라는 양면의 방침을 금융조합 설립과정에 적용함으로써 기존 조직과의 마찰과 일제가 주도하는 새로운 조직에 대한 조선인들의 반감을 줄이고자 한 것이었다.

둘째 금융조합 구역이 넓기 때문에 이사와 직원들이 아무리 열심히 일을 한다 하더라도 그 구역을 전부 원활하게 관리하기란 불가능했다. 관리상의 문제점을 극복하기 위한 방안이 조합장과 평의원을 활용하는 방법이었다.[9] 이는 지역 유지층을 금융조합 운영에 참가시키고, 그들에게 일정한 권한을 부여한다는 점에서 일정한 조합자치의 성격을 가지고 있었다. 반면 이들과의 인간관계에 의해서 조합가입과 대부가 결정된다는 점에서 유지층의 불법행위와 전횡이 일어날 가능성은 얼마든지 있었다.

1910~20년대 금융조합의 조직은 점차 확대되었고 그에 따라 조합원과

---

7) 洪性讚, 『韓國近代農村社會의 變動과 地主層』, 지식산업사, 1992, 60~63쪽.

8) 「道當局에 問함, 金融自立問題에 對하야」, 『東亞日報』 1925.5.23.

9) 매년 열리는 금융조합 이사들의 연락모임의 보고서인 『地方金融組合理事會同答申書』에는 늘 조합원과 조합의 관계 연락에 대해서 정리하고 있는데, 평의원과 조합장을 이용해서 조합원 가입, 대부시 신용조사, 대부후 관리가 주 핵심이었다.

조합의 자산도 늘어갔다. 그렇지만 금융조합이 위에서부터 조직되었기 때문에 조합이 자율적으로 확산될 수 없었다. 따라서 금융조합은 1910년대 말에 1군 단위, 1920년대 말에 4~5개 면 정도로 광역주의를 택할 수밖에 없었다. 위로부터의 조직방식－광역주의－신용평가의 어려움으로 이어지는 구조적인 문제점은 결국 담보중심의 금융대부, 지역유지층을 활용한 조합운영을 초래했다.

2) 관제농촌조직 지원과 조합원 대상의 조직활동

금융조합은 1910년대에는 농업자금의 대부를 비롯하여 농사개량지도, 그리고 농촌조직화사업을 수행함으로써 일제의 농촌지배체제 구축에 기여하였다. 이들 사업은 서로 유기적으로 연결되어 1910년대 초기에는 이 사업들을 모두 금융조합이 거의 도맡아했지만, 이후 행정기구가 농사개량사업을 주로 맡아하고, 금융조합은 금융사업을 중심으로 다른 업무를 부차적으로 배치하는 방향으로 사업을 진행하였다.

1910년대 초반 지방금융조합이 추진한 농사개량사업의 내용은 다양했다. 경기도 지방금융조합의 활동은 그 전형적인 예였다.[10] 금융조합에서는 기수와 농수 각 1명씩을 두고 모범전을 설치하여 종자를 수확한 후 농민들이 가져오는 다른 종자와 교환해줌으로써 일본이 추진하던 종자개량사업에 앞장섰다.[11] 공동모판을 만들고 입모품평회를 개최하여 우등자에게 상품을 수여하기도 했다. 또한 매년 농업 여가를 택하여 부업으로 할 만한 자리짜기, 새끼꼬기, 가마니짜기를 순회 전습하고, 닭이나 돼지・누에고치를 보급하여 생산을 장려하였다. 종자선정에서 모판 만들기, 모내기, 수확물의 건조 등에 이르는 생산과정 전반을 일본식으로 개편하는 사업을 주관한 것이다.

10) 『每日申報』 1912.6.22, 585쪽 사설 「模範農園」.

11) 경기도 관내 금융조합에서는 직영 모범전을 운영하였는데, 경비 686원 79전을 투하하여 수도 육도 감자 고구마, 콩, 보리류, 기타 채소 등을 키웠다. 작부면적은 총 6정 1반 1묘 3보였다. 여기서 나오는 수확물은 조합원에게 내년도 종자로 교환하거나 염가로 배포하였다(『每日申報』 1913.7.23, 306쪽 「金融組合直營 模範田」).

이러한 사업은 이른바 농사개량사업의 전형적인 내용을 담고 있었다. 이 활동들은 금융조합에 대한 좋은 이미지를 부각시키고 조합조직을 확대하기 위한 방편이기도 했지만,12) 금융조합은 1910년대 초반에 일제의 농사개량방침을 적극적으로 수행할 수 있었던 거의 유일한 기관이었다.13) 또한 이를 통해서 일본자본주의의 저미가정책을 유지하는 기반인 일본 미곡 종자를 조선농촌에 확산시키는 기초를 마련해 갔다.

이 농사개량사업은 금융조합의 위탁판매업무와 연결되었다. 위탁판매 취급 품목은 쌀, 벼, 보리, 콩 같은 곡물과 소금, 잎담배, 누에고치, 모시 같은 지방특산물과 부업생산품이었다. 전남지역의 금융조합을 보자.14) 이곳에서는 다양한 물품을 위탁판매하였다. 그 중에서 지역의 특성상 미와 면화가 주종을 이루었다. 미곡이 금융조합의 위탁판매량 중 88%를 미곡이 차지하였다. 면화는 전남지역의 주요 생산물인데, 전남지역에서는 강점 이전부터 일본인들이 조선의 토포생산의 원료로 쓰이는 재래면 대신 일본 면방직공업의 원료로 쓰는 육지면 확대사업을 실시하였다.15) 1910년대 초반에 이르면 육지면의 생산이 상당 수준에 이르렀는데, 전남도청에서는 1913년부터 매수자로 면화조합과 지방금융조합을 선정하고 이를 통해서 면화를 판매하도록 하였다. 1913년도의 육지면 판매예상고는 실면 996만여 근인데 그 중 금융조합의 수탁판매 예상고가 656만여 근으로 상당히 많은 부분을 차지할 예정이었다. 이와 더불어 완초, 정어리찌꺼기 기름 등의 특산품을 위탁판매하였다. 이러한 양상은 다른 지역에서도 비슷했다. 특산품인 대두,16) 잠종,17) 완초18) 등에 관한 위탁판매를 실시했고, 이를

---

12) 이러한 활동에 대해서 『매일신보』에서는 사설에서 '전도의 모범'이 된다고 평가하였다(社說 「模範農園」, 『每日申報』 1912.6.22, 585쪽).

13) 山根譓, 앞의 책, 133쪽.

14) 「生産品 販路擴張 全南金融組合의 利用」, 『每日申報』 1913.11.29, 761쪽.

15) 梶村秀樹, 「李朝末期 綿業의 流通과 生産構造」, 『東洋文化史紀要』 46, 1968.3/『韓國近代經濟史硏究』, 사계절, 1983 재수록 ; 飯塚重史, 『朝鮮棉花株式會社三十年史』, 1943 참조.

16) 지방금융조합이 군내의 면리장을 설득해서 대두에 대한 개량사업을 하거나(「海州의 大豆改良」, 『每日申報』 1913.12.10, 31쪽), 금융조합이 대두위탁판매를 통해서 대두개

통해 농사개량사업을 강제하거나 개량된 품목만을 위탁판매함으로써 재배를 촉진시켰다.

금융조합이 1910년대 전반기에 농사개량사업과 위탁판매사업을 추진했던 이유는 일제의 조선지배정책과 긴밀한 관계가 있었다. 우선 이는 일본자본주의 공업화에 필요한 고치나 면화, 대두 등의 공업원료가 되는 농산물의 상품화사업을 비롯하여 값싼 식량으로서의 미곡수출과 관련이 많았다. 사업의 핵심은 대량생산체계와 표준화,[19] 그리고 이를 수행하는 농촌조직화와 유통부문의 정비에 있었다.[20] 특히 원료농산물 생산은 지주가 중심이 되는 미곡과 달리 일반 자소작 농민층의 밭작물이나 부업생산물들이었다. 개별분산적으로 생산되는 농민들의 생산물을 모아 공업원료로 공급하기 위해서는 그 생산과 유통부문을 통제할 조직이 필요했다. 이러한 조직은 농민들이 자발적으로 조직하거나, 지주층이나 부농층으로 구성된 지역유지가 중심이 되기도 하고, 또는 이를 국가적으로 적극 추진하기도 하는 등 여러 경로로 만들어질 수 있었다. 조선의 경우 일제에 의해서 1910년대 중반 무렵 품목별로 축산조합, 면작조합, 양잠조합, 연초경작자조합과 같은 조직이 만들어졌다. 일제는 강력한 행정력을 행사하여 품종을 관리하고 상품화를 추진하며, 군 단위의 공동판매형식으로 판매망을 만들고자 했다.

그런데 이러한 조직이 만들어지기 이전은 일제의 지방제도개편 이전이라,

량사업을 유도하는 경우도 있었다(「大豆의 委託販賣」, 『每日申報』 1913.10.14, 595쪽).

17) 1910년대 초반에는 일본 잠종에 대한 배부방법이 체계화되지 못하였다. 그래서 지방금융조합이 종묘장에서 잠종을 배부받아 일반 농가에 배부하기도 하였다(「日本蠶種의 成績」, 『每日申報』 1911.1.28, 491쪽).

18) 전북도 특산물인 완초를 지방금융조합이 경성의 상회와 계약을 맺고 위탁판매를 실시하였다(「特産莞草의 有望」, 『每日申報』 1913.10.2, 554쪽).

19) 일제는 미곡을 비롯한 거의 모든 종자를 '우량품종'으로 선택한 것으로 일원화시키고자 하였다(『農業技術官會議要錄 1911』, 5~25쪽). 따라서 각 도의 종묘장과 군 채종답, 채종전과 면 채종전 등으로 연결되는 종자배부 체계를 마련하고 이를 강제 경작하게 함으로써 재래종자는 거의 사라지고 일본종만 남게 되었다(大橋淸三郎 外 편, 『朝鮮産業指針』, 1915, 214~215쪽).

20) 이경란, 「부업농산물의 상품화와 농가경제」, 『역사문제연구』 2, 1997 참조.

행정체계를 통해서 조선농민경제에 영향력을 미치기는 어려웠다. 일제는 농촌사회 개편을 위한 교두보가 필요했고 그 역할을 금융조합이 담당했다. 금융조합은 1907년부터 군단위로 조직되기 시작했고, 몇 년이 지난 시점에서 다른 어떤 조직보다 일본의 이해를 농촌지역에 파급해 갈 수 있는 유일한 조직으로 성장했기 때문이다.21)

게다가 금융조합은 소수이긴 하나 지역에서 일정한 경제력을 가진 중상층 농민들을 조직하였다. 따라서 초기 농사개량사업의 주요 대상인 지주층을 비롯한 농촌 중상층을 농산물 상품화를 지향하는 농사개량사업과 위탁판매사업에 끌어들여 일제의 조선농촌개편사업을 실현해 갔다. 이는 금융조합에 의한 농촌조직화로 나타났다.

위탁판매를 하는 과정에서 금융조합은 규정상의 운영기구 외에 면·리 단위에 하부조직을 구성하거나 다른 조직에 자금을 융통해 주는 방법으로 사업을 지원하였다. 금융조합 하부 조직은 契제도를 이용하는 예가 많았다.22)

이들 조직은 평의원을 매개로 운영되었다. 조합은 평의원에게 면 단위로

---

21) 금융조합은 1907년 광주에서 처음으로 지방금융조합이 설립된 이후 1907년 동안 10개 소에서 1915년에는 240개 소 조합원 6만 명 이상으로 급속히 성장하였다.

22) "고래에 행해진 계 제도를 이용하여 근래 지방금융조합 내에 다시 소규모 단체를 조직하려는 계획을 세우는 경향이 왕왕 있다. 이는 조합적 관념의 주입방법으로서 지당하다. 지방금융조합이 이미 소규모인 이상 다시 그 내부에 우 같은 단체를 조직하는 것은 득책이 아닐 뿐 아니라 조합비 이외 다시 출자의 의무를 지는 것은 당본국 현하 민상에 비추어 온당하지 않다고 인정된다. 지금 같은 단체조직의 계획이 있을 경우는 좌기 각 항에 주의할 것을 통달한다.
좌기 1. 이 종의 단체는 해당지방금융조합원으로 조직하도록 할 것 1. 단체의 직무는 단지 지방금융조합의 업무를 단체원에게 중개하는 것에 그칠 것 1. 우외 단체원이 지방금융조합원에게 차입금을 할 경우는 다른 단체원에게 연대책임을 지울 것 1. 단체원의 수는 15인보다 많아서는 안 될 것 1. 역원은 가령 이를 둘 경우에도 1인씩에 그치고 또 무보수로 할 것 1. 미리 모범정관을 작성하여 소관 재무감독국장을 경유하여 본부의 승인을 얻어 두고 이후 단체 설립 때마다 해 모범정관을 작제하여 소관 재무감독국장의 인가를 얻은 후 설립할 것 1. 재무감독국장이 이 종 단체의 설립을 인가할 경우에 그 뜻을 본부에 보고할 것"(理監發제381호, 「地方金融組合內에 다시 小規模團體를 設立할 境遇에 關한 件」 1908.4.23, 『地方金融組合執務便覽』).

담당구역을 정해 주고, 리나 동 단위로 저축계나 금융계·농계·대두경작계·부업계 등을 설치하거나 模範部落을 설치하여 운영하도록 하였다. 이들 조직은 원료농산물을 부업으로 경작하거나 가축을 기르고, 그것을 판매하여 나오는 수익의 전부 또는 일부를 금융조합에 저축하는 생산조직이자 저축조직의 양면성을 지녔다.

해주지역에서는 지방금융조합이 大豆獎勵契를 조직하여 콩의 경작에서 제조 포장에 이르기까지 관할하고 이를 통해서 농사개량과 저축을 꾀했다.[23] 또한 전국 각지에서 조직된 산업계와 마찬가지로 1914년도 전남관내의 지방금융조합에서 조직한 산업계는 78곳에 이르렀다. 여기에 포함된 계원은 799명이었고, 저금인원은 581명, 금액은 17,771원 62전으로 상당액에 달했다.[24]

이와 같이 금융조합의 농촌조직화는 농사개량사업을 촉진하기 위해서 실시되었으며, 그것을 통해서 금융조합은 농가에 유통되는 현금의 흐름을 장악하려 했다. 즉 농사개량사업은 위탁판매로 연결되고, 판매 후에 금융조합은 위탁판매 수수료를 받았으며,[25] 해당 조합원은 판매대금의 일부를 우편저금이나 금융조합에 저축해야 했다. 이런 양상을 잘 보여주는 것이 의성지방금융조합이 실시한 저축계의 규약이다.[26] 의성금융조합은 조합원이 10명 이상인 곳에는 農契와 저축계를 조직하게 하고, 조합에 직속시켰다.

제1조 본 계는 의성지방금융조합의 취지를 보급하고 지방산업의 진흥을 꾀해 근면저축의 미풍을 기르고 계원 경제의 조장 발달과 隣保提契의 實을 거두기에 노력함을 목적으로 한다.

---

23) 「設 勸農契」, 『每日申報』 1914.7.2, 8쪽. 콩은 주요 일본수출품이었다.

24) 「産業契況」, 『每日申報』 1914.7.8, 28쪽.

25) 1910년 초반 금융조합에서 위탁판매를 시작할 무렵에는 권장을 위해서 수수료를 받지 않는 곳이 많았다. 그러나 점차 금융조합의 사업으로 안정화되는 1914년 이후부터는 수수료를 받는 것이 당연시되었다(朝鮮總督府, 『地方金融組合理事會同答申書』 1912, 1913, 1916 참고).

26) 『答申書 1912』, 232쪽.

제2조 본 계는 의성 군내부면 봉정동 저축계라 칭함
제3조 계원은 의성지방금융조합원에 한한다.
제4조 본 계는 의성지방금융조합의 지도감독을 받아 좌의 업무를 행한다.
1. 계원에 대해 금융조합에서 농공자금 차입의 편의를 꾀할 것
2. 매월 계원의 손으로 나온 부산물을 납입하고 이를 금융조합에 맡겨 위탁판매에 대한 금액은 각 계원의 이름으로 저금하고 예금장은 조합이사가 보관한다.
3. 본 계는 계원에 대해 계의 목적을 관철시키기 위해 금융조합에 조력을 구한다.
4. 농번기나 부업에 종사할 수 없는 경우에는 조합대부금에 대해 2개월마다 납입하는 이자의 1/10 또는 이와 동등하거나 동등 이상의 물품으로 한다.
5. 부업의 개량발달을 장려할 것
6. 농한기를 이용하여 부산물로써 생산을 장려할 것
제5조 예금의 인출을 하고자 할 때는 계장에게 신청하고 계장은 금융조합의 허가를 받을 것

1912년에 만들어진 이 저축계는 한 동네 안의 금융조합 조합원을 대상으로 했다. 금융조합에서 대출을 받을 때, 위탁판매를 하여 물품을 판매했을 때, 이도 저도 아닐 때에도 금융조합에 저축을 하도록 규정하였다. 특히 부업생산품이나 위탁판매품을 판매했을 때는 반드시 저축을 하도록 했다. 저축장려를 목적으로 하는 한편 이렇게 조직된 조합원들은 상호연대보증으로 대출을 받을 수 있었다. 이런 유형의 저축조직은 1920년대까지 꾸준히 각지에서 조직되었다.[27]

---

27) 밀양군 남양리에서는 일본인 木通口初三郞와 남양리 구장 李鍾律, 삼양리 구장 尹良○ 등 지역 유지들이 발기하여 근검저축계를 설립하였다. 계원들은 매일 백미 한 줌씩을 납부하여 이를 판 금액을 금융조합에 예금하였다가 상당한 금액에 달할 때 토지매수 등 기타 영리사업을 운영할 계획이었다(「勤儉貯蓄의 模範契」, 『每日申報』 1926.3.18, 185쪽).

금융조합원들이 저금계에 가입하는 가장 큰 이유는 대출이 상대적으로 쉽다는 데 있었다. 저금계만이 아니라 대두경작계에 대해서 지방금융조합은 농공은행의 대부를 매개하는[28] 등 이들은 금융조합 자금 대출이나 정책자금 지출의 우선순위대상이 되었다. 새로이 농산물의 상품화를 추진하거나, 세금을 현금으로 내거나, 소를 구입해야 한다거나 하는 또는 토지를 구입하는 등 중상층 농민들의 현금수요가 늘어나고 있던 시기였다.[29] 이런 농민층을 주요 대상으로 하는 금융조합이 이들을 적극적으로 조합원으로 끌어들이고 농사개량사업에 참여시키는 방법으로서 이 저금계가 활용된 것이다.

그렇지만 저금계 방식은 일종의 '강제저축'이었고, 조합원 스스로 자신의 영농계획을 추진하고 관리하지 못하였다. 저금통장조차 금융조합 이사가 관리하는 등 금융조합이 조합원의 금융흐름을 완전히 장악하려 한 것이다. 아직 농촌지역의 소수 주민을 대상으로 하고 있지만, 농사경영에서부터 판매, 나아가 자금관리에 이르는 농민생활의 전 흐름을 금융조합이 자금대부를 매개로 하여 장악하게 되는 이러한 구조는 이후 1920년대 후반 相互連帶保證組와 1930년대 중반 식산계로 이어지는 금융조합 농촌지배의 원형이 되었다. 이런 의미에서 이 시기 금융조합의 농촌조직화의 방향은 적은 수의 조합원을 대상으로 하는 농촌조직 표본을 만드는 것이었다.

금융조합은 자체 조직만이 아니라 행정기관이 만든 조직들과 관계되어 자금을 지원하였다. '臨時恩賜金'에 의해 授産사업을 받은 수료자들은 모두 지역마다 조직을 꾸리도록 하였다.[30] 이들은 수료 시 사업에 필요한 재료와 기구들을 받는 한편 금융조합에서 자금을 대출해 주고, 생산품은 금융조합이 위탁판매를 해주기도 하였다.[31]

---

28) 『答申書 1916』, 문산금융조합의 예.

29) 1910년대 전반기 금융조합 대부는 소구입자금, 농업용 재료구입비 순이며, 이들이 전 대출액의 80%를 차지하였다. 이는 단위면적당 많은 노동력과 비료를 요하는 일본농법상 소를 활용한 퇴비생산과 경종은 매우 중요한 부분이었다. 금융조합에서도 소구입 장려방침을 세우고 구입자금 대출에 적극 나섰다.

30) 「安城郡 農友會組織」, 『每日申報』 1914.7.23, 83쪽.

이 시기 금융조합은 농민들의 경제사업에 깊이 간여하는 한편 대부사업을 통해 농산물 상품화와 일제의 관제농촌조직화를 지원하였다. 이 무렵에는 일제의 농촌조직화 자체가 그다지 많이 진행되지 못했기 때문에 이에 포섭된 농민의 수는 적었다. 그렇지만 금융조합조직이 확대되고 일제의 행정체계가 정비되면서 농민조직화는 더욱 확대될 수밖에 없었다. 그런 속에서 금융조합의 금융대부는 농촌 내의 현금흐름을 금융조합이 장악하는 데 중요한 역할을 하였다.

그런데 금융조합이 농촌조직과 관계를 맺는 것은 1910년대 후반기에 이르면 양상이 달라졌다. 1910년대 전반기에는 직접적인 농촌조직화와 위탁판매사업 강화에서 보듯 농민경제사업에 깊이 관여했다면, 후반기에는 자금대부사업 위주의 금융사업 중심으로 바뀐 것이다.

다음 <표 31>은 금융조합이 설립된 이후 1919년까지의 부대사업의 성적을 살펴본 것이다. 여기서 볼 때 1914년경까지 금융조합의 위탁판매와 공동구입업무는 확대되었다. 그런데 그 이후부터 업무량이 급격히 줄어들었다. 그에 비해 창고업무는 점차 늘어 갔다.

금융조합의 위탁판매업무가 줄었던 이유는 첫째 농산물 상품화를 담당하는 조직이 변했기 때문이다. 금융조합이 담당하던 시기만 해도 초창기이기 때문에 금융조합원 가운데에서 위탁판매를 할 만한 물량이 나오지 않았다는 점을 들 수 있다. 즉 상층조합원의 대규모 미곡거래를 제외하고, 금융조합이 위탁판매업무를 주로 담당하던 1910년대 초반기에 일반 조합원이 위탁판매를 할 만한 상품의 생산량은 매우 적었다. 그에 비해서 일정한 물량이 나올 수 있게 되는 1910년대 중반 이후가 되면 이들 품목의 판매는 양잠조합이나 면작조합, 멍석과 가마니[莚叺]조합 등 품목별로 조직되는 유통기구가 담당하게 되었다.[32] 위탁판매량이 1913년을 기점으로 감소하는 것은 그 때문이었다.

---

31) 「法令附錄 京畿恩賜授産費經營 莚織及繩製造傳習狀況」, 『每日申報』 1913.6.12, 154쪽 ; 「慶北의 機業(수산사업의 2)」, 『每日申報』 1911.5.7, 21쪽 ; 「柞養蠶組合認可」, 『每日申報』 1911.2.26, 585쪽.

<표 31> 금융조합 초기(1907~1919) 각종 부대업무의 사업성적(단위 : 千圓)

연도	위탁판매			공동구입			창고보관		
	조합수	판매액	1조합당 평균판매액	조합수	구입액	1조합당 평균구입액	창고설비조합	입고액	1조합당 평균입고액
1907	-	-		-	-	-	-	-	-
1908	2	0.2	0.1	5	1	0.2	4	4	0.9
1909	12	7	0.5	15	3	0.1	10	4	0.4
1910	31	38	1	34	13	0.3	35	36	1
1911	64	136	2	78	55	0.7	77	167	2
1912	92	345	4	109	51	0.4	115	464	4
1913	146	878	6	160	98	0.6	163	829	5
1914	175	561	3	154	97	0.6	184	555	3
1915	168	224	1	94	17	0.1	202	324	2
1916	149	313	2	101	11	0.2	208	630	3
1917	134	321	2	80	22	0.2	220	1,847	8
1918	93	230	2	44	55	1	226	3,028	13
1919	56	339	6	23	29	1	238	5,620	24

자료 : 朝鮮總督府財務局, 『金融組合要覽(제1차)』, 1922, 27~32쪽.

둘째 금융조합 입장에서 볼 때 위탁판매를 할 때 그 위험부담이 컸다는 점이다. 개별 금융조합이 개별 상인과 접촉하여 판매를 대행할 때 농산물가격 변동이나 중간상 또는 매점상인들과 경쟁에서 우월성을 획득하기는 어려웠다.[33] 게다가 조합원들 입장에서도 그랬다. 위탁판매는 절차가 복잡했고, 판매 후에는 조합원들에게 돌아가는 판매금액에서 저축금액을 빼고서 받아야 하는 것 등 안정된 판로가 보장되는 것도 아닌 금융조합의 위탁판매가 그다지 매력적

32) 1915년 7월 「조선중요물산동업조합령」이 제정되었다. 이는 미, 대두, 소, 돼지, 면화, 견, 과일, 직물, 종이, 양조업 등 일제가 강점 이후 줄곧 개량과 증산을 강조했던 품목에 대한 통제와 상품화를 강화하기 위한 방안이었다. 이로 인해 이 생산과 판매에 관계하는 동업자들끼리 동업조합을 만들도록 한 것이다. 이는 면작조합과 같이 이미 조직이 진행된 것에 대한 법령 적용이기도 하지만, 새로이 이 품목에 대한 상품화와 수출을 꾀하기 위한 방안이기도 했다(小早川九郎, 『朝鮮農業發達史 政策編』, 183~185쪽).

33) 「農業技術官會議における總督指示」, 朝鮮總督府, 『農業技術官會議要錄』, 1913, 29쪽 ; 「金融組合 委託販賣」, 『每日申報』 1914.12.9, 602쪽.

일 수는 없었다.

그런데 금융조합이 초기의 경제사업에서 수익을 올리지 못한 것은 단지 위와 같은 경영상의 문제 때문만은 아니었다. 금융조합이 사업성을 일정하게 고려하여 위탁판매사업에서 빠져나왔다는 측면이 오히려 더 맞았다. 즉 원료농산물의 상품화 자체가 농민경제에 별 도움을 주지 못했고 나아가 농민경제를 악화시키는 요인이 되었기 때문이다.

공업원료로 생산되는 고치나 면화 등은 조선후기 이래 농업과 공업의 분리과정에서 전업화의 가능성과 제사업이나 방적업, 면직업으로 발전할 수 있는 기초를 형성할 수 있는 것들이었다. 이러한 것을 일본제국주의는 일본 생사산업과 면방적산업에 원료를 제공하는 종속된 존재로 재편하였고, 농촌지역의 원료생산은 전업화를 억제하고 부업으로만 존속하도록 하였다.[34] 특히 일본의 미가를 낮게 유지하기 위해 조선농업을 미작단작구조로 만듦으로써 이는 더욱 강화되었다. 특히 이들 공업원료의 판매는 공동판매가 농민들에게 불리한 방향으로 구조화됨에 따라 농산물 상품화를 통한 농민의 성장은 봉쇄될 수밖에 없었다.[35]

이런 구조적 특질을 고치가격의 결정과정에서 살펴볼 수 있다. 고치의 공동판매방식은 1910년대 중반 이후 지정판매제로 통일되어 갔다.[36] 이는 '예정가격'

34) "잠업은 부업이다. 사람들 대부분이 잠업의 이익이 큰 것에 혹하여 다량으로 과분하게 소립하기 때문에 인부를 고용하고 뽕잎을 사면 실패를 초래한다. 인부임과 뽕잎값을 빼면 그 수지는 繭代도 능히 낼 수 없는 상태에 이른다. 그러므로 주로 자가잉여노력을 이용하면 그 수지계산에서 노임은 즉 근로의 산물로서 모두 자가소득에 속하고 견매상대금은 잠종대 기타 제 잡비를 빼도 항상 십수 원을 넘으며, 일가 경제를 이롭게 한다. 그 영쇄의 리는 쌓여 국가의 부가 된다"(宮原忠正, 「蠶業經營의 損益問題」, 『農會報』 7~9, 2쪽).

35) 이경란, 앞의 글, 1997 참고.

36) 지정판매제는 1917년 농업기술관회의에서 각지의 공판방식 중 가장 좋은 방식으로 지적되었고(朝鮮總督府, 『農業技術官會同諮問事項答申書』, 1917, 「제5 견공동판매방법의 결점과 그에 대한 개량의견」 충북), 이 방법은 1926년 이후 수의계약거래로서 일반화되었다(金惠水, 「日帝下 製絲獨占資本의 養蠶農民 再編成 構造」, 『經濟史學』 13, 1989, 75~79쪽). 여기서의 공판가격 결정은 日本 橫浜시장에서의 거래가격을

을 도청과 매수인 간에 협정하고 그것을 양잠농가에게 강제하는 방법이었다. 제사공업에 가장 유리한 가격결정 방식이며, 이를 통해서 제사독점자본은 값싼 고치를 안정적으로 구매할 수 있었다. 그에 반해서 생산자는 유리한 구매처를 찾을 수 있을 가능성이 막혀 버렸다. 공동판매방식이 자리잡힌 곳에서는 잠종구매에서부터 판매에 이르기까지 양잠조합이 도맡아 하므로 생산농가는 공판에 어쩔 수 없이 참여해야 했다.[37] 그리고 판매 후 양잠농가는 판매대금 1/100을 수수료로 내고 5/100를 금융조합에 저축해야 했다.[38] 생산자에게 불리한 가격결정방식이 강제된 결과 1920년대 중후반 이후 양잠경영을 포기하는 농가가 늘어났다. 일제는 이에 대한 대책으로 소작농들을 양잠경영에 끌어들였고 나아가 1930년대에는 독점자본이 직접 뽕밭 경영과 양잠 소작을 통해서 수요를 충당해 가는 방식이 생겨나기도 했다.[39] 양잠농가의 입장에서 볼 때 양잠을 하면 당장 수입이 늘어나기 때문에 현금수입이 부족한 농가로서는 어쩔 수 없이 하게 되지만, 안정적인 수입원을 확보하여 부를 늘려 나가는 방법은 될 수 없었다.[40]

이와 같이 1910년대 초반기 금융조합은 일제 행정체계의 공백을 메우면서, 농촌의 생산과 금융 양 부문에 걸쳐 농촌조직화를 추구했다. 농사개량을 금융대부와 예금에 연계하여 농촌조직에 대한 신용대부, 공동구입, 위탁판매, 저축사업을 통해서 군면의 행정기구와 밀접하게 활동하였다. 즉 농사개량사업을

기준으로 해서 정해지며, 가격결정 주체는 1930년대 이전에는 총독부와 제사자의 협의 하에 표준견치기를 각 도에 통지하는 것으로, 1930년대 이후에는 繭値期協定打合會가 개최되어 협정하여 각 도에 통보하는 것으로 바뀌었다. 또한 가격결정기준은 고치생산비가 아니라 일본의 생사 시세였다.

37) 宮原忠正, 「繭販賣有感(下)」, 『農會報』(조선문) 제10권 10호.

38) 수수료제도는 생산자 조직이나 이를 위탁하는 곳에서 판매 알선에 필요한 비용을 충당하기 위해 판매액의 일정 비율이나 금액을 받고 공동구매와 판매를 행하는 방식이다. 그렇기 때문에 본질적으로는 상업자본에 의한 중간수탈을 방지하기 위해 만들어진 제도라고 볼 수 있다. 그렇지만 이는 조합 자체가 생산자의 이익을 보장하기 위한 노력을 했을 경우에만 의미가 있다.

39) 金惠水, 앞의 글.

40) 이경란, 앞의 글, 1997 참조.

추진하려면 자금이 필요했고, 금융조합은 자금을 대부받는 조합원이 필요했다. 지역 행정체계가 중심이 된 농사개량사업에 대해 금융조합이 적극 지원을 하는 것이 조합원에 대한 대부활동을 늘리는 한편, 조합원을 확보하는 가장 핵심적인 통로였다. 그것은 역으로 총독부의 농사개량사업을 금융 면에서 지원하는 상호보완관계를 형성하고 있었다. 그렇지만 이와 같이 지주와 독점자본의 이해에 따라 구조화되는 농정 하에서, 금융조합이 주된 업무를 금융부문으로 한정하고 일제 농정을 보조하기만 할 때 농민경제의 안정화는 현실적으로 이루어질 가능성이 희박해져 갔다.

2. 1920년대 중반 금융조합 중심주의와 산업조합

1) 산업조합 설립논의와 금융조합의 합병반대론

1920년대 초반부터 금융조합의 금융중심 운영에 대한 비판과 농민경제의 안정을 꾀하기 위해서 협동조합 또는 산업조합이 필요하다는 것은 조선인들을 비롯하여 총독부, 나아가 금융조합 내부에서도 심각하게 제기되었다. 총독부나 금융조합에서의 논의는 일본의 「산업조합법」에 근거하여 협동조합의 범주를 구매・판매・이용・신용의 네 가지 업무에 한정하여, 그 중에서 어떤 업무를 하는 조합을 만들어야 하는가에 집중되었다. 그에 비해서 조선인들 중에는 일본의 산업조합 규정을 벗어나 유럽의 협동조합에 비추어 소작조합과 같은 생산자협동조합을 비롯하여 다양한 형태를 포괄하는 농민 본위의 협동조합 설립을 논의하기도 했다.[41]

금융조합 업무와 성격문제를 둘러싼 이러한 논의 속에서 일본인들 내부에서는 조선에서 포괄적인 산업조합을 설립할 필요성을 주장하는 의견이 주류를 이루었다. 이런 상황이 전개된 데에는 당시 조선사상계 또는 민족해방운동에 대한 대책이라는 측면이 있었다. 1919년 3・1운동을 거친 후 조선 민족운동세력

41) 韓重銓, 「産業組合經營의 基礎觀念을 論함」, 『開闢』 33, 1923.3.

은 만세운동에 대한 검토와 새로운 운동방략을 모색하였다. 그 결과 1920년대 중반경 민족운동세력은 일정하게 분화하기 시작하였다. 뿐만 아니라 농민운동에서도 농민경제의 몰락이라는 현실을 타개하기 위한 방법이 다양하게 모색되었다. 한편에는 부르주아 민족운동세력의 한 축인 천도교의 조선농민사가 협동조합운동을 통해 농민경제 안정화를 모색하는 한편으로, 새롭게 등장한 사회주의세력에 의한 노동운동과 농민운동의 결합, 나아가 사회주의를 지향하는 조선노농총동맹이 결성되었다. 이러한 사회운동의 성장을 배경으로 1925년 조선공산당이 결성되는 등 사회주의운동은 급속히 조선사회 저변으로 확대되었다.[42)]

일제는 이와 같은 조선사회, 농촌의 변화에 대응하지 않을 수 없었다. 그 방안은 한편으로는 부분적이라도 농민경제의 안정화를 이루는 대책과 논리, 또 한편으로는 사회운동에 대한 강력한 탄압이라는 양면전술을 사용하는 것이었다.[43)] 후자는 1925년 일본에서 제정된「치안유지법」을 조선에서도 실행하는 방안이었다. 이에 따라 농민층의 생존권을 목적으로 하는 농민운동도 경찰의 강력한 탄압을 받았다.[44)] 이런 탄압책과 더불어 개량적인 방법으로 제기된 것이 산업조합의 설립론이었다.

조선 산업조합은 그 무렵 일본에서 전개되던 산업조합운동의 성과를 모델로 한 것이었다. 당시 일본에서는 지주적 토지소유에 격렬히 대항하면서 소작료감면을 중심으로 하는 조직적 농민운동이 전개되어 지주적 농업정책의 위기를 가져오고 있었다. 이에 대한 대응으로서 일본정부는 소작입법의 제정 등을

---

42) 朝鮮總督府警務局,『最近に於ける朝鮮治安狀況』, 1936.

43) 일본 東京帝國大學 교수인 那須皓는 산업조합을 이용하여 농민경제를 안정시켜 농촌사회의 과격화를 방지함으로써 사회주의세력의 확산을 막을 수 있다는 사회주의에 대한 대응논리를 이론화한 일본 사회정책적 농정론의 대표적인 인물이었다. 금융조합을 비롯하여 재무국, 식산은행 등 금융계통의 단체의 연합기관인 朝鮮經濟協會의 기관지『金融と經濟』에 산업조합의 역할에 관한 那須皓의 글이 실려 있다(那須皓,「社會運動としての産業組合主義」,『金融と經濟』 72, 1925.6).

44) 이 시기 농민운동에 대한 연구사로는 역사문제연구소 민족해방운동사 연구반의『쟁점과 과제 민족해방운동사』(역사비평사, 1990) 제11장 농민운동부분을 참고할 수 있다.

통해 지주소작관계에 일정한 조정을 하고, 새롭게 성장하는 중농층의 소상품생산자·소소유자적 측면을 받아들여 그들을 체제내화함으로써 계급모순을 완화하고 위기를 회피하려는 사회개량적 농정으로 방향을 전환하였다.[45] 계급모순의 완화를 목적으로 설립되었던 산업조합의 역할이 이 시점에서 더욱 강조되었다. 특히 사회적 약자의 상호부조조직으로서, 상업자본의 수탈을 일정하게 제어하는 조직으로서 산업조합의 중요성이 강조되었다. 즉 산업조합은 자본주의 경제조직의 개량책이면서 농촌사회를 자본주의 경제체제 안에 유지시키는 존재로서 의미가 있었던 것이다.[46] 조선총독부의 산업조합 설립에 대한 입장은 일본에서의 산업조합운동이 갖는 사회개량적 측면을 강조하면서, 농촌사회 나아가 조선사회 전반에 걸친 대항을 억제하고자 한 것이었다. 따라서 일제의 산업조합 논의는 대부분 구매·판매·이용·신용의 네 가지 업무를 모두 담당하는 산업조합이 필요하다는 데로 모아졌다.

그런데 문제는 금융조합에 있었다. 금융조합은 이미 1925년 현재 462개의 촌락조합과 38만 명의 조합원을 포괄하는 상당히 안정적인 조직으로 성장해 있었다. 따라서 새로 설립되는 산업조합과 금융조합의 관계 설정은 기존 조직인 금융조합의 이해관계와 결합되어 쉽게 정리되기 어려웠다. 산업조합의 설립문제는 금융조합과 산업조합의 관계를 어떻게 해야 하는가에 집중되었다.

대부분의 논자들은 금융조합이 신용업무 중심으로 활동하는 것에 대해서 은행화되었다는 비판을 하였고, 그 대안으로서 금융조합이 신용을 비롯해서 구매와 판매, 이용사업을 모두 함께 경영하는 산업조합으로 합병되어야 한다고 주장하였다. 산업조합문제가 본격화된 1925년 시모오카 주지(下岡忠治) 정무총감은 금융조합을 산업조합에 합병하자는 입장을 표명하였고, 이는 총독부

45) 暉峻衆三 編, 『日本農業史』, 東京 : 有斐閣, 1981, 147~162쪽.

46) 이 시기 일본 산업조합운동은 구매판매조합이 중심으로, 이는 일본농업의 자본주의경제로의 편입에 대응하여 아래로부터의 요구에 기초한 부르주아적 성장에 기반한 측면이 있다고 보기도 한다(近藤康男, 『新版 協同組合の理論』, 御茶の水書房, 1966, 124~126쪽).

내에서 주류 견해로 자리잡았다.[47] 그에 비해서 금융조합 측과 금융조합의 주무당국인 총독부 재무국은 금융조합의 안정된 발달을 주장하면서 금융조합과 산업조합의 분리를 주장하였다. 특히 1907년 금융조합이 설립된 이후 1918년 정도까지 금융조합은 구매판매사업을 겸영사업으로 해 왔으나, 사업성과가 좋지 않아 중단했다는 점을 들면서 겸영사업으로의 전환을 반대하였다.

예를 들어 강원도 금융조합연합회 이사장 시모무라 미쓰요시(下村充義)는 그간의 경험을 몇 가지로 들면서 반대입장을 강하게 표명하였다. 첫째 금융조합에서는 공동구입사업으로 과거 채소종자나 농구, 면포 등을 취급했지만, 채소는 금액이 적어 공동구입의 이익을 내기 어려웠고, 구매대금을 모으고 정리하는 데 번거롭기만 했다는 점, 농구도 일시 벼훑는 기계나 낫 등 일본농구를 구입했지만, 조선현실에 맞지 않고 수리하기 어려웠다는 문제, 면포 등은 공동구입 후 소량씩 분배하는 데 따른 불편함, 수금의 어려움 등으로 운영이 어려웠다는 점을 들었다. 둘째 위탁판매는 대부분이 벼였는데, 농촌사회에서 벼를 위탁할 수 있는 사람은 주로 지주나 상인들로서 이들은 일종의 동산담보 대부로 자금융통을 바라는 자였고 또 조합원도 아니어서 이들에 대한 위탁업무를 행할 수는 없었다는 점, 셋째 공동판매로는 대두공동판매를 했었는데, 시기에 따른 가격차가 컸기 때문에 그에 따른 손해 등의 문제로 이들 업무를 제대로 수행하기 어려웠다고 강조하였다.[48] 이와 같이 금융조합 측은 강경하게 경제사업 반대입장을 표명했고, 산업조합으로의 합병론이 나오는 상황에 대해 '금융조합의 위기'라고 평가하기까지 하였다.[49]

산업조합의 설립을 둘러싼 대립 속에서 한때 정무총감의 주장에 따라 분위기가 금융조합의 산업조합으로의 합병 쪽으로 향하는 듯했다. 그렇지만 재무국은 끝까지 반대했고, 그 결과 금융조합은 그대로 유지하고 새로이 산업조합을 설립하는 방향으로 진행되었다.[50] 즉 금융조합의 은행화 경향이 지속됨을

47) 車田篤, 『朝鮮協同組合論』, 朝鮮金融組合協會, 1932, 369~370쪽.

48) 「金融組合の殖産契と産組」, 『釜山日報』 1935.16~20.

49) 山根譓, 『金融組合概論』, 朝鮮經濟協會, 1929, 139쪽.

의미했다.

2) 금융조합 중심주의와 산업조합의 부진

금융조합이 산업조합에 합병하기를 반대함에 따라서 조선에서의 산업조합은 일본의 산업조합이 행하는 구매・판매・이용・신용의 네 가지 업무 가운데 앞의 세 가지 업무만을 수행하는 조직으로 성립하였다. 즉 일본의 산업조합이 일반적인 '협동조합'이라는 성격으로서 포괄적인 의미를 갖고 있고, 그 아래에 신용조합적 성격의 산업조합이 있을 수 있었던 데 비해, 조선에서는 산업조합이 신용조합 성격의 금융조합과 병렬적 성격을 지니는 조직으로 설립된 것이다. 1926년 1월 25일 제령 제2호 「조선산업조합령」과 부령제4호 「조선산업조합령 시행규칙」이 발포되면서 산업조합이 설립될 수 있는 법적 기반이 마련되었다.[51] 총독부에서는 "조선의 산업발달을 빠르게 하고, 중산 이하 계급층에게 부단히 직업을 급여하는 데는 자금의 윤택한 공급과 생산과 거래조직의 정비가 필요하다고 보았기" 때문에 산업조합을 설립하도록 한다는 입장이었다.[52] 그러나 설립 초부터 산업조합은 이를 실현하기 어려운 구조적 문제점을 안고 있었다.

조선의 산업조합은 일본 산업조합을 모델로 하였으나, 금융조합의 신용조합적 역할을 인정하였기 때문에 구매와 판매 이용업무에 한정한 점에서 차이가

---

50) 이때의 정황을 山根譓는 다음과 같이 보고하였다. "이 무렵 총독부 내에서 산업조합을 조선에 설치하는 것이 적절하다는 의론이 다수가 되자, 나는 금융조합 당사자로서 최후의 의견을 草間 재무국장에게 전달하고자 방문하였다. 그때 재무국장은 금융조합을 산업조합에 합병하자는 의견이 농후했지만, 충분하게 설명한 결과 점차 금융조합과 산업조합을 분리하여 별도로 산업조합령을 발표하도록 하였다"(山根譓, 위의 책, 139쪽).

51) 制令 第2號 「朝鮮産業組合令」 1926.1.25, 『官報』 號外 1926.1.25, 221~225쪽 ; 朝鮮總督府令 第4號 「朝鮮産業組合令施行規則」 1926.1.25, 『官報』 號外 1926. 1.25, 225~227쪽.

52) 小早川九郎, 앞의 책, 499쪽.

있었다(「산업조합령」 제1조). 그래서 이 두 조직의 상호관계를 어떻게 해야 하는가가 관계문제의 핵심이 되었다. 구매나 판매 이용업무를 담당하는 산업조합이 경제사업을 실행하기 위해서는 경제적 보완조치가 필요했다. 특히 조합원의 경제상태가 영세하기 때문에 공동판매를 할 때는 미리 대금의 일부를 지급하거나, 공동구입을 할 때는 조합원이 대금납부를 연기하는 경우가 많았다. 따라서 조합운영에서 자금융통은 매우 중요한 문제였다. 이후 설립된 산업조합에서는 이용사업으로서 견포나 모시・삼베・한지 등을 생산하기 위한 작업장을 만들고, 거기에 기계기구와 여러 설비를 하고 있었다.[53] 이를 위해서 많은 자금이 필요했다.

<표 32> 산업조합 개황(1927~1932)

연차	1927	1928	1929	1930	1931	1932	계	
조합수	19	11	3	5	4	4	46	
업종	미의 판매	직물판매	종이판매	과일판매	자작농창정	소비조합	기타	계
조합수	14	13	5	3	2	2	7	46

자료 : 車田篤, 『朝鮮協同組合論』, 朝鮮金融組合協會, 1932, 386쪽.
참고 : 업종이란 주로 취급하는 것이며 기타란 생강판매 1, 수산물판매 1, 죽세공품판매 1, 소채판매 1, 양말판매 1, 목탄과 대두판매 1, 식용소와 계란과 봉밀판매 1.

「조선산업조합령」에서는 이런 문제를 해결하기 위해서 일정하게 조치할 수 있도록 명문화하였다. 산업조합은 금융조합연합회의 회원조합이 되어 자금을 대부받을 수 있도록 하였고,[54] 그 외에도 조선식산은행이나 기타 특수금융기

53) 1931년 현재 전 산업조합에서 보유하는 기계기구는 저포작업장 직기 1식 2개와 표백설비 5개 소, 견포작업장 기계직기 8개, 마포작업장에서는 기계류 3개 소, 표백설비 2개 소, 제지작업장 건조기 기타 기구 7개, 양말작업장 기계 실잣는 기구 150대 1개 소, 정미정곡 등에서는 도급기와 정미기, 정맥기와 수차 등을 28대 9개 소에서 보유했으며, 대두박삭기는 3대 3개 소, 운반용자동차 하차는 4대, 주택 6동, 창고 4동이었다(車田篤, 앞의 책, 455~456쪽).

54) 朝鮮總督府告示 제253호「大正八年朝鮮總督府告示第二百號 金融組合令 第九十三-二 第二項 規程に依する産業に關する法人指定に關する件」개정, 1926.8.20, 『官報』 1926.8.20.

관에서 장기 무담보자금을 공급받을 수 있도록 하였다.55) 이런 조치가 원활히 운영된다면 산업조합이 신용조합을 겸영하지 않더라도 자금 상에 큰 문제는 발생하지 않았을 것이다.

금융조합이 급속히 발달해 간 것에 비해 <표 32>에서 보듯이 산업조합은 지지부진한 상태를 면치 못했다. 1926년부터 1930년까지 금융조합이 본소만 94개 설립된 데 비해,56) 산업조합은 1926년 처음으로 13개 조합이 설치된 이후 1930년까지 28개 조합이 설립된 데 그쳤다.57) 조합원수는 1931년 말 현재 47,508명으로 1조합당 1,250명 정도로 금융조합의 1조합 당 조합원수가 500~1,000명이었던 것에 비해 많았다. 총판매액은 400만 원 정도였고, 구매품 매각액은 80만 원 정도였다. 그런데 조합 운영을 위한 고정자금과 조합원에게 미리 지급하는 대금, 조합원이 늦게 내는 구매대금 등 여러 원인으로 인해 대부분의 조합이 거의 매해 손실을 보았다.58)

<표 33> 산업조합의 손익상황(1931년 현재) (단위 : 圓)

구분	1930년	1조합 평균	1931년	1조합 평균	1931년말 누계	1조합 평균	조합원 평균
이익	50,485	6,311	65,645	3,126	86,740	7,885	1.82
손실	216,102	8,644	91,322	5,372	278,034	10,298	5.86
차액	-165,617	5,019	-25,677	676	-191,294	5,034	4.03

자료 : 車田篤, 『朝鮮協同組合論』, 朝鮮金融組合協會, 1932, 389쪽.

1930년도 조사조합 33개 중 결산에서 이익을 본 곳은 8개였고, 손실은 25개 조합이었다. 1931년 경우는 조사조합 38개 중 이익은 21개, 손실은 17개였다. 그리고 1931년까지 누계로 본다면 조사조합 38개 중 이익을 본 곳은 11개, 손실은 27개였다.59) 이익을 보는 산업조합이 있기는 하지만, 전반적으로 보아

55) 小早川九郎, 앞의 책, 498~501쪽.

56) 금융조합이 처음 설립된 1907년에서 1910년 사이에 금융조합은 120개가 설립되었고, 조합원은 약 4만 명에 달했다.

57) 車田篤, 앞의 책, 38쪽.

58) 車田篤, 위의 책, 386~389쪽.

산업조합 경영이 부실함을 알 수 있다.

그 원인은 자금을 비롯한 산업조합 운영문제 등에서 찾을 수 있었다. 특히 자금문제가 심각했다. 총독부는 금융조합이 신설될 때 1만원의 지원금과 3년 동안의 이사급여 보조, 창고설립 보조 등 여러 종류의 금융 지원을 했다. 그에 비해서 산업조합에 대해서는 아무것도 없었다.[60] 그리고 금융조합은 비조합원 대상의 예금업무를 할 수 있어서 운용할 수 있는 자금조달이 원활했지만, 산업조합은 금융기능이 없기 때문에 조합원의 출자금 이외에는 자체자금을 마련할 수 없었다. 참여자들이 영세한 상황에서 설비비용이 많이 드는 초반기에 이에 대한 자금마련 대책이 없는 한 이후의 적자보전을 메울 방안을 찾기 어려웠다.

따라서 산업조합은 금융조합연합회나 식산은행에서 필요자금을 차입하고자 했다. 그런데 금융조합연합회는 자체적으로 산업조합에 대한 감사기능이 없으며, 산업조합이 투기성이 있고 수익이 적다는 이유로 그에 대한 적극적인 대부활동을 펴지 않았다.[61] 그리고 금융조합연합회의 회원조합으로 가입하려는 산업조합에 대해서 가입을 허가하지 않는 일이 벌어지기도 하여 경남지역의 산업조합은 도금융조합연합회에 아예 가입하지 않는 일도 있었다. 이런 가운데 산업조합이 가장 발달했던 경남에서는 도 단위의 산업조합연합회를 결성하고자 했으나, 총독부에서는 허가해 주지 않았다.[62] 자금형편의 어려움 때문에 산업조합은 판매사업에서 시세차익을 높이는 방향에서 투기적 운영을 하거나 고리의 자금을 빌리거나, 자금회전을 위해 물품을 서둘러 파는 등 어려운 운영상황에서 벗어나기 어려웠다. 이런 산업조합과 금융조합연합회의 관계를 두고 산업조합 측에서는 '의붓자식'과 같다는 표현을 쓸 정도로 양자의 관계는

59) 車田篤, 앞의 책, 389쪽.

60) 徐大山 産組理事, 「金融組合の殖産契と産組」, 『釜山日報』 1935.8.16~20.

61) 本位田祥男, 『朝鮮ノ協同組合ニ關スル意見』, 1933, 36~39쪽. 本位田祥男은 일본 산업조합에 관한 대표적인 이론가로서, 1933년 조선총독부의 초청으로 산업조합의 개편에 관한 강연을 하였다.

62) 徐大山 産組理事, 앞의 글.

문제가 많았다.[63]

1931년 당시 산업조합의 총자금 217만여 원 중 출자금 불입액은 겨우 12만여 원에 불과했다. 당시 차입금은 195만여 원으로 자금수금에서 큰 비중을 차지하였다. 전체 산업조합 중 38개 조합을 조사한 것을 보면, 차입금은 대장성예금부의 저리자금 1백만여 원과 금융조합연합회 보통자금 88만여 원, 군의 지방비가 1만 7천여 원으로 구성되었다.[64] 금융조합의 경우 설립 초기에 정부 급여금이 전체 자금의 90% 이상이었고, 차입금은 설립 이후 6년차인 1912년이나 되어야 일부 발생했던 것에 비한다면 커다란 차이였다.[65] 게다가 총 차입금의 약 반을 보통금리로 이용하고 있었기 때문에 산업조합이 일상적으로 받아야 하는 금융압박은 큰 편이었다.

차입금 구성에서 보는 바와 같이 식산은행과 거래는 거의 없었다. 1930년대 초반 경남의 대산산업조합이 최초로 식산은행에서 보통대부로 자금을 받았지만, 저리금융을 융통하기란 불가능했다.[66] 이런 식산은행과의 관계로 인해 산업조합은 금융조합연합회와 전속거래와 같은 관계를 맺을 수밖에 없었지만 금융조합연합회와 관계가 원만하지 않았음은 이미 살펴본 바다.

또한 금융조합연합회와의 관계만이 아니라 지역 내부에서 금융조합과 산업조합은 서로 경쟁관계에 있었다. 조합원이 서로 겹치는 경우 산업조합의 외상값 회수와 금융조합의 대부금 회수가 서로 경합하여 감정이 격해지기도 했다.[67] 같은 지역에 있는 신용조합과 사업조합이 협력해야 둘 다의 성장에 도움이 된다는 일반적인 경우와 달리, 조선에서의 금융조합과 산업조합은 금융조합 위주의 운영이 강조됨에 따라 산업조합의 경영부진을 초래하고 있었다.

산업조합의 문제점은 경영상에서도 나타났다. 첫째 개별 산업조합이 시장을

---

63) 本位田祥男, 앞의 책.
64) 車田篤, 앞의 책, 387~388쪽.
65) 朝鮮金融組合聯合會, 『朝鮮金融組合聯合會十年史』 참조.
66) 文定昌, 『産業組合設立まで』, 1932, 52~53쪽.
67) 文定昌, 위의 책, 52~53쪽.

대상으로 물품을 판매하고 구매하는 구조이기 때문에 운영자인 이사의 역할이 매우 중요했다. 그런데 금융조합 이사는 연합회에서의 강습과정을 통해서 조합운영 등에 관한 일정한 소양을 갖출 수 있는 기회가 있었던 데 비해서, 산업조합의 이사는 연합회가 없었기 때문에 훈련을 받지 못하였다.[68] 뿐만 아니라 정보교환이라는 측면에서 취약할 수밖에 없었다. 그 결과 판매와 구매에서 그 시기와 가격변동에 대한 예상, 협상능력에서 문제가 발생하는 경우가 많았다. 이는 조합원의 물품을 위탁판매하거나 공동판매할 때 영세한 조합원이 요구하는 선금 금액을 책정하는 데에서 잘 드러났다. 보통 선금은 시가의 8/10 이내로 조합장이 정하며, 선금은 1조합원당 총액 200원을 넘을 수 없도록 규정되었다. 그런데 이때 이사가 시가변동을 면밀하게 검토하지 못하고 시가를 높게 책정했을 경우 실제 판매수입이 적기 때문에 조합은 손해를 보았다. 그 부족액을 조합원에게서 추징하려 해도 그가 지불능력이 없을 경우에는 조합의 결손으로 남게 되었다.[69]

뿐만 아니라 산업조합이 담당하는 구매판매사업 부문에서 농회와 금융조합, 어업조합 등이 새로 참여함에 따라 산업조합이 흡수할 수 있는 업무량이 잠식당하기도 하였다.[70] 농회는 회원생산물의 판매를 알선하고, 비료의 공동구매에서 많은 부분을 차지하였다. 또한 금융조합은 1920년대 후반 금융중심의 운영에 대한 비판과 더불어 개별 금융조합 단위에서 양계조합을 설치하여 계란을ㄴ 취급하거나 현물대부를 실시하기도 하였다.[71] 이런 문제는 각 단체가 자신의 경영논리에 따라 사업을 확장하였기 때문에 점차 심각한 문제가 되어 다시금 산업조합과 금융조합의 합병문제, 나아가 구매판매사업의 통일문제가 대두되는 원인이 되었다.

또한 조선의 산업조합은 마포나 저포, 돗자리 같은 특산물 제조를 위한

68) 本位田祥男, 앞의 책, 39~41쪽.
69) 車田篤, 앞의 책, 475~479쪽.
70) 本位田祥男, 앞의 책, 34~36쪽.
71) 그 대표적인 예로 평남 강동조합을 들 수 있다.

원료 구매, 작업장 이용과 제품판매사업을 하였다. 1927년부터 1930년까지 조합수는 19개에서 33개로 증가하였고, 조합원수는 25,646명에서 45,618명으로 늘어났다. 구매판매액은 1927년 123만 3,400원에서 1930년에는 246만 4,868원으로 늘어났지만, 조합당 평균 1인당 판매액은 거의 늘지 않았다. 대부분 수공업제품에 한정될 수밖에 없었으므로 수요도 한정되었으며, 공업제품과의 경쟁에서 밀리거나 사양화되는 추세에 있었다. 이렇게 산업조합이 농업생산에서 부분적인 특산물을 생산품으로 하는 사업을 하는 이유는 앞서 살펴보았던 금융조합이 경제사업을 하지 않았던 이유와 같다. 농민적 상품생산의 영역이었던 양잠이나 목화 생산이 부업화되고 가격결정 과정에서 소외를 당하기 때문에 농업과 공업의 연계관계에서 농민경제가 불리한 구조적 문제점을 가지고 있었기 때문이다. 게다가 이런 영역조차 양잠조합이나 연초경작자조합 등으로 독자적인 단위조직으로 조직화되었기 때문에 산업조합의 업무영역은 근본적으로 축소될 수밖에 없었다. 게다가 산업조합이 설립되었던 1926년에 함께 설립되었던 조선농회에서 양잠조합 등을 흡수함으로써 산업조합의 확장 폭이 제한되기도 했다.

이러한 가운데에서 산업조합은 금융조합과 비교해볼 때 상대적으로 농민본위의 운영을 하고 있었다. 금융조합은 운영 전반을 관선이사가 좌지우지하는데 비해서 산업조합은 이사 1명이나 여러 명을 조합장이나 감사와 함께 총회에서 조합원 가운데서 선임하였다. 그리고 이는 도지사의 인가를 받았다. 산업조합의 이사는 금융조합과 달리 '지배인'의 성격이 강하고, 조합장을 보좌하며 조합업무를 담당하고, 조합장이 사유가 있거나 결원일 때 그를 대리하는 정도였다. 이런 산업조합 이사 선출관행의 결과 조선인 이사도 상당수를 점하였고, 금융조합에 비해서는 조선인들 위주로 운영되는 곳이 많았다.[72] 이러한 조건으로 인해 관제조직처럼 움직이는 금융조합이 민간조직 같은 산업조합에 대해 자금지원을 하지 않았던 측면도 있었다. 여러 면에서 볼 때 적자구조를 면치

72) 朝鮮時報社 編,『慶南年鑑 1938년』, 192~194쪽.

못하는 등, 산업조합은 농민경제 안정화를 위해 성과를 거두고 있다고 보기는 어려웠다.

이와 같이 1920년대 중반 조선 농민들의 저항과 사회주의 운동의 성장이라는 환경 속에서 농민경제의 안정을 내세우며 계급·민족대립을 완화하기 위해 설립된 산업조합은 부진을 면치 못했다. 조합 간의 관계라는 측면에서는 금융조합의 산업조합 배제와 금융조합중심주의가 그 주된 원인이었다. 금융조합이 금융조합중심주의로 나가면서 농민경제에서 생산 유통부문에 대해 적극 간여하지 않으려 한 것은 조선의 농업구조가 농민적 상품생산을 저지하는 방향으로 재편되었기 때문이다. 따라서 개량정책으로 산업조합을 만들었다 해도 이러한 농업구조와 금융조합과의 관계 속에서 산업조합은 성공할 수 없었으며, 그로 인해 농민경제가 살아나갈 활로를 찾는 것은 구조적으로 불가능했다. 따라서 금융조합의 이러한 성격은 농민경제를 상품화폐경제에 깊숙이 끌어들이면서도, 그 반비례적으로 농민경제를 구조적으로 더욱 더 취약하게 만드는 역할을 한 셈이었다.

제3절 대공황 이후 농촌통제조직의 형성과 갈등

1. 대공황기 농업금융구조 개혁 논의와 식산계의 설립

1) 농민운동세력의 금융구조 개혁과 금융조합

(1) 대공황기 농민운동과 고리대 금융구조의 개혁

1920년대 중후반 이후 농민운동세력들은 궁극적인 농민경제 안정을 위해 자주적인 조직을 꾸리고, 독자적으로 경제사업을 행해 갔다. 특히 서민금융에 대한, 특히 소농민 대상의 농업금융 개혁에 대한 필요성은 매우 컸고, 그런 만큼 금융조합의 개혁과 더불어 다양한 개혁방안이 제기되었다. 우선 금융조합의 개혁에 대해서는 대부방법을 신용대부로 바꿀 것이 강조되었다.[73] 토지를 소유하지 못한 소농민을 대상으로 하는 신용대부기구가 필요하며, 그것을 재정이 탄탄한 금융조합과 같은 기구가 실행한다면 더욱 효과가 크기 때문이었다. 둘째 농민들 내부의 금융기구로서 계를 개혁해야 한다는 방안이었다.[74] 고리대 기구가 되어 버린 계가 자치적으로 금리를 인하한다면 가장 포괄적인 금융개선이 이루어질 수 있을 것이다. 셋째는 새로운 금융기구로서 신용조합을 비롯한 협동조합의 설치,[75] 또는 금융조합과 동등한 보조와 보호를 해주는 소작농 본위의 農資組合의 설립을 제기하였다.[76]

이러한 개혁방안은 농민운동의 성장과 더불어 구체화되었다. 우선 계의 개혁에 대해서 살펴보자. 조선후기에는 개별 동리를 중심으로 수많은 계가 있었다. 이는 농민층의 성장과 자치력의 발전에 힘입어 확산된 것으로서 성원 내부의 수평적 자치성이라는 측면과 자금 마련을 위한 자금의 고리대운용이라는 양면성을 지녔다.[77] 이런 계의 성격은 한말시기 학교나 기업의 설립기초를 마련하기 위해 자금을 전환[78]하는 과정에서 그 내용과 성격이 변할 수 있는 계기가 생기고 있었다. 그러나 그것이 원활하게 진행되지 못한 상태에서, 일제강점기에 들어서 다양한 내용과 형태의 계가 만들어졌다. 1920년대 중반 조사에

---

73) 金一永, 앞의 글, 14쪽.

74) 金炳淳, 「農村經濟의 改建要綱」, 『農民』 4-6, 1933.6, 9쪽.

75) 「現下 朝鮮 農村救濟의 三大 緊急策」, 『農民』 1-2, 1930.6 설문조사 ; 「農村은 어대로」, 『東光』 20, 1931.4 설문조사 ; 金炳淳, 위의 글, 9쪽.

76) 馬鳴, 「朝鮮사람의 運命을 制하는 當面의 農村政策問題(下)」, 『別乾坤』 35, 1930.12, 34쪽. 農資組合은 ① 순소작농을 본위로 하고 경우에 따라서는 5두락 이하의 자작농까지 이에 가입케 할 것 ② 설치구역은 面을 단위로 하여 1면1조합제로 할 것 ③ 출자금은 1구 2원 혹은 3원으로 하고 매 조합에 당국으로부터 약 1만원의 보조금을 받을 것이며, 식은 같은 곳에서 다시 융통을 받게 할 것 ④ 조합의 사업경영은 철저한 自治制로 하고 실제 경영은 조합원 중에서 선임한 有給 役員으로 하게 할 것 ⑤ 조합의 貸付利殖은 식은보다 비싸지 못하게 할 것 등이었다.

77) 朴惠淑, 「日帝下 農村契에 對한 一硏究」, 숙명여자대학교 석사학위논문, 1984 ; 김경일, 「朝鮮末에서 日帝下 農村社會의 '洞契'에 관한 硏究」, 『韓國學報』 35, 1984 참고.

78) 김필동, 「契의 역사적 분화・발전과정에 관한 試論」, 『한국의 사회조직과 종교사상』, 문학과지성사, 1990, 81~85쪽.

의하면 전국 각지에서 약 2만여 개의 계가 있었다. 이들의 목적은 농업개량, 지방자치 개선, 교육지식의 보급, 풍교 도덕의 향상, 근검저축장려, 금전물품의 융통, 상호부조, 동족간의 화친, 취미오락 등 사회생활에 필요한 여러 방면에 걸쳐 있었다.[79]

이렇게 계가 많이 생길 수밖에 없었던 것은 서민금융이 발달하지 않은 상태에서 농민들이 필요한 목돈을 마련하고, 상호부조할 수 있는 조직으로서 계가 유력했기 때문이다. 그러나 계의 운영에서 고리대적인 성격은 큰 문제였다. 계는 재정기반을 확립하는 방법의 하나로서 계 자금을 모으고, 그것을 필요로 하는 사람들에게 대여하거나, 토지를 구입하여 생산물을 거두어들였다. 자금대부를 할 경우는 주로 고리대로 대부하여 그 수익금을 계 운영자금으로 활용하였다.[80] 때론 지주층이 계를 조직하여 대금업에 이용하는 경우도 있었다. 이때 이 자금을 이용할 수 있는 사람은 계원이 아니라도 되었지만, 이율은 2할 5푼~3할 정도로 고리였다. 또한 계가 토지를 경영할 경우에는 소작을 주어 소작료를 수취하는 경우가 많았다. 이 같은 계의 고리대적 속성은 다른 고리대와 마찬가지로 농촌사회의 심각한 문제 중 하나였으며, 농업개혁이 진행될 경우 개혁대상이 될 수밖에 없었다.

그렇지만 계를 이용하는 많은 사람들은 금융조합의 자금을 빌리기 어려운 사정이 있는 금융조합 조합원이거나, 금융기관에서 대부를 받을 수 없을 정도로 경제적으로 어려운 처지에 있는 경우가 대부분이었다.

따라서 소액을 필요로 하는 많은 사람들에게 계는 중요한 의미를 지니고 있었고 그만큼 개혁의 필요성은 더욱 절실했다. 따라서 1930년대 민족해방운동 세력들은 농촌조직의 기반을 만들고 지역단위의 농업개혁을 추진하는 방법으로서 계를 개혁하여 활용하기도 하였다.[81] 이럴 경우에는 계가 가지는 고리대적 성격을 적극적으로 해소하고자 했다. 또한 이는 계가 가지고 있었던 자치성이라

79) 善生永助, 『調査資料第17輯 朝鮮の契』, 朝鮮總督府, 1926, 1~2쪽.
80) 崔惠淑, 앞의 글, 57~60쪽.
81) 崔惠淑, 위의 글, 54쪽.

는 측면을 강화하는 새로운 조직화로 이어졌다.

민족자본주의진영이나 사회주의진영 모두 신간회의 해체 이후 독자적으로 농민층과 결합해 들어가는 여러 방안을 실현해 가고 있었다. 혁명적 농민조합운동에서부터 협동조합 또는 농민사 등 농민자위조직이 각지로 급속하게 퍼져 나갔다.[82] 이러한 농민운동세력의 농촌사회 개혁 노력은 궁극적인 방향에서 차이는 있지만, 거의 비슷한 내용으로 진행되었다. 이를 천도교계열의 조선농민사 활동을 통해 살펴보도록 하자.

먼저 朝鮮農民社는 촌락단위의 계조직을 이용하여 촌락민의 협동생활・경제생활을 위해 共同耕作契를 시도하였고, 共生組合의 운영자금을 마련하기 위해서 學契 등의 재산을 인계하여 농민사의 기금으로 마련하고, 농민사가 중심이 되어 활동하면 里有財産 등 모든 계의 금전을 인수할 수 있다는 제안을 하면서 조직을 확대해 갔다.[83]

이런 활동들은 1930년대 초반 조선농민사가 농촌사회 경제사업에 뛰어들어 농민공생조합 설립에 주력하였던 것과 관련이 깊다. 지역에 따라서 차이가 있지만, 관서지방이나 관북지방에서는 상당수의 동리주민이 조선농민사나 농민공생조합에 참여하고 있었다. 각 동리의 농민공생조합은 주로 물품구입과 판매사업 등 소비조합의 성격을 띠는데, 기초 기금을 마련하기 위해서 공동경작을 행하기도 했다. 그러는 가운데, 농가부채를 해결하기 위한 여러 가지 방법들이 시도되었다.

농가부채가 발생하는 가장 큰 원인인 흉년과 춘궁시의 문제를 해결하는 방안을 모색하여, 농민사원들은 공동경작의 수확물 대부에 대한 이자분을 모아 춘궁기에 분급하는 등 절량기의 근본대책을 수립하기도 했다.[84] 이때

---

82) 노영택, 「일제하 농민의 계와 조합운동연구」, 『한국사연구』 42, 1983 ; 金顯淑, 「일제하 민간협동조합 운동에 관한 연구」, 『일제하의 사회운동』, 문학과지성사, 1987 ; 장규식, 「1920~30년대 YMCA 농촌사업의 전개와 그 성격」, 『한국기독교와 역사』 제4호, 1995 ; 鄭用書, 「日帝下 天道敎靑年黨의 政治・經濟思想 硏究」, 연세대 석사학위논문, 1997 ; 方基中, 『裵敏洙의 農村運動과 基督敎思想』, 연세대출판부, 1999 참고.

83) 金世成, 「春窮과 農民의 對策」, 『農民』 1930.5, 12쪽.

이자율은 1년에 3승으로 일반적인 5승 이상에 비하면 저리곡 대여인 셈이었다.

이런 방식에서 나아가 농민사가 운영하는 구제부를 만들기도 했다. 계와 같이 재해를 입거나 농사를 망쳤을 때 또는 혼인이나 상례와 같이 자금이 필요할 때 서로를 구제하는 목적을 가지고 있었다. 이를 위해서 새로운 조직을 만든 것이다. 예를 들어 조선농민사 활동이 상당히 잘 이루어지는 덕천군의 경우를 들어보자. 다음은 덕천군농민사 구제부 규약이다.[85]

> 제1조 본 구제부는 의외 재변 실농 또는 婚喪의 難急을 구제함으로써 목적함
> 제2조 본 구제부 명칭은 덕천군농민사구제부라 함
> 제4조 본 구제부원은 농민사 의무를 실행하는 사원에 한하야 가입케 함
> 제5조 가입금은 10전으로 정하고 가입할 시에 납부함
> 제6조 구제부원 모집이 오백 명 이상에 달한 시부터 여좌히 구제사업을 시행함
> 1. 동거 친족의 초혼례식에 일금 10원
> 단 부처 양방이 법정연령에 달치 못한 조혼은 구제금을 施與치 안이함
> 2. 동거친족의 성인상례 일금 10원
> 3. 천재지변의 피해 병환 실농 파산 등은 리동사급 군사 상무이사회의 결의를 경하야 정도에 따라 일금 10원이하 1원이상
> 제7조 전기 삼항의 구제금을 받은 부원은 그의 2할을 구제부에 저금케함
> 제8조 제6조 3항 중의 구제금을 시여한 후에는 구제인마다 부원에게 적립금 2원씩을 수합함

구제부의 활동이 활발해진다면 부채발생을 억제하는 데 큰 도움이 될 수 있는 방안이었다. 자조적인 형태로 모색되는 공동경작미의 저리대여와 양식이 떨어지는 시기에 나누어주는 방법은 좀더 발전하여 借金整理組合을 결성하는 것으로 나아갔다.

---

84) 德川 玄京鎭, 「共同耕作倉庫粟을 散給」, 『農民』 1932.8, 49쪽.

85) 吳廷元, 「農民救濟部設置에 際하야」, 『農民』 1932.2, 50쪽.

조선농민사는 농가경제의 문제를 해결하는 데 농가 부채문제가 중요한 일이라고 파악했다. 이들은 3할 이상의 금리가 부당하며, 농채 상환은 차금자의 경제력이 회복될 때까지 기다려야지 농가를 파탄시키는 강제집행을 해서는 안 된다는 입장을 취했다. 그리고 그 대안으로서 농채는 저리로 하되 20년 내지 30년의 장기상환 방안과 차금문제 해결책으로서 농민들이 주체적으로 조직하는 차금정리조합의 설치를 제안했다.[86]

부채농민이 조합을 조직하여 부당한 고금리를 교정하며, 5개년간 차금을 거치하고, 20년간 장기연부상환으로 하여 농민의 경제능력을 배양할 것, 저리자금을 융통할 것, 조합원이 가진 모든 채무를 조합이 처리하도록 하여 무리한 강제집행을 방지하는 것이 필요하다고 보았다.[87] 이런 논지를 바탕으로 각지의 리농민사에서는 차금정리조합을 설치하였다. 조선농민사의 활동이 동리 단위로 확산되어 가던 1933년 시점에 매안군 내의 여러 동리사들이 벌인 활동을 살펴보면 경제활동과 부채문제의 해결 등이 어떤 활동을 통해 마을 내부에서 전개되는지를 알 수 있다.

매안군 리동사는 거의 모두 공동경작을 통해서 자체 자금을 마련하고, 내부단합을 꾀하는 기초를 마련하고 있었다. 그러한 기초에서 차금정리조합이 소비조합을 만들어 가면서 현실상의 문제를 차근차근 풀어가는 양상이 보인다.

차금정리조합에서 하나 더 나아간 방안이 농민본위의 신용조합 결성이었다. 금융조합이 토지소유자를 대상으로 하는 만큼 소작농을 구제하는 방법이 아님을 지적하면서, 농민공생조합이 소비와 생산, 신용, 이용을 포괄하면서 금융사업에 착수할 것을 주장하는 방향으로 나아갔다.

---

86) 차금정리조합안은 당시 일본 농림성에서 주장하였던 것인데, 내용은 ① 차금의 5개년 거치 ② 차금의 20년 연부상환 ③ 대장성예금부에서 부현을 통해 정리조합에 저리자금 융통이었고, 이자 기타 세목은 대장성 당국과 타협중에 있었다고 한다. 조선농민사에서는 이 안이 당시로서 매우 필요한 조치였다고 판단하였으나, 그것이 제대로 실현될지에 대해서는 의문을 표했다(金炳淳, 「農村更生의 道」, 『農民』 1932.9, 6~7쪽).

87) 金炳淳, 「農村更生의 道」, 『農民』 1932.9, 6~7쪽.

<표 34> 천도교 농민사 매안군사 소속 리동사의 경제활동

리동사	공동경작		차금정리조합	소비조합	
	면적	경작인	조합원	조합원	구금
삼리사	전 3600평	15		35	15원
안하사	답 1200평	32			
강포사	답 400평	5		있으나 알 수 없음	
고상사	전 14400평	21	18		
현봉사	전 3600평	16			
명장사	전 3000평	18			
곤동사	전 1200평	5			
정광사	답 600평	10			
용덕사			11		

자료 : 「農民新聞」, 『農民』 1933.7, 51쪽.

가능한 규모에서 조합 설립에 필요한 구수와 금액을 정하고 조합원을 모집하여 허가를 얻고 업무를 개시하면 된다는 것이다. 이때 신용조합은 계가 가지고 있던 한계를 극복하는 방안이 되었다. 계가 고리대를 할 수밖에 없었던 이유는 예금기능이 없어서 자산을 늘리는 방법이 대부밖에 없었기 때문이라고 분석했다. 따라서 신용조합이 대금사업과 예금사업을 동시에 행하고 계의 자금을 운용한다면 자금원이 안정되므로 저리대부를 시행할 수 있어 다소간이라도 빈궁민에게 편리를 줄 수 있을 것이라고 전망했다.[88]

조선농민사만이 아니라 여러 농민조합운동세력들의 농민활동도 비슷한 내용을 가지고 있었다. 또한 전주 삼례의 농민조합 운동세력은 마을단위의 班조직을 확대하면서 촌락내 유력조직인 洞契를 농민조합조직으로 변경시키고자 했고,[89] 청진의 청진청년동맹은 신암동 동계 사무소를 관리하며 활동을 하기도 했다.[90] 나아가 혁명적 농민운동을 준비하는 과정에서 기초조직을 꾸리기 위해 여러 지역에서 농민계를 조직하기도 하였다.[91]

88) 玉正源, 「朝鮮의 契와 庶民金融問題」, 『農民』 1933.11, 11쪽.

89) 『東亞日報』 1931.7.2.

90) 『東亞日報』 1928.6.4.

91) 여주지역에서는 혁명적 농민조합을 조직하기 위한 과정에서 농민계를 조직하였고,

이들 조직들은 계가 가진 고리대금융적 성격을 없애 가는 활동을 하는 등 계의 전근대적 성격을 변화시켜 갔고,[92] 이런 계를 기초로 하여 새로운 조직을 만들어 가기도 했다. 이는 농업개혁에서 계가 지닌 상호부조적이고 자치적인 측면을 계승하면서도, 그것이 가진 고리대적이고 전근대적인 운용방법을 개혁하는 방향이었다.

(2) 총독부 · 금융조합과 농민자치조직의 갈등

일제는 계를 자신의 의도에 맞게 재편하고자 하였다. 이는 농업금융에서 전근대적 금융관행을 개선하려는 것과 계로 표현되는 많은 농촌조직을 일제의 지배체제 내로 흡수하여 지배하려는 것이었다.

먼저 전근대적 금융관행을 개선하려는 방법으로, 금융조합의 설립도 그 안에 포함되는데, 그와 더불어 농촌 내 확산되는 금융관계 계 가운데 사행성 있는 계를 금지하는 조치를 취해 갔다. 「講契會取締規則」의 제정이 그 예다. 이는 일본의 상호금융회사인 無盡의 설립확대를 위해서 무진과 유사한 無盡積契 · 殖利契 · 射倖契 · 作罷契를 억누르고 계조직의 재정적 기반이 확대되지 못하게 하려는 것이었다.[93]

그것을 기반으로 이후 혁명적 농민운동 지도부를 결정하기도 하였다. 또는 농촌진흥운동이나 기존의 계에 참여하기도 하였다. 언양에서는 관변단체인 농청을 개조하여 농조를 설립했으며, 의령에서도 군내의 농계 8개를 망라하여 농조를 창립하였다(지수걸, 『일제하 농민조합운동 연구』, 역사비평사, 1993, 부록 농민조합운동의 군별 개황 참조).

92) 崔惠淑, 앞의 글, 57~60쪽.

93) 「강회계회취체규칙」은 1923년 경기도와 강원도에서, 1932년 경상남도에서 제정되었다. 그 외의 다른 도에서는 대개 講會에 대한 규칙은 두되 계에 대해서는 군수나 면장 구장 또는 경찰관헌 등에 의해 감독하고, 취체규칙을 두지는 않았다(朝鮮總督府, 『朝鮮の契』, 1926, 181~194쪽 ; 朝鮮總督府京畿道令 제11호 「講會稧會取締規則」 제정 1923.5.15, 『官報』 제3226호, 1923.5.15, 영606쪽 ; 朝鮮總督府江原道令 제12호 「講會稧會取締規則」 제정 1923.10.4, 『官報』 제3344호, 1923.10.4, 영48쪽 ; 朝鮮總督府慶尙南道令 제18호 「講稧會取締規則」 1932.11. 17, 『관보』 1767호, 1932.11.28, 영555~556쪽).

한편 자생적인 계를 지배구조 속에 편입시키려는 시도와 더불어 계를 일제의 농사개량사업에 알맞은 형태로 재편하거나 신설하는 경우도 많았다. 1920년대 수많은 계 가운데 일제의 농사개량사업이나 군・면의 행정조직 또는 금융조합 등에 의해 조직된 계도 상당히 많이 포함되어 있었다. 이들 조직은 종래의 계가 가진 수평적 운영원리를 상실한 채 일제에 의한 농민통제・농사개량조직으로서의 역할을 수행할 뿐이었다.94)

농촌지역 고리대금융구조에 대한 개편에 대해서 일제가 문제를 삼고 조치를 취한다고는 했지만, 농촌진흥운동과 더불어 진행된 고리채정리사업이 시작되기까지 그 움직임이 본격적이었다고는 볼 수 없다. 「강계회취체규칙」 정도였다. 따라서 고리채기관으로서 계에 대한 결정적 탄압과 재편은 고리채 정리사업과 함께 실시되었다.

고리채 정리사업에서 각 조합의 이사들이 가장 문제를 삼고 없애야 한다고 주장한 것이 계였다. 이들은 고리채를 조사하는 가운데 농민들이 지고 있는 고리채의 상당 부분이 계와 관련되었다고 판단하였다.

그렇지만 금융조합이 농촌 내 저소득층과 관계를 갖지 않는 이상, 계와 직접적인 문제가 발생하지는 않았다. 서로 관계를 맺고 있는 주된 층이 달랐고, 동일 계층에서도 자금의 쓰임새가 달랐으며, 농민 입장에서도 자금융통을 할 때 융통의 순서가 달랐다. 그런데 1930년대 농촌진흥운동과 고리채 정리사업과 같이 농정 방향이 전환되면서 금융조합이 저소득층에 관심을 갖게 되었고, 그로 인해 계가 문제시되었던 것이다.

금융조합의 고리채 정리사업은 농촌 내에서 가장 큰 금융기관인 금융조합이 고리대적 금융구조라는 심각한 문제를 해결하고자 했다는 점에서 농민층에게 도움이 되는 활동이었다. 이것이 제대로 이루어질 수 있다면 농촌 고리대적 금융구조의 해체는 실현 가능성이 있다고도 볼 수 있었다.95)

---

94) 이하나, 「日帝强占期 '模範部落' 정책과 조선농촌의 재편」, 『學林』 19, 1998, 129~136쪽.
95) 이 문제는 고리채 정리사업에 대한 평가와 관련이 많다. 이 사업은 1940년까지 대부액 5,100만 원에 부채정리호수 48만 호를 기록한 것으로 나타났다. 그러나 이 대부자금에

그런 한편으로 이 과정은 일제가 금융조합을 활용하여 농촌사회 깊숙이 지배망을 확산하려는 작업이었다. 농촌진흥운동이 금융조합의 자금을 매개로 하여 개별 농민과 촌락 단위의 조직화사업을 중시했다는 점에서 잘 알 수 있다. 따라서 농촌진흥운동의 농촌조직화사업과 관련해서 볼 때 금융조합의 고리채 정리사업을 하면서 계를 해체시킨 것은 고리채기구로서의 계만이 아니라 농촌자치기구로서의 계의 해체를 의미하였다. 그와 더불어 농민운동조직과 연관된 계는 농민조직과 함께 탄압을 받았고, 그 외에는 부채정리사업과정에서 금융조합 금융 속에 해소되어 버리고 말았다. 이 구조는 일반 고리대보다 저리금융을 융통할 수 있는 길이 열렸다는 측면에서 고리대 억제에 기여하는 측면이 있었다. 반면 금융조합에 의한 농촌조직화가 갖는 농촌통제적인 조직원리가 농촌사회에 확산되는 것을 의미하였다.

금융조합의 역할은 자금을 매개로 하여 일제의 농촌지배정책을 실현하는 것이었다. 구체적으로 보면, 직접적인 농민조직의 파괴에 앞장서지 않더라도 그것을 후원함으로써 금융조합망의 확대와 농민운동·민족해방운동을 압살하는 역할을 수행하였다. 특히 일제 농정을 대표하는 농장지주제와 결합하여 농민운동을 탄압하고 그것을 개량화시키는 일이나, 혁명적 농민운동이 일어난 지역의 농민들을 재조직하고 걸러내어 개량화시키는 일 등은 비일비재한 것이었다. 그 예를 몇 가지 들어보자.

不二興業 서선농장은 일본인 대지주의 대명사라 불리는 불이흥업주식회사가 평북 용천에 대규모 간척지를 만들어 각지에서 소작인들을 불러모아 운영하는 소작제 농장이었다.[96] 1918년부터 1923년까지 개간·간척 사업을 진행했

는 장기저리자금도 있지만 60%가 일반 금융조합 이율을 적용하는 단기자금이었으므로, 실제의 부채정리호수는 그 반정도로 볼 수 있다. 고리채 정리사업이 일정한 성과를 거두었어야 할 1938년도에도 조합원 가운데 금대업자나 개인에게서 고리대를 빌리고 있는 사람들이 11% 정도 되었다(朝鮮金融組合聯合會, 『朝鮮金融組合聯合會十年史』, 1943, 73쪽 ; 「組合員債務情況關調査」, 『調査彙報』 제3호, 朝鮮金融組合聯合會, 1939.5, 1~3쪽).

96) 이 용천지역은 불이흥업 서선농장이 가장 규모가 큰 농장이었고, 그 외에 10정보

고, 거기에 참여한 사람들에게 소작권을 부여했다. 농민들은 이에 영소작의 승인과 소작권 매매 허용,[97] 소작조건 개선을 요구하며 1927년 용천소작인조합을 결성하였고, 지역 소작인들의 압도적 지지를 받으면서 1931년 4월 현재 조합원 2,600명과 18개의 지부를 거느리는 대규모 조직으로 성장하였다. 이들은 농장소작인들의 소작조건 개선을 주장하였으나[98] 내분이 일어나는 등의

이상을 소유하는 지주들이 여럿 있었다. 다음은 1936년 현재 용천금융조합 구역내 10정보 이상 소유지주들과 그에 소속된 소작인수를 나타낸 것이다.

지주명	답	전	소작인수	조합원수	비고
불이농장 (불이흥업주식회사)	2,467		1,217	731	남시조합구역 748정보, 소작인 408인 제외
일해농장 (일해흥업주식회사)	90		54	27	
張國敏	44	15	41	20	
張斗星	13	2	16	12	
林炳茂	12		14	6	
洪淳文 (관리인 白相穆)	73	7	44	23	봉천거주
韓正奎 (관리인 金載儉)	35	9	28	17	의주거주
黃寶貝 (관리인 林炳茂)	30		19	9	경성거주
계	2,764	33	1,433	845	

자료 : 中原善次, 「大農場地帶の組合經營に就て」, 『金融組合』 1936.11, 62쪽.

97) 불이농장은 간척 이후 농업환경 개선이 여의치 않아 소작농의 소작료 미납과 부채가 쌓이게 되자, 소작권 매매를 허용하여 문제를 해결해 왔다가 1930년에 갑자기 이를 인정하지 않게 되었다.

98) 용천소작인조합은 1928년 12월 4일 용천군수와 평북도지사, 1929년 1월 24일 조선총독부에 탄원서를 제출하였다. 탄원조건은 1. 영소작권을 승인할 것 2. 개간비를 지불할 것 3. 수리조합비는 지주가 전담할 것 4. 소작료조제는 조제(도급)현장에서 행할 것 5. 再選穀비용은 일체 이를 지주가 부담할 것 6. 묘대수확부족에 대한 손해는 지주가 부담할 것 7. 소작료 量定은 도량형법규에 의할 것 8. 금년 간평의 소작료 결정은 전부가 고율이니 쌍방 협의하여 감제할 것 9. 소작료 강제징수를 嚴避할 것 10. 소작료는 정조제로 할 것이었다. 1929년 4월 31일 이 조건 가운데 4・5・6・7・9의 5조건만이 소작인 측의 요구대로 되었다. 그러나 개간비 지불요구와 자기친척과 특수한 인연이 있는 자에게 소작권 양수 양도를 승인하는 것이나 소작권 매매를 공인해 달라는 요구는 인정되지 않았다. 이 사건으로 전 조합본부와 지부 중요 간부 8인이 업무방해죄 혐의로

원인 때문에[99] 개혁파 간부들[100]이 '강도협의' 등으로 경찰에 검거된 가운데 1932년 2월 해체되었다.

이렇게 용천소작인조합이 커지고 있던 시점에서 용천금융조합은 불이흥업 서선농장 구역에 부라지소를 새로 설립하였다.[101] 부라지역은 1924년 부라소작조합이 만들어져 용천소작인조합이 시작된 곳으로서 농민운동의 중요 거점이었다.[102] 이곳에 지소를 설립한 것은 소작조합의 해체와 긴밀한 관계가 있는 것이었다. 부라지소에서 처음 실시한 사업은 조합원의 생활과 성분에 대한 조사였다. 먼저 1931년 5월 1일부터 3개월 예정으로 대부금 연체자 137명 중 행방불명자 19명을 제외한 118명에 대해 생계조사를 완료하였다. 그리고 친족 인척 지주 친구 등을 보증인으로 하여 연체금 정리와 농가갱생계획을 수립하였다. 특히 연체자가 소작인인 경우 지주나 농장관리인과 협력해서 정리갱생계획을 수립하도록 하였다. 대부분의 연체대부자가 소작쟁의에 참가했을 것임을 염두에 둘 때 생활조사는 조합원을 선별할 수 있는 근거를 만들고, 선별된 조합원들을 농장 측과 함께 관리하고자 하는 방침이었다. 그후 전개된 일반 조합원에 대한 생계조사에서 이사가 직접 조합원의 집을 방문조사하여 조합원의 신용 상태를 파악하였다. 또한 새로이 가입을 신청한 사람은 특별히 신경을 써서 그 지역에 거주한 햇수, 이주 경로, 친한 사람들, 고향이 같은

검속되었고, 3명은 유죄판결을 받았다. 1930년 농장은 소작권 매매자를 조사하여 소작권해제통지를 발부하는 등 갈등이 커졌다(李炳寬, 「龍川小作組合은 웨 해산되엇나(2)」, 『農民』 1932.10, 30쪽).

99) 용천소작인조합은 소작인들의 지지를 받아 커 갔지만, 내부에서 조합장이나 몇몇 이사가 조직활동을 전횡하는 비민주적 조직이었다. 이에 대해 개혁을 주장하는 세력이 나타났고, 기존 세력이 이들 개혁파를 몰아내는 과정에서 조합은 해산되기에 이르렀다(池秀傑, 앞의 책, 117쪽).

100) 개혁파 간부의 중심이었던 白溶龜는 신의주 출신으로 1922년 소련령 치타에서 6개월 과정의 공산학교를 졸업한 獨孤全의 지도를 받아 사회주의자가 되어 신의주지역의 활동가들과 밀접하게 연결하면서 활동했다고 한다(『東亞日報』 1932.3.3 ; 池秀傑, 앞의 책, 117쪽 재인용).

101) 中原善次, 「大農場地帶の組合經營に就て」, 『金融組合』 1936.11 참고.

102) 李炳寬, 「龍川小作組合은 웨 해산되엇나(2)」, 『農民』 1932.10, 35쪽.

사람들에 관한 조사를 하고, 과거의 주소지에서의 조합 가입 경험이나 소유자산을 조사하였다. 조합 가입 경험이 있는 사람일 경우 가입 유무, 탈퇴 연월일, 사유, 대부금 유무, 탈퇴 당시의 신용정도와 거래성적, 기타 참고사항을 통지받아 신용카드에 기입하였다.

이와 같은 조합원에 대한 면밀한 동태조사를 기반으로 금융조합은 대부활동을 벌였다.[103] 그러나 부라지소가 설립된 지 2개년간은 하루 대부를 10건 이내로 제한하고, 대부 시 조합원에게 지나치지 않게 사용하는 방법, 상환자원과 방법을 엄밀히 검토 관리했다. 지도금융이 적극적으로 실행된 경우였다. 대부할 때는 相互連帶保證을 원칙으로 하여, <표 35>에서 보는 바와 같이 1935년에 이르러 총 조합원의 90%가 상호연대보증조에 가입하기에 이르렀다.[104]

<표 35> 평북 용천조합 부라지소의 상호연대보증조 추이(각 연도말)

연도	조합원수	조수	조에 가입한 조합원수	비율 (%)	대부금		연체대부금		조제 연체대부 금비율
					구수(구)	금액(원)	구수(구)	금액(원)	
1930	456	3	15	3.3	15	1,306			
1931	583	21	111	19.0	50	2,920	1	40	1.36%
1932	759	75	385	50.0	299	16,423			
1933	910	118	806	66.8	437	20,718			
1934	1,017	155	823	80.9	618	28,159			
1935	1,122	177	996	88.7	1,057	41,859			

자료 : 中原善次, 「大農場地帶の組合經營に就て」, 『金融組合』 1936.11, 67~68쪽.

상호연대보증조를 조직하는 한편 촌락을 통제하기 위해 부락담당책임자를 두고 연락망을 만들었다. 이는 1933년 역원, 총대, 관계관공서, 학교, 지주의 연합협의회에서 논의한 결과였는데, 일제 관계자들이 이 지역에 대한 통제의 필요성을 강하게 가지고 있었음을 보여준다. 구역을 29개 촌락으로 분할하여

103) 中原善次, 앞의 글, 65~67쪽.

104) 상호연대보증조는 부락담당책임제도와 결합하여 부락 내에서 보증조를 짜도록 하여 거의 전 조합원이 이에 편입되도록 하였다.

부락담당 책임자를 역원, 총대 중에서 골랐고, 특히 이 같은 취지를 이해하는 활동력 있는 자를 선임하였다. 그리고 각 촌락 내의 다른 총대를 보조자로 삼아 조합업무 또는 시설에 관해 일체의 주선과 연락을 맡기면서, 부락내 조합원의 지도와 상담상대로 활동하도록 하였다.

금융조합은 독자적으로 이렇게 감시통제망을 구축하는 한편, 조합원 확대사업에서 농장과 긴밀한 관계를 가지고 진행하였다. 조합원 확대방침은 다음 6개 조로 만들어졌다.

(1) 지주와 농사개량실행조합과 충분히 연락을 갖는다.
(2) 매년 5월 말까지 조합에서 담당부락별로 증모예정자 명부를 만든다.
(3) 예정자는 가마니저금, 상여저금 성적이 우량한 자로 비교적 근면정직한 자를 우선적으로 뽑는다.
(4) 기타는 호세부과등급과 각 농장의 소작인 명부를 참고하여 부락담당 책임자와 보조자(총대)와 협의하여 인선하고 농장소작인은 각 분장주임의 의견을 구해 인선한다.
(5) 매년 1,300명 내외를 뽑고, 전기 각 기관의 응원을 얻어 조합직원과 부락담당 책임자 및 보조자의 협력을 받아 적극적으로 원유한다.
(6) 상호연대보증조 6명 이하의 조에는 조원의 신뢰가 있는 자 1~2명을 추천하게 한다.

중점사항은 지주와 농사개량실행조합과 연락관계, 그리고 각 농장의 소작인 명부를 참고하여 농장내 집단부락의 담당책임자 총대와 협의하는 것이었다. 또한 불이농장은 농민들을 회유하는 방법으로 상여금제도를 만들기도 했다. 다수확 상여는 1정보 38석 이상의 수확을 거둔 소작인에게 예상 수확량 초과액의 8할을 상여하는 제도였다. 금융조합에서는 1932년경부터 단보당 수확량이 크게 늘자 상여금 재원으로 하는 비황시설을 농장장과 협의 하에 설치하기도 했다. 게다가 조합원의 저축도 농장의 分場 주임의 승인을 받아야 찾을 수 있도록 하였다.

불이농장과의 갈등이 심각한 지역에서 금융조합은 농민운동세력과 일반 농민들을 분리한 후, 집중적으로 조합원 모집과 대부활동을 전개함으로써 조합에 가입한 농민들에게 경제적으로 안정될 수 있으리라는 생각을 심어주고자 했다. 이는 농장과 금융조합이 협력하여 농민들을 회유・통제하려는 것이었다.

이와 같이 농민운동을 억제하기 위해서 금융조합의 금융활동이 강화되거나 일반적으로 활용되는 組制 외에 부락단위의 통제체제를 시도하는 것은 민족해방운동・농민운동이 활발하게 전개된 지역에서 자주 찾아볼 수 있었다. 혁명적 농민운동이 활발했던 함남이나 함북 지역에서도 "조합원의 정신적 결합 상태가 조합 취지에 부합하지 않은바 매우 요원"하다는 인식을 가지고 하부조직을 편성하였다. 함남에서는 총대의 구역을 조―부락단위의 계―상호연대보증조인 신용계의 단위로 조직을 만들었다. 함북지역에서는 5~6인의 상호연대보증조와 부락단위의 조를 조직하였다. 특히 1930년 「모범부락경영요강」을 만들어 각 조합에 1개 이상의 모범부락을 설치하도록 하였다.[105]

함남 단천금융조합은 혁명적 농민조합운동을 탄압한 후 1935년부터 농민포섭운동을 집중적으로 전개하였다. 조합원 포섭률이 1935년을 기준으로 1938년에는 각 90% 가량이 늘고, 1939년에는 113%의 포섭률을 나타냈다. 1937년에는 80개 촌락에 모두 식산계를 설치하고, 구판사업을 적극화하기 위해서 전문외무원까지 배치하였다. 식산계를 통해서 농민층을 조직화하고 통제하려는 의도였다.[106]

이어 농민운동・민족해방운동세력은 직접적인 탄압주체인 경찰이나 면사무소에 대한 타격투쟁을 벌이는 한편 우회적인 탄압의 주체였던 금융조합에 대한 투쟁도 전개하였다.[107]

105) 金英喜, 「1930・40년대 日帝의 農村統制政策에 관한 硏究」, 숙명여대 박사학위논문, 1996, 147쪽.

106) 혁명적 농민운동과 금융조합의 활동에 관해서는 金英喜, 위의 글, 1996 참고.

107) 금융조합의 이러한 성격은 농민운동세력에게 잘 알려진 사실이었다. 1931년 영흥농민조합에서는 경찰서 등의 타격투쟁을 계획하는 과정에서 습격대상에 금융조합도 포함시켰다(飛田雄一, 「영흥농민조합의 전개」, 『1930년대 민족해방운동사』, 200쪽).

1930년대 금융조합은 거세게 일어나는 농민들의 항쟁과 새로운 경제운동 등에 대해 직접적이거나 간접적인 통제를 통해 농민들의 움직임을 탄압하고자 했다. 혁명적 농민운동보다 온건한 운동이었던 천도교 농민사의 농민공생조합 운동조차 해체를 강요당하는 현실이었다.[108] 뿐만 아니라 고리채 정리사업에서 계를 해체함으로써 자생적인 계의 개혁을 추진할 근거를 박탈하였다. 그리고 혁명적 농민운동이나 소작쟁의가 일제에 의해 탄압당한 후 그 지역 농민들을 조합원으로 포섭하여 대부를 매개로 그들을 촌락 단위의 통제조직에 편제시켜 농민운동의 성장을 억제하려 하였다. 그 대표적인 조직이 금융조합의 부라지소에서 살펴본 상호연대보증조였다.

2) 금융조합의 재정비와 촌락조직화 시도

(1) 조합원 확대방침과 소농민 조직방식의 모색

일제는 농촌진흥운동을 전개하면서 농촌 내 농민자주적인 조직을 재편 해체시키는 한편 그것을 금융조합의 하부조직으로 대체하고자 했다. 상호연대보증조나 준식산계, 나아가 식산계가 그것이었다.

상호연대보증조는 금융조합의 조합원확대 방침을 구체화한 것이었다. 본격적으로 조합원 확대방침이 수립된 것은 1929년 全鮮金融組合大會에서였다. '전 호수의 3할 증용'은 이 대회의 슬로건과 같았다. 1929년 당시 전 호수의 10% 정도가 금융조합에 가입해 있었다. 이는 "조합원의 원활한 금융소통과 산업발달에 기여한다"는 목적을 가진, 신용조합으로서는 상당히 높은 조직률이라고 할 수 있다.

금융조합은 1929년에는 전 농가 호수의 3할, 1935년에는 5할, 그리고 나아가 '전 호 포용'으로 조직률의 향상목표를 매우 높게 잡았다. 이는 금융조합이 기존에 포괄했던 계층만으로는 안 되며, 저소득 농민층, 나아가 전 농민층을 포괄하는 농민대상의 단일조직으로 확대해 갈 계획을 세운 것이었다.

---

108) 夜星淑, 「農村아 更生하여라 歸農後의 所聞과 所感」, 『新人間』 1936.8, 246쪽.

1929년 10월 제1회 금융조합 중앙대회에서 금융조합협회가 제안한 총호수의 3할 내지 4할을 포용하자는 안이 가결되고, 1930년 6월 제1회 금융조합 지방대회에서는 금융조합 내부에서 제기되는 우려를 반영하여 제1기 목표 기간을 3년 내지 6년으로 하며 증용비율은 구역내 총호수에 대해 최저 3할 이상으로 한다고 결의하였다.[109] 이후 농촌진흥운동이 개시되자 1932년 10월의 제2회 금융조합 중앙대회에서는 속히 총호수의 3할 포용의 목표에 도달하고 나아가 5할 포용의 목표 수립을 실행요강의 하나로 결의하였다. 처음 조합원 확대계획이 세워진 이래 3년 정도밖에 안 된 사이에 3할에서 5할까지, 즉 전 호수의 반을 금융조합원으로 조직하려는 결의를 한 것이다.[110]

그동안 금융조합 내에서는 현재 조합원으로 가입해 있는 계층보다 더 넓게 조합원을 가입시킨다면 조합운영이 어려워진다는 이유로 조합원 확대에 반대하는 입장이었다. 당시 금융조합 조합원의 경제정도는 대략 연 수입 300원 이상이라고 이야기되고 있었다. 금융조합의 자체 조사 결과에 따르면, 1928년까지는 연 수입 300원 이상이면 자작농과 자작겸소작농을 모두 포함하고, 소작 대농과 소작 중농을 포괄하는 정도의 경제수준이었다. 소작농이라면 소작면적이 9단보 이상이었다. 수지관계로 보면, 300원 수입에 294원을 지출하여 잉여가 6원 정도 되는 층을 말했다. 여기에 해당되지 않는 소작소농과 小作細農은 각각 5원과 11원의 적자를 보았다. 그렇지만 1929년에는 상황이 나빠져 소작농 중 中農은 적자는 아니지만 수입이 279원으로 줄어들어 이 대열에서 제외되어야 했다.[111] 소작농 중에서는 소작면적이 12단보 이상은 되어야 했다. 12단보를 소작할 경우 279원 수입에 274원을 지출하여 4원의 잉여가 남았다. 이 이외의 소작소농과 소작세농은 각각 4원과 13원의 적자를 보았다. 금융조합 이사들이 최소한 가계운영에서 적자가 나지 않는 정도는 되어야 금융조합에 가입할

109) 「金融組合事業の普及發達を期する爲めの實行要綱」, 『金融組合』 13, 1929.11, 2~4쪽.

110) 朝鮮金融組合聯合會, 『金融組合年鑑 1937』, 1~2쪽.

111) 「農家經濟狀態調査表」, 『金融組合』 36, 1931.10, 122~126쪽.

수 있다고 본 300원선은 이에 근거하고 있었다. 그러므로 잉여가 남지 않는 층을 조합원으로 가입시키면 금융조합은 자금회수가 불가능해질 수도 있다고 가입시키기를 꺼렸다.[112)]

그러므로 금융조합대회에서 결정된 조합원 3할 증용방안을 수립하기 위해 기존의 활동과 다른 조치를 병행하지 않을 수 없었다. 이때 강조된 것이 '지도금융'의 강화였다. 지도금융은 1910년대부터 금융조합이 대부금의 안정적인 회수를 위해 조합원에 대한 신용조사와 대부금사용도에 대한 관리 등을 해온 것과 연장선상에 있었다. 그러나 이 시점에서는 개별 농가경제에 대한 개입 강화를 의미하는 것으로서 새로운 의미를 지니게 되었다. 특히 농촌진흥운동과 금융조합이 결합하면서 이런 의미가 더욱 중요시되었다.

지도금융에 대한 금융조합의 방침은 시기에 따라 차이가 있었다. 1929년 시점에서 지도금융이란 조합 금융활동과 관련된 대부와 예・적금의 관리에 주안점을 두는 것이었다. 대부할 때 신용조사와 대부업무의 집행과 지도를 강화하고, 예금 적금을 강조하고 있어 기존 방침과 큰 차이는 없었다.[113)] 그렇지만 큰 틀에서 보면 변화의 움직임이 나타나기 시작한 면도 있었다. 금융조합대회에서 새로운 지도금융의 방향으로서 몇 가지 사례들이 검토되었다. 모범 금융조합으로서 대회에서 실험담을 발표한 충남 유구금융조합이나 평남 강동금융조합 사례는 단지 금융업무에만 한정하지 않고 직접 조합원들의 농사를 비롯한

112) 금융조합 이사진의 생각이 모두 그러했던 것은 아니다. 이사진들 중에는 금융조합이 협동조합으로서 하층사회의 단결력에 의지하여 유산계급에 대항하는 사회개량운동의 하나라고 평가하는 사람도 있었다. 그러므로 이들 하층민을 광범하게 포용하여 이들에게 자금을 지원함으로써 경제력 향상을 꾀하게 하는 것이 본연의 임무라고 주장하였다. 1920년대를 경과하면서 사회주의운동의 경과와 유럽 협동조합의 계급적 경향성에 영향을 받은 층이라고 볼 수 있다(座談會, 「完全なる降下運動の方策研究」, 『金融組合』 21, 1930.7, 26~27쪽). 그러나 이런 견해는 『金融組合』지의 좌담회를 재편집하여 펴낸 『金融組合經營研究』에서는 삭제되었다(朝鮮金融組合協會, 『金融組合經營研究』, 1931, 89~90쪽).

113) 慶尙北道金融組合聯合會, 「組合理事打合會に於ける決議事項」, 『金融組合』 21, 1930.7, 134~135쪽.

농업 전반에 관여하여 조합을 안정적으로 운영해 간 것으로 홍보되었다. 충남 유구조합은 1928년 모범부락을 설치・운영하였고, 평남 강동조합은 부업으로 양계를 활성화해 양계모범부락을 만들고 공동판매를 한 사례였다.114)

이들 사례가 강조하는 것은 경제력이 약한 농민들을 금융조합원으로 끌어들이면서도 대부와 상환을 원활하게 하기 위해서는 잉여가 창출되어야만 한다는 점이었다. 금융조합이 단지 은행과 같이 금융업무를 위해 신용조사와 사용용도를 관리하는 정도만 한다면 조합원은 일정한 정도의 경제력을 가지고 자신의 경제관리를 해나갈 수 있는 계층에 한정될 수밖에 없었다. 따라서 경제력이 약한 하층 농민층의 경제력 향상을 도모할 수 있는 방법에 관해 접근이 필요하다는 점을 강조했다. 즉 금융조합이 농민개별의 경제생활에 개입하고 금융조합의 경제사업을 강화하는 방향이 제시된 것이다. 이 사례들의 수용 여부는 금융조합 운영방침의 변화를 의미했다.

이는 1929년 「금융조합령」 개정과는 그 취지를 달리하는 경향성이 다시 부각된 것이었다. 경제사업부분으로서, 저금을 위한 부업장려에서 시작한 농사지도와 농민조직화가 그것이었다. 금융조합의 농사지도사업은 1910년대 전반부에 중점을 두었던 부분인데, 이 시기에는 조합의 일상사면서도 중점사업이 아닌 것으로 치부되고 있었다. 법적으로도 금융조합의 농사지도사업과 구판사업은 중단된 상태였다. 따라서 금융조합이 정책기관으로서 운영되고 있는 한 이를 다시 시작하는 데는 문제가 많았다.

금융조합이 경제사업을 실행할 수 있는 가능성은 몇 가지가 있을 수 있었다. 첫째 농민층의 자주적인 경제사업조직에 대한 금융지원이다. 이는 앞서 본 바와 같이 농민운동에 대한 탄압과 더불어 오히려 억제하는 방향으로 나간

114) 「金融組合事業の普及發達を期する爲めの實行要綱」, 『金融組合』 13, 1929.11, 2~4쪽. 양계모범부락을 만들어 운영한 평남 강동금융조합의 예는 이사를 지냈던 重松髜修의 체험기가 『金融組合』지에 연재되었고, 그것이 묶여서 『朝鮮農村物語』(中央公論社, 1941)로 편찬되었다. 重松髜修는 1941년 山根譓의 뒤를 이어 연합회교육부장이 되었다.

부분이었다. 둘째는 산업조합에 대한 자금지원이었다. 1926년 경제사업조직으로서 산업조합을 설립하고,[115] 금융사업조직으로서 금융조합이 위치지워졌다면, 산업조합에 대한 금융지원을 통해 농민경제의 안정화를 꾀하는 것이 원칙적인 방향이었다. 그러나 산업조합 자체도 농민경제에 도움을 주는 데 여러 가지 문제점을 안고 있었다. 거기에 금융조합 측의 비협조로 인해 산업조합이 안정적으로 성장할 수 있는 가능성은 없는 상태였다. 따라서 금융조합과 산업조합의 업무분담과 지원체계를 어떻게 할 것인지를 둘러싸고 상당히 오랫동안 논의가 전개되었다. 금융조합이 1929년 금융중심의 업무로 개정을 한 것도 그런 배경이 있었기 때문이다.

이 논의의 연원은 1920년대 중반경으로 거슬러 올라가는데, 당시 농민들의 경제사업 활성화가 필요하다는 것이 제기되었을 때 그 업무를 어떤 조직이 담당하는가의 문제로 논의가 일었다. 이때 금융조합이 금융업무에만 주력하지 말고 농민들의 경제사업 즉 유통부문까지 운영하는 일본의 산업조합처럼 개편되어야 한다는 견해와, 금융조합은 금융업무만 담당하고 경제사업을 담당할 산업조합은 따로 설립해야 한다는 금융조합 측의 견해가 맞섰다.[116] 금융조합 측에서는 그간 금융업무로 어느 정도 궤도에 오른 금융조합이 새로 시작하는 경제사업을 할 경우 그 지위가 흔들릴 우려가 있다는 것 때문에 경제사업의

115) 전국 각지에 설치된 각종 농회, 축산동업조합연합회, 면작조합연합회, 조선잠사회, 면작조합, 양잠조합, 과수조합 등의 임의단체들이 분산적으로 설립되어 활동하였다. 이에 대해서 총독부는 이들이 법적 근거가 없고 통일성이 없다는 점을 들어 1926년 朝鮮農會를 설립하고 축산동업조합을 제외한 각종 농업단체를 계통농회를 중심으로 정리 통일하였다. 또한 농가의 제품에 대한 판매사업을 전담하는 기구로서 産業組合을 설립하였다. 이는 일본의 산업조합을 모범으로 하였으나, 금융조합이 담당하는 신용업무를 제외한 판매・구매・이용의 세 가지 사업에 한정하였다(小早川九郎, 『朝鮮農業發達史 政策編』, 498~501쪽).

116) 山根槵, 『金融組合概論』, 1929, 199~140쪽. 1923, 24년경부터 조선에서도 산업조합의 필요성을 주장하여 금융조합을 고쳐 산업조합으로 하자는 견해가 상당히 유력하였다. 1925년에는 이 견해에 정무총감 下岡도 동의하여, 금융조합을 병합하여 산업조합을 조선에 설치하자는 데 거의 의견일치를 보았다. 그러나 금융조합 측의 격렬한 반대로 금융조합과 산업조합은 분리 설치되었다.

포괄에 반대하였다. 결론은 금융조합 측의 견해로 기울었고, 금융조합과 별도로 산업조합이 설립되었다. 산업조합은 경제사업을, 금융조합은 신용사업을 담당하는 협동조합으로서 결론이 내려졌다.

그런데 1929년 금융조합령이 개정된 상황에서 금융조합이 경제사업지도를 강화하려면 새로운 논리를 부여해야만 했다. 평남 강동조합은 금융조합 활동의 새로운 모델로 떠올랐고, 그간 금융조합이 실행했던 농촌조직화 사업을 더욱 치밀하게 추진하기 위한 여러 방안이 제기되었다. 금융조합의 관할 행정기관인 재무국 또는 도의 재무부에서조차 금융조합령에서 업무에 포함시키지 않던 경제사업을 금융조합이 실행할 수 있는 여러가지 방안을 제출했다. 이후 총독부 이재과장을 역임하는 경기도 재무부장 니시자키(西崎鶴司)는 금지된 것이기는 하지만 그 틈새를 이용하여 작은 세포를 만드는 안을 고안했다. 조합원의 인격을 이중으로 사용하도록 하여 조합원이 금융조합원이면서도 산업조합원이 되는 것인데, 이 경우에 산업조합이사를 금융조합이사가 겸임함으로써 금융조합이 산업조합을 운영하는 방안이었다. 금융조합이 금융업무만이 아니라 산업조합의 업무를 수행해야만 한다고 보았을 때 법령을 피해갈 수 있는 편법을 제시한 것이다.[117] 이와 같이 각 도의 재무부나 금융조합 내부에서는 금융업무로만 규정된 금융조합의 업무를 확장할 수 있는 여러 방안을 제시해 갔다. 이 가운데 금융조합이 추진한 방안은 조합원을 작은 단위로 재조직하는 방안과 촌락 지도의 강화라는 두 가지였다.

(2) 상호연대보증조로의 조합원 재조직화

조합원을 작은 단위로 재조직하는 방안을 제대로 하려면 넓게 편성되어 있는 금융조합구역을 축소하고 조합원들의 경제활동 지원과 신용조사에 의한 신용대부가 이루어져야 했다. 그러나 그것은 급속하게 추진하기 힘들다는 것이 금융조합 측의 상황 판단이었다. 그 대안으로 모색된 것이 금융조합구역과

117) 西崎鶴司, 「金融組合の將來を惟ふ」, 『金融組合』 24, 1930.10, 22~23쪽.

조직체제는 그대로 유지하면서, 그 산하에 촌락을 단위로 하는 組제도나 準殖産契 조직으로 조합원을 재조직하면서 조합원을 확대하는 방안이었다.

조제도는 조합구역 안에 작은 촌락마다 5~10명 단위로 조합원 집단이나 계를 설립하게 하고, 촌락내 기존 조합원 전부와 새로운 가입자를 참여하게 하여 작은 단위로 전 조합원을 재편성하는 것이었다. 이 조직이 무담보 대부를 할 수 있는 상호보증 단위가 되므로 소생산자의 금융조합 이용을 활성화할 수 있다는 구상이었다.[118] 새로이 조직한 경제력이 약한 조합원들을 대상으로 금융융통의 편의를 주면서 그에 대한 관리를 꾀하는 것이었다. 즉 지도금융을 강화해 갔다.

조 방안은 상호연대보증조의 형태로 구체화되었다. 이미 각 지역에서 부분적으로 신용계[119]나 상호연대보증계라는 명칭으로 다양하게 시행되던 것이었다. 1930년 6월 금융조합연합회 이사장회의에서 연대상호보증제도의 운용에 관한 총독부의 지시에 따라[120] 상호연대보증조를 구성해 가기로 결정하였다. 이를 먼저 구체화한 곳이 평안북도 재무과였다.[121] 1929년 11월 18일 재무국장이 각 도지사에게 보낸 내용인 "신용정도표 비고 제3항의 개정에 의한 책임분담을 인정하는 6인 이내의 상호연대보증"을 근거로 고안된 안이었다.

이 제도의 특징은 연대보증으로 무담보대부를 받을 수 있다는 점에 있었다. 상호연대보증계를 조직하면 같은 조 안에 있는 조합원들이 서로 보증인이

---

118) 牟田口利彦, 「どうしたら安全に降下運動の目的達成を得ろか-組合人の工夫研鑽を望む」, 『金融組合』 1930.6, 3~4쪽.

119) 북청금융조합에서 만든 신용계는 소산자의 보증난을 해소하는 방안으로서 5명의 계원을 하나의 신용계로 묶고 대부의 편의와 채권 확보를 보장받는다는 구상으로 1927년 가을부터 시작되었다. 특징은 계를 구성하는 5명 중에서 지주 1~2명, 중산계급 1~2명, 소산계급 1~2명을 조합하여 하나의 계로 만든다는 점이었다. 이로 인해서 조합은 유산계급의 경제력을 담보로 하여 채권확보를 원활히 할 수 있고, 그에 속한 소산자도 이들의 경제력에 기반하여 대부를 원활히 받을 수 있으며, 이에 속한 사람들은 대부시 다른 보증인을 세워야 하는 번거로움이 없다는 장점을 든다(山內生, 「金融組合の降下運動と信用契」, 『金融組合』 22, 1930. 8, 2~4쪽).

120) 「理事長會議」, 『金融組合』 22, 1930.8, 145~146쪽.

121) 李完永, 「五人組(相互連帶借用金契約)制度に就て」, 『金融組合』 30, 1931.10, 42쪽.

되었다. 조원 중 하나가 채무를 이행하지 못하면 다른 조원들이 분담해서 변제 책임을 지는 것이었다. 연대보증이 아니라면 보증을 선 한두 사람이 채무불이행의 책임을 져야 했다. 그럴 경우 보증인이 경제적 파탄으로 파탄하게 되는 현실적인 가능성, 그로 인해 보증인을 구하기 어렵다는 것이 문제가 된 것이다. 이에 연대보증이라는 방식을 통해 책임분산의 효과를 거두려 했다. 경제력이 약한 소작농계층이 금융조합에 가입하려면 자산계급을 보증인으로 내세우거나 보증조에 참가하는 조건으로 가입을 승낙함으로써 상호연대보증조에 가입하도록 하였다.[122] 즉 상호연대보증제도는 '강하운동'의 목적을 달성하기 위해 소생산자에게 문제가 되는 보증인 문제를 해결하고, 보증시 번거로움을 없애며, 대부의 사용도와 상환에 대해 상호 감시를 할 수 있다는 점이 설정 배경이었다. 그리고 무엇보다도 이러한 조직화는 금융조합이 금융대부를 할 때 갖는 위험성을 줄이기 위한 조치였다. 담보대부나 보증인부 신용대부, 연대보증은 모두 농민경제의 파탄 여부와 관계없이 금융조합의 경영 안정성을 보장받기 위한 조치였다.

상호연대보증조직이 만들어지면, 조합원에게 금융편의를 제공하는 반대급부로서 금융조합이 직접 관리하지 않고서도 조직 내부의 상호감시체제를 이용하여 조합원의 경제생활을 관리할 수 있다. 이 제도는 일본의 五人組制度 또는 중국의 保甲制나 조선의 계제도를 배경으로 깔고 있다고 하였다. 상호부조라는 성격과 농민층의 조직화를 통한 통제라는 양면성이 이 내부에 병존했다.

이 상호연대보증제도는 조합원의 경제사업을 관할하는 최소단위로서 금융대부를 받을 수 있는 단위이자 저금단체나 모범부락의 최소단위로 기능하게 되었다. 즉 조원들이 시설하고자 하는 경제시설의 목표를 정하고, 자금을 모으기 위해 조원들이 부업과 공동판매를 하도록 하며, 그 수익금을 저금하도록 했다. 그리고 조 단위의 기본재산을 만들기 위해 공동식림사업을 하게 하고, 교육 위생사업을 하는 여러 기관을 갖추는 이용조합적 성격을 띠도록 구상하였

122) 京聯 제2433호 理事長通牒, 「下層小農增容及組制度利用ニ關スル件」, 1931.2.2, 『京畿道金融組合關係例規』, 1935, 171쪽.

다. 이런 조직이 구성되면 단위 금융조합의 활동은 금융 면에서만 실행되지만, 금융조합이 조직한 촌락 내 조는 금융사업과 경제사업을 다 실행하는 셈이었다.

소농계급으로서 보증조에 참가한 조합원에 대해서는 가입시 경제상태에 대한 조사가 더 자세하게 이루어졌으며, 가입 전에 가지고 있던 부채의 정리부터 시작하여 이들 자금운영의 경과 과정과 경제활동 전반이 금융조합에 의해 파악·관리되었다.[123] 바로 이 같은 제도를 통해 指導金融을 실현하고자 한 것이다.

평북에서는 1930년 9월부터 전 조합원을 대상으로 5인조제도 또는 상호연대차용금계약제도가 실시되었다. 이에 참여하지 않은 조합원에게는 신규대부를 하지 않았기 때문에 조합원들은 어쩔 수 없이 계약을 체결해야 했다. 10개월이 지난 시점에서 구역 밖으로 이전한 사람이나 도산 등으로 가맹이 불가능한 자를 제외하고는 거의 전원이 가입하였다.[124] 이런 제도가 평북만이 아니라 전국적으로 확대 실시되어 거의 대부분의 금융조합 조합원들이 상호연대보증제도에 의해 새로이 작은 단위로 재조직되었다. 1935년 시점에서 금융조합 총조합원 수 1,178,765명, 조 수 142,800조, 조에 포함된 조합원 수 677,983명으로서, 총 조합원에 대비한 상호연대보증조의 비율이 57%(최고 경기도 85%, 최저 평남·함남 29%)를 차지하였다.[125] 상당히 빠른 속도로 확산되었음을 알 수 있다.

(3) 모범부락 설치와 촌락단위 조직화 시도

123) 위와 같음.

124) 李完永, 앞의 글, 42쪽.

구분	조합원수	조제에 의한		계약未了인수	비고
		조수	인원		
본소구역	1310	226	1211	99	미료자는 대부분 구역외 이전, 도산 등으로 조제가맹불능자
지소구역	802	130	709	93	
계	2112	356	1920	192	

125) 朝鮮金融組合聯合會, 『金融組合年鑑 1936』, 54~55쪽.

금융조합의 농촌 조직은 상호연대보증조를 기초로 하여 다양하게 확산되어 갔다. 보증조 2개 이상을 함께 연결하여 購牛契를 조직하였고,[126] 이는 다시 양우식산계나 양계·양돈 식산계와 같은 다양한 부업조직으로 이어져 다양한 규모의 조직이 금융조합 산하에 만들어졌다.[127]

상호연대보증조를 기초로 만들어진 이런 조직은 이른바 준식산계 형태였다. 준식산계는 촌락 내의 금융조합원을 중심으로 하고 조합원 이외의 농민을 포섭하는 과도적 형태였다. 즉 상호연대보증조를 연합하여 규모를 키우고, 구매판매나 공제사업과 같은 공동경영을 강화하고, 금융면에서는 상호보증조의 역할을 하는 종합조직으로 구상되었다. 이 조직은 이후 식산계가 법인화되면서 식산계 설립을 위한 과도적 존재로서 지속적으로 설립되었으며 1941년에는 계구액내 총세대수의 71~89%, 평균 77%를 조직하였다. 또 계구역내 총세대 중 비금융조합원이 약 15%를 차지하였다. 양자는 상호 연결되어 조직됨으로써 금융조합의 기초를 강화시켜 갔다.[128]

이들 조직은 농촌진흥운동과 결합되면서 촌락내 핵심활동단위로 재편성되었다. 준식산계는 모두 농촌진흥회와 구역을 같게 하고, 양우식산계의 계장이 부락농촌진흥회 회장이나 간사에 취임하도록 하며, 부락농촌진흥회의 협의결정사항은 양우식산계의 실행사항에 포함시키는 등 농촌진흥운동과 금융조합 하부조직이 일체화되어 갔다.[129] 또 계 조직원에게 금융조합은 저리의 소 구입자금을 대부하고, 이들의 소 매입, 사육 관리 등에 관해서 군이나 군농회 직원이 지도알선을 해주는 등 여러 특혜를 제공하였다.[130]

---

126) 「(購牛)契ノ設置竝契員ニ對スル農事改良及副業ノ奬勵ニ關スル件」 1931.10.8, 『京畿道金融組合例規』, 177쪽.

127) 「養牛殖産契ノ增設, 契員ノ增大及契活動助長ニ關スル件」 1933.8.29, 『京畿道金融組合例規』, 178~179쪽.

128) 秋定嘉和, 「朝鮮金融組合の機能と構造」, 『朝鮮史硏究會論文集』 5, 1968, 114~115쪽.

129) 「部落農村振興會ト殖産契トノ連絡ニ關スル件」 1932.10.28, 『京畿道金融組合例規』, 180쪽.

130) 「金融組合ノ低利購牛資金貸付ニ關スル件」 1931.11.10/1933.4.7개정, 『京畿道金融

따라서 양우식산계라 해도 그 업무는 소 구입에 관련된 것만이 아니라 자체적인 기본재산을 조성하고, 금융조합이 추진하는 각종 부업과 농사개량사업을 사업대상으로 하였다. 기본재산을 조성하기 위해서 계 가입자에게 가입금을 받았으며, 공동경작 등으로 재산을 늘려 가도록 하였다.[131] 또한 양우식산계를 중심으로 하고 계원 외의 조합원도 참가시켜 마을 내 조합원 전부에게 개량보리나 감자, 퇴비양돈과 같은 여러 가지 사업을 추진하게 하였다.[132] 또한 준식산계가 있는 마을을 선택하여 계원이 부지와 건설재료 노동력을 공동출연하고 금융조합은 10년 이내 연부대부로 자금을 대부하는 방식으로 마을간이창고를 설립하여 연부상환이 끝나면 계의 소유가 되도록 하였다.[133] 이 창고가 만들어짐에 따라 양우식산계는 자체 기본재산을 소유하며, 공동경작, 농사개량사업, 부업, 창고사업까지 포괄하는 조직으로 바뀌어 갔다.

이와 같은 금융조합의 농촌조직화는 궁극적으로 촌락 전체를 하나의 단위로 설정하고 있었다. 준식산계는 그 과도적 모델이며, 궁극적인 모델로는 '모범부락'을 만들어 실험을 해보고, 이후 확산시켜 갈 계획을 세운 것이다. 모범부락정책은 1910년대의 우량부락 선정사업에서 시작하여 1920년대 총독부의 농촌시범사업으로서 중요시되면서 일제의 농촌지배정책의 일환으로 추진되어 각지에서 운영되었다.[134] 금융조합도 그 정책수행의 주체로서 모범부락을 운영해 오고 있었다. 그러던 것이 1930년대에 들어오면서 금융조합에 의한 모범부락

組合例規』, 185～196쪽.

131) 「養牛殖産契ノ基本財産ノ積立及之ガ管理ニ關スル件」 1932.4.22, 『京畿道金融組合例規』, 211쪽 ; 「養牛殖産契ノ基本財産造成ニ關スル件」 1932.11.24, 같은 책, 211쪽.

132) 「養牛殖産契ヲ中心トスル營農組合員ノ改良麥作奬勵ニ關スル件」 1932.7.18, 『京畿道金融組合例規』, 212쪽 ; 「養牛殖産契ヲ中心トスル組合員ノ甘藷栽培奬勵ニ關スル件」 1932.10.10, 같은 책, 214쪽 ; 「營農組合員ニ對スル採肥養豚ノ奬勵ニ關スル件」 1933.5.24, 같은 책, 216쪽.

133) 「部落簡易倉庫建設ニ關スル件通牒」 1933.6.16/1935.1.19개정, 『京畿道金融組合例規』, 218쪽 ; 「部落簡易倉庫建設ニ關スル件」 1933.10.13, 같은 책, 219～222쪽 ; 「殖産契ニ對スル部落簡易倉庫ノ賃貸契約ニ關スル件」, 1933.10.25, 같은 책, 223～224쪽.

134) 이하나, 「日帝强占期 '模範部落' 정책과 조선농촌의 재편」, 『學林』 19, 1998 참조.

운영은 조합원 확대방안과 결합하여 더욱 강화하는 방향을 취하였다.

금융조합의 마을지도는 세 가지 방식을 취하였는데 ① 금융조합의 조합 자체의 지도부락 혹은 모범부락 ② 총독부의 갱생부락계획에 의한 갱생부락을 금융조합이 스스로 계획을 세워 단일적으로 지도하는 것 ③ 갱생부락에 대해서 조합과 관계기관이 종합적으로 지도하는 것으로 구분되었다.[135] 모범부락은 농촌진흥운동과정에서 지도부락으로 지정되었다. 함경북도 재무부에서 제출한 「모범부락경영요강」에 나타난 모범부락의 선정기준은 다른 단체나 행정기관이 선정하는 것과 마찬가지로 ① 중심인물이 있는 곳[136] ② 조합 소재지에서 가능한 가까운 거리에 있어 지도하기가 편리한 곳 ③ 주민이 비교적 많은 곳으로 선정하였다. 구역은 실행이 편리하도록 가능한 좁은 곳으로 금융조합 관내 1개 동리 단위로 이루어졌다. 지도부락은 지정되지 않은 부락들에 비해서 상대적으로 오랜 기간 동안 지원을 받아 온 곳이었다. 전남의 지도부락에서 지도부락 설치 당시 수입과 지출에서 부족한 부락은 전체 90개 부락 중 15개밖에 안 되었다.[137]

특히 금융조합은 전 호의 5할 이상을 금융조합원으로 포용하기 위해서는 하층민의 가입을 도모하는 한편 이들에 대한 지도를 강화하였다. 금융조합의 자작농지구입자금에 특수산업저리자금을 지원하였으며, 농사개량시설과 부업장려, 풍속개량, 그리고 저금장려사업을 실시하였다. 이러한 사업을 위해서 금융조합 이사와 중심인물의 연계를 강화하고 시설사항에 대해서 금융조합이 공동구입, 위탁판매 또는 공동판매 알선을 적극적으로 행하도록 하였다. 전북의 금융조합 담당 갱생부락 중 고창조합의 덕산리에서는 공동경작 답 2,588평을

135) 朝鮮金融組合聯合會, 『金融組合年鑑 1936』, 59쪽.

136) '中心人物'은 1930년대 농정에서 매우 중요한 용어였다. 이 시기 중심인물이란 ① 부락의 長老로서 활동력 있고 부락민을 감화시킬 수 있는 자 ② 指導生 등으로 신용있고 부락민 전부를 움직일 수 있는 자를 의미하였다(「農村振興ニ關スル件」 1932.10.26통첩, 『農山漁村振興事務指針』, 146쪽).

137) 朝鮮金融組合聯合會, 『金融組合年鑑 1936』, 94~98쪽. 이하 지역의 예는 모두 이 자료다.

구입하는 대금 중 1,050원을 대출하였고, 고리채 정리 704원, 부업과 節米에 의한 저금이 77구 227원의 성과를 거두었다. 또 함열조합의 화실리에서는 자작농창정 29명에게 7,980원을 대출해 주었다. 1인당 275원의 대출이었다. 금융조합 조합원의 구성으로 보건대 자작지를 가지고 있는 자소작농에 대한 대출이었을 가능성이 높다. 이에 비해 황등에서 1명이 답 1,948평을 구입하는 경우도 있었다. 전반적으로 갱생부락과 지도부락에 대해서는 가마니짜기, 박하재배, 양계・양돈 등의 부업을 적극적으로 장려하면서 저금을 유도하고, 이들 중 일부에게 자작농지구입자금을 대부하였다.

금융조합의 모범부락사업이 일반적인 모범부락사업과 특별히 다른 점은 없었다. 그렇지만 금융조합이 지원하는 만큼 자작농지 구입에 대한 저리자금이 방출됨으로써 금융조합원으로서 이 모범부락에 속한 사람들에게 자작농지구입자금이 유리하게 배정될 것임은 충분히 상상할 수 있다. 이를 통해서 금융조합은 금융조합 초창기와 같이 금융과 경제사업 양자를 수행하는 조직으로 다시금 개편되고 있었다.

이러한 금융조합의 변화에 대해서 정무총감 고다마 히데오(兒玉秀雄)가 금융조합은 단지 금융만을 목적으로 하는 것이 아니라 산업조합적 사명을 포함하고 있다는 견해를 밝힘으로써[138] 법률상의 규제와 관계없이 금융조합의 경제사업이 급속히 확산될 수 있는 기반을 제공하였다. 1929년 「금융조합령」의 개정으로 금융조합은 금융업무만 하게 됨으로써 1920년대 전 시기를 거쳐 스스로 추진해 온 운영방향을 법제화하였다. 그러나 동시에 대공황의 여파로 인한 농민층의 피폐와 그에 따른 금융조합의 성격에 대한 각계각층의 비판 속에서 금융조합은 자기조정을 하지 않을 수 없었다. 법적으로는 금융업무만 행하는 금융기관이지만, 내용에서는 산업조합과 같은 이중적 성격으로 선회하기 시작하였다.

금융조합의 '강하운동'은 금융조합의 성격변화를 가져온 계기였다. 새로

138) 「京畿道金融組合理事産業講習會に於ける兒玉政務總監の訓話」, 『金融組合』 1930.9, 6~7쪽.

가입한 영세조합원을 대상으로 한 상호연대보증조와 촌락단위의 준식산계는 이후 법인화되는 식산계로 나아가는 과도조직이었다. 이들 소규모의 상호연대보증조와 개별 금융조합원을 기초로 하는 촌락단위의 준식산계는 촌락내 여러 조직들을 포괄해 감에 따라 금융조합의 농촌조직망은 더욱 강화되었다.

3) 산업조합과 식산계

(1) 식산계 설립 시 산업조합과의 갈등

금융조합의 농촌조직화 과정은 앞서 살펴본 바와 같이 경제사업의 확대와 농민경제 나아가 촌락에 대한 지도금융 강화라는 형태로 진행되었다. 이는 경제사업을 주요 사업으로 삼는 산업조합과 필연적으로 갈등을 불러일으킬 수밖에 없었다.

1925년에서 1926년 사이 산업조합의 설립을 둘러싸고 전개된 논의는 금융업무를 담당하는 금융조합의 유지와 구매 판매 이용사업을 맡는 산업조합의 신설로 결론이 났었다.[139] 그런데 금융조합은 농촌진흥운동의 시작과 더불어 개별 농가에 대한 갱생사업이나 지도부락활동, 상호연대보증조, 양우식산계 등의 활동을 하면서 구판사업과 이용사업을 시작하였다.[140]

금융조합은 산하의 연대보증조에 자금을 대출하면서 공동경작지를 보유하게 하는 등 경제사업을 유도하면서 금융사업을 확대해 갔다. 이러한 변화는 농촌진흥운동이라는 외적인 요인도 있지만, 빈농층을 받아들이게 된 금융조합이 그들에 대한 지도금융을 실시하면서 시작되었다. 상호연대보증조가 공동자산을 갖도록 한 것도 연대보증을 했을 때 조 가운데 한 사람이라도 파산을

139) 이경란, 「일제하 금융조합의 농촌침투와 산업조합」, 『실학사상연구』 19・20합집, 2001 참고.

140) 금융조합연합회의 구판사업이 급속히 확대될 수 있었던 계기 중의 하나는 일본 전구련의 조선 진출과 관련해서였다. 전구련은 경제적으로 일본경제와 조선경제의 일원화를 꾀한다는 것을 내걸고, 금비인 유안을 전구련과 금련이 직거래할 경우 양 지역 간의 가격차를 해소하여 가격을 내릴 수 있다는 점을 강조했다(「全購聯の飛躍朝鮮進出を企圖」, 『釜山日報』 1934.4.23).

하면 조원 모두가 연쇄 도산한다는 문제점을 막기 위해 공동자산을 만들어 변제할 수 있는 능력을 기르도록 한 것이었다.[141] 이러한 금융조합의 변화는 산업조합의 존재를 위태롭게 만드는 요인이었으며, 이전부터 산업조합에 대한 금융지원 문제로 빚어졌던 갈등을 더욱 커지게 만들었다.[142] 또한 잠재적으로 비료제조사업과 판매에 사업을 집중하고 있던 농회와 갈등을 빚을 여지가 있었다.[143]

당시 산업조합은 설립 이후 부진상태를 면하지 못하다가 1934년 들어 일부 흑자경영을 하는 조합이 나타나고 있었다.[144] 특히 경남지역은 도에서 산업조합을 육성한다는 방침을 가지고 있었기 때문에 다른 지역보다 산업조합의 활동이 활발하였다. 경남 산업조합 33곳이었고, 1934년 6곳, 1935년에 19곳이 생기는 등 빠르게 확대되었다.[145] 그런 성과를 가지고 경상남도에서는 총독부에 도 단위 산업조합연합회의 설립을 인가해줄 것을 요청할 정도였다.[146] 그러나 부분적으로 흑자를 내는 조합이 생기고는 있었지만 대부분의 산업조합은 영업성적이 부진했다.[147] 경남지역의 산업조합의 경우 1935년도에 17개

---

141) 「共同事業興し金融連帶保證組の强化圖る」, 『朝鮮民報』 1934.3.30.

142) 社說 「金組對産組의 調停問題」, 『朝鮮中央日報』 1934.5.15.

143) 그런데 이 시기는 아직 금융조합의 구판사업의 규모가 작았기 때문에 농회, 식산국, 전구련의 협의 하에 유안의 공동구입을 결정하였다(「金組旗の下に實質飛躍入る金聯の新事業計劃」, 『京城日報』 1934.7.11).

144) 예를 들어 경북에는 1934년도 현재 산업조합이 8개 있었다. 결산총회에서 이들은 그 이전까지 내부 분쟁이나 여러 이유로 적자 상태였던 곳 가운데 몇 곳이 흑자를 냈다. 용성산업조합은 조합원 간에 분쟁이 일어 5개월간 이사가 없었으나 1934년도에는 성적이 우수했고, 문경 점촌산업조합은 창립한 지 몇 달 되지 않았는데 흑자를 보았으며, 동촌산업조합은 극도로 경비를 절약하여 창립 후 처음으로 흑자를 보았다고 하였다(「旣設組合の業態は良好」, 『釜山日報』 1934.4.10).

145) 朝鮮金融組合聯合會慶尙南道支部, 『慶尙南道金融組合産業組合要覽』, 1940, 제49표.

146) 이런 분위기에서 산업조합의 활성화를 주장하기 위해 제출된 홍보물이 文定昌의 『産業組合設立まで』(1932)였다. 문정창은 이 시기 경남도에서 산업조합 관련 업무를 담당하였다.

147) 朝鮮金融組合聯合會全羅南道支部, 앞의 책, 제51표.

조합 중 손해를 본 곳은 3곳이었고, 나머지는 모두 이익을 보았다. 그런데 1936년도에는 기존 조합은 손실이 6곳으로 늘었고, 이익을 낸 곳은 11개로 줄었다. 신설된 12조합 중 2곳만 이익을 보고 나머지는 모두 손해를 보았다. 도 차원에서 강력한 지원을 받은 경남도의 상황이 이러하다면 다른 지역의 산업조합은 더 어려웠을 것이다. 이들은 산업조합 부진의 원인을 부채가 많은 데서 찾고 적극적인 금융지원을 요구하였다.[148] 산업조합연합회를 설립하겠다는 것도 그 연장선에 있었다.

1930년대 농촌진흥운동과 더불어 운영방침이 바뀌면서 금융조합은 산업조합과 갈등을 겪는 한편 勤農共濟組合과도 대상이 겹침에 따라 마찰이 일어났다. 금융조합은 조합원 확대운동을 하여 그동안 배제되어 있던 하층농민들을 대거 조합원으로 받아들이기 시작했다. 이는 식산국이 금융조합 조합원이 되지 못하는 농민들을 대상으로 설립한 근농공제조합과 직접적인 마찰을 불러일으켰다. 평북금융조합연합회는 근농공제조합 때문에 금융조합의 본래 사명인 서민금융과 강하운동이 저해받는다고 주장하였다. 그리고 1933년 9월 신의주에서 열린 금융조합지방대회에서 근농공제조합의 폐지를 총독부에 요청하기에 이르렀다.[149]

이와 같이 금융조합의 업무 변화와 세력 확대는 그리 수월하게 전개되지는 못했다. 뿐만 아니라 금융조합, 그리고 그러한 상황을 조장한 일제에 대한 비판이 속출했다. 첫째는 협동조합론의 입장에서 금융조합의 금융활동을 비판한 것으로서, 여전히 은행과 같은 운영을 한다는 지적이었다. 따라서 조합원들도 금융조합을 담보를 가진 사람에게 돈을 꾸어주는 곳 정도로 알고, 적극적인 문제제기나 요구도 못하며, 금융조합이 겸영사업을 하더라도 거의 은행 같은 성질에 맞춰 금융관계의 편의를 꾀하려는 정도라고 비판하였다. 그에 비해 산업조합은 충분하지는 않으나 그래도 금융조합보다는 민중생활과 훨씬 긴밀한 관계에 있기 때문에 산업조합을 충실화하는 것이 필요하다는 지적이었

148) 「既設組合の業態は良好」, 『釜山日報』 1934.4.10.
149) 「金組と勤農共組の正面衝突 表面化」, 『鴨江日報』 1933.8.20.

다.[150]

둘째는 금융조합이나 산업조합의 활동과는 별개로 1930년대 초반 협동조합운동이 전국적으로 활발하게 전개되기 시작한 점이다. 이는 관제기구로서 금융조합과 산업조합이 가진 근본적인 문제점을 지적하면서 대안조직을 만들었다는 점에서 이들에 대한 가장 적극적인 비판이었다. 앞서 살펴본 것처럼 혁명적 농민운동은 더욱 그러했다.

일제는 위기에 처한 체제를 유지하기 위해, 그리고 본격적인 전쟁체제로 가기 위해 후방기지로서의 조선을 안정화시키기 위한 방책을 세우고자 했다. 그들은 비판들을 잠재우고, 혁명적이든 개량적이든 조선에서 전개되는 경제운동・정치운동을 억제하고 농민들을 체제 속으로 끌어들일 방법을 모색했다. 특히 금융조합이 갖는 부정적인 이미지를 불식하고, 산업조합의 부진으로 인해 체제 내에 편입된 조선인들조차 일제 농정을 비난하는 사태를 무마시킬 필요가 있었다.

우선 총독부는 효율적으로 지배정책을 수행하기 위해서는 지배기구 내부의 갈등을 해소시킬 필요가 있었다. 이에 총독부는 일본 협동조합계의 대표자인 혼이다 요시오(本位田祥男)를 초청하여 강연을 듣기도 하고,[151] 금융조합과 산업조합, 농회를 담당하는 재무국・식산국・농림국에 각기 조사와 대안을 마련하도록 하였다. 3국은 각기 금융조합의 기능과 조직, 업무, 경영, 농회사업과의 협조, 연합조직, 감독기관 등에 대해 각 도에서 자문을 받고, 안을 마련하여 협의에 들어갔다.

이들은 금융조합은 신용업무만 단영으로 하고, 산업조합은 판매 구매와 이용 3종에 한정하고 있어 서로 연계가 되지 못한 데 근본적인 문제가 있다고 보았다. 그렇기 때문에 금융조합은 필요 이상으로 발전한 데 비해서 산업조합은 완전히 반신불수의 기형이 되고 말았다는 점에는 합의하였다. 이러한 인식에 기초하여 그 해결방안은 양자의 '連繫統制'에 있다고 결론을 내렸다. 그러나

150) 社說「金組對産組의 調停問題」,『朝鮮中央日報』1934.5.15.
151) 社說「半島協同組合の合理化」,『京城日報』1934.6.19.

이들은 자신들이 관할하는 단체의 이해관계와 감독관청으로서의 이해가 맞물려 각기 다른 방안을 내놓았다. 첫째 안은 금융조합이 판매와 구매・이용의 생산사업을 겸영하게 하는 방안, 둘째안은 금융조합 속에 산업조합을 함께 두어 두 가지 단체를 함께 운용하는 방안, 셋째 안은 산업조합 현행제도와 앞의 두 방안을 함께 병행하는 방안이었다.152)

특히 금융조합의 감독관청인 재무국은 금융조합이 산업조합을 지도해야 한다는 입장이었다. 이들은 모든 산업조합을 금융조합연합회에 가입시키고 금융조합이 산업조합을 포용하는 '금융조합 主 산업조합 隨'라는 방침으로 일관하였다. 그리고 농회의 구판사업 확대에 대해서는 농회의 본래 목적이 농민운동 또는 농촌교육의 조장에 있으므로 그것에 집중해야 하며, 금융조합이 산업조합의 업무를 함께하는 신용, 구매, 판매, 이용의 겸영사업을 담당해야 한다고 주장하였다. 이렇게 개편될 경우 산업조합은 생산통제를 강화하고, 공동판매와 공동구입에 강제력을 줄 수 있어 산업조합을 발달시킬 수 있다고 보았다. 그리고 금융조합 산하에 산업조합이 편입될 경우 총독부에서의 감독권은 식산국에서 재무국으로 이양되는 것을 전제로 하였다.153)

그런데 논의를 주도하던 재무국이 농림국이나 식산국과 합의가 잘 이루어지지 않자 갑자기 금융조합 산하에 독자적인 소산업조합을 신설하는 안을 제안하였다. 이는 다음 해 예산 확보를 위해 새로운 조직의 감독기관과 그에 따른 예산편성이 급했기 때문이다.154) 그러나 이 안은 산업조합 측과는 기존의 대규모 산업조합과의 문제가 남아 있었고, 농회와는 농회의 출하조합과 업무상 겹치는 문제가 있었다.155)

이렇게 이해관계가 복잡하였던 논의의 결론은 기존의 금융조합과 산업조합 체제를 그대로 유지하는 것으로 났다. 양자를 별도로 두는 것을 원칙으로

---

152) 위의 글.
153) 「産組問題は半島の現實狀勢から金組包容が合理的」, 『京城日報』 1934.7.29.
154) 위의 글.
155) 「各地金融組合傘下小産組包括, 統制」, 『京城日報』 1934.8.19.

하고 산업조합에 대한 확충방안을 모색하는 한편,156) 산업조합을 설치하기 곤란한 지방에서는 금융조합이 소산업법인이나 식산조합을 설치하는 방안을 선택했다.157)

산업조합 확충방안은 첫째 산업조합의 구역범위를 군면 같은 행정단위에 구애받지 않고, 조합 자체의 유지와 활동을 기할 수 있는 규모로 하며, 둘째 총독부에서 보조금을 지급하고, 셋째 금융조합이 적극 원조하여 비료와 소금, 기타 조합원의 필수품에 대한 구매활동과 미, 대두, 가마니 기타 조합원 생산품에 대한 판매사업을 실시하며, 넷째 지도감독은 금융조합이나 군·도 또는 총독부에서 행하되 이중감독의 폐해를 없애기 위해서 통제를 맡을 위원회를 도와 총독부에 설치한다는 것이었다.158) 이를 위해 초년도 예산으로 10만원을 계상하고, 기존에 갖고 있던 조합채무를 상환하거나 저리채로 바꾸도록 한다는 방침을 세웠다.159)

재무국이 제기한 소산업조합에 대해서는 금융조합에 법인의 가입을 인정하고, 소산업조합을 법인화한다는 것이었다.160) 그것이 殖産契로 구체화되었다. 1934년 12월 재무국이 식산계의 초안을 제출하였다. 내용은 1) 식산계의 사업은 금융조합이 알선·원조한다. 2) 금융조합연합회 내의 사업과를 사업부로 승격시키고 금융조합이 알선하는 식산계의 구판사업을 통일한다. 3) 식산계는 금융조합이 지도한다. 4) 식산계에는 주사를 두고 감사역으로 금융조합이사가 취임한다는 것이었다.161)

금융조합이 기존의 금융중심 활동에서 소산업법인의 설립 또는 산업조합 흡수와 같은 경영사업으로 관심을 돌리게 된 배경은 앞서 살펴본 것과 더불어, 금융조합 내적으로 사업 확대가 필연적으로 제기되고 있었기 때문이기도 하다.

156) 「事業と金融は別途 産組は自立助成」, 『京城日報』 1934.9.6.
157) 「大産組と別個に小産業法人を併置」, 『京城日報』 1934.9.20.
158) 社說 「産業組合機構의 改革」, 『每日申報』 1934.9.7.
159) 「進陟する産組振興」, 『京城日報』 1934.10.9.
160) 「小産業組合對策」, 『京城日報』 1934.10.9.
161) 「朝鮮に劃期的試み殖産契を實施す」, 『京城日報』 1934.12.7.

이는 금융조합이 가지고 있던 금융중심주의에서 비롯된 내적 모순구조에서 비롯되었다.

금융조합과 연합회의 자금원천에서 예금이 차지하는 비중이 점차 커져감에 따라 조합 안에 유휴자금이 늘어 갔다. 게다가 농가갱생사업 등을 통해서 일정하게 현금을 보유한 농가는 금융조합 대부금을 상환하는 한편 새로운 부채를 지지 않으려 했다. 또한 일정하게 지주층에 대한 견제정책을 취하는 일제 농정과 소작쟁의의 확산으로 인해 중소지주들의 토지방매와 대부금 상환이 늘어 갔다. 이런 여러 정황으로 인해 금융조합은 대부금 이자수입이 감소하는 한편 늘어나는 예금이자를 지불해야 하는 어려움에 처했다.[162] 이런 유휴자금의 활용방안을 찾을 필요가 있었다.

그 방안으로서 첫째 대출을 늘리는 방법을 모색했다.[163] 조합원을 증가시켜 이들에 대한 대부를 증가하는 것과 대부금리를 인하하는 방법, 나아가 신용대부를 늘리는 것이었다. 이런 방침에 따라서 진행된 것이 조합원 증용운동, 상호연대보증조 같은 조합원 확대방안[164]과 신용대부방안이었다.[165] 그리고 금융조합은 대출한도의 확장을 지속적으로 모색하였다. 그렇지만 이는 서민금융기구로서의 금융조합의 성격을 위배하는 것이라는 비판 때문에[166] 미루어지다가 1939년에 가서 「감독규정」을 개정하면서 대출한도를 늘렸다. 둘째는 경제사업의 확대와 산업조합 등 경제사업 단체에 대한 적극적인 지원 또는 금융조합의 겸영조합화를 추진하는 방법이었다. 셋째는 「농업동산금융령」을 제정하여 동산을 담보로 한 대부를 활성화하는 방안이었다. 이 법령은 일본에서는 1934년부터 실행했던 것인데, 이것이 만들어지면 금융조합과 산업조합을 비롯한 농사관계법인의 조합원은 발동기와 같은 기계류나 소 같은 가축류를 담보로

162) 「貸付不振に悩あされる慶北の各金融組合 右對策として組合員增加し」, 『朝鮮民報』 1934.3.17.·
163) 「金聯の餘裕金處理方針決る」, 『釜山日報』 1936.1.31.
164) 「斷燃, 本道金融組合 多角的活躍」, 『北鮮日日新聞』 1934.5.15.
165) 「任意産業團體への資金貸付の途拓く」, 『京城日報』 1934.6.14.
166) 「金融組合の貸出限度擴張」, 『群山日報』 1934.5.15.

자금을 융통할 수 있었다.[167]

한편 총독부 내에서의 협의결과가 기존의 산업조합을 유지 확충하고 금융조합 산하의 소산업법인을 새로 설립하는 데 합의를 보기는 했지만, 새로운 소산업법인의 설립안이 기존 산업조합과 산업조합 확충에 커다란 장애가 된다는 것이 바로 드러났다.

이전에 경남에서 제출했던 산업조합연합회의 구성안은 식산계안이 제출되자 보류되고 말았다.[168] 식산국에서도 산업조합연합회를 구성하지 말고, 산업조합이 조선금융조합연합회 산하로 재편성되는 것이 좋다는 입장을 취했다.[169] 또한 그동안 금융조합연합회에 회원조합으로 가입하려 했던 산업조합들이 금련 측에 의해 계속 가입이 보류되고 있던 상황이었는데, 식산계의 설립이 결정된 후에는 아예 가입부결이 결정나 산업조합의 금련 가입 자체가 봉쇄되고 말았다.[170] 이는 산업조합에 대한 지원과 확충을 논하면서도 실질적으로 소산업법인에 집중하려는 금융조합의 의사를 보여주는 것이었다.

금융조합의 비대화와 금융단영주의가 안고 있는 문제, 그리고 산업조합의 부진, 조선인들의 이에 대한 비판과 대안모색이라는 환경 속에서 산업조합과 금융조합 문제는 다시금 재론되었다. 그러나 재무국의 강경한 입장에 따라 산업조합의 유지와 금융조합 산하의 소산업법인 즉 식산계의 설립안으로 결론이 났다. 이에 따라 금융조합은 금융조합의 금융업무와 식산계를 통한 구판사업・이용사업을 동시에 수행함으로써 농촌경제에 대한 영향력을 더욱 키워갔다. 그에 비해서 산업조합은 금융조합연합회측의 비협조로 인해 부진상태에서 벗어날 수 없었다.

(2) 식산계의 설립과 확대

167) 「農村に新金融の道 農業動産金融令」, 『京城日報』 1936.5.30.
168) 「殖産稧設置」, 『釜山日報』 1935.7.6.
169) 「産組聯合會の實現は頗る期待薄」, 『釜山日報』 1935.11.23.
170) 徐大山産組理事 기고, 「金融組合の殖産契と産組」, 『釜山日報』 1935.8.16~20.

조합원 증용운동은 연합회의 설립 이후 더욱 강화되었다. 1933년 12월 「금융조합원증용5개년계획」을 수립하고, 1933년부터 1937년도 말까지 5개년간 총세대수의 5할에 상당하는 조합원을 포용할 목표로 금융조합의 실행방침에 기초한 연차계획을 세웠다. 그 내용은 ① 각 마을마다 조합원 후보자 명부를 작성하고 연차계획에 기초하여 임원, 총대 등에 대하여 증모에 협력하게 할 것 ② 각 군별로 간담회를 개최하여 조합원 확대의 취지를 보급할 것 ③ 상호연대보증조를 보급하고 가급적 그것에 참여하도록 할 것 ④ 지도부락을 확충하고 부락단위의 통제가입을 도모할 것이었다.[171] 이 방침은 이후 금융조합이 농촌사회로 침투하는 기본 틀을 제시한 것이었다. 특히 상호연대보증조와 지도부락의 문제는 조합원 증용문제만이 아니라 농촌진흥운동과 결합되어 금융조합이 촌락사회와 개별 농민들의 경제생활에 질적으로 관계해 갈 수 있는 통로를 만드는 조치였다. 더욱이 1935년 「殖産契令」의 발포로 조합원과 촌락을 결합하여 금융조합이 직접 관할해 가는 조직체계를 편성함에 따라, 조합원 증용과 관리는 더욱 확대 강화되었다.

연합회는 자신들이 세워 놓은 목표에 대해서 무척 신경을 썼다. 농촌과 도시지역의 성격차이를 들어 증용의 목표가 서로 다를 수밖에 없음을 강조하고, 도시지역에서는 증용이 잘 되지 않지만 농촌지역에서는 1933년 당시에 이미 목표를 달성했음을 주장하였다. 이런 주장에 입각해서 본격적인 증용에 대한 평가에 다가간 1936년에는 목표율 설정방식을 바꾸어 촌락조합은 농가총세대에 대한 율을, 도시조합은 종래대로 총세대수에 대한 율을 조합원포용률로 해야 한다고 결정하였다.[172] 1차계획이 끝나는 1937년도 말 현재 포용률은 42.46%로서 당초 5할 포용의 실현에는 미치지 못했다. 그렇지만 거의 총호수의 50%에 가까운 세대가 조합원이 되었거나 식산계를 통해서 연결을 가지게 되었다는 사실, 또 농촌지역은 56.3%로 절반 넘는 농가가 가입했다는 사실[173]은

---

171) 朝鮮金融組合聯合會, 『金融組合年鑑 1937』, 1~2쪽.
172) 朝鮮金融組合聯合會, 위의 책, 1~2쪽.
173) 朝鮮金融組合聯合會, 『金融組合年鑑 1939』, 3~6쪽.

금융조합의 활동과 영향력이 매우 확대되었음을 보여준다. 당시 이 정도의 조직망을 확보한 곳은 금융조합을 제외하고는 없었다. 금융조합은 이러한 증용의 결과 산업조합이나 농회와는 비견할 수 없는 위치를 확보하였고, 그에 따라 이후 농촌조직화와 경제사업은 금융조합을 중심으로 새롭게 재편되어 갔다.

조합원 증용문제와 관련해서 그 핵심이 되는 기구는 식산계였다. 조합원 확대과정은 금융조합에서 설립한 다양한 조직들이 때로 병렬되고 때로 결합해 가면서 식산계라는 형태로 단일화되는 과정이기도 했다. 대표적인 조직으로는 상호연대보증조와 금융조합 모범부락에서 전화된 농촌진흥운동 하의 금융조합 지도부락, 그리고 1935년부터 설립된 식산계인데, 이들이 상호결합하거나 전화하면서 금융조합망을 전국적으로 확산해 갔다.

식산계는 1935년 8월 제령 「식산계령」으로 공포되면서 만들어졌다.[174] 식산계는 부락 또는 이에 준하는 지구 안에 거주하는 자로 조직하고(제1조), 계원의 인보공조정신에 기초하여 계원의 경제발달을 기도하기 위해 공동사업을 하는 것을 목적으로 하였다(제1조). 식산계는 법인으로서(제2조) 식산계란 명칭을 사용하도록 규정하였다(제3조). 그리고 금융조합이나 산업조합에 가입하도록 의무화하였다(제8조). 운영을 담당하는 주사와 부주사는 계원 가운데에서 선출하며, 감사는 금융조합이나 산업조합의 이사가 맡았다(제9조, 제10조).

이어 부령으로 「금융조합업무감독규정」을 개정하여 식산계에 관한 관리감독규정을 마련하였다.[175] 식산계가 금융조합에서 대부와 어음할인을 받을 수 있는 총액한도는 30원에 계원 수를 곱한 금액이며, 도지사의 인가를 받는 경우에 한해서 그 한도를 넘을 수 있었다(제29조). 즉 계원 1인당 한도는 30원이었다. 이렇게 비조합원에게도 대부를 해줄 수 있는 근거를 마련하면서 식산계에

---

174) 制令 제12호 「殖産契令」 1935.8.30, 『官報』 2591호, 1935.8.30, 영989~990쪽 ; 制令 제12호 「殖産契令」 1935.8.30, 『官報』 2591호, 1935.8.30, 영989~990쪽.

175) 朝鮮總督府令 제146호 「金融組合業務監督規程」 개정1935.12.13, 『官報』 2678호, 1935.12.13, 영164~173쪽.

대한 관리감독을 실시하였다. 조합은 매년 적어도 1회 각 조합원(식산계 제외)의 신용상태를 조사하고 신용정도를 결정하여 신용정도표에 기재해야 하며, 매년 여러 차례 재산과 사업상황을 조사하도록 하였다(제34조).

식산계의 설립으로 그간 금융조합이 조직한 것을 비롯해서 각 곳에 산재해 있던 농촌단체들을 하나로 편성하여 금융조합과 산업조합이 관리하도록 함과 동시에 그들에게 법인격을 부여함으로써 경제활동의 주체가 될 수 있게 하였다. 식산계는 독자적인 경제능력을 가질 수 있으므로 판매와 구매의 주체가 되며, 독자적인 재산을 형성할 수도 있었다. 이렇게 '계'의 형식에 대해 법인격을 부여하게 된 것은 1910년대 토지조사사업 기간 동안 전국의 수많은 계에 대해서 재산권을 박탈하여 농촌자치적 경제조직의 활동을 말살시켰던 조치와 비교할 때 특별한 의미를 지닌 것이었다.

1920년대 이래 촌락자치의 기본인 자연촌락 동리를 기반으로 통치기반을 잡아야 하며, 그것을 위해서는 동리에서 널리 이용하는 계를 활용하여 농촌사회 조직화를 실현해야 한다는 주장이나,[176] 20년대 중반 이래 총독부에서 실시한 '계'에 관한 조사 결과, 수많은 계가 전국에 퍼져 있고 그것이 대공황기의 위기를 극복하게 해주는 서민금융기관으로서 역할하고 있다는 실태조사[177]를 밑바탕에 깔고 있었다.

그렇지만 이런 계에 대한 의미 부여는 현실성을 잃은 상태였다. 식산계는 촌락자치기구의 자립성을 확보하기 위해서가 아니라 총독부가 추진하는 농촌 조직화의 한 단위를 확보하기 위해 설립했기 때문이다. 이 시점에서 총독부와 금융조합은 식산계를 통해 총독부－조선금융조합연합회－금융조합－식산계라는 일관된 농촌체제의 구축을 구상하고 있었다.

식산계에 대한 금융조합의 지도감독은 매우 엄격하였다. 식산계의 감사는

---

176) 近藤康男, 「契-村落共同體自治の仕法」, 『朝鮮經濟の史的斷章』, 東京 : 農山漁村文化協會, 1987, 62~69쪽.

177) 李覺鍾, 『朝鮮民政資料 契に關する調査』; 『朝鮮の契』(朝鮮總督府調査資料 17), 1926.

소속 금융조합이나 산업조합의 이사가 담당하였다. 그렇지만 단순한 감사의 역할을 넘어 금융조합과 식산계의 관계는 통제주체와 통제대상이라는 관계로까지 이해할 수 있었다.

통제적인 운영방침은 식산계의 활동에서 잘 드러났다. 우선 식산계의 거래는 모두 금융조합(또는 산업조합)의 알선에 의한 전속거래로 하고 소요자금의 융통을 받을 것으로 되어 있다. 즉 식산계는 모든 금융과 물품의 구매판매에 대해서 금융조합과 전속거래를 해야 했다. 이 점은 금융조합이 조선금융조합연합회와 전속거래를 맺는 것과 같은 원리였다. ① 판매사업은 공동판매에 적당한 품종을 선정하여 주로 위탁주의에 의할 것, ② 구매사업은 가정용품에서 시작하여 계원의 자각심이 커감에 따라 점차 그 품목을 늘려갈 것 ③ 계원은 계의 승낙이 없이 계가 취급하는 판매품이나 구매품을 다른 자와 거래할 수 없음을 규정하였다.

전속거래를 하기 때문에 식산계에서 쓰이는 자금은 모두 금융조합에서 차입하고 여유금은 원칙적으로 조합에 예입하도록 하며, 공동구매품의 매입과 물품의 판매는 조합의 알선을 받아야 했다.

또한 식산계 내의 운영도 금융조합과 협의해야 했다. 예를 들어 공동구매나 판매와 관련된 품목 결정이나 금액납부 수수료 등에 관한 건, 위탁판매품 관리에 관한 문제 등은 종합적이고 효율적인 관리를 하기 위해서 여러 기관의 조정이 필요하므로, 나아가 전반적인 사업계획을 자문하고 조정한다는 의미에서 사업계획을 정할 때 협의를 하는 일은 있을 수 있다. 그렇지만 집무일과 휴일의 결정이나 변경, 또는 토지 건물 기계기구나 집기 취득 혹은 처분과 같은 일상 운영과 재산권에 관한 부분, 공동이용시설을 만들거나 변경 폐지하는 일이나 사용료 징수방법 등 내부적으로 논의할 수 있는 사항조차 모두 금융조합과 협의하도록 규정하였다. 식산계가 독자적으로 운영을 하고 조직의 전망을 결정할 수 있는 권한이란 주어지지 않았다. 또한 계의 현금 보유를 가능한 피해야 한다는 이유로 위탁판매대금, 구매대금이나 다른 계와 계원 간의 현금수수를 조합이 계를 대신하여 관리하였다.[178] 식산계가 법인으로서 독자적인 재산권을 가질 수 있었음에도 불구하고 내부의 자치적 운영권은 억제되었고, 단지 금융조합의 조합원이 되기 위한 단위로서 '법인'이라는 규정이 요구되었던 것이다.

식산계가 설립된 이후 농촌 여러 단체들은 모두 식산계라는 단일한 명칭으로 재편되었다. 1937년 이전에는 주로 금융조합의 조합원을 중심으로 기존 조직을 식산계로 전화 확충하는 시기였다. 금융조합의 상호연대보증조와 지도부락의 관계가 중심이 되었다.

상호연대보증조가 대상으로 하는 것은 조합원이었고 조합원을 확대하는 방법으로 활용되었다. 경제력이 약한 조합원들을 결합시키면서 철저한 지도금융을 실시하는 방법을 취하기도 하고, 지역에 따라서는 경제력이 다양한 조합원을 결합하여 그 내부에서 신용보증을 하도록 하였다. 이들 연대보증조는 초기에는 신용업무를 중심으로 하였으나, 1936년 이후 구판 집하조직으로도 활용되었다. 그리고 이 시점에서 총 조합원의 64%를 포함하였다.[179] 상호연대보증조는 식산계가 설립된 이후에도 지속적으로 확대되었고 영세조합원에게 신용공여를 할 수 있는 기초인 까닭에 이들의 가입을 촉진하는 역할을 담당하였다. 특히 식산계가 설치되지 않은 지역에서 상호연대보증조는 조합원 확대에 결정적인 역할을 수행하였다.

지도부락에서는 농가갱생운동이 추진되는 동안 주 지도대상인 갱생농가와 그가 속한 촌락시설에 대한 지도를 병행했다. 지도농가는 금융조합에 가입하여 부채를 정리했고, 지도부락의 주민은 비조합원일 경우라도 지도시설에 참여할 수 있었다. 지도부락은 1936년부터 식산계로 전화되었다. 또한 각 금융조합이 지도를 위해서 설치한 여러 소단체, 예를 들어 저축회나 공동경작포, 부녀회, 청년회 등은 지도부락으로 편재되었다가 식산계로 전화해 갔다.[180]

---

178) 江理 제23호「殖産契の指導に關する件」1936.1.22,『江原道金融組合例規集』, 1942, 308~310쪽.

179) 朝鮮金融組合聯合會,『金融組合年鑑 1937』, 48~49쪽.

180) 朝鮮金融組合聯合會,『金融組合年鑑 1936』, 163~164쪽.

초기 식산계는 갱생지도부락이나 계원을 지도할 적당한 중심인물이 있는 경우에만 설립이 허가되었다. 금융조합이나 산업조합이 식산계 예정지구에 대해서 조사하여 府郡島를 경유하여 도에 보고하고, 道에서는 이를 바탕으로 식산계로 전환하기에 적합한지의 여부를 심사하여 총독부에 승인을 요청하도록 하였다. 조사항목은 ① 예정지구 ② 예정지구 내의 총세대수 및 식산계원으로 될 자의 예정수 ③ 식산계원으로 될 자의 1개년에 걸친 주요 생산물명, 품종별 생산수량, 가액 및 판매수량, 가액 ④ 식산계원으로 될 자의 1개년에 걸친 주요 구입품명, 품종별 구입수량 가액 ⑤ 중심인물의 성행 및 경력개요 등이었다.[181] 식산계로 승인을 받으려면 일정 정도의 구매 판매량이 확보될 수 있는 규모와 그것을 이끌어 갈 중심인물의 존재가 가장 중요시되었다.

식산계의 활동영역은 구매·판매 사업을 비롯해 공동시설, 산업지도, 공제사업의 전반에 걸쳤다. 즉 일본 산업조합법에 따르면 4종겸영 산업조합에서 신용사업만 빠진 실질적인 '산업조합'으로 볼 수 있다. 금융조합은 신용업무를 중심으로 하면서, 소산업조합인 식산계를 관할함으로써 농촌사회의 모든 영역에 관한 종합협동조합으로서 전환되고 있었다. 식산계는 금융조합이나 산업조합에 가입하도록 하였으나 산업조합에 속한 식산계는 전체적으로 보아 아주 적었고, 대부분이 금융조합에 속했다.

<표 36> 식산계 설립 상황(단위 : 개소, 명, %)

구분	연도	계 수	계원 수	비조합원 수
금융조합	1936	143	5,290	
	1937	1,345	55,027	10,408
	1938	3,978	156,533	34,013
산업조합	1936	9	443	
	1937	28	1,243	646
	1938	247	10,191	6,927

자료 : 『朝鮮金融組合聯合會十年史』, 64~65쪽.

181) 「殖産契令實施に關する件」 別紙 3항의(1), 『朝鮮農村振興關係例規』, 372쪽.

위의 <표 36>은 식산계의 확산 상황을 살펴본 것이다. 식산계는 1935년에 설립된 이래 1936년부터 본격적으로 설립에 들어갔다. 1936년 152곳, 1937년 1,373곳으로 설립 초기임에도 불구하고 빠르게 확산되었다. 계원수도 6천 명이 못 되던 것이 1938년에는 16만 명을 넘어섰다.

식산계에 포함된 비조합원 수는 1938년 4만 명을 넘었다. 이는 그간 금융조합에 편입되지 못했던 농촌 주민을 식산계를 통해 금융조합망에 끌어들이려는 계획이 차츰 이루어져 갔음을 보여준다. 금융조합원이 확대되는 한편 식산계를 통해 비조합원들이 금융조합망에 편입해 들어가고 있었다.

1935년에 설립된 식산계는 금융조합이 자신과 대립되는 모든 관계들을 제압하면서 진행시킨 농촌조직화사업의 결과물이었다. 식산계는 일정지역을 대상으로 조합원과 비조합원을 모두 포함하여 판매 구매 이용사업을 실시하는 한편 금융조합에서 자금을 대부받을 수 있는 단위였다. 이로써 금융조합의 조합원만이 아니라 농촌 주민 일반을 대상으로 금융망을 확산시켜 나가기 시작한 것이다. 동시에 식산계에 속한 농민들은 미곡판매와 비료구입이라는 판매구매사업을 통해 연합회를 매개로 한 농업유통망과 금융망에 편입되고 있었다.

2. 식산계의 촌락통제와 농촌경제

1) 촌락 중심의 농촌통제계획과 식산계

전시하 개별 농민을 통제하는 단위는 촌락이었다.[182] 총독부는 촌락에 대한 전반적인 조치로서 1940년 6월 국민총력조선연맹 농림부의 명의로 「농산촌생산보국지도요강」을 마련하여 농가갱생사업을 부락단위의 갱생사업으로 전환하였다. 그리고 촌락의 部落計劃을 제출하게 함으로써 부락 내의 전 성원에

182) 농촌재편성정책과 농촌통제문제를 촌락문제와 관련해서 정리한 글로는 金英喜, 「1930·40년대 日帝의 農村統制政策에 관한 硏究」, 숙명여대 박사학위논문, 1995 ; 松本武祝, 『植民地權力と朝鮮農民』, 東京 : 社會評論社, 1998 참조.

대한 생산통제를 강화하였다. 농촌노동력에 대한 통제와 생산 유통 소비 영역에 관한 부분은 모두 촌락을 매개로 전개되었다. 부락계획으로 수립된 농산물의 종류, 경작면적 등 중요한 사항은 부윤 군수 도지사의 승인을 받아야 변경시킬 수 있었으며, 촌락단위 사업은 농경지 배분의 적정, 소작관계의 개선, 농촌노무대책의 수립과 실행, 농업자 이주계획과 농촌지도방침의 통합, 부락 협동시설의 확충, 집하 배급의 합리화 등 농업관계의 전반에 걸친 것이었다.[183)]

촌락에 대한 통제조직으로 1940년 大正翼贊會의 조직인 국민총력연맹이 결성되고 하부에 부락연맹이 전 조선에 설치되었다. 이를 기초로 지침이 마련된 것이었다. 이때 부락연맹과 마찬가지로 촌락 단위로 조직되었던 부락법인인 식산계는 농촌물자의 집하배급기관으로서 활동하고 있었다. 이 두 기구의 활동이 겹치는 것을 조정하기 위해 농림국장 통첩으로 집하배급 등의 유통부면은 식산계가 담당하고 부락연맹과 식산계는 '표리일체단체'로 촌락공동사업을 완수하기 위해 협력하도록 하였다. 이로써 조선금융조합연합회는 식산계를 통해 촌락의 공동사업에 참가할 수 있게 되고 농촌재편성정책의 핵심주체가 되었다. 이런 방향에서 식산계 확충 5개년계획을 수립하여 전 촌락에 식산계를 확충하고자 하였다.

이에 따라서 조선금융조합연합회가 1937년에 세운 확충계획은 새로운 방향으로 선회하였다. 1937년의 계획은 1938년부터 1942년까지 5개년간 전국의 5만 촌락에 35,000개의 계를 설치하도록 하였다.[184)] 이 계획에서는 금융조합

---

183) 『朝鮮年鑑 1942』, 296쪽.

184) 그 시행방침은 다음과 같다.

① 1938년 이후 1942년까지 5개년간에 구역내 전 부락에 식산계를 설치할 것

② 확충계획 수립에는 조합원의 신용조사 등을 이용하여 기본조사를 할 것

③ 확충계획 수립에는 특히 다음 점을 유의할 것 ㉠ 물자의 집산에 편한 곳을 중심지점으로 하는 近在 부락을 先순위로 집단적으로 선정할 것 ㉡ 집단적으로 선정할 수 있는 지역이 둘 이상이 있는 경우는 연합회 취급품을 비교적 계속적으로 또는 대량으로 생산하는 부락 또는 판매 유리한 특수물산을 집단적으로 생산하는 부락을 다수 포용하는 지역을 설립 연차의 선순위로 할 것

④ 식산계확충계획에서 연차 설치예정수에 못 미쳐 도의 인가를 얻지 못한 곳은 물론

구역 내의 전 마을에 대해 설치하지만 자연마을 모두가 아니라 물자집산이 편리한 곳을 우선해서 설치하기로 하였다. 그리고 금융조합의 지도부락이나 상호연대보증조 또는 기타 단체들이 설치된 곳만이 아니라 행정기관이나 산업조합 농회 등이 관련된 지역에도 식산계가 설치될 수 있도록 하였다. 이러한 설치과정은 개별조합원 또는 조직된 인물을 중심으로 하는 것이었으므로 식산계를 통해서 농촌의 유통망을 정비하려는 농림국의 의도와는 방향이 달랐다.

따라서 식산계 정책은 개별 계원의 조직체가 아닌 촌락 전체를 단일한 식산계망으로 엮어 가려는 것으로 바뀌었다. 1938년 11월 개최한 지부장 협의회에서 현재의 식산계가 일부 주민만 포괄하고 사업이 소극적이어서 농촌 통제에 어려움이 있다고 평가하고, 이후는 마을 전체를 식산계로 포용하게 하고 사업인 구매판매사업에 적극적으로 끌어들이도록 방향을 선회하였다.[185] 농림국으로 이관한 후 예상되었던 부락 전체의 식산계화라는 방침을 다시 한 번 확인한 것이었다. 이 평가에 기초하여 다시 준식산계도 확대할 것을 시달하였다.

이 시기 식산계 조직을 전국 촌락으로 확대하려 한 것은 식산계의 목표가 변경되었던 사실과 깊은 관련이 있다. 식산계의 목적이 "국민정신의 작흥, 근로심의 진작, 기타 생활 및 영농 개선사항의 공려실행에 노력함과 동시에 시국인식 및 생업보국을 철저히 시행"하기 위한 것으로 바뀌었다. 경제사업단체인 식산계가 정신부문의 황민화정책 수행기구로서의 역할도 수행하도록 한 것이다. 이는 전쟁수행에 필요한 생산력 확충, 미곡수탈의 강화에 대한 농민층의 불만을 촌락단위에서 직접 그 일을 담당하는 단체가 조직적으로 무마하려는 방안이었다. 즉 총독부가 농촌지역에 식산계를 설치함으로써 '시국' 상황에 맞는 농촌통제를 기획한 것이다. 총독부는 ① 식산계를 가능한 한 집단적으로 설립하고, ② 구역 내의 거주자를 전부 가입시키고 또 식산계와

연차계획에 따라서도 식산계의 선구적 시설로서 준식산계를 설치하고 주사와 부주사에 준하는 담당인을 두며 주로 구매 판매 사무의 알선을 행할 것(『金融組合年鑑 1939』, 18쪽).

185) 『金融組合年鑑 1939』, 14~20쪽.

목적이 같은 단체는 식산계로 통합하며, ③ (도지사는) 그 지도감독에 특히 유의하고 관계 부윤 군수 등에 명해서 사업상황을 조사시키고 감독할 것을 결정하고 시행할 것을 지시하였다.186)

그에 따라서 갱생지도부락을 포함하여 집단적으로 설립이 가능한 지구를 선정하고, 그 지구내 거주자는 가급적 전부 식산계에 가입시키는 방침을 세웠다. 이는 금융조합 지도부락만이 아니라 동일한 목적을 가진 촌락단체는 가급적 식산계로 일원화하는 방침이었다. 지구선정은 농촌진흥위원회의 의견에 따라서 설정하게 하여 식산계는 전 농촌으로 급속히 확산될 수 있었다. 동시에 이전까지 식산계는 금융조합과 관련된 조합원이나 조직의 단일 지도단체였으나, 이제부터는 농촌진흥을 위한 촌락 지도・통제의 핵심기구가 되었다. 이에 따라 금융조합의 농촌지도는 식산계의 위상변화에 따라서 부분에서 전체로 확대되었다. 이는 금융조합이 농촌행정기구와 일체되어 금융조합 조직 하에 전 농촌을 조직화하는 계기가 되었다.

총독부의 적극적인 지원을 받으면서 식산계는 매우 빠르게 조직되어 갔다. 1940년 이후 1년에 1만 개의 식산계가 늘어날 수 있었던 것은 식산계가 기존의 모든 농촌조직을 기반으로 하여 만들어졌기 때문이다. 그만큼 이 시기까지 농촌조직화가 각 지역에서 상당한 수준으로 전개되고 있었음을 알 수 있다. 비조합원의 참가비율을 보면 금융조합보다 산업조합에 비조합원이 더 많이 참여하였고 그 비율은 점차 늘어갔다. 1942년에 70% 이상이 비조합원으로 구성되었다. 이에 비해 금융조합 소속 식산계에는 비조합원이 20% 정도에 그쳐 금융조합 소속 식산계가 상위조직과 더 밀접한 관계 속에서 활동하는 성격을 지녔을 것임을 알 수 있다.

전국적인 식산계망의 형성에 따라서 일제는 조선을 전시체제로 개편하는 작업에 박차를 가할 수 있게 되었다. 군수물자로서의 식량 유통망을 식산계를 중심으로 해서 단순화할 수 있었으며, 농민에 대한 관리통제 또한 일목요연하게

---

186) 農振 第47號 各道知事宛政務總監通牒「殖産契の導及監督に關する件」1937.12.9, 『朝鮮農村振興關係例規』, 393쪽.

할 수 있었음을 의미하였다. 이에 따라서 1940년 10월 16일 국민총력운동이 개시되고, 총력운동에 농촌진흥운동을 흡수하여 농가갱생계획을 농산촌생업보국운동의 부락생산확충계획으로 전환하면서 식산계는 새로운 단계로 전환하였다.[187)]

<표 37> 식산계 신장 상황(매년도 6월말 현재)

구분	연도	계 수	계원 수	비조합원 수	
금융조합	1940	17,450	670,219	136,046	20.3%
	1941	26,579	1,121,448	227,774	20.3
	1942	39,893	1,895,456	446,475	23.6
	1943	47,083	2,492,298	587,268	23.7
산업조합	1940	1,066	34,994	21,860	62.5
	1941	1,836	67,133	43,009	64.1
	1942	1,758	76,210	57,091	74.9
	1943	896	35,437	27,235	76.9

자료 : 『朝鮮金融組合聯合會十年史』, 64~65쪽.

중일전쟁 발발 이후 시작된 국민정신총동원운동이 1940년 일본의 신체제운동과 더불어 국민총력운동으로 개편된 것에 따른 변화이기도 했다. 1938년 7월에 발족한 국민정신총동원조선연맹의 주 목적은 '擧國一致 盡忠報國 堅忍持久'의 세 가지 목표와 조선에서는 내선일체와 황국신민화가 가장 큰 목표가 되었다. 조직은 중앙의 조선연맹과 도-부군도-읍면 각 행정단위의 연맹-정동리의 부락연맹으로 구성되었다. 부락연맹의 기초단위는 10호 정도의 애국반이었고, 조선연맹의 결성 3개월 후 조선의 전 호가 애국반 반원으로 편성되었다. 이 조직단위는 도연맹에 도지사가 취임하고 각급 연맹장은 각급 장이 취임하는 '관과 표리일체가 되는 정연한 조직'을 지향하였다. 이 운동은 1940년 일본의 신체제운동과 더불어 국민총력운동으로 개편되었고, 조선연맹은 국민총력조선연맹으로 재편되었다. 이 조직은 정신운동만이 아니라 '고도국방국가체제 확립'을 최고목표로 하고, '사상통일' '국민 총훈련' '생산력 확충'을 실천요강

187) 松本武祝, 앞의 책, 209~212쪽.

으로 하여 생산력 확충을 조직의 과제에 포함시켰다. 이는 행정기구가 직능단체의 역할까지 포괄하는 지위를 차지함을 의미하였다. 따라서 부락연맹이 생산력 확충을 자신의 과제로 삼을 때 동일한 촌락을 대상으로 경제사업을 펴고 있는 식산계와 활동이 중복되는 문제가 생기게 되었다.

그 결과 농촌 말단에서 식산계가 국민총력연맹의 부락연맹과 표리일체가 되어 유통사업을 담당하기로 하였다.[188] 촌락을 기축으로 한 부락연맹과 식산계의 대상이 겹치는 데서 오는 문제를 해소하는 것이자, 일본에서의 부락회와 직능단체 간의 역할분담이라는 성격을 대입하는 방법이었다. 즉 식산계가 촌락단위에서 농업단체의 대표성을 갖는 것을 의미했다. 그렇지만 식산계의 지위는 행정과 경제사업을 결합하는 부락연맹의 의지대로 움직일 수밖에 없는 구조를 형성하였다.

또한 식산계는 촌락단위의 농업단체가 식산계로 통합되는 과정이었음은 앞에서 살펴본 바였다. 1910년대 이래 전개되어 왔던 금융조합의 농촌조직화, 그리고 각지에서 금융조합원이자 농촌내 중견인물들이 조직한 각종 소단체가 어떻게 단일한 조직으로·전화되어 가는가를 살펴볼 수 있는 한 예였다. 금융조합, 그리고 식산계의 중심인물은 금융조합과 연계를 맺으며 각종 조직의 중심인물로 활동하였고, 상호연대보증계에서 영세조합원에게 신용을 보증해 주는 역할을 담당하거나, 지도부락 내에서 부락진흥회의 중심인물로 활동하는 존재이기도 했다. 또한 지도부락이 아닌 곳의 소단체의 중심인물로서 이후 지도부락으로의 전신이나 식산계로의 전환에 주도적으로 활동한 인물들이었다.[189] 이런 촌락의 중심인물이 식산계의 활동 중심에 있었고, 전 촌락의 60% 이상에 확산되어 있는 식산계는 군 단위 체계만을 가지고 있는 농회와는 조직력에서 현격한 차이를 가지고 있었다. 실질적으로 식산계의 활동은 촌락단위에서 농업단체를 대표하고 있었던 것이다. 촌락을 단위로 조선지배체제를 재편성하려는 총독부의 입장에서는 식산계의 조직적 성격에 주목하지 않을 수 없었을

---

188) 1940년 11월 26일 농림국장 국민총력과장 통첩.

189) 朝鮮金融組合聯合會 調査課,『殖産契の經營事例』, 1941 참조.

것이다.

이로써 금융조합은 행정망과 결합하여 전국적인 조직을 형성해 가기가 더욱 유리해졌다. 조선금융조합연합회는 식산계확충 5개년계획에 구애받지 않고 가급적 빨리 식산계를 확충하기로 변경하였다.[190]

<표 38> 식산계와 부락연맹 현황(1943년 6월말 현재)

구분	식산계수	계에 포용된 町洞里 部落연맹수			미설치 부락연맹수
		町洞里연맹	부락연맹	계	
금융조합	47,083	1,927 (3,753)	53,551 (56,179)	55,478 (59,932)	2,628
금련회원 산업조합	896	54 (54)	780 (1,384)	834 (1,438)	604
비회원산업조합	393		283 (343)	283 (343)	60
계	48,372	1,981 (3,807)	54,614 (57,906)	56,595 (61,713)	3,292

자료 : 『朝鮮金融組合聯合會十年史』, 61~64쪽.
참고 : ( ) 안은 조합구역내 연맹총수.

위의 표를 보면 1943년 현재 식산계가 설립된 부락연맹은 6만 개가 넘었고, 설치되지 않은 곳은 3천 개 정도였다. 이미 표리일체관계라고 표현된 두 조직이 실제 일치될 수 있는 환경이 마련된 것이었다. 이후 식산계는 1945년까지 49,230개를 헤아려 거의 전 마을에 설치되었다.[191] 식산계는 금융조합원만이 아니라 비조합원까지 포함하여 금융조합망에 포섭하였으므로, 식산계망이 전국에 설치되었다는 것은 전 농민이 금융조합의 조직체계에 들어갔음을 의미하였다. 또한 경제조직인 금융조합망이 행정망인 부락연맹과 동일한 촌락을 대상으로 하여 총독부 농촌시책을 실현하면서 농촌민의 일상 생활까지 간여할

190) 「金融組合指導方針」에서는 ① 조합의 기능 확충을 위해 조직망을 완벽하게 할 필요가 있으므로 가급적 빨리 조합원 全戶 포용을 달성할 것 ② 생산 배급 및 공출의 계획 수행을 위해서 식산계의 활동에 기대하는 바가 크므로 적극적으로 확충 강화할 것을 지시하였다(『十年史』, 55쪽).

191) 農業協同組合中央會, 『韓國農業金融史』, 362쪽.

수 있는 농촌사회 운영의 핵심기구로 활동하게 되었다.

식산계가 통합된 농촌단체로 인정되는 과정은 일본에서 전개된 양상과는 매우 달랐다. 이미 식산계는 부락연맹과 통합되지 않은 상황에서도 자주적인 농촌단체가 아니었기 때문이다. 태생적으로 관설조합으로 만들어진 금융조합은 조선금융조합연합회의 설립 이후 관제적 성격을 더욱 농후하게 띠었고, 통제경제기에 들어오면서 그 성격은 더욱 강해져 이미 행정조직과 같은 의미로 활동하고 있었다. 그런 조선금융조합연합회의 말단조직인 식산계도 거기서 자유로울 수 없었다. 이러한 조직의 기본성격과 촌락단위로 확산된 식산계의 성과를 기반으로 식산계는 실질적으로 통합농촌단체로 인정되었다.

단일농업기구에 대한 지향은 파시즘적 경제기구의 성격상 당연히 제출되는 것이었다. 조선에서의 논의는 조선농회와 산업조합, 금융조합의 3단체 통합문제로서 총독부는 금융조합망을 주축으로 단체통합을 추진하였다. 그러나 조선농회의가 금융업무만 담당하도록 되어 있는 금융조합의 산하조직인 식산계가 유통기구로 활동하는 것에 대한 문제제기를 하면서 상층조직의 통합은 성사되지 못하였다. 그러는 가운데 이미 식산계조직은 금융조합의 농촌조직이라는 성격에서 벗어나 촌락조직으로 개편되고 있었다. 일제는 촌락조직이라는 식산계의 특성을 행정적인 농촌통제조직인 부락연맹과 결합하여 양자를 촌락내 협력조직으로 재편성하였다. 촌락단위에서 행정조직과 경제조직의 단일운영망이 성립되게 된 것이다. 이 시기의 식산계는 경제단체로서의 의미보다는 당시 일제가 정치경제정책의 중심으로 삼은 촌락에서 농촌사회를 공동사업과 금융활동을 통해 지배장악해 가고 있었다.

2) 식산계의 공동사업과 농촌경제

(1) 『식산계의 경영사례』에 대해서

식산계는 일제가 조선 농촌사회를 조직화하려 했던 전형적인 예였다. 특히 금융조합은 일본독점자본의 이해와 요구를 농촌사회에 가장 잘 침투시켰던 조직이었으므로, 식산계의 활동을 보면 일제가 조선 농촌사회를 어떻게 재편하였는가, 그리고 그 속에서 일제가 무엇을 추구했는가를 알 수 있을 것이다. 특히 1940년대에 들어 촌락이 정책의 실행단위로 부각되는 가운데, 식산계는 촌락을 중심으로 활동하는 경제사업의 주체로 설정되었다. 따라서 '부락'은 일제의 이데올로기적 통제와 경제적 통제의 중심에 있게 된 것이다. 따라서 농민들의 생활양상은 말단 행정조직과 생산관계의 질서인 지주제, 금융자본의 말단인 금융조합, 농회와 식산계를 비롯한 유통망, 그리고 식산계의 여러 공동활동과 결부되어 커다란 변화를 겪을 수밖에 없었다.

여기서는 1941년 조선금융조합연합회 조사과에서 식산계의 운영표본으로 제시한 『식산계의 경영사례』(이하 『경영사례』)를 검토하면서, 이 사례들과 그 이후의 변화를 결부시켜 일반적인 식산계의 변화과정을 추적하고자 한다. 『경영사례』에서는 1936년부터 1940년 사이에 설립되었던 56개의 식산계를 다루었다. 각기 주변환경, 생산품목과 생산량, 해당 촌락의 호수와 식산계의 포섭정도, 계원의 경제상태를 생산관계에 따른 계층, 소유경지, 경작면적을 조사했으며, 식산계 설립 전후의 상황과 구매・판매사업, 공동이용사업, 그리고 계 내부의 조직관계, 경영상태에 이르기까지 식산계의 운영 전반을 다루고 있다.

그런데 이 자료는 식산계가 어떤 방법으로 운영되었는가를 살펴볼 수 있는 좋은 자료이기는 하지만 여기서 다루는 것은 표본으로 뽑힌 것이라는 점에 유의할 필요가 있다. 당시 또는 그 이후에 급속하게 설정되어 늘어나는 식산계의 전모를 보여주기에는 근본적인 한계가 있다. 조선금융조합연합회는 이 표본들을 임의로 선정하였다고 했지만, 개별 금융조합이 소속 식산계 중에서 선정한 것을 싣고 있으므로 식산계 가운데에서도 상당히 경영상태가 좋은 사례라고 볼 수 있다. 그런 양상은 곳곳에서 드러난다.

먼저 주변환경이 일반적인 예보다는 훨씬 좋다. 대개 토질이 비옥하고 수리가 편하며, 교통조건이 좋은 곳에 위치하였다. 초기에 식산계를 설립할 때나 1938년 확충계획을 실행할 때도 교통이 편리하고 환경이 좋은 곳에 우선적으로 설립해야 함을 내걸고 있었다.[192] 따라서 식산계가 이른 시기에 설립된 것일수록 조건이 더 좋았다고 볼 수 있는데, 사례에 나온 식산계의 설립시기는 56개 사례 중 1936년이 32개, 1937년 6개, 1938년 11개, 1939년 4개, 1940년 1개, 모름 2개[193]다. 1936년에 설립된 것이 절대적으로 많았다. 1938년이 1937년보다 많은 것은 앞서 살펴본 식산계의 확충계획 때문일 것이다.

또한 식산계는 초기부터 금융조합이 추진해 온 조직화의 결과였다. 중심인물도 있고, 이미 농촌진흥운동기의 공동경작이나 부인회나 청년회와 같은 조직경험이 전제가 되었다. 예를 들어 충남 천안의 도장리식산계를 보자.[194] 이 식산계는 1936년 2월에 설립되어 조사가 이루어진 시점에는 4년이 된 곳이었다. 이곳에는 1920년부터 현 식산계의 주사를 맡고 있는 玉川鑛이 동네 유지들과 협의하여 진흥회를 조직하였고, 그가 회장을 맡아 사업을 추진하였다. 이 진흥회는 1930년 조선총독부 표창을 받기까지 하였다. 진흥회는 1929년 동네 주민들이 출자하여 산미개량조합을 만들어 미곡의 조제포장에 관한 개량사업을 실시하였다. 현미를 만들기 위해서 인접장을 설치하고, 거기서 나오는 겨는 축산사료로 쓰는 등 공동이용사업을 해 나갔다. 여기서 생산된 현미는 1936년까지 매년 400~750석에 달하였다.

또 1932년 11월 농촌진흥운동이 시작됨과 더불어 공려조합을 만들고 생산증식, 경제갱생, 생활개선사업을 펴나갔다. 그리고 1933년에는 부인 44명으로 부인회를 조직하고, 1935년에는 '중견청년' 13명으로 진흥청년부를 만들었다. 이러한 조직을 기반으로 식산계가 설립되기 이전부터 공동사업을 추진했는데,

---

192) 이런 지적은 식산계 설립문제를 다룰 때 늘 지적되는 사항이었다. 식산계 선정의 기준으로는 1) 중심인물이 있을 것, 2) 가능한 同姓촌락일 것, 3) 논과 밭이 모두 있을 것, 4) 조합사무소에서 가능한 1리 이내일 것으로 정하였다. 이는 농촌진흥운동의 지침과 비슷하게 중심인물과 촌락의 단합력의 정도, 다각형 유축농업이 가능한 곳, 그리고 금융조합이 관리하기에 편리한 곳을 말하였다(畠三好, 「村落指導に就て」, 『金融組合』 1937.11, 26쪽).

193) 자료 입수 과정에서 빠진 부분이라서 모르는 경우다.

194) 『經營事例』, 65~73쪽.

산미개량조합을 통해서 1929년에서 1936년까지 현미 3,200석과 정미 676석을 공동판매했으며, 38평짜리 창고 겸 공장을 만들고 정미와 현미로 정미하는 시설 1개를 마련하였다. 또 부인회와 청년부의 활동으로 부인공동작포 밭 53단보와 청년부공동작포 밭 50단보, 소농가 공동작포 논 35단보, 납세조합 공동작포 논 32단보를 경영하였다.[195] 금융조합 내의 조직경험이 상호연대보증계나 양우식산계와 같은 것만이 아니라 개별적으로 추진되어 오던 洞里 조직이나, 농촌진흥운동기에 대거 만들어진 농촌진흥회와 부인회나 청년회, 공려조합, 또는 갱생지도부락, 내무국에서 추진한 근농공제조합으로 조직된 다양한 조직들이 식산계라는 단일 조직 속에 새롭게 편재되어 갔음을 잘 알 수 있다. 다양한 조직들이 식산계망으로 포섭되어 감에 따라 각 행정기구나 농회, 경찰 등이 개별적으로 지도하던 농촌진흥운동기의 조직지도방식이 바뀔 수밖에 없었다. 앞서 살펴본 대로 농촌진흥위원회에 조선농회와 금융조합, 산업조합의 대표가 참여하고, 국민총력연맹이 행정조직들을 단일체계로 편성해가고 있었다. 부락연맹과 식산계가 정신지도와 물질부문으로 역할분담하면서 이른바 '표리일체' 관계로 편성되었다는 것은 식산계를 통해 농촌경제생활부문이 관장 통제된다는 의미가 된다.

그렇지만 농촌진흥회나 금융조합 내부에서는 식산계를 확산시키려 했던 1939년 시점에서도 그렇게 빠르게 진행하기는 어려운 여러 요인이 있었음을 지적하고 있었다. 특히 중심인물이 없다는 점이 가장 큰 문제점으로 지적되었다. 촌락은 총독부의 여러 계통과 연결되어 있으며, 촌락지도단체라는 이름을 가진 많은 기구의 명령을 받아야 하기 때문에 중심인물 1명이 여러 개의 직함을 갖고 있었다. 그들은 위에서 내려오는 다양하고 이해관계가 엇갈린 업무를 취급해야 하는 어려움이 있다는 것이다.[196] 또한 중심인물 중에도 식산계가 수행해야 하는 여러 업무를 제대로 실행할 능력이 있는 사람들이 별로 없다는 점이 문제였다. 식산계 간부는 대부분이 명예직을 가진 바쁜 사람들로서 실제

---

195) 『經營事例』, 65~67쪽.

196) 河祥鏞, 「部落指導體系確立に就て若干の考察」, 『金融組合』 1939.12, 19~21쪽.

식산계에서 해야 할 많은 사무와 구매판매와 중개연락업무를 할 수 있는 인물들은 아니었다. 이런 이유로 금융조합에서는 식산계 확충을 그렇게 급속하게 전개하지 않고, 준식산계나 양우식산계 같은 중간단계를 강화할 것을 논의하였다.[197] 그런데도 불구하고 식산계의 확충은 예상과 달리 급속하게 전개되었다.[198] 그런 와중에 40년대에 들어서 식산계로 설정된 촌락의 경우 기존의 조직도 제대로 활성화되지 않은 상태에서 급속히 재편되었기 때문에 중심인물과 같은 문제는 더욱 컸다고 볼 수 있다.

이런 면에서 『경영사례』에서 조사된 식산계는 1940년 이후에 급속히 만들어진 것들보다 훨씬 안정적인 경영을 할 수 있는 조건을 갖추고 있었다. 이러저러한 이유에서 『경영사례』의 식산계는 조직률도 상당히 높았다.

<표 39> 식산계의 가입시기와 가입비율(단위 : %)

설립연도	100%	90이상	80이상	70이상	60이상	50이하	합계
1936	9	17	3	2		1	32
1937	2	1		1	1	1	6
1938	4	3	3		1		11
1939	2	1		1			4
1940			1				1
합계	17	21	7	2	2	2	54

자료 : 『殖産契の經營事例』.

<표 39>는 『경영사례』에 조사된 식산계를 가입시기별로 구분하여 촌락주민의 가입비율을 나타낸 것이다. 촌락주민 가운데 100% 전원이 식산계에 가입된 지역은 17곳, 90% 이상은 21곳이었다. 즉 66%에 해당하는 38곳이 90% 이상의 조직률을 보인 셈이다. 그 외에도 대부분이 70% 이상의 조직률을 보이는 것으로 보아 사례 지역에서 식산계는 전 촌락을 좌지우지할 수 있을 정도의 힘을 가졌다고 볼 수 있다. 식산계에 가입이 안 된 경우는 영세농민이기 때문에

197) 河祥鏞, 「殖産契の指導と購買販賣事業の擴充に就て」, 『金融組合』 1938.1.

198) 식산계의 조직속도는 시간이 감에 따라 더욱 빨라졌다. 1937년 1,345개였던 것이 1940년 17,450개, 1942년 39,893개, 1943년 48,372개로 늘어났다(『十年史』, 61~64쪽).

촌락 운영에서 소외되었던 인물일 가능성이 높다. 이는 장기간에 걸친 행정기관이나 지주층, 또는 금융조합의 조직사업이 진행된 결과이기 때문에 일단 식산계로 지정되는 시점에서 가입률은 상당히 높았다.

(2) 식산계의 구판사업과 공출제

식산계 운영의 특징은 공동경영에 있었다. 농업생산에서의 공동경작부터 생산품의 판매와 물품구입, 그리고 이용시설에 이르기까지 신용사업을 제외하고 산업조합이 하던 공동경영의 내용을 포함하였다. 이런 공동경영의 틀 속에서 농민들의 생활은 규정당하였다. 일제는 過小農體制에 있는 농업구조에서 토지문제를 근본적으로 해결하기 곤란한데, 시장의존적인 농업구조에서 개인경영은 살아남기 힘들기 때문에 공동경영이 필요하다고 주장하였다. 공동경영을 통해서 경영수단을 보충하고, 노동생산력을 발전시키며, 계획경제를 수행할 가능성이 더 많아진다는 것이었다. 또한 공동경작조합을 이용해서 토지를 가능한 공유로 만들거나 소유토지를 서로 교환하여 경영단위를 크게 할 수 있으며, 소작료를 공정하게 하고 소작권을 확립하도록 하여 토지문제를 개선할 수 있다고 보았다.[199] 즉 토지문제를 해결하지 않는 선상에서 농업문제를 해결해 보려는 농정의 연장선에 있는 방안이었다.

이러한 공동경영의 목적에도 불구하고 실제 이 시기 식산계의 공동경영은 그러한 결과를 낳기는 어려웠다. 먼저 식산계의 핵심사업인 공동판매와 공동구입 상황을 살펴보겠다.

1930년대 후반 식산계와 조선금융조합연합회를 통한 금융조합의 구판사업은 조선농회와 마찰을 빚을 정도로 급속하게 성장해 갔다. 식산계를 매개로 금융조합은 금융기관으로서의 성격을 벗어나 경제사업과 금융사업을 겸영하는 종합 농업협동조합을 지향하기 시작했다. 그렇지만 그것은 업무 내역에 그러할 뿐, 본질은 파시즘체제 하에서 농민을 대상으로 하는 행정기관으로

199) 協調會農村課 編, 『過小農問題と共同經營』, 財團法人協調會, 1932, 170~176쪽.

변질해 가고 있었다. 특히 태평양전쟁기로 들어가면서 식산계는 공출기관으로 변질되어 일본제국주의의 패권주의에 협력하는 기관으로 활동하였다.

구매판매사업은 1935년 식산계의 설치 이후 본격적으로 실시되었다. 식산계의 구판사업은 모두 조합의 알선지도를 받아 연합회지부가 처리하였다. 정무총감은 "식산계의 설립을 기하여 조선금융조합연합회에게 그 회원이 관여한 공동구입과 공동판매 관계의 사업을 통제하게 하고, 그 효과를 한층 높이기 위해서 신설 식산계도 이 통제에 위반하는 일이 없도록 충분히 지도를 가한다"고 통첩을 보내어 조선금융조합연합회가 구판사업을 관장할 수 있는 근거를 마련하였다.[200] 이는 법률상 금융업무만 하도록 되어 있는 금융조합 측이 구판사업을 할 수 있는 배경이 되었다.

조선금융조합연합회는 구판사업에 적극 진출하기 위해 1936년 사업과를 확대하여 사업부를 신설하였다. 그 아래 구매과와 판매과의 2과를 두었다. 그후 1938년 6월 사업부에 사업계를 두어 총괄적인 조사 기획과 종합계산을 담당하게 하고,[201] 운영방침으로 「구매판매사업요강」을 정하였다. 사업방침은 생산용품과 특수경제용품의 알선배급으로 공정한 가격의 유지, 생산물의 통제와 상품화에 의한 판로의 조정개척, 지방 특산품의 소개를 목적으로 두었으며, 대량 또는 계속거래로 생산비와 구매판매소비의 절감을 기하고, 혹은 벽지에서 물자의 구매판매의 불편 제거에 노력하도록 하였다.[202] 이 방침은 협동조합이 벌이는 유통과정의 합리화라는 측면에 중점을 두고 세워졌다.[203]

---

200) 『十年史』, 107쪽.

201) 『十年史』, 108쪽.

202) 『十年史』, 108~109쪽.

203) 이러한 인식은 1930년대 일본에서 전개된 구판사업에서 유통과정의 합리화를 통해 자본주의적 모순을 극복할 수 있는가라는 논쟁과 관련되어 있다. 당시 산업조합 측의 주류를 점한 신협동조합주의론은 산업조합중앙회 회장인 千石興太郎과 那須皓・東畑精一이 대표자로서 자본에 대한 이윤획득을 가장 중시하는 자본주의경제제도는 생산과 소비 양면에서 민중의 복리를 저해하며 그 생활을 크게 위협하고 사회의 憂患, 민중의 災禍를 불러일으키는 근본 원인이라고 지적하였다. 따라서 상부상조의 경제제도를 완성하고 그 기능을 확충하여 새로운 경제제도를 수립하자는 것이었다. 연합회의

식산계의 구판사업은 태평양전쟁기에 들면서 변하기 시작했다. 1940년 국민총력운동이 전개됨에 따라 농촌진흥운동도 총력운동에 흡수통합되었으므로 농가갱생계획은 촌락 단위로 전개되는 部落生産擴充計劃으로 전환하였다. 그 가운데서 식산계의 역할은 첫째 촌락에서 물자의 집하 배급의 경제부문에 관한 사항을 담당하고, 둘째 부락연맹과 표리일체관계로 촌락공동사업을 완수할 것으로 재규정되었다. 바로 식산계는 농산물의 공출담당 농촌단체로 규정된 것이다. 식산계는 총독부가 수립한 「식량대책요강」에 따라서 농산물의 수집과 공출을 위해서 계통기관이 전부 참여하여 전시하 식량공출을 담당하게 되었다.[204] 이로 인해서 공출부문을 담당하는 식산계는 부락연맹과 표리일체 관계가 되었다. 총독부는 식량의 증산에 밀접한 관계를 갖는 부락공동시설에 대해서 조성금을 교부할 경우에는 식산계가 설치된 부락에는 식산계가 교부하도록 하여 식산계에 대한 지원과 그를 통한 부락연맹의 강화를 도모했다.[205]

사업량은 구매판매사업은 금융조합 소속이건 산업조합 소속이건 크게 차이가 나지만 모두 급속히 늘려 나갔다. 구매품목은 곡류, 소금, 비료, 농기구, 시멘트, 식량품, 면사품, 석유, 약품 등인데, 이 가운데에서 가장 많은 비중을 차지한 것은 비료였다. 비료는 1938년 67%를 비롯하여 1941년에는 82%에 달하여 구매사업의 중심을 차지하였다. 판매품목은 벼와 현미, 콩류, 보리류, 옥수수, 임산물, 종이류, 직물류, 약초, 새끼와 가마니 등이었고, 이 중 미곡류가 전체의 85~90%를 차지하였다.[206]

판매방법은 벼, 현미, 콩 같이 보편적으로 생산되거나 소비되는 농산물은

견해는 이를 충실히 반영한 것이라 볼 수 있다. 그렇지만 이에 대한 비판자였던 近藤康男은 『協同組合原論』(高陽書院, 1934)에서 협동조합은 자본주의의 틀 속에서 상업이윤을 배제하고 유통과정을 합리화할 수 있다고 보았다. 산업자본의 이윤율 저하를 방지하는 데 기여할 뿐 자본주의를 제거할 기능을 갖는 것은 아니라는 의견이었다(伊藤勇夫 · 이환규 역, 「協同組合硏究의 動向과 課題」, 『협동조합연구』 6, 1984.2, 89~90쪽).

204) 『十年史』, 109쪽.

205) 『十年史』, 60쪽.

206) 『金融組合統計年報』 1938~1944년도, 「식산계의 구매사업」, 「식산계의 판매사업」 참조.

경쟁입찰이나 상대판매방법을 택하고, 부업생산품 같이 특수성이 있는 것은 상대판매방법을 택하였다. 특히 이들은 식산계나 관리인을 통해서 판매품을 모으고, 금융조합이나 회원 산업조합을 통해 판매위탁을 받아 연합회가 판매를 전담하는데, 이때 연합회에서는 일정한 수수료를 받았다.207) 이렇게 해서 식산계에서 수집하거나 구매를 요청한 품목은 연합회를 통해서 일괄 유통되었다. 식산계가 판매비료의 구입처이자 미곡의 판매처가 됨에 따라, 농업유통에서 가장 중요한 두 품목의 유통망으로서 금융조합이 자리잡아 갔음을 알 수 있다.

식산계가 확산됨에 따라 주요사업인 구판사업의 규모도 커져 갔다. 다음 <표 40>은 식산계의 구판사업 추이를 나타낸 것이다. 식산계의 판매고가 1938년 이후 빠르게 늘고 있다. 1940년은 39년의 대한해로 판매고가 감소되었던 데 반해, 1941년은 40년의 한해에도 불구하고 급격히 판매고가 늘었다는 점은 농촌경제 상황과는 별도로 판매사업이 전개되었을 가능성을 말해준다. 조사대상 식산계의 주된 판매품목은 ① 곡물 : 벼, 현미, 콩, 보리, 밀, 낙화생, 옥수수 ② 임산물 : 목탄, 땔감 ③ 직물 : 모시, 삼베, 명주 ④ 기타 : 조선종이, 비, 부채, 약초 ⑤ 회원이나 수요자가 특별히 알선 신청을 하고, 생산액에 상당량에 달한 것과 특산물 試賣品이었다.

『경영사례』에 나오는 식산계에서 공동판매하는 품목은 벼, 보리, 밀, 쌀보리 같은 주곡류와 콩, 조, 옥수수 등의 잡곡류, 면화 대마나 연초 등의 특산물과 부업생산물인 고치와 짚가공품들이었다. 벼는 56개 계 중 46개의 계에서 취급하였다. 공동판매의 주대상은 벼였다. 상대적으로 부업이나 특산물 생산을 강조하였던 것에 비해서 짚가공품이나 고치를 공판하는 계가 적다는 것은 특이한 점이다.

---

207) 연합회는 위탁판매시 수수료제도를 택하는 이유에 대해 자유경제 하에서 상업자본으로부터 조합원의 생산자 이익을 옹호하기 위한 것이므로 판매통제기관을 통해서 상업이윤을 배제하고 수수료제로 이행하는 것은 중대한 변화라고 그 의의를 주장하였다(『十年史』, 110쪽).

<표 40> 식산계의 구판사업 추이(단위 : 圓)

구분	연도	구매고	증가지수	판매고	증가지수
금융조합	1937	692,259	100	472,782	100
	1938	2,313,491	334	4,821,852	1019
	1939	5,365,678	775	13,554,803	2867
	1940	11,745,917	1696	8,782,356	1857
	1941	13,344,034	1927	48,233,576	10202
	1942	14,304,528	2066	49,093,828	10384
	1943	18,012,924	2602	63,194,539	13366
산업조합	1937	19,926	100	13,090	100
	1938	74,944	376	67,567	516
	1939	273,839	1374	245,158	1872
	1940	316,986	1590	124,162	948
	1941	895,031	4491	591,490	4518
	1942	1,058,843	5313	428,298	3271
	1943	146,598	735	17,620	134

자료 : 『十年史』, 64~65쪽.

<표 41> 식산계의 판매품목별 취급 현황(단위 : 개)

품목	벼	보리	밀	쌀보리	콩	조	옥수수	잡곡
계수	46	15	8	1	9	4	1	2
품목	면화	대마	고치	연초	멍석	새끼	가마니	기타
계수	6	4	4	1	2	3	5	6

자료 : 『殖産契の經營事例』.

<표 42> 각 식산계의 판매 품목 수

품목수	0	1	2	3	4	5	6
계수	5	20	12	9	7	2	1

자료 : 『殖産契の經營事例』.
참고 : 1. 1개 품목인 경우는 벼취급이 17곳, 조선지 사과 대두가 1군데씩이다.
2. 2개 품목에서 벼취급은 12곳 중에서 9곳에서 취급하였으며, 가마니 3곳, 대맥 4곳, 잡곡 1곳, 대두 2곳, 소채 소맥 새끼 기타가 1곳씩이다.

계들이 다루는 판매품목 수는 1개, 그 중에서도 벼만 취급하는 곳이 가장 많았다. 2개를 취급하는 12개의 계에서는 벼를 취급하는 곳이 9개였다. 다양하게 취급하는 곳도 있었으나, 1941년 시점에서 이 정도였다면, 전시체제로 들어가면서 다른 품목의 공판이 감소하는 일반적인 상황으로 볼 때 다양한 품목의 공판은 더 이상 진전되지 않았을 것으로 생각된다.

<표 43> 판매사업에서 벼의 생산 대 판매비율

구분(%)	90이상	80이상	70이상	60이상	50이상	40이상	30이상	20이상	0
계수(개)	1	3	6	7	8	8	10	3	5

자료 : 『殖産契の 經營事例』.

위의 <표 43>을 보면 벼는 농가경제에서 가장 중요한 부분이었고, 판매와 더불어 자가보유미를 가지고 생계를 꾸려 가야 하는 품목이었다. 식산계 전체에서 생산된 생산량과 판매량을 비교했을 때, 적게는 20% 정도에서 많으면 90% 이상까지 큰 차이가 있었다. 이 가운데 50% 이상을 판매하는 계가 25개나 되었다. 이렇게 판매량이 늘어나는 것은 농가경제에 큰 영향을 미쳤다. 자작농가는 생산량에서 자가보유미를 보유하고 나머지를 판매하지만, 소작인은 소작료를 납부한 이후에 자가보유미와 판매수량을 확보할 수 있었다. 그런데 생산량에서 반 이상을 소작료로 납부하는 상황에서 50% 이상을 판매할 경우는 자가보유미를 거의 남기지 않는다는 것이 된다. 물론 식산계 내에서 계층에 따라서 조정이 있겠지만, 벼의 공판으로 인해 농가에서 먹어야 할 식량의 부족이 나타날 수도 있었다. 이는 구매사업에서 곡류를 매입하는 계가 있다는 점과도 연결되는 부분이었다.

다음 <표 44>는 금융조합의 판매사업 성적을 나타낸 것이다. 판매사업 중에서 쌀의 판매비중은 판매사업의 거의 전부라고 할 수 있을 정도였다. 식산계의 쌀 판매는 농산물 공출제의 실시와 관련되었다. 1943년도에 '자가보유미 제도', '부락책임 공출제',[208] '사전 할당제' 등이 실시되어 이전까지

208) 부락책임공출제는 종래의 할당방법을 바꾸어 道에서 府郡으로, 군은 읍면으로, 부읍면은 각 촌락으로 공출량을 통고하고, 촌락에서는 '자치적'으로 공동책임 하에 할당량을 공동판매소에 내놓는 방식이었다. 이는 공출이 개인의 책임이 아니라 '부락'민 전체의 연대책임이 되게 하는 농민통제수단이었다(이송순, 「日帝末(1937~1945) 朝鮮의 農村

'과잉지역의 과잉수량'을 대상으로 하던 통제원칙이 '전 농민의 과잉수량'을 대상으로 확대 발전하여 자유판매가 금지되었다. 이로 인해 식량에 대한 전면적인 국가관리와 공출 강화조치가 취해졌다.[209] 특히 '부락책임제'에 의해 식산계를 단위로 한 공출량이 증가하였다. 당시 총미곡 공출액에 대해 식산계의 공출액이 차지하는 비중은 1941년 11%에서 1944년 46%로 급증했다.[210] 식산계는 공출기관으로서의 성격을 더욱 강화해 갔다.

<표 44> 식산계 판매사업의 품목별 성적(단위 : 圓)

연도	벼	비율	잡곡	비율	기타	비율	계
1936	652	93			46	7	698
1937	10,263	84	1,643	14	253	2	12,159
1938	37,812	88	4,707	11	317	1	42,836
1939	24,423	79	6,093	20	460	1	30,976
1940	92,184	82	18,397	17	1,916	1	112,497
1941	423,871	95	21,429	5	728		446,028
1942	459,733	90	44,440	9	4,789	1	508,662
계	1,048,638	91	96,709	8	8,509	1	1,153,856

자료 : 『十年史』, 112~113쪽.

공출을 당하는 미곡의 가격은 1943년 미곡연도부터 실질 매입가격이 현미 1석당 12원이 올라 표면상으로는 인상되었지만, 실제 생산자가 현금으로 받는 가격은 강제저축률이 인상됨에 따라 2원 인상된 정도였다.[211] 실제 농민들의 입장에서 보면 경영상황이 특별히 나아진 것이 없는 현실에서 공출수입이 그다지 늘지 않았는데도 그마저 강제저축으로 흡수되어 버려 농가경제는 현상유지조차 어려워졌다.

한편 구매사업도 지속적으로 늘어 가고 있었다. 금융조합 소속 식산계의

經濟 變化」, 『史叢』 44, 1995, 189쪽).

209) 이송순, 위의 글, 188~189쪽.

210) 文暎周, 「日帝下 戰時體制期(1937~1945) 村落金融組合의 活動」, 고려대 석사학위논문, 1995, 19쪽.

211) 이송순, 앞의 글, 190쪽.

구매액은 1939년 500만 원선에서 1942년 1,400만 원으로 급격하게 늘었고, 산업조합 소속의 식산계도 같은 기간 27만 원에서 100만 원까지 늘었다. 시기에 따라 어느 정도의 부침은 있지만, 식산계원들이 일반 구매통로가 아닌 식산계를 통해 구매하는 양이 늘고 있음은 분명했다.

일반적으로 식산계가 구매하는 품목은 ① 농업생산자재 : 비료, 농기구, 종자 종묘, 사료 등 ② 경제용품 : 조나 보리 등 곡류, 소금이나 어물, 면포 등의 직물류, 석유 비누 등의 생필품 ③ 사무용품 : 인쇄물, 문구류, 사무용 잡화들이었다.[212] 그에 비해서 조사대상 식산계의 구매품목은 주로 농업생산자료와 일상생활용품, 식량에 이르기까지 생활필수품들에 집중되었고, 사무용품 부분은 거의 없었다. 이는 조선금융조합연합회나 금융조합 또는 도시부문에서 주로 활용하거나, 식산계 사무를 위한 것이라고 할 수 있다.

<표 45> 식산계의 구매품목별 취급 현황(단위 : 개)

품목	비료	입직기	제승기	종자	농구	농약	시멘트	소금	석유	면포	마포
계수	53	2	2	5	14	1	2	27	27	23	1
품목	양말	작업복	조선지	비누	성냥	약품	백미	보리	조	명태	기타
계수	7	1	11	21	9	2	1	6	5	3	27

자료 : 『殖産契の經營事例』.

구매사업의 중심은 비료로, 총액의 80% 전후를 차지하였다. 구매사업이 1939년 이후 주춤하거나 격감했던 이유도 전쟁으로 인해 비료생산에 차질이 생겼고, 그와 더불어 비료는 판매비료보다 자급비료를 만들어 쓰도록 권장했던 데 원인이 있었다.[213] 이른바 금비인 판매비료를 구입해서 쓰게 된 것은 1920년대 후반부터였는데, 이때 일질계열의 화학비료공장이 대거 설립됨과 함께 산미증식계획의 일환으로 보급되기 시작했다. 그렇지만 전시기에 들어서면서 물자부족으로 판매비료의 생산에 차질이 생기자 자급비료의 생산을 독려하는 방향으로 중점이 바뀌면서 판매비료의 수요가 점차 줄어들었다.[214]

212) 『十年史』, 110・115쪽.
213) 『十年史』, 114쪽.

종자를 사서 써야 하는 형편으로 바뀌어 있는 현실에서 본다면 종자를 구입하는 식산계는 적은 편이었다. 이 부분은 식산계를 통하기보다는 조선농회를 통해 구입하거나, 지주가 구입한 종자를 사서 쓰는 경우가 많았을 것이다. 또한 구매품목에 있는 백미나 보리, 조 같은 식량은 판매사업과 연관지어 볼 때 농가보유미의 부족분을 다시 구매를 통해서 보충하는 것으로 이해할 수 있다. 백미를 구입하는 계가 1곳인 데 비해서 보리와 조를 구입하는 계는 11곳이었다. 판매사업에서 미곡이 차지하는 비중이 높고, 특히 생산량의 90% 이상을 판매하는 계가 있는 현실에서 대체식량의 구입이 필요했을 것이다.

그외는 대개 일상생활용품이었다. 농민들의 생활상이 변화되었음을 느낄 수 있다. 소금과 같이 과거부터 판매되던 것만이 아니라 모터를 이용한 양수기 같은 기계라든가, 잿물을 사용하던 생활에서 비누를 쓰는 문화로 바뀌었고, 면포는 이제 당연히 사서 쓰는 물품이 되었다. 이들 생활용품은 전체 구입금액으로 본다면 아주 적은 부분이기 때문에 주목받지 못하였지만, 소금과 석유, 섬유와 양말, 의복, 비누와 성냥 약품과 같은 필수품은 일반 상품판매점을 이용하다가 식산계로 판매통로가 바뀌었다. 식산계의 구매사업 때문에 동네 가게가 문을 닫을 수밖에 없게 되었던 곳도 있는 것으로 보아 유통부문에서 식산계의 지위는 점차 높아지고 있었음을 알 수 있다.

때문에 물자부족 특히 생필품이 부족해지는 사태에 이르자 일제는 식산계망을 이용하여 생필품의 배급사업을 진행할 수 있었다. 식산계는 배급을 통해서 농민층의 소비억제에 기여하였다. 그러나 농민들은 부족한 물품을 암시장에서 구입할 수밖에 없었고, 그에 따라 공산품의 암시장 가격은 급등하였다. 농민들이 구매물품으로 많이 사용하던 비누는 1944년 공정가격이 0.5원이었는데, 당시 암시장 가격은 5원이었고 1945년 6월에는 15원으로 가파르게 올랐다.[215]

---

214) 판매비료는 동물성비료와 식물성비료, 광물질비료로 구분되는데 이 모두 1930년대 초반을 정점으로 해서 소비량이 줄어들고 있었다. 이에 비해서 자급비료는 퇴비나 녹비, 분뇨류, 灰류가 모두 소비량이 늘었다(朝鮮總督府農林局, 『朝鮮の肥料 1942』, 42~64쪽).

구매판매사업을 통해서 살펴볼 수 있는 농가경제는 상품화폐경제의 발전에 따라서 그에 포섭되었고, 일제가 추진했던 농정 요소들이 그 속에 깊숙이 침투해 있었다. 당시 경상남도 농가는 농업경영비의 37%와 가계비의 44.7%를 현금으로 지출했으며, 함경남도에서는 각각 26.7%, 45.4%를 현금으로 지출하였다. 역시 가장 많은 비중을 차지하는 것이 비료 구입이었다. 비료와 사료, 종묘, 농구를 합하면 자소작농 농가경영비의 46.6%, 소작농의 60.6%를 차지했다.[216] 농가경제가 화폐경제 속에 편입되어 있음을 잘 보여준다. 즉 식산계는 일본자본주의를 위한 미곡유출과 이른바 농사개량과 비료독점자본의 이해를 대변하는 비료구매, 그리고 일상생활용품의 판매망까지 장악하는 유통부문의 단일화라는 구조를 실현하는 주체였다.

이와 같이 판매구매사업을 추진하기 위해서 식산계는 금융조합에서 자금을 차입하였다. 식산계는 설립 당초 금융조합이나 산업조합 소속의 소산업법인으로 출발하였다. 이는 산업조합이 자금융통이 어려워 부진했다는 문제점을 해소하기 위한 방침이었다. 따라서 식산계가 구판사업에 필요한 자금을 금융조합에서 차입하는 것은 구판사업의 활성화를 통해 농민경제를 안정화시킨다는 목적이 있었다. 또한 그동안 금융조합에 가입할 수 없었던 경제력이 약한 농민들을 포함하여 그들에게 금융조합에 가입한 것과 같은 혜택을 준다는 것이 또 하나의 목적이었다. 다음 표는 식산계가 금융조합에서 차입한 금액의 추이를 살펴본 것이다.

식산계가 금융조합에서 차입한 금액은 점차 늘어나는 양상을 보인다. 이는 식산계가 급속히 증가한 데 따른 결과였다. 그런데 하나의 계가 차입하는 금액은 금융조합 소속 식산계가 350원 전후였고, 산업조합 소속 식산계는 최고 400원대에서 최하 60원까지 차이가 심했다.

---

215) 金東昱, 「1940~1950년대 韓國의 인플레이션과 安定化政策」, 연세대 경제학과 박사학위논문, 1994, 28~29쪽.

216) 小林朗, 「戰時體制下に於ける金聯購買事業」, 『金融組合』 1938.11, 23~26쪽.

<표 46> 식산계의 차입금 추이(단위 : 圓)

구 분	연 도	차입금	계 당	계원1인당
금융조합	1937	434,344	322.9	7.9
	1938	1,534,667	385.7	9.8
	1939	3,034,434	378.3	9.9
	1940	6,211,532	356.0	9.3
	1941	5,868,235	220.8	5.2
	1942	10,167,679	254.9	5.4
	1943	16,476,719	350.0	6.6
산업조합	1937	24,816	886.2	19.9
	1938	36,916	149.4	3.6
	1939	164,237	432.2	11.1
	1940	181,356	170.1	5.2
	1941	133,598	72.8	2.0
	1942	105,480	60.0	1.4
	1943	106,702	119.1	3.0

자료 : 『十年史』, 64~65쪽.

금융조합이 식산계를 육성한다고 했을 때 예상할 수 있었던 것에 비한다면 식산계당 차입금액은 너무 적었다. 금융조합이 자작농지설정사업에서 1조합원당 대부금액과 비슷한 액수였다. 식산계의 대부한도는 30원에다 계원수를 곱한 금액으로 1939년 경우 900만 원 이상이 되어야 하나 실제 대부액수는 그 1/3에 불과했다. 1943년은 7,400만 원이 한도액이나 1,600만 원에 불과했다. 이는 금융조합이 대부지원을 공언했음에도 불구하고 자금융통이 원활하지 않았음을 보여준다. 식산계가 금융조합에서 빌리는 300원 정도는 구판사업에 필요한 융통자금이라기보다는 이용사업에 쓰이는 기구 몇 가지나 공동경작에 쓸 토지 몇 단보를 구입할 자금에 지나지 않았다.

계당 대부금액이 소액이기 때문에 1계원당 대부액수는 그야말로 거의 없다시피 하여 10원도 채 안 되었다. 일반 금융조합원이 이 시기 대부받은 금액이 1939년 139원에서 1943년 160원이었던 것에 비한다면 너무 적었다. 식산계 내에서도 조합원일 경우 개별적으로 대부를 받을 수 있는 데 비해서 비조합원은 식산계를 통한 대부밖에는 이용할 수 없었다. 그런데 식산계가 소액의 대부를 받았을 때 그것은 공동사업에 쓰이는 비용이었지 비조합원인 식산계원의 개인 경제를 위해서 사용되지는 않았을 것이다.

요컨대 일제는 식산계의 설치를 농촌사회에서 새롭게 시작하는 경제사업으로 선전했고, 그것을 금융조합이 적극 지원할 것이라고 공언했다. 그러나 실제 구판사업이 지속적으로 성장하는 것이 일제의 공출과 관계된 것처럼, 금융조합에서의 자금융통은 극히 미미했다. 그렇다면 식산계가 농가경제를 활성화하기 위해 경제사업을 하는 소규모 협동조합이라고 보기는 어려웠다. 그보다는 일제가 전쟁을 수행하기 위해 미곡과 축우를 공급하고, 부족한 생필품을 배급하는 한편 농민층을 단일한 단위로 통제하는 통제기구였음을 말해준다.

3) 촌락 공동경작체계와 지주제

식산계가 구매판매사업을 실행・강화하는 데는 가공시설이나 창고 또는 그것을 실행할 여러 제도를 갖추는 것이 필요했다. 이를 위해 당시 식산계는 여러 종류의 공동시설을 보유하고 있었다. 다음 표는 식산계에 설치된 공동이용시설의 추이를 살펴본 것이다.

식산계의 공동이용시설은 미곡가공시설, 축우증식을 위한 시설, 창고, 관혼상제 등을 위한 공제사업을 비롯해 농기구, 저울, 새끼짜는 기계 등 농업경영에 관한 여러 부문에 걸쳐 있었다.

이 가운데 공동이용시설의 중심은 미곡가공과 창고시설이었다. 미곡증산과 공출을 위한 미곡 보관이 식산계의 주요 사업이었던 것과 같은 맥락이다. 거기에 농기구나 공동경작 등도 그에 관련된 것이고, 새끼짜기도 부업이자 미곡의 조제포장과 관련되어 있었다. 즉 식산계의 공동이용은 미곡증산이라는 하나의 목표에 집중되어 있었다. 여기에 축우증식은 이 시기 금융조합의 주요 대출 부분인 축우자금과 마찬가지로, 농경에 쓰이는 소와 군수품재료인 소가죽을 제공하기 위해서 추진된 것이었다. 이 이용시설들은 식산계가 일제의 전쟁수행을 위한 후방 공급기지로 이용되고 있었음을 잘 보여준다.

<표 47> 식산계의 공동이용시설(1938~1943) (단위 : 개소)

종류	1938	1939	1940	1941	1942
현미조제시설	145	261	249	429	1,041
공제사업	33	73	85	167	151
곡물조제	149	114	386	295	394
預牝牛	10	51	1,439	2,616	6,930
공동경작	76	81	65	126	336
공동사육장	-	-	-	107	62
공동작업장	9	6	-	124	265
공동창고	48	92	109	524	2,499
농기구	13	135	-	241	1,607
계량기	48	26	-	587	168
저울	-	-	-	-	558
새끼짜는기계	-	3	-	13	8
기타	40	57	76	156	157
계	571	899	2,409	5,385	14,176

자료 : 『十年史』, 65쪽.

이 중 공동경작은 공동이용제도 가운데 생산과 관련되는 것이자, 생산통제를 적극적으로 실행하기 위한 방법이었다. 식산계 안에서의 경작방식은 개별경작과 공동경작이 결합되어 있었다. 이 양자를 결합하는 방식은 개별경영을 하면서 식산계의 공동경작에 참여하는 방법과 전 촌락이 공동경작체계로 재편되어 운영되는 방식의 두 가지가 있었다. 두 경영방식은 시기에 따라 결합되는 방식이 바뀌어 갔다. 농가갱생사업에서는 개별경제의 입장에서 개개 농가에게 기술적 지도를 하고 증산을 이끄는 방법으로서 공동경작을 사용하였다. 그렇지만 행정기관 등에서 요구하는 촌락단위의 공동경영은 제대로 이루어지지 못했다. 그러다 1938년 농가갱생사업이 중단되고 촌락의 노동력 부족문제가 제기되면서 관의 개별지도에서 部落是의 실행에 의한 촌락민의 자조공려로 이행하는 방침이 세워졌다. 이에 따라 공동시설을 적극적으로 장려하였고, 공동경작도 각 촌락으로 보편화되어 갔다. 이후 전시농업체제로의 재편과정에서 농업노동력의 재편성문제가 제기되었고, 식량부족에 따른 증산이 강조되면서 공동경작도 촌락단위의 공동작업을 조직하는 방향으로 바뀌었다.[217]

전 촌락민이 단일한 공동경작체계에 편입되어 노동하는 방식을 지지하는 사람들은 적은 수의 인원으로 최고의 능률을 올려야 하기 때문에 전 작업을 조직적으로 편성하는 것이 필요하다고 보아, 공동작업반이 작업반장의 지휘에 모두 절대 복종해야 하는 '전체주의적이고 강제적인' 성격을 띠는 것은 당연하다고 여겼다.[218]

금융조합은 1940년 이전까지의 공동경작이 전식산계의 10% 정도밖에 시행되지 않았던 이유로 첫째 마땅한 통제자가 없었다는 점, 둘째 조합원간의 협동 성의가 결여되었다는 점을 들었다. 따라서 "식산계 간부가 통제의 만전을 기하고, 계원이 일치협력하여 상사의 엄밀한 지휘가 있으면 반드시 유종의 미를 완전하게 할 수 있다"라고 방향을 설정하였다. 전 조합은 작업반을 애국반 단위로 꾸리고, 각각 전식, 제초, 베기, 탈곡 등으로 구분한 작업을 필요에 따라 한 조나 여러 조가 나가 일을 하는 방법을 택한다는 것이었다.[219] 그와 더불어 공제사업을 강화하는데, 전 촌락민을 '하나의 大家族'으로 의제화함으로써, 기존의 촌락민 주체의 상호부조제도를 모두 없애고 식산계가 단일한 공제기구로서 활동하게 하는 방안이었다. 기존 촌락민의 공제기구는 상호부조 성격을 갖는 계를 들 수 있는데, 계에서 자체 자금으로 사업과 더불어 회식과 여흥을 함께 해 왔다. 이는 당시 농민들의 유일한 여가활동이자 문화활동이라고 할 수 있다. 그런데 일제는 그것을 쓸데없는 허비로 인식하고 「의례준칙」을 만들어 소비절약의 대상으로 삼았다. 나아가 그것을 절약한 것으로 식산계재정을 보충한다는 방침을 세웠다.[220] 식산계는 전시 통제경제 하에서 더욱 강조된

---

217) 姜鋌澤, 「朝鮮における共同勞動の組織とその史的變遷」, 『農業經濟研究』 1941.12, 42～49쪽.

218) 印貞植은 이 시기의 공동노동이 과거와 다른 점은 과거는 광범한 과잉인구의 기초 위에서 성립되어 농업기간 중에 일치하여 가장 바쁜 시기에만 적용하였지만, 이 시기에는 반대로 노동력이 부족하므로 심기와 제초, 경운의 주요 작업만이 아니라 병충해의 방제, 묘대설치, 공동소독, 양잠, 대마의 작포 같은 부차적인 작업에도 활용되어야 한다고 보았다(印貞植, 「農業勞動の再編成過程」, 『朝鮮農村再編成の研究』, 京城 : 人文社, 1943, 168～185쪽).

219) 金谷松茂, 앞의 글, 55～56쪽.

천황제 파시즘의 국가주의론을 촌락 단위에서 실현하는 조직으로서 농민들의 일상 생활에까지 개입하는 것이었다.

촌락 전체를 대상으로 애국반이 공동경작반과 일체가 되는 모델은 실제로 실시되고 있었다. 식산계의 공동경작인지는 분명하지 않으나, 앞에서 본 식산계를 중심으로 한 공동경작의 새로운 방침과 일치되는 예를 경기도 안성군 읍내면 도기리에서 찾을 수 있다.[221] 이곳에서는 1941년 공동작업반이 설치되었다.[222] 총호수 106호에 인구는 598명이었고, 노동가능 인력은 남녀 합해서 286명이었다. 이들은 1942년 현재 모두 6개의 공동작업반에 속했고, 1반의 인원은 47~48명으로 큰 규모였다. 작업시간대를 맞추기 위해서 공동취사를 하고, 공동탁아소에 아이를 맡기고 남녀 모두 아침 일찍 집합하여 작업에 들어갔다.[223]

이런 공동작업반 형태의 공동경작은 여러 가지 문제를 내포하였다. 첫째 공동노동이 강제로 진행되고 휴식을 취할 수 없었다. 때문에 농민들은 공동경작으로 노동이 합리화되었다기보다는 단순하게 노동강도만 강화된다고 생각하였다.[224] 과거 두레와 같은 공동노동과 농악으로 표현되는 공동환락의 전통이 이어지지 못하고 더운 여름 햇빛 아래에서 장시간 노동을 계속해야 하는 상황만 연출되고 있었다.[225] 공동노동에 대한 농민본위의 인식이 없기 때문에 생산력

---

220) 이러한 공제시설의 방침이 실현에 옮겨지기 시작했는데, 이런 문화 변동에 대해서 印貞植은 농민들의 생산성 증대를 위한 문화시설과 즐거움을 빼앗는 일이라고 보아 비판하는 입장을 취했다(印貞植, 앞의 글, 189쪽).

221) 안성지역은 예로부터 농경지가 넓고 상업중심지로 발전하던 곳이었고, 1910년대 들어서도 일찍부터 安城農友會를 비롯한 여러 단체가 일제 농정에 협력하고 있었다. 또한 경기도 지역은 금융조합정책이 가장 먼저 실험되고 확산되는 곳이었던 만큼, 이 지역에 식산계가 설치되었을 가능성은 많다. 그렇지 않더라도 이후 식산계 내부에서 전개되었다고 볼 수 있는 공동경작의 예라고 할 수 있다.

222) 印貞植, 앞의 글, 185~189쪽.

223) 공동탁아소는 공동취사, 공동작업과 더불어 공동노동의 3대요 소라고까지 불렸지만, 공동탁아소의 목적은 일하러 가는 어머니가 아이들을 돌볼 수 없기 때문에 마음 쓰지 않도록 하는 것이라기보다는 오히려 이 기회에 철저하게 집단교육과 보건지도를 실시하려는 데 있었다(印貞植, 앞의 글, 188쪽).

224) 姜鋌澤, 앞의 글, 48쪽.

확충이라는 논리 하에 강제노동으로 진행된 결과였다.

둘째 농민들의 공동노동 참가의욕을 떨어뜨리는 가장 큰 문제는 공동작업반 내부의 경영규모와 지주소작제도의 문제였다. 초기의 공동경작에서는 촌락 내에서 자발적으로 참여한 소수의 계원들이 계 운영을 위해서 공동경작을 실시하였다. 그런데 이 시기에 실시된 공동작업반 형식은 촌락전체 성원이 자신의 의사와 관계없이 강제적으로 공동노동에 동원되어야 한다는 점에서 달랐다. 따라서 토지소유의 유무, 규모의 차이라는 문제가 여전히 남아 있는 촌락사회에서 고용노동을 이용했던 대·중규모의 농가와 자영지가 전혀 없는 농업노동자 농가 사이에는 모순이 발생할 수밖에 없었다.

당시 식산계 내부의 계층구성을 살펴보면 이러한 문제가 발생될 수밖에 없다는 것을 알게 된다. 『경영사례』에 소개된 54개의 식산계 가운데에서 촌락민의 80% 이상이 가입한 곳이 48개였고, 100% 전원이 가입한 곳은 17개였다. 이전의 식산계와 달리 전 촌락을 대상으로 할 때 그동안 금융조합에 가입할 수 없었던 계층들이 금융조합망에 편입됨을 의미했다. 따라서 전 촌락민이 가입할 경우 이들 가운데에서 영세하기 때문에 가입하지 못했던 소작농층과 농업노동자가 가입할 것이라고 볼 수 있다.

다음의 <표 48>과 <표 49>는 식산계의 내부와 전국의 농업계층별 구성을 살펴본 것이다.

여기에서 보면 식산계의 평균은 지주 3.2%, 자작 21%, 자소작 41.32%, 소작 33%, 비농업 1.98%였다. 이를 지주 3.7%, 자작 17.8%, 자소작 22.8%, 소작 52.4%, 화전민 2.4%인 전국평균과 비교해 보면, 지주는 적고 자작·자소작 특히 자소작층이 많으며, 소작은 적었다. 이 시기 식산계가 설립된 촌락의 경제사정은 전국적인 양상보다는 나은 계층이 많았던 것으로 나타난다. 그러나 식산계가 전 촌락으로 확대될 경우 식산계의 계층구성은 전국 농업계층별 구성과 동일해질 것이다.

225) 印貞植, 위의 글, 189쪽.

<표 48> 식산계의 계층구성(단위 : %)

지역	계원(호)	지주	자작	자소작	소작	비농업
전라 · 경북	1,099	0.4	8.46	46.9	42.0	0
경기 · 충북	687	1.7	10.6	45.3	42.0	2.0
강원 · 황해	443	3.6	14.2	46.5	36.0	0
평남 · 평북	667	4.9	23.8	35.4	36.0	5.6
함남 · 함북	821	5.5	47.4	32.5	11.0	2.3
합 또는 평균	3,717	3.2	21.0	41.3	33.0	1.98

자료 :『殖産契の經營事例』.

<표 49> 전국 농업계층별 구성(단위 : %)

지역	지주	자작	자소작	소작	화전민
전북	9.6	4.6	17.2	68.0	0.4
경기	2.2	7.6	21.3	69.0	0.09
황해	2.2	15.0	22.7	59.0	0.86
평남	0.4	24.0	21.9	51.0	2.7
함남	2.4	33.0	26.2	28.0	10.5
평균	3.7	17.8	22.8	52.4	2.4

자료 : 朝鮮總督府 農林局,『朝鮮農地年報 1』, 1940, 140~152쪽.

지주층이 일반 평균보다 적은 이유는 식산계나 금융조합은 그 지역에 사는 거주민을 대상으로 하였으므로 재지지주만이 포함될 수 있기 때문이었다. 대부분의 농촌촌락에서 지주층은 대개 읍에 거주하는 예가 많았다. 따라서 적으면 1개 촌락 또는 크면 1 행정리를 단위로 만들어지는 식산계에 중규모 이상의 지주가 가입할 가능성은 적었다. 따라서 통계에 나타나는 경우도 지주는 대지주나 중지주급이 아니라 소지주나 적은 면적을 가지면서도 노동력의 부족으로 지주경영을 하는 계층이라고 생각해 볼 수 있다. 뿐만 아니라 지주층의 가입은 지주제가 덜 발달한 곳에서 높았던 점에서도 그렇다. 가장 지주제가 발달한 전라도지역은 토지의 소유분해가 대지주와 소작농으로 크게 이루어져 자작농과 자소작농이 적었고, 지주층은 대개 대지주 그 가운데서도 부재지주이거나 농장형 지주의 비율이 높았다.[226] 따라서 식산계가 있는 지역 전체를 놓고 볼 때 지주제의 영향력은 지속적으로 컸다고 할 수 있다.

또한 소작농의 비율은 매우 적었다. 전국 평균의 2/3 정도였는데, 이 점은 흥미롭다. 식산계가 지역거주민의 상당수를 조직한 경우에도 그러하다. 예를 들어 전북지역에서 100%의 조직률을 보인 두 지역을 보자. 전북 임실의 오산식산계는 지주가입자가 없었고, 자작농이 6.7%, 자소작농이 71.67%, 소작농이 21.6%였다. 또 익산의 칠목식산계는 지주와 자작농이 없고, 자소작농이 42.4%, 소작농이 57.6%였다.

이 두 식산계의 상황은 자소작농과 소작농의 비중이 차이가 있는데, 이를 전북지역 일반 평균과 비교한다면 자소작농이 훨씬 많았다. 자작농 비중이 적고, 지주가 없는 것은 대지주의 토지가 많은 지역임을 의미하는 것인데, 이 가운데 자소작농이 많은 점은 소규모 자작지를 가지고 있는 사람들이 많았기 때문일 것이다. 식산계 성원의 토지소유 상황은 다음 표와 같다.

<표 50> 식산계원의 토지소유 상황(단위 : %)

지역	토지소유자	1000평미만	1000평 이상	2000평 이상	4000평 이상
전라・경북	59.5	17.0	20.4	15.3	6.6
경기・충북	55.5	15.7	16.6	12.2	10.9
강원・황해	61.4	9.5	16.7	16.7	22.1
평남・평북	54.7	5.3	10.6	14.8	24.0
함남・평북	85.6	5.6	12.4	16.9	50.7
평균	63.3	10.7	15.0	15.0	23.0

자료 :『殖産契の經營事例』.

전북지역은 전 계원의 52.7%가 4,000평 이하의 토지를 소유하였다. 즉 4,000평 이상의 토지소유자가 6.6%밖에 안 되었다는 말이다. 토지소유자가 전체의 59.5%임을 감안하면 영세토지소유자가 대부분임을 알 수 있다.

이러한 양상은 앞의 두 전북지역 식산계의 예를 보면 더욱 심하다. 2,000평 미만의 토지소유자가 칠목식산계는 토지소유자의 72%, 오산식산계는 68.7%

226) 印貞植,『朝鮮の農業地帶』, 東京 : 生活社, 1940, 94～114쪽.

를 차지하였다. 이들은 영세토지소유자이면서 부재 대지주의 소작인으로 생활하였다고 생각할 수 있다.

그에 비해서 평안과 함경지역은 6단보 이상의 토지소유자가 각각 58.8%와 67.6%를 차지하여 토지소유자의 소유면적인 남부지역보다는 훨씬 넓었다. 이런 경향성은 경작면적에도 그대로 연결되었다.

경작면적을 보자. 4000평 이상을 경작하는 층이 평균 48% 정도였으나, 지주제가 강한 중부 남부지역은 20~30%대였고, 자작경영이 강한 북부지역은 60~70% 정도였다.[227] 게다가 2000평 미만, 즉 6단보 미만을 경작하는 층이 전체의 15% 정도였고, 중남부지역은 25% 이상이었다. 식산계 내부에서도 상당한 계층분화가 존재했다.

<표 51> 식산계원의 경작면적 상황(단위 : %)

지 역	2000평 미만	2000평 이상	4000평 이상
전라・경북	27.7	40.1	23.5
경기・충북	24.5	37.1	34.1
강원・황해	15.1	33.4	44.7
평남・평북	2.8	20.4	64.5
함남・함북	6.1	15.1	74.1
평 균	15.24	29.22	48.18

자료 :『殖産契の經營事例』.

그런데도 자소작농층의 비중이 높은 것은 이들이 주된 자작농지설정사업의 대상이었음과 관련해서 생각해 볼 수 있다. 이들은 금융조합의 주된 조직대상이 되어 자작농지설정자금과 부채정리자금을 쉽게 대출받을 수 있었으므로 이 과정에서 소토지소유자가 될 수 있는 여지가 많았다. 영세토지를 소유하면서 대부금을 상환해야 하는 형편은 소작경영을 하는 것보다 경제상태가 그리 나을 것은 없었다. 그렇지만 설정자금을 받을 수 있는 계층은 앞서 본 바와 같이 일정한 경제력을 획득한 층이었고, 장기적으로 자신의 토지가 될 수 있다는 토지소유자로서의 인식을 갖기 때문에 이들은 일제가 말하는 '안정세

227) 전시하 서북부지방의 농촌경제 사정에 대해서는 印貞植, 위의 책, 132~173쪽 참고.

력'이 될 가능성이 높았다.

지주제가 강한 지역의 식산계는 지주소작관계라는 기본틀이 유지되는 한 자작농지설정사업의 대상이 된다 하더라도 경영규모는 영세했다. 그렇기 때문에 식산계의 역할은 근본적인 토지소유관계의 변화를 일으키기보다는 공동경작이라든가, 부업활동을 통한 재생산 유지기능을 추구하는 데 있었다. 또한 기업형 대지주의 농장경영은 농장 측이 몇 겹에 걸친 관리체계를 가지고 생산에서 분배까지 모든 과정을 관리하고 있었다.[228] 식산계와 농장지주제는 서로 동일한 지향을 가지고 농민들을 통제하는 방향으로 나아갔다. 농장지주제의 운영방식은 농장이라는 범주로 한정되었지만, 그 농민지배원리는 금융조합 지도금융과 식산계의 운영에도 관철되었다. 농장지주제가 발달한 지역의 경우에 식산계 자체가 농장지주제의 운영체계 속에 포함될 수도 있었다. 식산계는 커도 1리 규모고 작으면 30~40호 정도의 작은 촌락이 하나의 단위가 되었다. 그에 비해서 농장은 작으면 리단위, 크면 면단위를 넘어서는 경우가 많아, 농장범위 속에 여러 개의 식산계가 포함될 수 있었다. 따라서 이 두 조직은 상호보완하면서 농민들을 통제해 갔다. 농민들에게 가해지는 통제망이 구축된 것이다.[229]

이와 같이 살펴볼 때 1940년 우량 식산계에서도 식산계 내부의 계층 간의 차이와 지주제의 영향력, 나아가 상당수 영세한 자소작농과 소수의 안정된 자작농층, 소수의 중소지주가 존재하였다.

따라서 공동작업반에 의한 전 촌락민의 공동경작이 진행된다 하더라도 이런

---

228) 大橋淸三郞 外 編,『朝鮮産業指針』川崎藤太郞, 開發社, 1915, 21~25쪽 ; 調武男,「全北の大農場」,『農會報』1930.12, 121쪽 ; 久間健一,「巨大地主の農民支配」,『朝鮮農政の課題』, 東京 : 成美堂書店, 1943, 283~357쪽.

229) 앞서 살펴보았던 不二興業 西鮮農場에서는 금융조합의 농민통제조직과 농장의 관리조직이 긴밀하게 협조하면서 상호보완적인 활동을 하였다. 또한 김제지역과 같이 농장형 지주제가 발달한 지역에서도 금융조합은 지주 측과 밀접하게 협의하면서 농촌통제와 생산력 확충사업을 벌여 갔다(中原善次,「大農場地帶の組合經營に就て」,『金融組合』1936.11 ;「地主と組合とどう協力するか」,『金融組合』1933.10).

계층차이는 무시할 수 없는 현실이었다. 즉 공동노동 때문에 농업노동자들은 일자리를 잃고, 나아가 임금수준은 떨어질 수밖에 없었다. 뿐만 아니라 영세규모의 농지를 경작하는 빈농은 자가노동만으로도 충분히 경작할 수 있었고, 남는 노동력은 계절적으로 대·중농가에 고용되어 임금수입을 올릴 수 있었으나, 이젠 그럴 수 있는 통로가 막혀 버리고 말았다.[230] 공동노동이 전면적으로 실시될 때 이러한 모순을 없애기 위해서는 작업반 내부구성이 일정하게 균질화될 필요가 있었으나, 토지의 사유화를 강조하고, 지주적 토지소유가 그대로 온존하는 한 이런 모순관계가 나타나는 것은 필연이었다. 기존의 지주제적 사회질서, 토지소유의 빈부격차가 존재하는 속에서 전 촌락이 하나의 단위가 되는 공동경작은 빈농에게만 불리할 뿐이었다.[231]

공동으로 판매와 구매 사업을 벌여나가고 공동경작을 통해 생산까지 공동으로 이루어 가는 생활의 변화가 일어남에도 불구하고, 여전히 농민의 생활을 규정하는 것은 생산관계에서의 지주제였다. 이는 식산계를 통해서 자작농지설정사업이 벌어진다 하더라도 농가경영은 완전한 자작농체제로 가지 못하고 영세토지를 소유하는 자소작농 중심으로 바뀌는 정도였다. 영세 토지소유자는 여전히 소작지에 대한 의존도가 높을 수밖에 없으므로 지주제의 경영형태는 농가경제에 절대적인 영향력을 미쳤다.

또한 식산계에서 계 주사를 맡는다거나 중심인물이 되는 사람들은 중견인물로 분류되는 중대경영자가 대부분이었다. 이런 점에서 공동경작은 총독부권력과 금융조합의 후원을 받으면서 계 내에서 권력을 행사할 수 있는 이들의 이해관계에 부합되는 사업으로 이어져, 이들의 사회적 영향력을 더욱 강화시켜 가는 기재로 이용되었다.[232] 특히 대부분의 식산계장이 부락연맹장 즉 區長층

230) 당시 농업로동자의 임금은 공정노임이 1원 50전이었는데, 이는 전쟁 전에 비하면 약 3배가 오른 가격이었지만 공장노동자에 비한다면 저임금수준이었다. 그래서 노동자들은 임금인상을 요구하였고, 고용하는 측에서는 미가가 그만큼 오르지 않은 상황에서 고용노동을 이용한 경영은 곤란했다(印貞植, 위의 글, 190~191쪽).

231) 姜鋌澤, 앞의 글, 573쪽

232) 松本武祝은 재편성정책 하의 중견인물에 대해서 1910년대 이래 농사개량사업부터

이었다.[233] 이는 공동경작을 이끌어 가는 중견인물의 성격이 독자적인 촌락지도자로서의 모습보다는 총독부의 권위에 기대어 농촌을 통제하는 인물로서 농민들에게 인식될 것이다.

그런데 식산계의 모든 활동이 위의 예들에서 본 것처럼 원활하게 진행되지는 못했다. 당시 농촌사회를 실제 조사한 보고에 의하면 부락연맹 이사장이나 구장이 맡고 있는 식산계의 주사는 대개 양반들이었기 때문에 적극적으로 일하는 인물은 별로 없다는 지적을 하고 있다.[234] 식산계의 활동은 계장인 식산계주사의 역할이 가장 중요하며, 그렇기 때문에 일제는 이들의 양성에 그토록 노력했던 것이다. 하지만 형식적으로 설정된 촌락단위의 식산계가 실질적인 활동을 하지 못하는 예가 많다는 것은 식산계가 아닌 일반 상호부조적 성격을 갖는 계가 각지에 여전히 남아 있다는 사실에서도 알 수 있다. 대부분 洞契는 폐지되고 식산계가 그 자리를 차지했지만, 혼상계라든가 부조계 우계 등이 활동하는 예가 많았다.[235]

이런 양상은 일제가 식산계를 통해서 미곡공출과 소비통제를 실시하고 그것을 통해서 전쟁을 수행해 나가려 했을 때 그것에 호응하는 층이 그렇게 많지 않았음을 의미한다. 그렇기 때문에 식산계가 설치되고, 공출을 당하고, 애국반 등으로 통제와 감시를 당하고 살지만, 일제의 공권력이 농촌사회 말단까지 완전하게 장악했다고 보기는 어렵다. 그것은 일제의 통제정책에 대한 불평불만이 농촌사회에서 자주 드러날 수 있었던 배경이기도 했다.[236] 농촌 내에서

농가갱생사업을 거치면서 새롭게 등장한 인물군으로 설정하고 있다. 특히 근면성실하게 농업에 충실히 노력하여 자수성가한 인물로서 진흥운동기부터 촌락레벨의 담당자로서 자격을 갖추어 갔고, 이들이 가진 근면 검약에 의한 농가갱생이라는 노선은 한편에서는 私事化 이데올로기의 실천자로서, 한편으로는 구조론적인 농업근대화론의 주장자로서 촌락에서 발언력을 높여 갔다고 평가하였다(松本武祝, 앞의 책 참조).

233) 鈴木英太郞, 『朝鮮農村社會踏査記』, 東京 : 大阪屋號書店, 1944, 120쪽.

234) 鈴木英太郞, 위의 책, 120쪽.

235) 鈴木英太郞, 위의 책, 90쪽.

236) 통제경제기 농민층의 대응에 대해서는 卞恩眞, 「日帝 戰時파시즘期(1937~45) 朝鮮民衆의 現實認識과 抵抗」, 고려대 박사학위논문, 1998, 76~90쪽 참조.

"불평 불만을 발하는 자"가 끊이지 않았고, "厭戰·厭農 또는 反官的 심리"가 발생하거나, 각종 '불온언동'이나 동요가 일어나고 있었다. 특히 가뭄이 심했던 1939~40년에는 샘물이 고갈되고 곡류의 수급도 어려워 이런 현상이 더욱 심했다. 물싸움 같은 수리분쟁을 비롯하여 진정운동이나 농가고용인(머슴)을 해고한다거나 농촌을 떠나거나 가축을 팔아버리는 사람들이 늘어났다.[237] 또한 공출의 강화에 따른 생활의 어려움이 커지자, 그에 대한 간접적인 저항의 형태로 벼농사를 포기하고 대용작물 재배로 전환하든가, 농사 자체를 방치하는 영농태업이 일어나기도 했다. 뿐만 아니라 저축을 해도 자신의 이익으로 돌아올 여지가 적어지고 물자부족으로 인플레가 심해진 상황에서 물품구입을 위한 현금보유를 선호하여 강제저축도 기피하는 현상이 일어났다.

식산계는 1940년대에 급속도로 늘어나 전 농민을 모두 다 포용해 버렸다. 그러나 이들은 초기 식산계가 받았던 혜택조차도 받지 못한 채 통제망 속에 편입되어 버린 존재들이었다. 여기에 속한 농민층의 경제수준은 상대적으로 열악했으므로, 식산계의 의미는 농민통제기관 이상의 것은 아니었다. 그러므로 식산계를 통해서 공동경영의 경험을 확산시키고, 농가경제의 재생산을 보호한다는 의미는 사라졌고, 열악한 농가경제는 통제라는 외피에 의해서만 유지되고 있었다. 1930년대 초반 농민의 재생산 보호를 강화해야 한다는 조선인들의 요구와 일본제국주의가 침략전쟁 준비를 위해서 어쩔 수 없이 양보했던 부분적인 소농지원정책조차 일본 독점자본의 침략전쟁 논리 앞에서 무너질 수밖에 없었다.

---

237) 가뭄과 관련되어 일제가 보고하고 있는 것만 해도 수리분쟁 57건, 소작쟁의 1건, 유언비어 197건, 진정운동 20건, 범죄 63건에 달했다.

제6장 결론

지금까지 한말 금융조합의 설립에서부터 1945년 해방에 이르기까지의 금융조합의 운영논리와 활동을 검토하면서, 그것을 규정한 일본제국주의의 한국·한국농업지배정책이 가지는 성격을 규명하고자 했다.

금융조합은 일제하 농업금융체제의 말단에서 금융활동과 농촌조직화사업을 통해서 일본 금융자본의 논리를 한국 농촌사회에 관철시키는 역할을 했다. 이러한 측면에서 금융조합은 일제의 한국 농민지배의 성격과 식민지 근대화사업으로 인한 농민·농촌사회의 변화를 살필 수 있는 주요한 주제였다. 즉 소농경제가 제국주의의 지배와 지주제 중심의 농업구조 속에서 어떠한 변화를 겪으며, 소농금융기구를 표방한 금융조합은 그 변화와 어떠한 관계를 가지고 있는가, 그리고 소농경제와 금융조합 즉 제국주의 지배기구 사이에 있는 모순구조의 소재와 해결전망을 살펴보는 작업이었다.

소농금융기구를 표방한 금융조합은 내적으로는 조선후기 이래 전개된 상품화폐경제의 발전과 농촌사회의 모순구조를 해결하려는 농업개혁의 연장선에서 설립되었다. 그리고 가까이로는 고리대적 금융구조의 해소를 목적으로 하는 것이었다. 개항기의 고리대적인 농업금융구조는 지주제에 규정된 영세소농경영과 조세·재정개혁의 부진으로 인한 화폐금융의 왜곡에서 기인했다.

따라서 한국에서 근대농업금융체제의 수립에 관한 논의는 고리대적 농업금융구조의 개혁을 전제로 진행되었다. 이에 대한 해결방향은 1894년 농민전쟁과 갑오개혁에서 크게 두 줄기로 정리되었다. 하나는 토지문제 해결과 고리대의 완전혁파, 농민자치적 조직운영이라는 농민주체의 농업개혁을 통해서 고리대적 금융구조를 근본적으로 해결할 수 있는 방향이었다. 또 하나는 지배층이 추진하는 화폐금융기구의 개혁과 조세제도의 근대화 그리고 신흥 자산가층이 주도하는 향촌자치를 통해 고리대 구조를 완화시키는 방안이었다. 전자의 방향이 좌절되고, 지배층 위주로 실현되는 개혁은 갑오정부와 대한제국으로 넘겨졌다. 특히 근대개혁의 제도화사업을 실시한 대한제국은 화폐금융주권을 지키면서 각 계층에게 필요한 금융기구의 설립을 통해서 문제를 해결하고자 했다. 그런 맥락에서 대한제국의 소농안정화방안은 지주적 농업구조 속에서 부분적으로 경작권을 보호하는 한편, 소작인을 대상에 포함하는 소농금융기구를 설립하고, 이들에게 신용대부를 하여 고리대적 금융구조에서 벗어날 수 있도록 도와준다는 것이었다.

소농금융기구인 지방금융조합은 일제의 식민지 금융체제의 일부분으로 설립되었으므로 본질적으로는 일제의 의도를 대변하는 것이었지만, 아직 대한제국의 의사가 어느 정도 반영되는 수준에서 제도화되었다. 그러나 곧바로 일제가 정치경제적 주도권을 장악하면서, 조합원 구성에서 소작농층이 배제되고, 일제의 감독권이 강화되면서 자치성을 상실하는 변동을 겪었다. 이는 일본제국주의의 한국 농촌지배구상과 관련된 것이었다.

일본제국주의의 금융조합 운영논리는 일본농본주의에 입각한 소농보호론이었다. 농본주의는 지주를 농업의 자본주의적 개편과 일본자본주의에 필요한 자원을 공급하는 주체이자 농촌지배자로서의 지위를 유지하는 데 주안점을 두었다. 그런 한편 지주중심의 사회운영을 안정적으로 유지하기 위해서 자작농층과 소작농의 몰락을 최소화해야 했고, 이를 위해서 지주가 주도하는 산업조합체제를 만든다는 것이었다.

금융조합은 일본의 산업조합을 조선에 이식한 것이었다. 따라서 지주중심의 농업정책과 금융조합을 활용한 농촌지배체제가 구축되어 갔다. 금융조합은 자작농층을 비롯한 농촌중상층의 경제적 유지와 조직화에 중점을 두고 운영하였다. 운영은 관선이사가 중심이 되어 일제의 지배정책을 직접 관철시키는 한편, 재지 유지집단을 조합장과 평의원으로 편재하였다. 이는 유지집단이 가지고 있는 농촌사회에서의 지위를 이용하며 금융조합의 농촌지배를 추구한 것이었다. 그리고 조합원은 농촌중상층 위주로 구성하면서도 운영에서 철저히 배제하는 이사중심주의였다. 이는 협동조합적 형식을 취함에도 불구하고 금융조합이 농민자치의 확대를 꾀하기 보다 조합원으로 포섭한 농민층을 일본 천황제 국가주의에 입각한 지주적 농업구조에 순응시키려 했기 때문이다.

지주중심의 농업구조 속에서 대공황기를 맞아 소빈농층은 급격히 몰락하였고, 농촌사회는 체제적 위기에 빠졌다. 이런 상황을 맞아 조선인들은 농민운동을 전개하고 일제 농업정책과 금융조합에 대해 거세게 비판하였다. 일제는 이런 비판을 억누르는 한편 전쟁수행을 위해서 통제경제 농정으로 농정체계를 전환하였다. 통제농정의 기초는 일본 천황제 파시즘이었으므로 그 핵심사업은 조선 농촌사회를 일본의 전쟁수행과 국가주의적 사회체제에 알맞게 재편하는 것이었다.

이를 위해서 농업생산력의 확대, 모순이 극대화된 지주제에 대한 일정한 견제와 '동태적 지주'로의 전환, 자작·자소작상층의 확대와 통제에 사업이 집중되었다. 1920년대까지 모든 농업정책과 농업자금의 운용이 지주층을 매개로 이루어져 지주중심의 농업구조를 강화했다면, 이 시기는 일본 국가자본이 소농금융기구 즉 금융조합을 매개로 하여 그러한 일을 추진했다는 점에서 큰 차이가 있었다. 농정수행을 위해서 금융조합은 위로는 중앙집중기구로서 조선금융조합연합회를 설립하고, 아래로는 말단 농촌기구로 식산계를 설치하였다. 이로써 금융조합은 일본금융시장과 직결되는 자금순환체계를 갖추고, 농촌사회와 도시의 구석구석에 금융조합망을 깔고, 다수의 농촌말단 조직을 거느리는 방대한 조직으로 재편성되었다. 또한 식산계를 활용하여 그동안 금융조합에 가입할 수 없었던 많은 영세 농민들을 금융조합망에 편입시킴으로써 농촌 전체를 대상으로 하는 단일농업기구를 만들고자 했다.

이러한 방향에서 금융조합의 대부사업과 구판사업의 방향은 결정되었다. 1910년대 후반 이후 금융조합은 금융단영주의에 의거하여 금융대부와 예금업무를 매개로 하여 농촌사회에 영향력을 행사했다. 초기 금융사업의 중심은 농촌 중상층의 경제안정과 확대재생산에 초점이 맞춰져 있어 중상층 위주의 대부를 하였고, 주된 대부목적은 소 구입과 토지 구입 등이었다. 그러나 대공황 이후 통제경제농정 하에서 금융조합은 자작농지 구입자금과 고리채정리자금의 배포를 통해 일제 농정에 협력할 수 있는 농정협력세력의 육성과 중소농민층의 급격한 몰락을 제어하기 위한 사업을 전개했다. 이는 지주적 농업구조와 독점자본에 의한 농업지배를 위해서라도, 조그마한 외부의 충격만 있어도 무너져 버리는 취약한 소농경제를 유지시켜 농민들의 혁명화를 방지하려는 개량정책이었다. 나아가 전시체제기에는 일본과 조선을 연결하는 금융단일망의 형성에 따라 농촌지역의 강제저축을 실행하는 중심조직으로서 전쟁수행에 필요한 자금을 제공하는 역할을 담당하였다.

금융조합은 금융지원을 통한 개량화와 더불어 농민층을 조직·통제함으로써 소기의 목적을 수행하고자 했다. 1920년대까지 금융조합의 농촌조직화는 농사개량사업과 결합한 부업과 약간의 공동판매를 실행하는 조직을 만들어 농촌사회를 상품생산구조로 개편하는 데 목적이 있었다. 초기의 부업활동과 농촌조직의 대상이 되었던 조합원들은 중상층으로 구성되었고 금융조합과 총독부에서 지원을 받으면서 일정하게 성장할 수 있는 여지가 있었다. 그러나 지주적 농정 하에서 대다수의 농민들에게 그런 혜택이 돌아가지는 않았다. 또한 부업생산물의 공동판매는 생산자 위주의 가격결정이 아니라 수매자인 독점자본의 이해를 위주로 결정됨에 따라 농민에게 이익이 돌아갈 수 없었다. 따라서 소수의 중소지주와 중상층 농민들을 제외한 많은 농민들은 지주적 농업구조와 독점자본에 의한 농민수탈로 인해 몰락의 길을 걸을 수밖에 없었다. 이런 1920년대까지의 금융조합 농촌조직의 성격은 30년대 초반 농민들의 저항과 통제농정으로의 정책변화에 따라 바뀌어 갔다. 혁명적 농민운동이나 장기간

소작쟁의가 일어나는 지역을 대상으로 하는 조합원 선별과 금융대부, 그리고 통제적 조직화라는 당근과 채찍의 두 가지 방책을 결합하면서 전쟁수행을 위한 '후방'의 안전판을 만들려는 것이었다. 이러한 농민조직화는 식산계로 귀결되어 촌락단위의 농촌조직망을 완성하였다.

식산계는 구매와 판매, 이용사업을 행하여 농가경제의 안정화를 꾀하는 것을 목적으로 설립되었고, 구판사업실적은 지속적으로 커져 갔다. 그러나 전시체제 하에서 식산계의 판매사업은 미곡공출로 대체되고, 구매사업은 생활필수품 배급과 결합하여 농민소비를 억제하는 기능을 담당했다. 그리고 구판사업을 통한 농가수익금이나 소비를 억제하고 생긴 모든 자금을 강제저축으로 흡수하는 통로가 되었다. 또한 전시체제기에 들어 식산계는 부락연맹과 결합함으로써 행정조직과 일체화된 농촌통제조직으로서 활동하였다.

이와 같이 살펴본 일제하 금융조합의 성격을 정리해 보겠다.

금융조합의 소농보호라는 입장은 일제의 조선지배와 그를 위해 구축한 지주주의적 농업구조에 제약되어 있었다. 한말 한국근대개혁과정에서 제기되었던 여러 소농보호론, 특히 지주적 입장에서 전개된 소농보호론과 비교할 때 볼 때도 일제의 그것은 더욱 지주중심적인 논리였다. 이는 일본 농업구조와 일제의 조선지배방침에 근거한 것으로 일본제국주의의 조선지배, 다시 말하면 식민지 근대화정책의 성격을 보여주는 것이다. 금융조합은 한국의 자주적 근대화 과정에서 가졌던 방향과는 다르게 일본제국주의에 의해 재편되었다.

본격적인 근대화사업을 실행해 갔던 대한제국의 토지조사사업과 농업금융정책은 기본적으로 근대개혁의 여러 갈래 속에서 지주적인 농업개혁에 바탕을 두고 전개되었다. 양전사업과 지주관료층의 자본전환을 도모하기 위한 금융기관의 설립을 추진하는 한편, 농업구조의 변화에 부응하여 경작농민의 권리를 일정하게 인정하여 경제적 안정을 꾀할 수 있는 기초를 형성하고, 소작인을 포함한 소농층을 대상으로 한 금융기구를 설립하여 금융이용의 길을 열어주었다. 그러나 일제의 토지정책과 농업금융정책은 대한제국의 정책보다 더욱 지주주의적인 것이었다. 경작농민의 영소작권과 공유지의 입회권을 박탈함으로써 경작농민의 성장을 억제하였으며, 지주주의적 세제와 농업경영을 조장함으로써 지주권을 강화시키고 경작농민의 권리를 약화시켰다.

그에 따라서 소농금융기구로 설정된 금융조합의 역할은 지주적 농업체제를 보완하는 기능을 할 뿐이었다. 그것은 농사개량사업 지원기구이자, 자작농의 몰락을 방지하기 위한 금융기구였고, 일제의 침략전쟁을 지원하기 위해서 조선농민들에게서 자금과 인력을 동원하기 위한 통제기구였다. 이는 계급정책으로서 의미를 갖는다. 금융조합은 재촌 지주층을 운영에 참가시키고 주로 자작 자소작 상층을 주된 대상으로 자금을 융통하는 반면 소빈농층을 배제 또는 지배대상으로 삼는 논리였다. 이로 인해 농촌 내의 계급대립은 민족모순을 담지할 수밖에 없었다. 1930년대 농촌의 체제적 위기를 맞으면서도 금융조합은 주된 지원대상을 농촌 중상층에 두고 있었고, 그 외곽에 있는 일부의 소빈농층을 지원하고 조직함으로써 체제를 유지하고자 했다.

금융조합의 역할이 강화되는 과정은 일본금융자본의 조선지배가 강화되는 것인 동시에 조선농촌이 금융자본의 논리에 의해 운영되는 구조로 재편됨을 의미했다. 이 과정에서 지주제에 대한 일정한 견제책과 지주층의 영향력을 약화시켜 독점자본이 지배하는 소농중심의 농업체제로 이행되는 듯이 보이지만, 지주제는 동태적 지주제로 재편성되면서 여전히 농촌사회를 지배했다. 영세농경영이라는 근본적인 문제를 유지한 채 독점자본과 총독부에 의한 농촌지배체제를 강화한 것으로서 수탈적 전시통제 하에서 농가경제가 유지할 수 있는 기반은 거의 없어져 버렸다.

이는 일제의 조선지배체제를 뿌리에서부터 무너뜨릴 수 있는 위기를 초래했다. 일제의 조선지배는 처음부터 이런 모순을 내재하고 있었다. 그래서 일본에서 자작농지설정사업이 상대적으로 자작농층의 안정화를 가져왔던 것과 달리 조선에서는 영세농경영을 해체하지 못하고 오히려 강화하는 결과를 빚고 만 것이다. 전시하 농촌사회가 파탄되는 것은 지주제에 뿌리를 둔 영세농체제로는 더 이상 농촌체제를 유지할 수 없음을 드러낸 것이기도 했다. 그런 면에서 이 시기 일제의 농정은 해방 후 한국의 토지개혁과 농지개혁을 준비하고 있었다고도 볼 수 있다.

뿐만 아니라 일제하 농촌사회의 자본주의화가 전개되는 속에서 금융조합은 금융을 통해 농민층을 상품생산자로 유도하고 농촌사회를 상품화폐경제에 편입시키는 역할을 하였다. 그렇지만 농민층의 농산물 상품화에 의한 성장은 지주제의 강화와 독점자본의 수탈로 좌절되었고, 그에 따라 상업적 농업에 기반해야 할 구매판매사업은 현실적으로 농민들에게 이득을 줄 수 없었다. 이런 조건 속에서 금융조합은 신용대부 중심의 금융운영을 통해 농민층의 구매판매활동을 지원하는 협동조합으로 발전하지 못했다. 그 결과 안정적인 자금회수를 꾀하는 저당대부 위주의 금융기구로 변질되었다. 이것이 산업조합 설립 시 끝까지 그와 합병하는 것을 거부했던 주요한 이유였다. 이른바 금융단영주의, 담보중심의 운영, 중상층을 기반으로 한다는 규정들은 농민층의 경제력 향상보다는 금융조합의 금융기관으로서의 안정성을 앞세우는 성격을 잘 보여주는 것이었다.

또한 금융조합이 농정을 보조하면서 또는 농정의 중심에서 총독부의 정책을 수행하는 기구였다는 것은 일제하 금융조합이 갖는 큰 특징의 하나였다. 금융조합은 협동조합을 표방했고, 운영 면에서는 협동조합의 기구를 갖추었으며, 국제적으로도 인정받았다. 따라서 일제하 조선 민족운동세력이 협동조합을 대안으로 내세울 때도 금융조합은 비판과 개조의 대상이 되었을 뿐, 해체가 논의되지는 않았다. 영세소농경제가 주류를 형성하는 사회에서 협동조합은 그들의 경제적 안정을 꾀할 수 있는 상호부조적 협동조직이었기 때문이다.

그런데 금융조합은 총독부를 머리로 하는 관제기구로 활동했고, 통제경제하에서 더욱 강화되어 '국가기구'로의 전환을 꾀했다. 국가주의적인 협동조합 운영은 전쟁수행에 필요한 단위 지역 내의 모든 역량을 효율적으로 수급하기 위한 파시스트 협동조합론의 기본논리였다. 또한 그 내부논리는 자본주의의 무차별적인 사회적 약자에 대한 수탈을 억제하면서 소농민을 비롯한 소상품생산자의 사회적 안정을 꾀함으로써 이들을 독점자본의 이해에 기반한 국가의 요구에 일치시켜 가고자 하는 논리였다. 그런 한편으로 계급혁명을 통해 자본주의 체제의 모순을 극복하려는 사회주의에 대한 자본주의의 방어벽으로서 기능하고자 한 것이다. 이러한 일제말기 금융조합론은 한편에서는 소농보호적 성격을 띠면서도 그것을 일본제국주의의 국가이익에 종속시킴으로써 본래의 목적을 상실해 버렸다.

금융조합의 이 같은 성격은 해방 이후 새롭게 검토되었다. 남북한 모두 토지개혁과 농지개혁을 통해서 지주적 토지소유제도를 해체시킨 뒤, 생산력 발전과 분산된 소농경제의 불안정성을 극복하는 방안으로 협동조합을 통한 영농개혁과 협동화를 추진하였다. 그런데 지주제 해체라는 농업구조의 근대화를 이룬 상황에서 협동조합의 국가주의적 운영이라는 성격은 여전히 살아남았다. 남한에서는 그것을 금융조합이 담당했고, 일제하 금융조합에서 활동하던 인물들이 새로운 농업협동조합을 주도했다. 현재 제기되고 있는 농업협동조합의 관제성과 비민주성에 대한 논의는 일제하 금융조합의 성격과 밀접한 관계를 가지고 있다.

한말 일제하 금융조합의 성립과 활동을 점검하는 일은 한국사회 내에서 성장해 온 농업개혁·농업금융체계의 방향이 또 하나의 근대적 농업구조를 만들어 간 일제의 경제론과 만나 어떻게 대응하고 새로운 방향을 모색해 갔는가를 살펴보는 기초작업이기도 하다. 따라서 일제강점기 한국인들의 모색과 해방후 신국가 건설과정에서의 농업개혁 방향을 이해하고, 그 이후 전개된 농업개혁·협동조합 논의를 전망하는 데 하나의 준거가 될 수 있을 것이다.

이 연구는 주로 일제의 농업정책과 금융조합의 활동을 중심으로 살펴보았기 때문에 농촌경제구조 나아가 농민경제의 실상에 접근하는 데는 일정한 한계를 가지고 있다. 그에 대한 연구는 새로운 자료를 발굴하는 한편 농민경제에 접근하는 방법론을 개발하는 일과 더불어 진행되어야 하리라 생각한다. 또한 앞으로 한국인들이 풀어 갔던 농업구상과 대안을 함께 비교 검토하면서 한국 근현대 농업사를 총체적으로 인식하는 작업으로 진전시켜 나갈 필요가 있을 것이다.

| 부록 |

부록 1 「地方金融組合設立計劃要領」[1]

제1조 設立

1. 組合은 1 郡 또는 數郡을 1 區域으로 한다. 그 區域內에 住所를 가지고 農業을 經營하는 者로써 이를 조직할 事
2. 設立委員은 所轄郡守, 稅務官, 財務官(또는 財務官補)과 民間委員 약간명으로 組織할 事

   民間委員은 前項 官吏의 薦擧로 所轄 觀察使가 命한다.
3. 設立委員은 組合規約을 制定하고 度支部大臣의 認可를 받을 事
4. 組合規約은 別冊 模範規約에 依할 事
5. 본조 金融에 관한 觀察使의 職務를 執行할 경우는 반드시 財務官과 協商할 것을 要한다.

   단 아직 稅務官이 駐在하지 않는 地方은 점차 그 設置를 기다려 組合을 設立할 事

제2조 業務

1. 組合員에 대해 오로지 農業上 必要한 金融을 줄 事
2. 穀類 등을 倉庫에 保管하고 그에 대해 貸付를 할 事
3. 附屬業務로서 種子 肥料 農具 등의 分配 貸與와 生産物의 販賣委託 등을 할 수 있다.

제3조 役員

1. 組合長 1명과 評議員 약간명을 둘 事
2. 役員은 모두 組合員의 撰擧에 의해 度支部大臣이 이를 任命할 事

   단 그 任期는 2개년으로 한다.
3. 組合의 常務는 度支部大臣이 薦擧한 事務員이 이를 執行할 事

제4조 組合員의 義務

1. 組合員은 組合의 經費를 充當하기 위해 每年 金 2圓以內를 2期로 나누어 辨納할 事

---

1) 金正明 編, 『日韓外交資料集成 6卷上』, 東京 : 巖南堂書店, 1964, 167~169쪽.

제5조 資金

1. 組合의 供給資金에 充當하기 위해 政府는 각 組合에 金 1萬圓을 貸下할 事
2. 必要한 境遇에는 組合에 度支部大臣의 認可를 거쳐 農工銀行에서 借入金을 할 事
3. 組合의 利益은 組合의 共同基本金에 差入하여 積立할 事
4. 組合의 責任은 組合財産을 限度로 할 事

제6조 總會

1. 組合財政과 金錢의 收支는 精細한 報告를 만들고 每年 2回 이를 各 組合員에 通知할 事
2. 每年 2回 組合總會를 열어 報告할 事

제7조 監督

1. 財務官(또는 財務官補)는 組合의 業務를 監督할 事

제8조 倉庫

1. 郡衙 附屬倉庫를 修理하거나 民間借庫로 이를 充當할 事
2. 法令으로써 組織되는 公共團體에 대해 無抵當으로 前項의 貸付를 할 事
3. 20인이상의 農業者 또는 工業者가 合意하여 連帶責任으로 借用하고자 申請할 時는 그 信用이 確實한 者에 限해 5개년 이내에 定期償還方法으로 無抵當으로 貸付할 것.

부록 2 勅令 제32호「地方金融組合規則」[2]

제1조 地方金融組合은 農民의 金融을 緩和하고 農業의 發達을 企圖함을 目的하는 社團法人이라 함이라.

제2조 地方金融組合은 一郡 又는 數郡內에 住所를 寘하야 農業을 營하는 者로 此를 組織함이라. 단 其 設立區域은 제13조의 規程을 의함이라.

제3조 地方金融組合의 책임은 其財產을 限度로 함이라.

제4조 地方金融組合은 左開 業務를 營하는 者라 함이라

1. 組合員에 對하야 農業上 必要한 資金을 貸付할 事
2. 組合員을 爲하야 其 生產한 穀類를 倉庫에 保管할 事

前項에 揭한 外에 地方金融組合은 左開 業務를 兼營함을 得함이라.

1. 組合員에 對하여 種苗肥料農具等 農業上의 材料分配나 又는 貸與할 事
2. 組合員을 爲하여 其 生產物을 委託販賣할 事

제5조 전조 제1항 제2호의 業務를 執行하기 爲하여 地方金融組合은 郡衙附屬의 倉庫를 사용함을 득함이라.

제6조 地方金融組合에 組合長 1인과 評議員 약간인을 置하되 組合員이 此를 選擧함이라.

제7조 地方金融組合의 資金에 充함을 爲하여 政府는 若干金額을 此에 下付할 事가 有함이라.

전항 下付金(을 受한 組合**)에 對하야 度支部大臣은 其 推薦한 理事1人으로 組合의 常務를 執行케 함이라.

제8조 地方金融組合은 其 經費에 充하기 爲하여 각 組合員의게 每年 金2圜以下의 組合費를 徵收함을 得함이라.

제9조 地方金融組合은 業務의 必要를 應하야 起債함을 得함이라.

제10조 地方金融組合의 利益은 組合의 共同基本金으로 此를 積立함이라.

제11조 地方金融組合의 業務成績 及 損益計算은 每年 1會式 此를 組合總會에 報告함이라.

---

2)『(舊韓國)官報』제3781호, 광무 11년 6월 1일, 496~497쪽.

제12조 地方金融組合의 業務는 度支部大臣의 監督에 屬함이라.
度支部大臣은 監督官으로 組合의 業務를 監督케 함이라.
제13조 地方金融組合設立에 關한 方法은 度支部大臣이 此를 定함이라.

附則

제14조 本則은 頒布日로부터 施行함이라.
광무 11년 5월 30일

부록 3「地方金融組合에 관한 細條說明」光武 11년(1907) 5월 15일[3)]

제1 設立의 趣旨

1. 田舍 특히 農民의 金融을 疏通하며 그 經濟狀態를 改善할 것
2. 本 組合은 兼하여 農事개량에 裨補할 것
3. 右以外 納稅의 便宜 貨幣整理를 助成할 것

제2 設立區域과 支店

1. 組合은 당분 稅務官 所在地에 限하여 設置할 것. 단 農工銀行 本支店等 旣設金融機關으로써 足하다고 認定할 만한 地方은 可能한 設置를 避할 것
2. 組合의 區域은 土地의 狀況에 따라 반드시 廣狹 한가지로 하지 말 것을 要하며 地勢 慣習(例 苗垈 또는 用水를 共同使用하는 慣習이 있는 것) 交通機關의 完否 及 組合業務執行의 便否(種苗 肥料의 分配등)을 參酌하여 適當하게 그 區域을 定할 것
3. 組合員의 數는 당분 이를 限定하지 말고 前項의 區域內에 住所를 가진 農業者를 勸誘하여 可能한 多數를 組合에 加入시킬 것
4. 만약 將來 組合員의 數가 非常히 增加하여 1 組合으로써는 業務執行上 不便하다고 認定할 때는 組合을 分割하거나 交通機關의 完備 등에 따라 2 組合幷存을 要하기에 이를때는 이를 合倂하도록 할 것

제3 組合員의 資格

1. 設立의 趣旨는 農民의 經濟狀態를 救濟하는 데 있어, 組合은 可能한 小農 즉 小作人으로써 이를 組織하는 方針을 擇할 것
2. 地主는 단지 土地의 所有者를 말하는 데 불과하며 대부분 農業에 關係하지 않는 者이기 때문에 이들은 可能한 加入을 避할 것
3. 小商人 또는 小工者라도 適當하다고 認定하는 자는 경우에 따라 加入시키는 것도 無妨함
4. 단 組合員의 身元과 信用은 적당한 選擇을 要함. 所行 修하지 않아 평소

---

3) 朝鮮總督府,『地方金融組合執務便覽』, 京城 : 朝鮮總督府, 1911.

鄕人의 빈척을 받은 자 같이 組合의 信用을 毁損 또는 組合員으로서의 義務를 履行할 수 없는 자는 처음부터 加入을 許容하지 않는 것에 注意할 것

제4 業務

1. 地方金融組合規則 제4조에 있는 業務는 처음부터 이를 經營할 方針을 採擇할 것
2. 貸付 기타의 便宜는 組合員에 限해 許與할 것
3. 場所에 따라서는 回收確實하다고 認定하는 것에 限하여 無擔保貸付를 해도 無妨함
4. 貸付金額은 1인에 대해 50圓을 限度로 한다. 可能한 少額씩을 多人數에 融通하는 方針을 採擇함
5. 利率은 地方의 慣行을 參酌하고 多少 이보다 低率로 定할 것
6. 貸付期限은 6개월을 經過할 수 없는 것
7. 貸付金은 이를 不生産的으로 消費하지 않도록 할 것
8. 貸付金은 역시 貸付의 目的에 使用되는가 아닌가 엄밀히 注意監督을 요할 것
9. 多額의 貸付를 請求하는 者가 있을 경우는 이를 農工銀行에 紹介하는 등 業務執行上 항상 農工銀行과 連絡을 갖는 것에 注意할 것
10. 倉庫保管料와 委託販賣 共同購入의 手數料는 一定한 率을 정해 委託者에게서 徵收할 수 있다. 단 該率은 監督官과 協議하여 決定할 것이고 變更도 역시 같다.

부록 4 度支部令 제163호「地方金融組合監理內規」隆熙 2년 7월 13일[4]

제1조 地方長官은 本內規에 定한 바에 따라 地方金融組合을 監理-한다.

제2조 地方長官은 地方金融組合의 監理에 관해 거듭 다음 사항에 주의해야 한다.

1. 組合의 業務執行上 法律 命令 定款과 內規 등에 違反하거나 公益을 해치거나 혹은 害가 되는 事件의 有無
2. 業務執行의 巧拙
3. 組合業務의 改善을 꾀하기 위해 諸規程 또는 施行上 改善을 要하는 事項의 有無
4. 組合所在地의 生産 商業 金融 등 모든 經濟狀態와 組合과 다른 金融機關의 關係
5. 組合役員의 風紀

제3조 地方長官에게 地方金融組合에서 監理上 必要한 報告 또는 書類를 徵收할 수 있다.

제4조 地方長官은 每月 1回와 臨時 必要할 때는 그때마다 地方金融組合의 業務를 檢查하거나 所屬 公吏에게 이를 行하도록 要한다.

제5조 地方長官은 重要한 事項에 대해서는 그 執行前 미리 地方金融組合에게 그 承認을 받도록 한다.

前項 承認事項을 定할 때 또는 이를 變更할 때는 그 뜻을 朝鮮總督에 申告해야 한다.

제6조 地方長官은 每月 1回의 監理 成績을 朝鮮總督에게 報告해야 한다. 단 至扱을 要하거나 變狀이 있을 때는 그때마다 報告해야 한다.

제7조 地方長官은 所管 郡 在勤의 官吏에게 監理上 必要한 事務를 執行시킬 수 있다.

제8조 地方長官은 地方金融組合에서 朝鮮總督에게 提出해야 하는 重要 書類를 檢閱하여 意見이 있을 때는 그 뜻을 붙여 보고해야 한다.

---

4)『地方金融組合執務便覽』, 127~128쪽. 여기서 지방장관은 1910년 이전에는 재무감독국장이었고, 조선총독은 탁지부대신이었다.

부록 5-1 금융조합 조합과 조합원수 추이

연도	조합 수			조합원 수					조직률	면수
	촌락	도시	계	촌락			도시	계		
	본소(지소)	본소(지소)	본소(지소)	개인A	식산계(비조합원수)	계				
1907	10		10	5,616		5,616				250.3
1908	43		43	16,126		16,126		16,126		58.2
1909	97		97	30,297		30,297		30,297		25.8
1910	120		120	39,051		39,051		39,051	1.6	20.8
1911	153		153	51,762		51,762		51,762	2.1	16.3
1912	189		189	67,798		67,798		67,798	2.7	13.2
1913	209		209	80,573		80,573		80,573	3.1	11.9
1914	227		227	59,722		59,722		59,722	2.3	11.0
1915	240		240	65,886		65,886		65,886	2.5	10.4
1916	250		250	94,680		94,680		94,680	3.5	10.0
1917	260		260	120,216		120,216		120,216	4.5	9.6
1918	266	12	278	137,075		137,075	3,171	140,246	5.1	9.4
1919	360	33	393	206,150		206,150	12,457	218,607	7.7	6.9
1920	360	40	400	228,247		228,247	16,069	244,316	8.3	6.9
1921	391	42	433	268,889		268,889	16,972	285,861	9.8	6.4
1922	411	50	461	312,378		312,378	19,387	331,765	11.5	6.0
1923	442	56	498	315,532		315,532	20,772	336,304	11.6	5.6
1924	451	58	509	343,608		343,608	21,112	364,720	12.7	5.5
1925	462	59	521	388,219		388,219	22,752	410,971	14.1	5.4
1926	488	59	547	423,001		423,001	23,575	446,576	15.3	5.1
1927	513	60	573	464,432		464,432	25,288	489,720	16.6	4.8
1928	537	60	597	503,075		503,075	27,144	530,219	17.9	4.6
1929	559(68)	62	621(68)	559,124		559,124	29,436	588,560	19.8	3.9
1930	583(107)	61	644(107)	639,705		639,705	32,139	671,844	22.2	3.6
1931	600(140)	61(1)	661(141)	692,407		692,407	33,887	726,294	24.0	3.3
1932	613(155)	61(1)	674(156)	793,375		793,375	37,643	831,018	27.0	3.2
1933	624(171)	61(1)	685(172)	959,801		959,801	43,847	1,003,648	31.8	3.1
1934	631(185)	61(1)	692(186)	1,128,089		1,128,089	50,449	1,178,538	37.4	3.0
1935	636(199)	62(0)	698(199)	1,303,897		1,303,897	59,520	1,363,560	42.5	2.9
1936	646(206)	62(3)	708(209)	1,491,794	143	1,491,937	71,454	1,564,593	48.7	2.9
1937	657(212)	62(3)	719(215)	1,561,003	1,345 (10,408)	1,562,348	77,637	1,639,985	51.3	2.8
1938	659(213)	62(3)	721(216)	1,661,026	3,978 (34,013)	1,665,004	86,988	1,751,992	55.5	2.8
1939	659(212)	64(3)	723(215)	1,874,878	8,022 (68,516)	1,882,900	103,879	1,986,779	64.2	2.8
1940	658(213)	64(3)	722(216)	2,047,588	17,450 (136,046)	2,065,038	115,108	2,180,146	71.6	2.8

부록 5-2 금융조합 조합과 조합원수 추이

연도	조합수			조합원수					조직률	면수
	촌락	도시	계	촌락			도시	계		
	본소 (지소)	본소 (지소)	본소 (지소)	개인A	식산계(비 조합원수)	계				
1941	658 (212)	64 (3)	722 (215)	2,214,513	26,579 (227,774)	2,241,092	125,092	2,366,184	79.5	2.8
1942	563 (278)	63 (5)	626 (283)	2,340,562	39,893 (446,475)	2,380,455	143,354	2,523,809	91.2	2.9
1943	549 (292)	64 (5)	613 (297)	2,560,802	47,083 (587,268)	2,607,885	159,552	2,767,437		2.9
1944	549 (294)	64 (5)	613 (299)	2,706,034	48,327 (607,136)	2,754,361	165,612	2,919,973		2.9
1945	365 (21)	46 (2)	411 (213)	1,895,628	48,838 (573,679)	1,944,466	124,509	2,068,975		6.4

자료 : ① 조합과 조합원수 : 1907~1942 『朝鮮金融組合聯合會十年史』; 1943~1944 『朝鮮金融組合統計月報』 1945.3, 3쪽, 1945 『朝鮮金融組合統計月報』 1945.4~1946.3 종합편, 15쪽.

② 촌락의 개인조합원수 : 1907~1935 『十年史』, 1936년 이후는 『十年史』의 촌락 조합원수에서 『韓國農業金融史』의 식산계수를 뺀 수, 1943년은 『朝鮮金融組合統計月報』 1944.2, 5쪽.

③ 식산계 : 『十年史』, 64~65쪽(6월 현재), 1945은 『韓國農業金融史』, 85쪽. 식산계의 비조합원수는 『十年史』, 64~65쪽.

④ 조직률은 (촌락조합원수+식산계의 비조합원수)/농가호수. 농가호수 : 1910~1925 『朝鮮總督府統計年報 1925년도판』, 93쪽, 1926~1932 『朝鮮總督府統計年報1933년도판』, 68쪽, 1933~1942 『朝鮮總督府統計年報 1942년도판』, 42쪽, 1943~1946 『經濟年鑑 1949』, 朝鮮銀行調査部, IV-29쪽.

부록 6 금융조합의 자금원천(단위 : 千圓, %)

연도	출자금		적립금	정부 급여금 (2)	차입금 (3)	예금 (4)	계	비율			
	총액	불입액 (1)						(1)	(2)	(3)	(4)
1907				100			100		100.0		
1908			0.2	430			430.2		99.9		
1909			1	970			971		99.9		
1910			61	1,209			1,270		95.2		
1911			158	1,543			1,701		90.7		
1912			276	1,928	2		2,206		87.3	0.1	
1913			296	2,147	32		2,475		86.7	1.2	
1914	717	74	491	2,234	39	68	2,906	2.5	76.8	1.3	2.3
1915	786	177	529	2,467	38	197	3,408	5.1	72.3	1.1	5.7
1916	1,064	309	583	2,570	31	321	3,814	8.1	67.3	0.8	8.4
1917	1,330	494	682	2,679	203	573	4,631	10.6	57.8	4.3	12.3
1918	1,911	784	800	2,606	1,513	2,024	7,727	10.1	33.7	19.5	26.1
1919	4,412	1,750	895	2,894	13,337	6,595	25,471	6.8	11.3	52.3	25.8
1920	5,329	2,556	1,098	2,907	19,087	10,098	35,746	7.1	8.1	53.3	28.2
1921	6,022	3,480	1,414	3,104	22,965	19,476	50,439	6.8	6.1	45.5	38.6
1922	7,052	3,403	2,190	3,215	28,874	22,665	60,347	5.6	5.3	47.8	37.5
1923	7,298	4,840	3,325	3,228	29,709	29,810	70,912	6.8	4.5	41.8	42.0
1924	7,835	5,380	4,746	3,354	30,259	37,634	81,373	6.6	4.1	37.1	46.2
1925	8,344	5,941	6,211	3,409	30,523	46,11,6	92,200	6.4	3.6	33.1	50.0
1926	8,986	6,510	8,144	3,417	33,771	54,505	106,347	6.1	3.2	31.7	51.2
1927	9,541	7,064	9,620	3,542	38,182	63,614	122,022	5.7	2.9	31.2	52.1
1928	10,028	7,509	10,890	3,662	39,021	71,309	132,391	5.6	2.7	29.4	53.3
1929	11,545	8,560	12,295	3,777	46,838	76,892	148,362	5.7	2.5	31.5	51.8
1930	12,504	9,010	13,133	3,857	61,268	80,128	167,396	5.3	2.3	36.6	47.8
1931	13,005	9,278	13,556	3,968	58,526	88,779	174,107	5.3	2.2	33.6	50.9
1932	13,419	9,363	14,324	4,027	56,491	103,753	187,958	4.9	2.1	30.0	55.2
1933	15,129	9,870	15,647	4,092	56,541	124,284	210,434	4.7	1.9	26.8	59.1
1934	17,045	10,579	17,779	4,132	60,126	139,417	232,033	4.5	1.7	25.9	60.1
1935	19,181	11,496	19,070	4,162	82,137	153,417	270,282	4.2	1.5	30.3	56.8
1936	21,513	12,462	20,809	4,217	112,660	162,355	312,503	3.9	1.3	36.0	52.0
1937	22,437	13,644	23,200	4,235	114,640	179,515	335,234	4.0	1.2	34.1	53.5
1938	23,568	14,723	26,017	4,259	111,660	229,036	385,695	3.8	1.1	28.9	59.4
1939	26,306	15,549	28,933	4,262	128,434	308,614	485,792	3.2	0.8	26.4	63.5
1940	28,419	16,877	32,923	4,262	123,102	432,142	609,306	2.7	0.6	20.2	70.9

1941	30,431	18,326	38,222	4,262	108,049	586,214	755,073	2.4	0.5	14.3	77.6
1942	32,571	19,556	44,377	4,262	105,363	753,931	927,489	2.1	0.4	11.3	81.3
1943	34,789	21,145	51,558	4,265	115,453	1,146,007	1,338,428	1.5	0.3	8.6	85.6
1944	36,320	22,648	61,265	4,265	115,085	1,794,931	1,998,194	1.1	0.2	5.7	89.8
1945	25,669	15,352	42,870	2,866	88,619	1,366,907	1,516,614	1.0	0.1	5.8	90.1

자료 : 『朝鮮金融組合聯合會十年史』 1943～44 ; 『朝鮮金融組合統計月報』 1945.3, 1945.7 ; 『朝鮮金融組合統計月報』 1945.4～1946.3 종합호.

부록 7 금융조합의 자금운용(단위 : 千圓, %)

연도	대출금	예치금	매개대부	합계	비율(%)		순익금
					대출금	예치금	
1907	16			16	100	0.	-1
1908	213	160		373	57.1	42.8	17
1909	489	391		880	55.5	44.4	42
1910	779	481		1,260	61.8	38.1	101
1911	1,182	542		1,724	68.5	31.4	116
1912	1,702	628	83	2,413	70.5	26.0	116
1913	2,090	457	341	2,888	72.3	15.8	93
1914	2,147	584	340	3,071	69.9	19.0	47
1915	2,127	1222	239	3,588	59.2	34.0	64
1916	2,818	1119	448	4,385	64.2	25.5	135
1917	3,761	889	1,029	5,679	66.2	15.6	155
1918	6,930	926	1,803	9,659	71.7	9.5	143
1919	23,007	1,979	4,721	29,707	77.4	6.6	210
1920	31,382	3,501	5,955	40,838	76.8	8.5	462
1921	39,719	7,082	8,138	54,939	72.2	12.8	1,051
1922	51,345	9,250	10,310	70,905	72.4	13.0	1,401
1923	53,125	16,617	9,716	79,458	66.8	20.9	1,709
1924	58,306	21,489	8,466	88,261	66.0	24.3	1,869
1925	66,358	23,735	8,506	98,599	67.3	24.0	2,145
1926	76,082	25,797	9,146	111,025	68.5	23.2	1,920
1927	85,177	31,334	10,563	127,074	67.0	24.6	1,744
1928	91,381	38,019	11,947	141,347	64.6	26.8	1,896
1929	104,931	39,499	12,232	156,662	66.9	25.2	1,325
1930	123,368	39,729	12,197	175,294	70.3	22.6	920
1931	123,892	45,665	11,490	181,047	68.4	25.2	1,217
1932	127,832	55,363	10,242	193,437	66.0	28.6	1,348
1933	133,897	71,210	10,211	215,318	62.1	33.0	2,618
1934	150,107	76,912	11,433	238,452	62.9	32.2	1,760
1935	179,325	85,728	16,327	281,380	63.7	30.4	2,337
1936	228,464	80,240	21,750	330,454	69.1	24.2	2,868
1937	232,178	99,089	21,968	353,235	65.7	28.0	3,347
938	257,915	120,120	22,985	401,020	64.3	29.9	3,362
1939	330,173	147,896	26,819	504,888	65.3	29.2	4,470
1940	364,140	234,275	24,867	623,282	58.4	37.5	5,744
1941	408,260	338,883	23,082	770,225	53.0	43.9	
1942	498,761	418,733	20,485	937,979	53.1	44.6	
1943	549,539	783,830	15,969	1,349,338	40.7	58.0	
1944	527,215	1,457,470	11,477	1,996,162	26.4	73.0	
1945.6	543,238	1,552,389	10,948	2,106,575	25.7	73.6	
1945.7	395,435	1,110,968	7,980	1,514,383	26.1	73.3	

자료 : 부록 6과 같음.

부록 8 촌락금융조합의 자금원천(단위 : 千圓)

연 도	출자금		적립금	정부 급여금	창고 보조금	차입금	보조화 정리 기금	예금적금
	총액	불입액						
1907				100				
1908			0.2	430			2	
1909			1.7	970			167	
1910			61	1,209	9		283	
1911			158	1,543	13		353	
1912			276	1,928	38	2	403	
1913			296	2,147	57	32	411	
1914	717	74	491	2,234	69	39	425	68
1915	786	177	529	2,467	72	38	438	197
1916	1,064	309	583	2,570	75	31	440	321
1917	1,330	494	682	2,679	84	203	442	573
1918	1,530	702	800	2,696	91	1,256	442	1,939
1919	2,416	1,070	893	2,894	99	10,704	441	4,626
1920	2,783	1,514	1,031	2,907	103	16,454	441	7,671
1921	3,417	2,137	1,229	3,105	110	19,863	466	12,558
1922	4,077	2,728	1,814	3,215	121	24,878	499	17,096
1923	4,187	3,118	2,693	3,228	122	25,758	50	21,760
1924	4,705	2,570	3,861	3,354	122	26,049	5	26,971
1925	5,192	4,033	5,163	34,09	93	26,291	4	32,225
1926	5,757	4,444	6,720	3,417	24	29,223		37,499
1927	6,335	4,905	7,957	3,542	8	33,386		43,323
1928	6,772	5,302	9,044	3,662		34,872		47,993
1929	5,857	6,091	10,188	3,777		42,048		52,235
1930	8,822	6,590	10,865	3,857		56,159		54,168
1931	9,366	6,908	11,128	39,68		53,831		59,604
1932	10,256	7,253	11,710	4,027		51,957		70,335
1933	11,868	7,802	12,822	4,092		51,942		84,999
1934	13,544	8,513	14,680	4,132		55,863		95,182
1935	15,289	9,393	15,735	4,157		76,775		104,805
1936	17,254	10,286	17,155	4,212		104,207		110,890
1937	18,039	11,388	19,029	4,225		106,153		121,752
1938	18,840	12,358	21,276	4,246		104,309		156,355
1939	20,985	13,042	23,517	4,246		118,556		205,204
1940	22,695	14,242	26,605	4,262		111,334		288,939
1941	24,385	15,564	30,642	4,262		97,494		407,410
1942	25,951	16,583	35,436	4,235		96,035		572,097
1943	27,689	17,672	40,980	4,235		108,475		836,350
1944	29,046	19,377	48,699	4,235		109,808		1,361,233
1945.6	28,796	19,259	52,671	4,235		112,216		1,502,473
1945.7	20,645	13,271	33,994	2,850		84,360		1,033,255

자료 : 부록 6과 같음.

부록 9 촌락금융조합의 자금운용(단위 : 千圓)

연 도	대출금	매개대부금	예치금	화폐정리	
				회수	산포
1907	16				
1908	213		160	97	18
1909	489		391	321	149
1910	779		481	590	268
1911	1,182		542	342	411
1912	1,702	83	628	211	640
1913	2,090	341	457	146	467
1914	2,147	340	584	138	354
1915	2,127	239	1,222	61	447
1916	2,818	448	1,119	23	643
1917	3,761	1,029	889	9	207
1918	6,601	1,803	849	2	450
1919	18,390	4,721	1,411	0.3	577
1920	26,138	5,955	2,689	10	551
1921	32,784	8,138	5,546	18	626
1922	42,148	10,310	7,095	26	545
1923	42,556	9,716	13,100	50	396
1924	46,060	8,466	16,551	44	550
1925	51,987	8,499	17,556	94	203
1926	59,748	9,145	17,993		
1927	67,464	10,562	21,237		
1928	72,368	11,946	26,321		
1929	84,830	12,229	26,560		
1930	101,568	12,197	26,567		
1931	101,767	11,490	29,976		
1932	105,007	10,238	36,406		
1933	110,192	10,204	47,235		
1934	124,323	11,413	49,775		
1935	148,738	16,270	57,375		
1936	189,093	21,674	54,024		
1937	191,093	21,916	67,673		
1938	214,013	22,926	77,179		
1939	265,528	26,864	91,943		
1940	285,060	24,827	150,676		
1941	321,233	23,044	227,389		
1942	391,193	20,447	279,027		
1943	426,687	15,942	578,703		
1944	410,099	11,462	1,122,133		
1945.6	433,735	10,491	1,237,330		
1945.7	312,165	8,691	750,547		

자료 : 부록 6과 같음.

부록 10 도시금융조합 업무

연 도	출자금		적립금	정부 급여금	차입금	보조화	예금 적금	대출금	매개 대부금	예치금
	총액	불입액								
1918	291	82			257		84	329		77
1919	1,996	680	2		2,632	1	1,969	4,617		567
1920	2,546	1,041	66		2,633	1	2,426	5,243		812
1921	2,604	1,343	184		3,102	1	3,918	6,935		1,536
1922	2,974	1,574	376		3,995	1	5,569	9,197		2,155
1923	3,110	1,722	632		3,915	1	8,049	10,569		3,516
1924	3,129	1,809	884		4,209		1,0662	12,246		4,938
1925	3,151	1,908	1,147		4,231		13,891	14,370		6,179
1926	3,231	2,065	1,423		4,547		17,005	16,334		7,804
1927	2,196	2,159	1,663		4,795		20,291	17,713		10,096
1928	4,256	2,206	1,846		4,148		23,315	19,013		11,698
1929	3,687	2,469	2,107		4,789		24,656	20,101		12,939
1930	3,682	2,419	2,268		5,109		25,959	21,800		13,161
1931	3,639	2,369	2,427		4,694		29,174	22,125		15,688
1932	3,163	2,109	2,614		4,533		33,417	22,825	4	18,957
1933	3,261	2,068	2,824		4,599		39,285	23,704	7	23,975
1934	3,500	2,066	3,098		4,263		44,235	25,783	19	27,136
1935	3,891	2,103	3,335	5	5,361		48,612	30,587	56	28,353
1936	4,258	2,176	3,654	5	8,453		51,464	39,371	56	26,215
1937	4,397	2,256	4,171	10	8,487		57,763	41,084	51	31,416
1938	4,727	2,365	4,740	13	7,351		72,681	43,902	59	42,940
1939	5,320	2,506	5,416	16	9,778		103,409	64,645	54	55,952
1940	5,724	2,635	6,318	16	11,767		143,202	79,080	40	83,599
1941	6,046	2,761	7,580	16	10,555		178,794	87,026	37	111,493
1942	6,620	2,972	8,941	27	9,328		226,834	107,568	37	139,705
1943	7,099	3,172	10,576	30	6,977		309,656	122,852	26	205,127
1944	7,274	3,272	12,566	30	5,277		433,698	117,116	15	335,337
1945.6	7,227	3,312	14,208	30	4,929		466,001	115,927	14	369,801
1945.7	5,023	2,081	8,874	16	4,259		333,651	83,269	0.4	264,611

자료 : 부록 6과 같음.

부록 11 조선금융조합연합회의 조직과 자금원천

연 도	지 부	회원수	출자불입액	정부급여금	적립금	금융채권	차입금	예 금	위체수입고	
									액	구수
1933	13	741	2,632	2,600	395		22,116	66,686		
1934	13	750	2,781	2,900	510		27,890	71,748		
1935	13	757	2,794	2,900	760	3,280	34,166	80,626	61,055	131
1936	13	769	2,787	3,425	889	24,653	25,458	74,804	72,047	151
1937	13	784	3,346	3,425	1,019	24,649	25,833	92,080	79,759	161
1938	13	792	4,036	3,425	1,199	26,631	28,766	110,956	104,900	173
1939	13	786	4,752	3,425	1,379	31,335	30,944	136,411	132,048	179
1940	13	785	5,433	3,425	1,979	31,796	31,055	210,434	218,992	176
1941	13	749	5,589	3,425	2,479	36,705	30,368	307,285	273,115	219
1942	13	749	5,533	3,425	2,824	40,706	24,478	397,994	331,062	267
1943	13	734	5,531	3,425	3,474	37,661	28,473	751,739	392,877	168
1944	13	628	5,529	3,425	4,124	36,670	22,393	1,392,574	77,958	30
1945.6	13	628	5,522	3,425	4,885	36,267	22,020	1,557,221		
1945.7	13	628	5,522	3,425	4,788	36,267	22,770	1,610,876		

자료 : 부록 6과 같음. 유가증권 1933~1942는 『朝鮮金融組合聯合會十年史』, 90~91쪽.

부록 12 조선금융조합연합회의 자금운용과 공동사업

연 도	유가증권	대출금	예치금	공동 구입고	공동판매고
1933	5,853	59,492	32,149	603	
1934	5,524	63,511	39,705	1,966	
1935	7,174	86,050	34,515	3,472	
1936	6,815	117,197	11,299	9,925	698
1937	7,383	120,182	24,698	10,496	12,160
1938	9,962	117,784	50,222	15,458	42,837
1939	22,419	134,862	52,160	22,001	30,977
1940	49,749	129,830	101,259	20,488	112,498
1941	95,125	113,652	167,456	22,258	446,029
1942	278,106	109,143	89,032	15,832	508,653
1943	556,188	118,819	165,433	11,809	565,161
1944	1,235,541	119,708	118,226	715	14,165
1945.6	1,417,127	121,216	110,259		
1945.7	1,488,955	120,314	80,737		

자료 : 부록 11과 같음.

| 참고문헌 |

1 자 료

1) 금융조합 자료

度支部理財局監督課 편,『金融組合關係書類綴』 1-10(규21689, 21702～21711), 1908.

度支部理財局監督課 편,『天安關係書類』(규22047), 1908.

度支部理財局監督課 편,『江西關係資料』(규22100), 1908.

平壤地方金融組合,『平壤金融組合貸付金個人別明細表』(규26502), 1908.

安州地方金融組合,『貸付金各個人別明細表』(규26489), 1908.

江陵地方金融組合,『江陵地方金融組合貸附金旬報』(규21844), 1908.

朝鮮總督府,『地方金融組合執務便覽』, 京城：朝鮮總督府, 1911.

朝鮮總督府,『地方金融組合理事會同答申書』 1912～13, 1915～1916.

朝鮮總督府財務局,『金融組合要覽(제1차)』, 1921.

朝鮮經濟協會,『金融組合に關する逸話』, 1923.

朝鮮經濟協會,『金融組合及金融組合聯合會槪況』, 1925.

朝鮮金融組合協會,『朝鮮舊時の金融財政慣行』, 1930.

朝鮮金融組合協會,『金融組合經營硏究』, 1931.

朝鮮金融組合協會,『金融組合のしるべ』, 1933.

朝鮮金融組合聯合會,『金融組合と高利舊債整理資金の貸出』, 1933.

朝鮮金融組合協會,『朝鮮金融組合協會史』, 1934.

朝鮮金融組合聯合會調査課,『組合員は斯くして身を起す』, 1934.

朝鮮金融組合聯合會京畿道支部,『京畿道金融組合關係例規』, 1935.

朝鮮金融組合聯合會調査課,『明るい村』, 1936.

朝鮮金融組合聯合會,『朝鮮金融組合の現勢』, 1937.
朝鮮金融組合聯合會 調査課,『殖産契の經營事例』, 1941.
朝鮮金融組合聯合會 調査課,『調査資料 第17輯 國民貯蓄造成運動に關する資料』, 1940.
朝鮮金融組合聯合會,『調査資料 第23輯 國民貯蓄造成運動に關する資料 第2輯』, 1941.
朝鮮金融組合聯合會,『調査資料 第28輯 國民貯蓄造成運動に關する資料 第3輯』, 1942.
江原道,『江原道金融組合例規集』, 1942.
朝鮮金融組合聯合會,『朝鮮金融組合聯合會十年史』, 1943.
『朝鮮金融組合聯合會關係例規集』, 1943.
山根穂,『金融組合概論』, 朝鮮經濟協會, 1929.
車田篤,『朝鮮協同組合論』, 朝鮮金融組合協會, 1932.
牟田口利彦,『金融組合運動』, 朝鮮金融組合協會, 1932.
本位田祥男,『朝鮮ノ協同組合ニ關スル意見』, 1933.
民衆時論社,『朝鮮金融組合大觀』, 民衆時論社, 1935.
藤澤清次郎,『金融組合と人物』, 大陸民友社, 1937.
重松髜修,『朝鮮農村物語』, 中央公論社, 1941.

『地方金融組合』, 地方金融組合會.
『金融と經濟』, 朝鮮經濟協會.
『金融組合』, 朝鮮金融組合協會・朝鮮金融組合聯合會.
朝鮮金融組合聯合會,『金融組合年鑑』 1936~1941.
朝鮮金融組合聯合會,『金融組合統計年報』, 1936~1945.
朝鮮金融組合聯合會,『朝鮮金融組合統計月報』, 1944.1~2, 1945.3, 1945.4~1946.3 합본.
朝鮮金融組合聯合會,『調査彙報』, 1936~1945.
全羅南道金融組合聯合會,『統計より見たる全羅南道(金融組合同聯合會)過去及現在』, 1926.
朝鮮總督府,『朝鮮總督府統計年報』.
京畿道,『朝鮮總督府京畿道統計年報』.

2) 일반자료

『官報』『官報』(朝鮮總督府)
서울대학교 도서관 편, 『詔勅 法律』, 1991.
서울대학교 도서관 편, 『議案·勅令(上)』, 1991.
『韓國近代法令資料集』 I·Ⅲ·V, 대한민국국회도서관, 1970.
金正明 編, 『日韓外交資料集成 6卷上』, 東京：巖南堂書店, 1964.

倉富勇三郎, 『慣習調査報告書』, 京城：朝鮮總督府, 1910.
朝鮮總督府, 『農業技術官會議要錄』, 1912.
朝鮮總督府, 『農業技術官會同諮問事項』, 1915.
朝鮮總督府, 『農業技術官會同諮問事項答申書』, 1916·1917.
朝鮮總督府, 『各道農務課長會同諮問事項答申書』, 1924.
朝鮮總督府, 『農工銀行支配人會同諮問事項答申書』, 1915.
李覺鍾, 『朝鮮民政資料 契に關する調査』, 朝鮮總督府.
朝鮮總督府, 『朝鮮ノ契』, 1926.
朝鮮總督府, 『朝鮮ノ小作慣行』, 1932.
朝鮮總督府農林局, 『朝鮮農地年報 1』, 1940.
朝鮮總督府殖産局 編, 『朝鮮農務提要』 1921·1936.
朝鮮總督府農村振興課 編, 『朝鮮農村振興關係例規』, 1939.
朝鮮總督府內務局社會課, 『小農生産資金貸付事業に於ける勤農共濟組合勤農輔導委員事績』, 1930.

吉倉凡農, 『企業案內 實利之朝鮮』, 1904.
日本農商務省, 『韓國土地農産調査報告』, 1905.
山口精, 『朝鮮産業誌』, 1910.
大橋淸三郎 外 編, 『朝鮮産業指針』, 開發社, 1915.
中野正則, 『我が觀たる滿鮮』, 1915.
吉村傳, 『面行政指針』, 1916.
文定昌, 『産業組合設立まで』, 1932.
山田龍雄, 『全羅北道農業事情』, 1936.
故目賀田男爵傳記編纂會 編, 『男爵目賀田種太郎 1』, 1938.
韓翼敎, 『韓相龍君を語る』, 京城：韓相龍氏還曆紀念會, 1941.

和田八千穗・藤原喜藏, 『朝鮮の回顧』, 京城 : 近澤書店, 1945.
『宇垣一成日記』, みすず書房, 1971.
林繁藏回顧錄編輯委員會, 『林繁藏回顧錄』, 1962.
『資料選集 朝鮮における農村振興運動』, 東京 : 友邦協會, 1983.

3) 정기간행물, 신문

『皇城新聞』
『東亞日報』
『每日申報』
『切拔』
『開闢』
『朝鮮農民』
『農民』
『新民』
『大衆』
『我聲』
『東光』
『別乾坤』
『新東亞』
『朝鮮之光』
『批判』
『彗星』
『現代評論』
『農業朝鮮』

『財務週報』
『財務彙報』
『朝鮮農會報』
『朝鮮總督府月報』
『朝鮮彙報』
『朝鮮』
『總督府調查月報』
『殖銀調查月報』
『朝鮮年鑑』
『朝鮮の農業』
『自力更生彙報』

2 연구 논저

1) 단행본

(1) 한국

近代史硏究會, 『韓國中世社會解體期의 諸問題』, 한울, 1987.
權泰檍, 『韓國近代綿業史硏究』, 一潮閣, 1989.
金度亨, 『大韓帝國期의 政治思想硏究』, 지식산업사, 1994.
김성보, 『남북한 경제구조의 기원과 전개』, 역사비평사, 2000.
金永浩, 『協同組合論』, 博文出版社, 1948.
金容燮, 『(增補版)朝鮮後期農業史硏究 II』, 一潮閣, 1990.
金容燮, 『(增補版)韓國近代農業史硏究』 上・下, 一潮閣, 1984.
金容燮, 『韓國近現代農業史硏究-韓末 日帝下의 地主制와 農業問題』, 一潮閣,

1992.
金佑枰, 『金融組合論』, 鍾山社, 1933.
農業協同組合中央會, 『韓國農業金融史』, 1963.
망원한국사연구실 19세기 농민항쟁분과, 『1862년 농민항쟁』, 동녘, 1988.
文定昌, 『韓國農村團體史』, 一潮閣, 1961.
방기중, 『한국근현대사상사연구』, 역사비평사, 1992.
方基中, 『裵敏洙의 農村運動과 基督敎思想』, 연세대출판부, 1999.
宋種福, 『協同組合論』, 博英社, 1963.
申福龍, 『東學思想과 甲午農民革命』, 평민사, 1985.
吳斗煥, 『韓國近代貨幣史』, 韓國硏究院, 1991.
오영교, 『朝鮮後期 鄕村支配政策 硏究』, 혜안, 2001.
吳知泳, 『東學史』, 永昌書館, 1940.
吳知泳, 『東學史 草稿本』, 1926.
柳永烈, 『開化期의 尹致昊硏究』, 한길사, 1985.
尹錫範 外, 『韓國近代金融史硏究』, 世經社, 1996.
李碩崙, 『우리나라 金融史』, 博英社, 1990.
印貞植, 『朝鮮の農業機構』, 東京：白揚社, 1940.
印貞植, 『朝鮮農村再編成の硏究』, 京城：人文社, 1943.
林炳潤, 『植民地における商業的の農業展開』, 東京：東京大學出版會, 1971.
장규식, 『일제하 기독교민족주의 연구』, 혜안, 2001.
全錫淡・金漢周・李基洙, 『日帝下의 朝鮮社會經濟史』, 朝鮮金融組合聯合會, 1947.
정진영, 『조선시대 향촌사회사』, 한길사, 1998.
정태헌, 『일제의 경제정책과 조선사회』, 역사비평사, 1996.
지수걸, 『일제하 농민조합운동 연구』, 역사비평사, 1993.
崔由利, 『日帝 末期 植民地 支配政策硏究』, 국학자료원, 1997.
崔益翰, 『朝鮮社會政策史』, 博文出版社, 1947.
崔虎鎭, 『近代朝鮮經濟史』, 東京：慶應書房, 1942.
한국역사연구회, 『1894년 농민전쟁연구』, 역사비평사, 1991.
한국역사연구회 근대사분과 토지대장연구반, 『대한제국의 토지조사사업』, 민음사, 1995.
鄕村社會史硏究會, 『조선후기 향약연구』, 民音社, 1990.
허종호, 『조선 봉건말기의 소작제연구』, 평양 : 사회과학원출판사, 1965/서울 :

한마당, 1990.
洪性讚,『韓國近代農村社會의 變動과 地主層-20세기 前半期 全南 和順郡 同福面 일대의 사례』, 지식산업사, 1992.
홍성찬 편,『농지개혁 연구』, 연세대출판부, 2001.

(2) 일본

澤村康,『小作法と自作農創定法』, 東京：改造社, 1927.
本位田祥男,『協同組合論』, 東京：日本評論社, 1929.
那須皓,『農業政策』, 東京：日本評論社, 1931.
東畑精一・那須皓,『協同組合と農業問題』, 東京：1932, 改造社.
協調會農村課 編,『過小農問題と共同經營』, 東京：財團法人 協調會, 1932.
久間健一,『朝鮮農業の近代的樣相』, 東京, 1935.
久間健一,『朝鮮農政の課題』, 東京：成美堂書店, 1943.
久間健一,『朝鮮農業經營地帶の硏究』, 東京：1946.
奥谷松治,『協同組合論』, 東京：三笠書房, 1937.
大川一司・東畑精一,『米穀經濟の硏究』, 東京：有斐閣, 1939.
獨伊文化硏究會,『組合制國家と統制經濟』, 東京：巖松堂書店, 1940.
玉塚締伍,『不動産金融原論』, 東京：高陽書院, 1940.
花島得二,『小作權』, 東京：松山房, 1941.
本位田祥男,『協同組合の理論』, 東京：日本評論社, 1944.
小早川九郎,『朝鮮農業發達史-政策篇』, 東京：友邦協會, 1959.
小早川九郎,『朝鮮農業發達史-資料編』, 東京：友邦協會, 1960.
奥谷松治,『日本農業協同組合史』, 全國農業出版株式會社, 1961.
丸山眞男,『增補版 現代政治の思想と行動』, 東京：未來社, 1964/1994 제148쇄 /김석근 역,『증보판 현대정치의 사상과 행동』, 한길사, 1997.
近藤康男,『新版 協同組合の理論』, 東京：御茶の水書房, 1966.
産業組合史刊行會,『産業組合發達史』1~5, 東京, 1966.
長幸男・住谷一彦 編,『近代日本經濟思想史』Ⅰ・Ⅱ, 東京：有斐閣, 1969・1971.
村田陽一 編譯,『コミンテルン資料集』, 東京：大月書店, 1979.
暉峻衆三 編,『日本農業史』, 有斐閣, 1981.
波形昭一,『日本植民地金融政策史の硏究』, 東京：早稻田大學出版部, 1985.
宮田節子,『朝鮮民衆と'皇民化'政策』, 東京：未來社, 1985.

近藤康男,『朝鮮經濟の史的斷章』, 東京 : 農山漁村文化協會, 1987.
長原豊,『天皇制國家と農民』, 東京 : 日本經濟評論社, 1989.
宮嶋博史,『朝鮮土地調査事業史の硏究』, 東京 : 東京大學東洋文化硏究所, 1991.
飯沼二郎,『朝鮮總督府の米穀檢査制度』, 東京 : 未來社, 1993.
松本武祝,『植民地權力と朝鮮農民』, 東京 : 社會評論社, 1998.

2) 논문

(1) 한국

姜萬吉,「大韓帝國時期의 商工業問題」,『亞細亞硏究』50, 1973.
고승제,「일제시대 촌락통제의 사회사적 분석」,『경제학연구』23, 1975.
權泰檍,「朝鮮後期의 織物業과 그 改良論」,『韓國近代綿業史硏究』, 一潮閣, 1989.
김경일,「조선말에서 일제하 농촌사회의 '동계'에 관한 연구」,『한국학보』35, 1984.
金度亨,「大韓帝國의 改革事業과 農民層 動向」,『韓國史硏究』41, 1983.
金東昱,「1940~1950년대 韓國의 인플레이션과 安定化政策」, 연세대 경제학과 박사학위논문, 1994.
金斗宗,「植民地朝鮮に於ける1920年代の農業金融について-朝鮮殖産銀行, 村落金融組合を中心して-」,『東京大學經濟學硏究』5, 1965.
金度希,「1930년대 自作農地設定事業과 농촌통제」, 고려대 석사학위논문, 1998.
金英喜,「1920・30年代 金融組合의 金融活動에 關한 一硏究」, 숙명여대 석사학위논문, 1988.
김영희,「1920년대 金融組合의 金融活動」,『淑大史論』13・14・15, 숙명여대 사학과, 1989.
金英喜,「1930・40년대 日帝의 農村統制政策에 관한 硏究」, 숙명여대 박사학위논문, 1996.
金英姬,「大韓帝國期의 蠶業振興政策과 民營蠶業」,『大韓帝國硏究 V』, 1986.8.
金容燮,「全琫準 供草의 分析」,『史學硏究』2, 1958/『東學革命의 硏究, 1982 재수록.
金翼漢,「植民地朝鮮における地方支配體制の構築科程と農村社會變動」, 東京大 박사학위논문, 1996.

김익한,「1920년대 일제의 지방지배정책과 그 성격」,『한국사연구』93, 1996.
金仁杰,「朝鮮後期 村落組織의 變貌와 1862年 農民抗爭의 組織基盤」,『震檀學報』67, 1989.
金仁杰,「조선후기 鄕村社會 변동에 관한 연구」, 서울대 박사학위논문, 1991.
金才淳,「露日戰爭 직후 日帝의 貨幣金融政策과 朝鮮商人層의 對應」,『韓國史研究』69, 1990.
김정현,「일제의 '대동아공영권' 논리와 실체」,『역사비평』26, 1994.
金泰雄,「開港前後-大韓帝國期의 地方財政改革 研究」, 서울대 박사학위논문, 1997.
김필동.「조선시대 말기 계의 변모」,『한국 고·중세 사회의 구조와 변동』, 문학과지성사, 1988.
김필동,「契의 역사적 분화·발전에 관한 試論」,『한국의 사회조직과 종교사상』, 문학과지성사, 1990.
金浩範,「日帝下 植民地金融의 構造와 性格에 關한 研究」, 부산대 박사학위논문, 1991.
金顯淑,「일제하 민간협동조합 운동에 관한 연구」,『일제하의 사회운동』, 문학과지성사, 1987.
金惠水,「日帝下 製絲獨占資本의 養蠶農民 再編成 構造」,『經濟史學』13, 1989.
羅愛子,「李容翊의 貨幣改革論과 日本第一銀行券」,『韓國史研究』45, 1984.
노영택,「日帝下 農民의 契와 組合運動研究」,『韓國史研究』42, 1983.
文暎周,「日帝下 戰時體制期(1937~1945) 村落金融組合의 活動」, 고려대 석사학위논문, 1995.
문영주,「일제말기(1937~45) 금융조합 농업대출금의 운용실태와 성격」,『역사문제연구』제6호, 2001.
박명규,「일제의 자작농창정계획에 관한 고찰」,『韓國學報』37, 1984.
朴惠淑,「日帝下 農村契에 對한 一研究」, 숙명여대 석사학위논문, 1984.
방기중,「일제하 李勳求의 農業論과 經濟自立思想」,『역사문제연구』창간호, 1996.
方基中,「1953~55년 金融組合聯合會의 殖産契復興事業 研究」,『東方學志』105, 1999.9.
裵永穆,「植民地 朝鮮의 通貨 金融에 관한 研究」, 서울대 박사학위논문, 1990.
裵英淳,「韓末 日帝初期의 土地調査와 地稅改正에 관한 研究」, 서울대 박사학

위논문, 1988.
卞恩眞, 「日帝 戰時파시즘期(1937~45) 朝鮮民衆의 現實認識과 抵抗」, 고려대 박사학위논문, 1998.
徐吉洙, 「開港後 利子附資本에 관한 史的 考察(I)」, 『國際大學論文集』 제7집, 1979.
徐吉洙, 「開港後 利子附資本에 관한 史的 考察(II)」, 『國際大學論文集』 제8집, 1980.
宋讚燮, 「19세기 還穀制 改革의 推移」, 서울대 박사학위논문, 1992.
안병욱, 「19세기 壬戌民亂에 있어서의 '鄕會'와 '饒戶'」, 『韓國史論』 14, 서울대 국사학과, 1986.
안병욱, 「朝鮮後期 自治와 抵抗組織으로서의 鄕會」, 『聖心女大論文集』 18, 1986.
염인호, 「일제하 지방통치에 관한 연구-'조선면제'를 중심으로-」, 연세대 석사학위논문, 1983.
吳永敎, 「朝鮮後期 地方官廳 財政과 殖利活動」, 『學林』 8, 1987.
왕현종, 「甲午改革硏究」, 연세대 박사학위논문, 1999.
왕현종, 「韓末 地稅制度의 改革과 性格」, 『韓國史硏究』 77, 1992.
柳承烈, 「韓末・日帝初期 商業變動과 客主」, 서울대 박사학위논문, 1996.
尹貞愛, 「韓末 地方制度 改革의 硏究」, 『歷史學報』 105, 1985.
이경란, 「日帝下 水利組合과 農場地主制」, 『學林』 12・13합집, 1991.
이경란, 「부업농산물의 상품화와 농가경제」, 『역사문제연구』 제2집, 1997.
이경란, 「韓末時期 日帝의 農業金融政策과 地方金融組合의 設立」, 『國史館論叢』 79, 1998.
이경란, 「일제하 금융조합의 농촌침투와 산업조합-1910~20년대를 중심으로」, 『실학사상연구』 19・20합집, 2001.
李基勳, 「1912~1926년 일제의 農政 수행과 地主會」, 서울대 석사학위논문, 1993.
李炳天, 「開港期 外國商人의 侵入과 韓國商人의 對應」, 서울대 박사학위논문, 1985.
李相一, 「雲養 金允植의 思想과 活動 硏究」, 동국대 박사학위논문, 1995.
李相燦, 「1906~1910년의 地方行政制度 變化와 地方自治論議」, 『韓國學報』 42, 1986.
李相燦, 「1894~5년 地方制度개혁의 방향」, 『震檀學報』 67, 1989.

李世永, 「조선후기 토지소유형태와 농업경영 연구현황」, 『韓國中世社會 解體期의 諸問題(下)』, 한울, 1987.

이송순, 「일제말기 戰時體制下(1937~1945) 조선에서의 米穀供出과 농촌 경제의 변화」, 고려대 석사학위논문, 1992.

이승렬, 「1930년대 전반기 일본군부의 대륙침략관과 '조선공업화'정책」, 『國史館論叢』 67, 1996.

李承億, 「8·15후 南韓에서의 金融組合 再編過程」, 한양대 석사학위논문, 1993.

李永鶴, 「韓國 近代 煙草業에 대한 研究」, 서울대 박사학위논문, 1990.

이임하, 「이승만정권의 농촌단체 재편성」, 『역사연구』 6, 1998.

李泰鎭, 「18세기 韓國史에서의 民의 사회적·정치적 位相」, 『震檀學報』 88, 1999, 253~255쪽.

이하나, 「日帝强占期 '模範部落' 정책과 조선농촌의 재편」, 『學林』 19, 1998.

李海濬, 「朝鮮後期 洞契·洞約과 村落共同體組織의 성격」, 『조선후기 향약연구』, 민음사, 1990.

이헌창, 「甲午 乙未改革期의 産業政策」, 『韓國史研究』 90, 1995.

李憲昶, 「開港期 市場構造와 그 變化에 관한 研究」, 서울대 박사학위논문, 1989.

任城模, 「滿洲國協和會의 總力戰體制 構想 研究」, 연세대 박사학위논문, 1997.

장규식, 「1920~30년대 YMCA 농촌사업의 전개와 그 성격」, 『한국기독교와 역사』 제4호, 1995.

全剛秀, 「植民地 朝鮮의 米穀政策에 관한 研究」, 서울대 박사학위논문, 1993.

全遇容, 「19世紀~20世紀初 韓人 會社 研究」, 서울대 박사학위논문, 1997.

鄭文鍾, 「1930年代 朝鮮에서의 農業政策에 관한 研究」, 서울대 박사학위논문, 1992.

鄭昞旭, 「1910년대 농공은행의 상업금융과 한인상인의 주변화」, 『역사문제연구』 2, 1997.

鄭昞旭, 「日帝下 朝鮮殖産銀行의 産業金融에 관한 研究」, 고려대 박사학위논문, 1998.

鄭然泰, 「1910년대 日帝의 農業政策과 植民地 地主制」, 『韓國史論』 20, 1988.11.

鄭然泰, 「1930년대 자작농지설정사업에 관한 연구」, 『韓國史論』 26, 1991.

鄭然泰, 「日帝의 韓國 農地政策」, 서울대 박사학위논문, 1994.

鄭用書, 「日帝下 天道教青年黨의 政治·經濟思想 研究」, 연세대 석사학위논

문, 1997.
鄭容郁, 「1907~1918년 '地方金融組合' 活動의 展開」, 『韓國史論』 16, 서울대 국사학과, 1987.
鄭銀景, 「甲午改革의 鄕會制度에 관한 硏究」, 한양대 박사학위논문, 1996.
鄭震英, 「19세기 향촌사회 지배구조와 대립관계」, 『조선후기 향촌사회사연구』, 한길사, 1998.
정태헌, 「1930년대 식민지 농업정책의 성격전환에 관한 연구」, 『일제말 조선사회와 민족해방운동』, 일송정, 1991.
朱剛玄, 「두레 硏究」, 경희대 박사학위논문, 1995.
朱鎭五, 「19世紀 後半 開化改革論의 構造와 展開」, 연세대 박사학위논문, 1995.
池秀傑, 「1932~1935年間의 朝鮮農村振興運動-運動의 體制安定化政策的 側面에 대한 硏究」, 『韓國史硏究』 46, 1984.
崔元奎, 「1900년대 日帝의 土地權 侵奪과 그 管理機構」, 『釜大史學』 제19집, 1995.
崔元奎, 「韓末 日帝初期 土地調査와 土地法 硏究」, 연세대 박사학위논문, 1994.
崔由利, 「日帝末期 '朝鮮增米計劃'에 대한 硏究」, 『韓國史硏究』 61·62합집, 1988.
崔潤晤, 「농업개혁과 근대적 토지소유」, 『한국역사입문③』, 풀빛, 1996.
최재성, 「1907·8년 地方金融組合의 설립과 운영」, 『한국민족운동사연구』 28, 2001.
洪性讚, 「韓末·日帝下의 地主制硏究-江華 洪氏家의 秋收記와 長冊分析을 中心으로」, 『韓國史硏究』 33, 1981.
洪性讚, 「1894년 執綱所期 設包下의 鄕村事情」, 『東方學志』 39, 1983.
洪性讚, 「韓末·日帝下의 地主制硏究-谷城 曺氏家의 地主로의 成長과 그 變動」, 『東方學志』 49, 1985.
洪性讚, 「韓末·日帝下의 地主制硏究-50町步지주 寶城 李氏家의 地主經營事例」, 『東方學志』 53, 1986.
洪性讚, 「日帝下 企業家的 農場型 地主制의 歷史的 性格」, 『東方學志』 63, 1989.
洪性讚, 「日帝下 朝鮮開拓(株)의 農場支配」, 『東方學志』 77·78·79, 1993.
洪性讚, 「日帝下 地主層의 存在形態」, 『韓國 近現代의 民族問題와 新國家建設』, 지식산업사, 1997.

(2) 일본

秋定嘉和,「朝鮮金融組合の機能と構造」,『朝鮮史研究會論文集』5, 1968.
梶村秀樹,「李朝末期 綿業의 流通과 生産構造」,『東洋文化史紀要』46, 1968.3/『韓國近代經濟史研究』, 사계절, 1983 재수록.
金森襄作,「日帝下 朝鮮金融組合과 그 農村經濟에 미친 影響」,『史叢』15・16 합집, 1971.
宮田節子,「朝鮮における農村振興運動」,『季刊 現代史』2, 1973.
堀和生,「日本帝國主義の朝鮮における植民地農業政策」,『日本史研究』171, 1976.
姜成銀,「戰時下日本帝國主義の朝鮮農村勞動力收奪政策」,『歷史評論』355, 1979.
富田晶子,「準戰時下朝鮮の農村振興運動」,『歷史評論』377, 1981.
富田晶子,「農村振興運動下の中堅人物の養成」,『朝鮮史研究會論文集』18, 1981.
羽鳥敬彦,「朝鮮における植民地幣制の成立」(1・2),『彦根論叢』217・218, 1982・1983.
羽鳥敬彦,「戰時下(1937~45) 朝鮮에서의 通貨와 인플레이션」, 飯沼二郎・姜在彦 編,『植民地時代 韓國社會와 抵抗』, 백산서당, 1981.
伊藤勇夫・이환규 역,「協同組合研究의 動向과 課題」,『협동조합연구』6, 1984.
堀和生,「日本帝國主義の植民地支配試論」,『日本史研究』286, 1986
片桐裕子,「朝鮮金融組合政策と朝鮮農村社會-滿洲國に於ける合作社政策と比較して」,『法學研究』60-3, 慶應大, 1987.
小林英夫,「總力戰體制와 植民地」,『體系 日本現代史-15年戰爭とアジア』/최원규 편,『日帝末期 파시즘과 韓國社會』, 청아출판사, 1988 재수록.
靑野正明,「植民地朝鮮における農村再編成政策の位置付け-農村振興運動期を中心して」,『朝鮮學報』136, 1990

| 찾아보기 |

【ㄱ】

【ㄴ】

【ㄷ】

【ㄹ】

【ㅁ】

【ㅂ】

【ㅇ】

【ㅈ】

【ㅊ】

지은이 **이경란**

연세대학교 사학과와 동대학원 사학과를 졸업하였으며(문학석사 · 문학박사)
현재 연세대학교 국학연구원 연구교수로 있다.
주요 논저로 「日帝下 水利組合과 農場地主制」(『學林』 12 · 13, 1991)
「韓末時期 日帝의 農業金融政策과 地方金融組合의 設立」(『國史館論叢』 79, 1998)
「日帝下 金融組合과 農村社會 變動」(연세대 박사학위논문, 2000) 등이 있다.

일제하 금융조합 연구

이경란 지음

2002년 4월 19일 초판 1쇄 인쇄
2002년 4월 22일 초판 1쇄 발행

펴낸이 · 오일주
펴낸곳 · 도서출판 혜안
등록번호 · 제22-471호
등록일자 · 1993년 7월 30일

㊄ 121-836 서울시 마포구 서교동 326-26번지 102호
전화 · 3141-3711~12 / 팩시밀리 · 3141-3710
E-Mail hyeanpub@hanmail.net

ISBN 89-8494-156-5 93910
값 20,000 원